DIALÉTICA **NEGATIVA**

Theodor W. Adorno

DIALÉTICA **NEGATIVA**

Tradução
MARCO ANTONIO CASANOVA
Professor do Depto. de Filosofia, Uerj

Revisão técnica
EDUARDO SOARES NEVES SILVA
Professor adjunto do Depto. de Filosofia, UFMG

ZAHAR
Rio de Janeiro

Título original:
Negative Dialektik
(Da série Gesammelte Schriften, organizada por Rolf Tiedemann em colaboração com Gretel Adorno, Susan Buck-Morss e Klaus Schultz)

Tradução autorizada da segunda edição alemã, publicada em 1967 por Suhrkamp Verlag, de Frankfurt am Main, Alemanha

Jorge Zahar Editor Ltda.
rua México 31 sobreloja
20031-144 Rio de Janeiro, RJ
tel.: (21) 2108-0808 / fax: (21) 2108-0800
e-mail: jze@zahar.com.br
site: www.zahar.com.br

A tradução desta obra contou com subsídio do Goethe-Institut, apoiado pelo Ministério das Relações Exteriores.

Projeto gráfico: Carolina Falcão
Capa: Dupla Design
Ilustração da capa: © Tetra Imagens/Corbis/LatinStock

CIP-Brasil. Catalogação-na-fonte
Sindicato Nacional dos Editores de Livros, RJ

Adorno, Theodor W., 1903-1969
A186d Dialética negativa / Theodor W. Adorno; tradução Marco Antonio Casanova; revisão técnica Eduardo Soares Neves Silva. — Rio de Janeiro: Jorge Zahar Ed., 2009.

Tradução de: Negative dialektik
Inclui índice
ISBN 978-85-378-0143-7

1. Filosofia alemã. I. Título.

CDD: 193
09-1538 CDU: 1(43)

SUMÁRIO

Prefácio

A expressão "dialética negativa" subverte a tradição. Já em Platão, "dialética" procura fazer com que algo positivo se estabeleça por meio do pensamento da negação; mais tarde, a figura de uma negação da negação denominou exatamente isso. O presente livro gostaria de libertar a dialética de tal natureza afirmativa, sem perder nada em determinação. Uma de suas intenções é o desdobramento de seu título paradoxal.

O autor só desenvolve aquilo que, de acordo com a concepção dominante de filosofia, seria o fundamento depois de ter exposto longa e minuciosamente muito do que é assumido por essa concepção como erigido sobre um fundamento. Isso implica uma crítica tanto ao conceito de fundamento quanto ao primado do pensamento do conteúdo. Seu movimento só alcança autoconsciência em sua execução. Ele necessita daquele elemento que seria secundário, segundo as sempre vigentes regras de jogo do espírito.

Mas o que se oferece aqui não é apenas uma metodologia dos trabalhos materiais do autor; de acordo com a teoria da dialética negativa, não existe nenhuma continuidade entre aqueles trabalhos e este. Não obstante, trataremos dessa descontinuidade e das indicações para o pensamento que podem ser deduzidas dela. O procedimento não é fundamentado, mas justificado. Até onde consegue, o autor coloca as cartas na mesa. O jogo, porém, é certamente outra coisa.

Ao ler, em 1937, a parte da *Metacrítica da teoria do conhecimento* que o autor tinha então concluído — o último capítulo naquela publicação* —, Benjamin comentou: é preciso atravessar o deserto de gelo da abstração para alcançar

* Adorno se refere nesse caso à obra *Zur Metakritik der Erkenntnistheorie. Studien uber Husserl und die phänomenologischen Antinomien* (Sobre a metacrítica da teoria do conhecimento. Estudos sobre Husserl e as antinomias fenomenológicas), que foi publicada pela primeira vez em 1956 pela editora Suhrkamp. (N.T.)

definitivamente o filosofar concreto. A dialética negativa traça agora um tal caminho retrospectivamente. Na filosofia contemporânea, a concretude foi, em geral, apenas insinuada. Em contrapartida, o texto amplamente abstrato pretende servir à sua autenticidade não menos que ao esclarecimento do modo concreto de procedimento do autor. Nos debates estéticos mais recentes, as pessoas falam de antidrama e de anti-herói; analogamente, a dialética negativa, que se mantém distante de todos os temas estéticos, poderia ser chamada de antissistema. Com meios logicamente consistentes, ela se esforça por colocar no lugar do princípio de unidade e do domínio totalitário do conceito supraordenado a ideia daquilo que estaria fora do encanto de tal unidade. A partir do momento em que passou a confiar em seus próprios impulsos intelectuais, o autor aceitou como sua tarefa romper, com a força do sujeito, o engodo de uma subjetividade constitutiva; e não quis mais postergar essa tarefa. Nesse caso, um dos motivos determinantes foi a tentativa de superar de maneira acurada a distinção oficial entre filosofia pura e o elemento coisal ou científico-formal.

A Introdução expõe o conceito de experiência filosófica. A Primeira Parte se move a partir da situação da ontologia dominante na Alemanha. Essa ontologia não é julgada de uma posição mais elevada, mas compreendida a partir de sua necessidade — uma necessidade, por sua vez, problemática — e criticada de maneira imanente. De posse desses resultados, a Segunda Parte prossegue em direção à ideia de uma dialética negativa e de sua posição em relação a algumas categorias que ela conserva ao mesmo tempo em que as altera qualitativamente. A Terceira Parte realiza então modelos de dialética negativa. Esses modelos não são exemplos; eles não se limitam simplesmente a ilustrar considerações gerais. Na medida em que conduzem para aquilo que é realmente relevante para o tema, eles gostariam de fazer justiça ao mesmo tempo à intenção material daquilo que, por necessidade, é inicialmente tratado em termos gerais; e isso em contraposição ao uso de exemplos como algo em si indiferente, um procedimento introduzido por Platão que a filosofia vem repetindo desde então. Apesar de os modelos deverem elucidar o que é a dialética negativa, impelindo-a, de acordo com o seu próprio conceito, para o interior do domínio real, eles determinam, de um modo não muito diverso do assim chamado método exemplar, conceitos-chave de disciplinas filosóficas a fim de intervir nesses conceitos de maneira central. Uma dialética da liberdade fará isso para a filosofia moral; o "espírito do mundo e a história natural", para a filosofia da história; o último capítulo gira, buscando seu caminho, em torno de questões metafísicas, no sentido de uma revolução axial da virada copernicana por meio de uma autorreflexão crítica.

Ulrich Sonnemann está trabalhando em um livro que deve ter o título *Antropologia negativa*.* Nem ele nem o autor sabiam anteriormente dessa coincidência. Ela é sintoma de uma necessidade objetiva.

O autor está preparado para a resistência que a dialética negativa provocará. Sem rancor, ele abre as portas a todos aqueles que, de um lado e do outro, venham a proclamar: nós sempre o dissemos, e, vejam, agora o autor é réu confesso.

Frankfurt, verão de 1966

* O livro de Sonnemann foi publicado pela primeira vez em 1969 pela editora Rowohlt. (N.T.)

Introdução

A filosofia, que um dia pareceu ultrapassada, mantém-se viva porque se perdeu o instante de sua realização. O juízo sumário de que ela simplesmente interpretou o mundo e é ao mesmo tempo deformada em si pela resignação diante da realidade torna-se um derrotismo da razão depois que a transformação do mundo fracassa. Essa transformação não garante nenhum lugar a partir do qual a teoria como tal pudesse ser acusada concretamente de ser anacrônica — algo de que, agora como antes, ela continua sendo suspeita. Talvez não tenha sido suficiente a interpretação que prometia a transição prática. O instante do qual depende a crítica da teoria não se deixa prolongar teoricamente. A práxis, adiada por um tempo indeterminado, não é mais a instância de apelação contra a especulação satisfeita consigo mesma. Ao contrário, ela se mostra na maioria das vezes como o pretexto para que os executores estrangulem como vão o pensamento crítico do qual carecia a práxis transformadora. Depois de quebrar a promessa de coincidir com a realidade ou ao menos de permanecer imediatamente diante de sua produção, a filosofia se viu obrigada a criticar a si mesma sem piedade. O que outrora, em relação à aparência dos sentidos e a toda experiência orientada para o exterior, percebia-se como simplesmente não-ingênuo tornou-se por sua vez, objetivamente, tão ingênuo quanto aqueles pobres formandos que Goethe recebera cento e cinquenta anos atrás e que se entregavam alegremente à especulação. O arquiteto introvertido do pensamento mora por detrás da lua confiscada pelos técnicos extrovertidos. Em face da sociedade dilatada de modo desmedido e dos progressos do conhecimento positivo da natureza, os edifícios conceituais nos quais, segundo os costumes filosóficos, o todo deveria poder ser alocado, assemelham-se aos restos da simples economia de mercado em meio ao capitalismo industrial tardio. A desproporção entre o poder e todas as formas do espírito — uma desproporção que é agora lugar-comum — tornou-se tão enorme que acabou por marcar como vãs as tentativas, inspiradas pelo próprio conceito de espírito, de compreender aquilo que é predominante. Tal vontade de compreender revela uma exigência de poder que contradiz o que deveria ser compreendido. A regressão da filosofia a uma ciência particular, imposta pelas ciências particulares, é a expressão mais evidente de seu destino histórico. Se Kant, segundo suas próprias palavras, tinha se libertado do conceito escolar de filosofia e passado para o conceito cósmico dela,[1] a filosofia foi agora obrigada a regredir ao seu conceito escolar. Onde quer que ela confunda esse conceito escolar com o conceito cósmico, suas pretensões se tornam ridículas. A despeito da doutrina do espírito absoluto, uma doutrina no âmbito da qual inseriu a filosofia, Hegel sabia que essa não era senão um mero fator da realidade, uma atividade baseada na divisão do trabalho; com isso, ele a restringiu. A partir daí vieram à tona a própria limitação da filosofia e sua discrepância em relação à realidade; e, com efeito, tanto mais claramente quanto mais fundamentalmente ela esqueceu aquela restrição, afastando-a de si como algo estranho, a fim de justificar a sua própria posição em uma totalidade que ela monopoliza como seu objeto, ao invés de reconhecer o quanto sua verdade imanente depende dessa totalidade até a sua composição mais íntima. Somente uma filosofia que se liberta de tal ingenuidade merece continuar sendo pensada. No entanto, sua autorreflexão crítica não deve se deter diante dos ápices de sua história. Seria necessário perguntar se e como, depois do colapso da filosofia hegeliana, ela ainda é efetivamente possível, tal como Kant investigou a possibilidade da metafísica depois da crítica ao racionalismo. Se a doutrina hegeliana da dialética representa a tentativa frustrada de, com conceitos filosóficos, mostrar-se à altura do que é heterogêneo a esses conceitos, então é preciso atribuir a medida em que essa tentativa fracassa à relação precária com a dialética.

Nenhuma teoria escapa mais ao mercado: cada uma é oferecida como possível dentre as opiniões concorrentes, tudo pode ser escolhido, tudo é absorvido. Ainda que o pensamento não possa colocar antolhos para defender-se; ainda que a convicção honesta de que a própria teoria está isenta desse destino certamente acabe por se degenerar em uma autoexaltação, ainda assim a dialética não deve emudecer diante de tal repreensão e da repreensão com ela conectada referente à sua superfluidade, à arbitrariedade de um método aplicado de fora. Seu nome não diz inicialmente senão que os objetos não se dissolvem em seus conceitos, que esses conceitos entram por fim em contradição com a norma tradicional da *adaequatio*. A contradição não se confunde com aquilo em que o idealismo absoluto de Hegel precisou inevitavelmente transfigurá-la: ela não é nenhuma essência heraclítica. Ela é o indício da não-verdade da identidade, da dissolução sem resíduos daquilo que é concebido no conceito. Todavia, a aparência de identidade é intrínseca ao próprio pensamento em sua forma pura. Pensar significa identificar. Satisfeita, a ordem conceitual coloca-se à frente daquilo que o pensamento quer conceber. Sua aparência e sua verdade se confundem. Essa aparência não pode ser sumariamente eliminada, por exemplo, por meio da afirmação de um ser-em-si fora da totalidade das determinações do pensamento. Está implícito no pensamento de Kant — e isso foi lançado contra ele por Hegel — que o em si para além do conceito é nulo enquanto algo totalmente indeterminado. À consciência do caráter de aparência* inerente à totalidade conceitual não resta outra coisa senão romper de maneira imanente, isto é, segundo o seu próprio critério, a ilusão de uma identidade total. Todavia, como aquela totalidade se constrói de acordo com a lógica, cujo núcleo é formado pelo princípio do terceiro excluído, tudo o que não se encaixa nesse princípio, tudo o que é qualitativamente diverso, recebe a marca da contradição. A contradição é o não-idêntico sob o aspecto da identidade; o primado do princípio de não-contradição na dialética mensura o heterogêneo a partir do pensamento da unidade. Chocando-se com os seus próprios limites, esse pensamento ultrapassa a si mesmo. A dialética é a consciência consequente da não-identidade. Ela não assume antecipadamente um ponto de vista. O pensamento é impelido até ela a partir de sua própria inevitável insuficiência, de sua culpa pelo que pensa. Se objetarmos à dialética, tal como se fez repetidamente desde os críticos aristotélicos de Hegel,[2] que ela reduz indiscriminadamente tudo o que cai em seu moinho à forma meramente lógica da contradição, deixando de lado — assim ainda argumentava Croce[3] — a plena multiplicidade do não-contraditório, do simplesmente diverso, então deslocamos a culpa da coisa para o método. O que é diferenciado aparece como divergente, dissonante, negativo, até o momento em que a consciência, segundo a sua própria formação, se vê impelida a impor unidade: até o momento em que ela passa a avaliar o que não lhe é idêntico a partir de sua pretensão de totalidade. Isso é o que a dialética apresenta à consciência como contraditório. Em função da essência imanente da consciência, a própria contraditoriedade tem o caráter de lei inevitável e fatal. A identidade e a contradição do pensamento são fundidas uma à outra. A totalidade da contradição não é outra coisa senão a não-verdade da identificação total, tal como ela se manifesta nessa identificação. Contradição é não-identidade sob o encanto da lei que também afeta o não-idêntico.

No entanto, essa lei não é uma lei do pensamento. Ao contrário, ela é uma lei real. Quem se submete à disciplina dialética, tem de pagar sem qualquer

---

* Adorno vale-se aqui de um neologismo composto a partir do substantivo *Schein* (aparência): *Scheinhaftigkeit*. *Haft* é um sufixo formador de adjetivos que, em ligação com substativos, designa uma constituição similar à do substantivo. Assim, por exemplo, tem-se em alemão o adjetivo *sagenhaft*, que significa literalmente "o que possui a qualidade de uma lenda, de uma saga", lendário. *Keit* é um simples sufixo formador de substantivos. Para acompanhar a formação do neologismo adorniano, optamos assim pela locução "o caráter de aparência". (N.T.)

questionamento um amargo sacrifício em termos da multiplicidade qualitativa da experiência. O empobrecimento da experiência provocado pela dialética, empobrecimento que escandaliza as opiniões razoáveis e sensatas, revela-se no mundo administrado como adequado à sua monotonia abstrata. O que há de doloroso na dialética é a dor em relação a esse mundo, elevada ao âmbito do conceito. O conhecimento precisa se juntar a ele, se não quiser degradar uma vez mais a concretude ao nível da ideologia; o que realmente está começando a acontecer. Uma outra versão da dialética contentava-se com o seu tíbio renascimento: com a sua derivação na história do espírito a partir das aporias kantianas e daquilo que foi programado, mas não realizado, nos sistemas de seus sucessores. Na verdade, isso só pode ser empreendido negativamente. A dialética desdobra a diferença entre o particular e o universal, que é ditada pelo universal. Apesar de essa diferença —, ou seja, a ruptura entre o sujeito e o objeto intrínseca à consciência — ser inevitável para o sujeito, e apesar de ela penetrar tudo aquilo que ele pensa, mesmo o que é objetivo, ela sempre acabaria na reconciliação. Essa reconciliação liberaria o não-idêntico, desprendendo-o por fim da compulsão intelectualizada; ela abriria pela primeira vez a pluralidade do diverso sobre o qual a dialética não teria mais poder algum. Reconciliação seria então a meditação sobre a multiplicidade que não se mostraria mais como hostil, algo como um anátema para a razão subjetiva. A dialética serve à reconciliação. Esta desmonta o caráter da compulsão lógica à qual a dialética obedece; por isso, é acusada de panlogismo. Em sua forma idealista, ela era articulada com a predominância do sujeito absoluto como a força que produz negativamente todo movimento do conceito e o seu caminho no conjunto. Mesmo na concepção hegeliana que superava a consciência humana individual, assim como a consciência transcendental kantiana e fichtiana, tal primado do sujeito foi condenado pela história. Ele não foi apenas suplantado pela impotência de um pensamento extenuado que, diante da hegemonia do curso do mundo, se desencoraja e renuncia a construí-lo. Mais ainda. nenhuma das reconciliações sustentadas pelo idealismo absoluto (todas as outras se mantiveram inconsequentes), desde a reconciliação lógica até a histórico-política, se mostrou válida. O fato de o idealismo consequente simplesmente não poder constituir a si mesmo senão como suma conceitual da contradição é tanto a sua verdade logicamente consistente quanto a pena imposta à sua logicidade enquanto logicidade; ilusão tanto quanto necessidade. A reabertura do processo relativo à dialética, cuja forma não-idealista acabou por decair e se transformar em dogma, exatamente como a forma idealista se degradou em patrimônio cultural, não pode decidir, contudo, sozinha, sobre a atualidade de um modo historicamente estabelecido de filosofar ou sobre a estrutura filosófica do objeto do conhecimento. Hegel tinha restituído à filosofia o direito e a capacidade de pensar em termos de conteúdo, ao invés de se deleitar com a análise de formas de conhecimento vazias e nulas em um sentido enfático. A filosofia contemporânea, nas poucas vezes em que trata de algo efetivamente material, sempre recai, uma vez mais, seja no âmbito arbitrário da visão de mundo, seja naquele formalismo, naquele "elemento indiferente" contra o qual Hegel tinha se levantado. O desenvolvimento da fenomenologia, que um dia foi animada pela necessidade de conteúdo e que acabou por se transformar em um apelo do ser que rejeita todo conteúdo como uma contaminação, o atesta historicamente. O filosofar hegeliano sobre o conteúdo tinha por fundamento e por resultado o primado do sujeito ou, segundo a célebre formulação da consideração introdutória da *Lógica*, a identidade entre a identidade e a não-identidade.[4] Para ele, o particular determinado era definível pelo espírito porque sua determinação imanente não devia ser outra coisa senão espírito. De acordo com Hegel, sem essa suposição a filosofia não seria capaz de conhecer nada de conteudístico e essencial. Se o conceito de dialética obtido de maneira idealista não contém experiências que, em contraposição à própria ênfase hegeliana, são independentes do aparato idealista, então torna-se inevitável à filosofia renunciar a uma compreensão de conteúdo. Nessa renúncia, ela se limitaria à metodologia das ciências, declararia essas ciências como sendo filosofia e se eliminaria, portanto, virtualmente enquanto tal.

Com base em sua situação histórica, a filosofia tem o seu interesse verdadeiro voltado para o âmbito em relação ao qual Hegel, em sintonia com a tradição, expressou o seu desinteresse: o âmbito do não-conceitual, do individual e particular; aquilo que desde Platão foi alijado como perecível e insignificante e sobre o que Hegel colou a etiqueta de existência pueril. O tema da filosofia apontaria para as qualidades por ela degradadas como contingentes e transformadas em quantidade negligenciável. Para o conceito, o que se torna urgente é o que ele não alcança, o que é eliminado pelo seu mecanismo de abstração, o que deixa de ser um mero exemplar do conceito. Tanto Bergson quanto Husserl, representantes exemplares da modernidade filosófica, inculcaram esse estado de coisas em seus nervos, mas acabaram por retornar à metafísica tradicional. Em favor do não-conceitual, Bergson criou, com um ato de violência, um outro tipo de conhecimento. O sal dialético foi arrastado pelo fluir indiferenciado da vida; aquilo que se cristalizou materialmente foi alijado como subalterno e não concebido juntamente com o seu caráter subalterno. O ódio contra o rígido conceito universal fundou o culto à imediatidade irracional, à liberdade soberana em meio à não-liberdade. Bergson desenvolve os seus dois modos de conhecimento de uma maneira tão antagonicamente dualista como jamais o foram as doutrinas de Descartes e Kant, que ele queria combater; o modo mecânico-causal de conhecimento permanece, enquanto saber pragmático, tão pouco esclarecido pelo modo intuitivo quanto o sistema burguês pela desenvoltura liberal daqueles que devem os seus privilégios a essa estrutura. As intuições festejadas aparecem na própria filosofia bergsoniana como efetivamente abstratas e dificilmente conseguem ir além da consciência fenomenal do tempo que se acha, até mesmo em Kant, na base do tempo físico-cronológico ou, segundo a intelecção de Bergson, do tempo espacial. Com certeza, apesar de ser difícil de desenvolver, o modo intuitivo de comportamento do espírito continua existindo de fato como um rudimento arcaico de uma reação mimética. O que transcorre antes de seu passado promete algo para além do presente enrijecido. No entanto, intuições só acontecem esporadicamente. Todo conhecimento, mesmo aquele de que fala o próprio Bergson, precisa da racionalidade por ele assim desprezada, se é que deve se concretizar. A duração absolutizada, o puro devir, o *actus purus* convertem-se na mesma atemporalidade que Bergson critica na metafísica desde Platão e Aristóteles. Não lhe afligia o fato de aquilo a que ele cautelosamente se atinha, caso não devesse permanecer uma *fata morgana*, só poder ser visado com o instrumentário do conhecimento, por meio da reflexão sobre os seus próprios meios, degradando-se em arbitrariedade em meio a um comportamento que não é de antemão mediado pelo comportamento cognitivo. — Em contrapartida, o lógico Husserl estabeleceu uma distinção incisiva entre o modo de apreender a essência e uma abstração generalizante. Ele tinha em mente uma experiência intelectual específica que deveria poder discernir a essência a partir do particular. No entanto, a essência em questão não se diferenciava em nada dos conceitos universais correntes. Reina nesse caso uma crassa discrepância entre os preparativos para a visualização da essência e o seu *terminus ad quem*. Nenhuma dessas duas tentativas de evasão conseguiu escapar do idealismo: assim como o seu arqui-inimigo positivista, Bergson se orientou pelos *données immédiates de la conscience*, enquanto Husserl se orientou pelos fenômenos do fluxo de consciência. Ambos permanecem na esfera da imanência subjetiva.[5] Contra os dois seria preciso insistir no que eles buscam em vão; a despeito de Wittgenstein, seria preciso dizer o que não pode ser dito. A simples contradição dessa exigência é a contradição da própria filosofia: essa contradição qualifica a filosofia como dialética, antes mesmo de a filosofia se enredar em suas contradições particulares. O trabalho da autorreflexão filosófica consiste em destrinçar tal paradoxo. Todo o resto é designação, pós-construção, hoje como nos tempos de Hegel algo pré-filosófico. Uma confiança como sempre questionável no fato de que isso é possível para a filosofia; no fato de que o conceito pode ultrapassar o conceito, os estágios preparatórios e o toque final,* e, assim aproximar-se do

* As expressões "estágios preparatórios" e "toque final" têm por correlato no original respectivamente *das Zurustende* e *das Abschneidende*. Traduzidos literalmente, esses dois termos formados a partir da substantivação do particípio presente dos verbos *rusten* e *abschneiden* significam "o que prepara e equipa" e "o que corta e isola". No presente contexto, esses termos apontam para estágios

não-conceitual: essa confiança é imprescindível para a filosofia e, com isso, parte da ingenuidade da qual ela padece. De outra forma, ela precisaria capitular, e, com ela, todo espírito. Não se poderia pensar a mais simples operação, não haveria nenhuma verdade, e, em um sentido enfático, tudo não seria senão nada. Todavia, aquela parte da verdade que pode ser alcançada por meio dos conceitos, apesar de sua abrangência abstrata, não pode ter nenhum outro cenário senão aquilo que o conceito reprime, despreza e rejeita. A utopia do conhecimento seria abrir o não-conceitual com conceitos, sem equipará-lo a esses conceitos.

Um tal conceito de dialética desperta dúvidas quanto à sua possibilidade. A antecipação de um movimento contínuo em termos de contradições parece ensinar, como quer que ele venha a se modular, uma totalidade do espírito, ou seja, precisamente a tese da identidade que tinha sido abandonada. O espírito, que continuamente reflete sobre a contradição na coisa, precisaria se tornar essa coisa mesma, se é que ela deve se organizar segundo a forma da contradição. A verdade, que na dialética idealista impele para além de todo e qualquer elemento particular como algo falso em sua unilateralidade, seria a verdade do todo; se ela não fosse previamente pensada, os passos dialéticos perderiam sua motivação e direção. A isso é preciso replicar que o objeto da experiência intelectual é em si um sistema antagonista extremamente real; e não tanto em razão de sua mediação para o sujeito cognoscente que aí se redescobre. A constituição impositiva da realidade, que o idealismo tinha projetado para a região do sujeito e do espírito, deve ser reportada para um espaço fora dessa região. O que resta do idealismo é o fato de a determinante objetiva do espírito, a sociedade, ser tanto um conjunto de sujeitos quanto sua negação. Na sociedade, esses sujeitos são irreconhecíveis e permanecem impotentes; daí ela ser tão desesperadamente objetiva e conceitual, o que o idealismo faz passar por algo positivo. O sistema não é nesse caso aquele do espírito absoluto, mas aquele maximamente condicionado dos que dispõem dele e não podem nem mesmo saber até que ponto ele lhes é próprio. A pré-formação subjetiva do processo de produção material da sociedade, radicalmente diversa de uma constituição teórica, é o seu elemento irresoluto, irreconciliável com os sujeitos. A sua própria razão que, inconsciente como o sujeito transcendental, funda a identidade por meio da troca, permanece incomensurável para os sujeitos que ela reduz ao mesmo denominador comum: sujeito como inimigo do sujeito. A universalidade estabelecida é tanto verdadeira quanto não-verdadeira: verdadeira, porque forma aquele "éter" que Hegel chama de espírito; não-verdadeira, porque a sua razão ainda não é razão alguma, sua universalidade é o produto de um interesse particular. Por

ultrapassados durante o processo de realização conceitual da filosofia. Para ir ao encontro desse sentido, optamos pela tradução acima. (N.T.)

isso, a crítica filosófica da identidade ultrapassa a filosofia. No entanto, o fato de se precisar daquilo que não pode ser subsumido à identidade — o valor de uso segundo a terminologia marxista — para que a vida em geral perdure, até mesmo sob as relações de produção dominantes, é o inefável da utopia. Esta penetra profundamente naquele que jurou não a realizar. Em face da possibilidade concreta da utopia, a dialética é a ontologia do estado falso. Dela seria liberado de um estado justo, que não é nem sistema nem contradição.

A filosofia, mesmo a hegeliana, expõe-se à objeção geral de que, porquanto possui obrigatoriamente conceitos como material, decide-se previamente de maneira idealista. De fato, nenhuma filosofia, nem mesmo o empirismo extremo, pode arrastar pelos cabelos os *facta bruta* e apresentá-los como casos na anatomia ou como experimentos na física; nenhuma filosofia está em condições de colar as coisas particulares nos textos, como algumas pinturas poderiam fazê-la pensar. Em sua universalidade formal, porém, o argumento toma o conceito de modo tão fetichista quanto esse conceito se expõe ingenuamente no interior de seu domínio, como uma totalidade autossuficiente em relação à qual o pensamento filosófico não pode nada. Em verdade, todos os conceitos, mesmo os filosóficos, apontam para um elemento não-conceitual porque eles são, por sua parte, momentos da realidade que impele à sua formação — primariamente com o propósito de dominação da natureza. A aparência que a mediação conceitual assume para si mesma, desde o interior, o primado de sua esfera, da esfera sem a qual nada seria concebido, não pode ser confundida com o que essa mediação é em si. Uma tal aparência do que é em si lhe é conferida pelo movimento que a exime da realidade à qual ela está por sua vez atrelada. A necessidade da filosofia de operar com conceitos não pode ser transformada na virtude de sua prioridade, assim como a crítica dessa virtude não pode ser inversamente transformada no veredicto sumário sobre a filosofia. Não obstante, a intelecção de que a sua essência conceitual não é, apesar de sua incontornabilidade, o seu elemento absoluto, é mediada uma vez mais pela constituição do conceito: ela não é nenhuma tese dogmática ou mesmo ingenuamente realista. Conceitos como o conceito de ser no começo da *Lógica* hegeliana denotam de início um elemento enfaticamente não-conceitual; para usar uma expressão de Lask, eles visam a algo para além de si mesmos. É constitutivo de seu sentido que eles não se satisfaçam com sua própria conceptualidade; e isso apesar de, por meio do fato de incluírem o não-conceitual como seu sentido, tenderem a torná-lo idêntico a si mesmos e, dessa forma, permanecerem fechados em si. Seu teor lhes é tão imanente, isto é, espiritual, quanto ôntico, ou seja, transcendente em relação a eles. Por meio da autoconsciência desse fato, eles conseguem se libertar de seu fetichismo. A reflexão filosófica assegura-se do não-conceitual no conceito. De outro modo, esse conceito seria, segundo o dito kantiano, vazio;

por fim, ele não seria mais absolutamente o conceito de algo e, com isso, seria nulo. A filosofia que reconhece esse fato, que extingue a autarquia do conceito, arranca a venda de seus olhos. Que o conceito seja conceito, mesmo quando trata do ente, não altera nada quanto ao fato de estar por sua vez entrelaçado em um todo não-conceitual do qual só se isola por meio de sua reificação, da reificação que certamente o institui enquanto conceito. Na lógica dialética, o conceito é um momento como outro qualquer. Nele, sua mediação pelo não-conceitual sobrevive graças ao seu significado, que fundamenta, por seu lado, o seu ser-conceito. O conceito é caracterizado por sua relação com o não-conceitual — assim como, finalmente, segundo a teoria do conhecimento tradicional, toda e qualquer definição de conceitos carece de momentos não-conceituais, dêiticos — tanto quanto, em contrapartida, por se distanciar do ôntico como unidade abstrata dos *onta* compreendidos nele. Alterar essa direção da conceptualidade, voltá-la para o não-idêntico, é a charneira da dialética negativa. Ante a intelecção do caráter constitutivo do não-conceitual no conceito dissolve-se a compulsão à identidade que, sem se deter em tal reflexão, o conceito traz consigo. Sua automeditação sobre o próprio sentido conduz para fora da aparência do ser-em-si do conceito enquanto unidade do sentido.

O desencantamento do conceito é o antídoto da filosofia. Ele impede o seu supercrescimento: ele impede que ela se autoabsolutize. É preciso refuncionalizar uma ideia que foi legada pelo idealismo e que foi corrompida por ele mais do que qualquer outra: a ideia do infinito. Não cabe à filosofia ser exaustiva segundo o que é usual na ciência, reduzindo os fenômenos a um número mínimo de proposições; isso vem à tona na polêmica de Hegel contra Fichte, o qual parte de uma "máxima". A filosofia quer mergulhar muito mais literalmente no que lhe é heterogêneo, sem o reduzir a categorias pré-fabricadas. Ela gostaria de se acomodar tão estreitamente ao heterogêneo quanto desejavam em vão os programas da fenomenologia e de Simmel: ela visa à exposição integral ao outro.* O conteúdo filosófico só pode ser apreendido onde a filosofia não o introduz do alto de sua autoridade. É preciso abandonar a ilusão de que ela poderia manter a essência cativa na finitude de suas determinações. Talvez a palavra "infinito" só tenha passado pelos lábios dos filósofos idealistas com uma facilidade tão fatal porque eles queriam aplacar a dúvida corrosiva quanto à mísera finitude de seu aparato conceitual — mesmo daquele de Hegel, apesar de sua intenção. A filosofia tradicional acredita possuir seu objeto como um objeto infinito e, assim,

* O termo *Entäußerung* possui uma relação com o ato de desfazer-se de algo e entregá-lo a um outro. Por isso, ele é normalmente traduzido por "renúncia" e "abdicação". No presente contexto, porém, Adorno emprega o termo de uma maneira diversa, quase etimológica. Ele o compreende aqui como a ação de se abrir para o elemento heterogêneo, de se entregar ao outro. A fim de acompanhar esse uso incomum do termo, optamos pela expressão "exposição ao outro". (N.T.)

enquanto filosofia, se torna finita, conclusiva. Uma filosofia transformada precisaria revogar essa petição, não poderia mais enredar a si mesma e aos outros na crença de que teria o infinito à sua disposição. Ao invés disso, porém, em um sentido atenuado, ela mesma se tornaria infinita na medida em que despreza a possibilidade de fixar-se em um *corpus* de teoremas enumeráveis. Ela teria o seu conteúdo na multiplicidade, não enquadrada em nenhum esquema, de objetos que se lhe impõem ou que ela procura; ela se abandonaria verdadeiramente a eles, sem usá-los como um espelho a partir do qual ela conseguiria depreender uma vez mais a si mesma, confundindo a sua imagem com a concreção. Ela não seria outra coisa senão a experiência plena, não reduzida, no *medium* da reflexão conceitual. Até mesmo a "ciência da experiência da consciência"* degradou os conteúdos de tal experiência, transformando-os em exemplos das categorias. O que leva a filosofia ao esforço arriscado de sua própria infinitude é a expectativa não-garantida de que todo singular e todo particular por ela decifrados representem em si, como a mônada leibniziana, aquele todo que, enquanto tal, constantemente lhe escapa uma vez mais; com certeza, muito mais com base em uma desarmonia previamente estabilizada do que em uma harmonia. A objeção metacrítica à *prima philosophia*** é ao mesmo tempo a objeção à finitude de uma filosofia que incensa com belas palavras a infinitude, mas não atenta para ela. O conhecimento não possui nenhum de seus objetos completamente. Ele não deve promover o aparecimento do fantasma de um todo. Assim, a tarefa de uma interpretação filosófica de obras de arte não pode ser produzir a identidade dessas obras com o conceito, consumi-las nesse conceito; não obstante, a obra desdobra-se em sua verdade por meio dessa identidade. Em contrapartida, o que pode ser abarcado, seja como prosseguimento regulado da abstração, seja como aplicação dos conceitos àquilo que é concebido em sua definição, pode ser útil enquanto técnica no sentido mais amplo possível: para uma filosofia que não se subordina, ele é indiferente. Em princípio, ela pode errar constantemente o caminho; e só por isso conquistar algo. O ceticismo e o pragmatismo, por fim ainda na versão extremamente humana desse último, na versão de Dewey, reconheceram esse fato; mas essa ideia precisaria ser introduzida como fermento em uma filosofia enfática e não renunciada em favor de sua prova de validade. Contra o domínio total do método, a filosofia contém, de maneira corretiva, o momento do jogo, que a tradição de sua cientificização gostaria de eliminar dela. Mesmo para Hegel esse era um ponto nevrálgico: ele rejeita "...tipos e distinções que são determinados pelo acaso extrínseco e pelo jogo, não pela razão".[6] O pensamento

* Subtítulo da *Fenomenologia do espírito*, de Hegel. (N.T.)

** "Filosofia primeira": expressão cunhada inicialmente por Aristóteles para designar a ciência do ser enquanto ser. Cf. entre outras passagens *Metafísica* 993a ss. (N.T.)

não-ingênuo sabe o quão pouco alcança o que é pensado, e, no entanto, sempre precisa falar como se o possuísse inteiramente. Isso o aproxima de uma cena de clowns. Mas ele não pode negar seus traços, uma vez que somente eles lhe abrem um fio de esperança quanto ao que lhe é recusado. Filosofia é o que há de mais sério dentre todas as coisas, e, no entanto, ela não é tão séria assim. Aquilo que aspira ao que ele mesmo não é já a priori e sobre o que não possui nenhum poder atestado notoriamente pertence ao mesmo tempo, segundo o seu próprio conceito, a uma esfera do indômito, que foi transformada em tabu pela essência conceitual. O conceito não consegue defender de outro modo a causa daquilo que reprime, a da *mimesis*, senão na medida em que se apropria de algo dessa mimesis em seu próprio modo de comportamento, sem se perder nela. Dessa forma, o momento estético, ainda que por uma razão totalmente diversa do que em Schelling, não é acidental para a filosofia. Não é menos sua tarefa, porém, suspendê-lo* na imperatividade de suas intelecções do que é real. Essas intelecções e o jogo são os seus polos. A afinidade da filosofia com a arte não lhe dá o direito de tomar empréstimo junto à arte; e esse fato se acirra ao máximo se pensarmos que esse empréstimo se dá em virtude das intuições que os bárbaros tomam como a prerrogativa da arte. Mesmo no trabalho artístico, elas quase nunca irrompem isoladas, como raios caídos do céu. Elas crescem juntamente com a lei formal do construto; se quiséssemos prepará-las de maneira artificial para vir à tona isoladamente, elas se dissolveriam. O pensamento não protege completamente nenhuma fonte, cujo frescor ele tivesse liberado do pensamento; não está disponível nenhum tipo de conhecimento que seja absolutamente diverso daquele que dispõe, daquele em relação ao qual o intuicionismo foge em pânico e em vão. A filosofia que quisesse imitar a arte, que quisesse ser por si mesma obra de arte, arriscaria a si mesma. Enquanto para a filosofia precisamente a sua relação com o heterogêneo é temática, ela postularia a pretensão de identidade: a pretensão de que o seu objeto imergisse nela, assinalando ao seu modo de procedimento uma supremacia à qual o heterogêneo se anexaria como material a priori. Arte e filosofia não têm o seu elemento comum na forma ou no procedimento configurador, mas em um modo de comportamento que proíbe a pseudomorfose. As duas permanecem incessantemente fiéis ao seu próprio teor através de sua oposição; a arte, na medida em que se enrijece contra as suas

* O termo alemão *Aufhebung* é o termo central da filosofia hegeliana. Sua tradução é dificultada pela complexidade semântica que lhe é inerente. *Aufhebung* significa ao mesmo tempo supressão, conservação e elevação. Uma opção que vem sendo por vezes utilizada em português é a tradução por "suprassunção". No entanto, em função da artificialidade de sua formação, só muito dificilmente se compreendem nessa palavra os três momentos do termo alemão. Com isso, optamos pela palavra "suspensão", que envolve em si de maneira muito mais imediata e direta a estrutura complexa em jogo na noção de *Aufhebung*. (N.T.)

significações; a filosofia, na medida em que não se atém a nenhuma imediatidade. O conceito filosófico não renuncia à nostalgia que anima a arte como algo não-conceitual e cujo preenchimento escapa de sua imediatidade como de uma aparência. *Organon* do pensamento e, não obstante, o muro entre este e aquilo que há para pensar, o conceito nega essa nostalgia. A filosofia não pode nem contornar uma tal negação, nem se curvar a ela. Nela reside o esforço de ir além do conceito por meio do conceito.

Mesmo depois de recusar o idealismo, a filosofia não pode abdicar da especulação — ainda que em um sentido mais amplo do que aquele hegeliano por demais positivo* — que o idealismo exaltou e que se tornou mal-afamada juntamente com ele. É fácil para os positivistas acusar o materialismo marxiano que parte de leis objetivas essenciais e, de maneira alguma, de dados imediatos ou proposições protocolares, de especulação. Para se purificar da suspeita de ideologia, é mais cômodo agora chamar Marx de metafísico do que inimigo de classes. O solo seguro, contudo, é um fantasma onde quer que a petição de verdade exija que nos elevemos para além dele. A filosofia não pode ser saciada com teoremas que gostariam de enredá-la e levá-la para fora de seu interesse essencial, ao invés de satisfazê-lo, ainda que com um não. Os contramovimentos antikantianos desde o século XIX pressentiram isso, apesar de sempre se comprometerem uma vez mais por meio do obscurantismo. A resistência da filosofia, contudo, carece de desenvolvimento. Mesmo a música, assim como toda arte, não satisfaz imediatamente o impulso que anima a cada vez o primeiro compasso, mas somente no decurso articulado. Nessa medida, por mais que ela mesma seja uma aparência enquanto totalidade, ela critica por meio dessa totalidade a aparência: a aparência da presença do conteúdo aqui e agora. Uma tal mediação não é menos adequada à filosofia. Se pretendesse dizê-lo rápido demais, então valeria para ela o veredicto hegeliano sobre a profundidade vazia. Assim como um romance que relata as visões metafísicas de seu protagonista não se torna por isso metafísico, a recitação de coisas profundas não torna alguém profundo. Exigir da filosofia que ela trate da questão do ser ou de outros temas centrais da

* "De resto, se ainda hoje em dia o ceticismo é frequentemente considerado um inimigo irresistível de todo saber positivo em geral e, com isso, também da filosofia, na medida em que o que está em questão para ela é o conhecimento positivo, então precisamos observar em contrapartida que de fato somente o pensamento finito, abstratamente intelectual, tem de temer o ceticismo e não está em condições de resistir a ele. Por outro lado, a filosofia contém em si o elemento cético como um momento, a saber, como o momento dialético. Com isso, porém, a filosofia não permanece parada junto ao resultado meramente negativo da dialética, tal como é o caso com o ceticismo. Esse desconhece o seu resultado, uma vez que o mantém como mera negação, isto é, como negação abstrata. Na medida em que a dialética tem o negativo como seu resultado, esse negativo é, justamente enquanto resultado, ao mesmo tempo o positivo, pois ele contém suspenso em si aquilo a partir do que ele resulta e não é sem ele. No entanto, essa é a determinação fundamental da terceira forma do elemento lógico, a saber, do especulativo ou positivo-racional." (Hegel, *Werke cit.*, 8, p.194s.)

metafísica ocidental é crer primitivamente no material. Com certeza, ela não pode se subtrair à dignidade objetiva daqueles temas. No entanto, não há nenhuma garantia de que o tratamento dos grandes objetos lhe seja próprio. Ela precisa temer a um tal ponto os caminhos batidos* da reflexão filosófica que seu interesse enfático acaba por buscar refúgio em objetos efêmeros, ainda não superdeterminados por intenções. A problemática filosófica tradicional precisa ser negada de modo determinado, encadeada como está com os seus problemas. O mundo amarrado objetivamente em suas bordas e transformado em uma totalidade não deixa a consciência livre.** Ele a fixa incessantemente no ponto de onde ela quer se evadir. O pensamento que começa de maneira alegre e jovial, porém, sem se preocupar com a configuração histórica de seus problemas, torna-se muito mais a sua presa. A filosofia só toma parte na ideia de profundidade em virtude de sua respiração pensante. Na modernidade, o modelo para tanto é a dedução kantiana dos puros conceitos do entendimento. Com uma ironia dotada de um caráter apologético abismal, Kant disse: ela está "estabelecida em uma dimensão algo profunda".[7] A profundidade também é um momento da dialética, e não uma qualidade isolada, como não escapou a Hegel. De acordo com uma tradição alemã abominável, os pensamentos que figuram como profundos são aqueles que se aliam à teodiceia do mal e da morte. É silenciado e inserido sub-repticiamente um *terminus ad quem* teológico, como se a dignidade do pensamento fosse decidida por seu resultado, pela confirmação da transcendência, ou mesmo pela imersão na interioridade, o mero ser-por-si; como se a retirada do mundo coincidisse sem mais com a consciência do fundamento do mundo. Em contraposição aos fantasmas da profundidade que, na história do espírito, sempre se deram muito bem com aquilo que existe, muito trivial para eles, a resistência seria a verdadeira medida da profundidade. O poder do existente erige as fachadas contra as quais se debate a consciência. Essa deve ousar atravessá-las. Somente isso arrancaria o postulado da profundidade à ideologia. O momento especulativo sobrevive em tal resistência: aquilo que não deixa sua lei ser prescrita pelos fatos dados, transcende-os ainda no contato mais estreito

* O termo alemão *einschleifen* possui dois sentidos básicos. Por um lado, designa o ato de gravar inscrições em uma certa superfície; por outro, a produçao de um hábito por meio de uma repetição exaustiva. Adorno certamente joga, nessa passagem, com os dois sentidos. Desse modo, optamos pelo adjetivo "batido" porque ele possui um campo semântico similar. (N.T.)

** Adorno vale-se nessa passagem do verbo alemão *schurzen*, que significa literalmente "suspender uma saia ou um vestido longo e amarrá-lo de tal forma que ele fique preso no pescoço como um avental (*Schurze*)". Esse verbo descreve no presente contexto a tentativa de fechar em uma totalidade plena o conceito de mundo e alude de maneira claramente irônica ao conceito de mundo enquanto campo de manifestação do ente na totalidade tal como esse conceito pode ser encontrado na obra *Ser e tempo*, de Martin Heidegger. Para resgatar a situação peculiar de um termo cotidiano para denominar um contexto teórico normalmente coberto por uma aura de seriedade máxima, optamos por uma tradução literal. (N.T.)

com os objetos e na recusa à transcendência sacrossanta. Lá onde o pensamento se projeta para além daquilo a que, resistindo, ele está ligado, acha-se a sua liberdade. Essa segue o ímpeto expressivo do sujeito. A necessidade de dar voz ao sofrimento é condição de toda verdade. Pois sofrimento é objetividade que pesa sobre o sujeito; aquilo que ele experimenta como seu elemento mais subjetivo, sua expressão, é objetivamente mediado.

Isso pode ajudar a explicar por que para a filosofia a sua apresentação não é algo indiferente e extrínseco, mas imanente à sua ideia. Seu momento expressivo integral, mimético-aconceitual, só é objetivado por meio da apresentação — da linguagem. A liberdade da filosofia não é outra coisa senão a capacidade de dar voz à sua não-liberdade. Se o momento expressivo se arvora como mais do que isso, ele se degenera em visão de mundo; se a filosofia se abstém do momento expressivo e do compromisso com a apresentação, ela é assimilada à ciência. Para ela, expressão e acuro lógico não são possibilidades dicotômicas. Eles necessitam um do outro, nenhum dos dois é sem o outro. A expressão é liberada de sua contingência por meio do pensamento, pelo qual a expressão se empenha exatamente como o pensamento se empenha por ela. O pensamento só se torna conclusivo enquanto algo expresso, somente por meio da apresentação linguística; o que é dito de modo frouxo é mal pensado. Por intermédio da expressão, o acuro lógico é conquistado laboriosamente para o que é expresso. A expressão não é nenhum fim em si mesmo levado a termo à custa do que é expresso, mas o subtrai à inessência coisal,* por sua parte objeto de crítica filosófica. Uma filosofia especulativa sem uma base idealista exige a fidelidade ao acuro lógico para quebrar a sua pretensão autoritária de poder. Benjamin, cujo projeto original das *Passagens* uniu de maneira incomparável capacidade especulativa com proximidade micrológica aos conteúdos objetivos, avaliou mais tarde em uma correspondência sobre o primeiro estrato propriamente metafísico desse trabalho que ele só podia ser levado a cabo de modo "ilicitamente 'poético'".[8] Essa declaração de capitulação designa a dificuldade de uma filosofia que não quer abandonar seu caminho tanto quanto o ponto em que seu conceito precisa ser levado adiante. Ela foi certamente provocada pela assunção de olhos fechados do materialismo dialético, assunção essa estabelecida como que em termos de visão de mundo. O fato, porém, de Benjamin não ter se decidido por uma ver-

* A língua alemã possui fundamentalmente duas palavras para designar coisa — *Sache* e *Ding* —, que são normalmente usadas como sinônimos e na maioria das vezes permanecem indiferenciadas. Na palavra "*Ding*", contudo, o que está em questão é normalmente a coisa antes de toda e qualquer objetivação. Exatamente por isso, não se utiliza em alemão a expressão *Sache-an-sich*, mas apenas *Ding-an-sich* para denominar a "coisa-em-si", a coisa independentemente de todas as suas relações com o sujeito da representação. Na passagem acima, Adorno utiliza o adjetivo *dinghaft*. Uma tradução possível seria usar o termo "objetivo". Para seguir de maneira mais próxima o texto, porém, optamos por uma tradução um pouco mais incomum: "coisal". (N.T.)

são definitiva da teoria das passagens adverte-nos que a filosofia só continua sendo algo mais do que mero funcionamento lá onde se expõe ao fracasso total, enquanto resposta à segurança absoluta que tradicionalmente se inscreve de maneira sub-reptícia. O derrotismo de Benjamin ante o próprio pensamento foi condicionado por um resto de positividade não-dialética inalterada quanto à forma que ele arrastou consigo da fase teológica para a fase materialista. Em contrapartida, a equiparação hegeliana da negatividade com o pensamento, que segundo ele protegeu a filosofia da positividade da ciência tanto quanto da contingência diletante, possui o seu conteúdo de experiência. Pensar é, já em si, antes de todo e qualquer conteúdo particular, negar, é resistir ao que lhe é imposto; o pensamento herdou esse traço da relação do trabalho com seu material, com seu arquétipo.* Se hoje mais do que nunca a ideologia incita o pensamento à positividade, ela registra astutamente o fato de que justamente essa positividade é contrária ao pensamento e de que se carece do encorajamento amistoso da autoridade social para habituá-lo à positividade. O esforço que está implícito no conceito do próprio pensamento, como contraparte à intuição passiva, já é negativo, uma rebelião contra a pretensão de todo elemento imediato de que é preciso se curvar a ele. Juízo e conclusão, as formas de pensamento que mesmo a crítica ao pensamento não consegue evitar, contêm em si germes críticos; sua determinação é sempre ao mesmo tempo exclusão daquilo que não é por eles alcançado, e a verdade que querem organizar nega, ainda que com um direito questionável, aquilo que não é cunhado por eles. O juízo segundo o qual algo é de tal modo rejeita potencialmente que a relação de seu sujeito e de seu predicado seja diversa da que é expressa no juízo. As formas de pensamento querem ir além daquilo que está meramente presente, daquilo que é "dado". A ponta aguda que o pensamento dirige contra o seu material não é apenas a dominação espiritualizada da natureza. Violentando aquilo sobre o que exerce suas sínteses, o pensamento segue ao mesmo tempo um potencial que aguarda naquilo que está à sua frente e obedece inconscientemente à ideia de ressarcir os fragmentos pelo que ele mesmo perpetrou; para a filosofia, esse elemento não-consciente torna-se consciente. O pensamento irreconciliável é acompanhado pela esperança de reconciliação porque a resistência do pensamento ao meramente ente, a liberdade imperiosa do sujeito, também procura obter do objeto aquilo que se perdeu por meio de sua transformação em objeto.

A especulação tradicional desenvolveu a síntese da multiplicidade por ela representada como caótica, sobre uma base kantiana, e, por fim, procurou tecer a partir de si todo conteúdo. Em contrapartida, o *telos* da filosofia, o aberto e não-encoberto, é antissistemático quanto a sua liberdade de interpretar fenô-

---

* *Urbild* significa literalmente "o modelo (*Bild*) originário (Ur-)". (N.T.)

menos com os quais ela se confronta desarmada. No entanto, a filosofia precisa manter o sistema na medida em que o que lhe é heterogêneo se lhe apresenta enquanto sistema. E é nessa direção que se move o mundo administrado. O sistema é a objetividade negativa, não o sujeito positivo. Em uma fase histórica na qual os sistemas, por considerarem seriamente os conteúdos, foram relegados ao reino ominoso da criação poética do pensamento e na qual só restaram deles o contorno pálido do esquema ordenador, é difícil imaginar de forma viva o que pode ter um dia impelido o espírito filosófico ao sistema. A virtude da tomada de partido não deve impedir a consideração da história da filosofia de reconhecer o quão superior o sistema, seja em uma vertente racionalista ou idealista, se mostrou por mais de dois séculos em relação aos seus adversários: comparados com ele, esses adversários parecem triviais. Os sistemas realizam algo, eles interpretam o mundo; os outros nunca passam, a bem dizer, de uma afirmação insistente: assim não dá; eles se resignam, fracassam em um duplo sentido. Se tivessem mais verdade ao final, isso falaria a favor do caráter efêmero da filosofia. Em todo caso, seria sua incumbência arrancar tal verdade à sua condição subalterna e defendê-la contra as filosofias que não se denominam as mais elevadas apenas por um excesso de presunção: sobretudo ao materialismo pesa até hoje o fato de ter sido inventado em Abdera. De acordo com a crítica nietzschiana, o sistema não fazia outra coisa senão documentar a mesquinharia dos eruditos que se vingavam da impotência política por meio de uma construção conceitual de seu direito por assim dizer administrativo de dispor sobre o ente. O carecimento sistemático, porém, o carecimento por não se contentar com os *membra disiecta** do saber, mas exigir o saber absoluto cuja requisição já é levantada de maneira involuntária no caráter concludente de cada juízo particular, foi por algum tempo mais do que a pseudomorfose do espírito com respeito ao método das ciências matemáticas e naturais cujos sucessos são irresistíveis. Em termos histórico-filosóficos, os sistemas, sobretudo aqueles do século XVII, tinham uma meta compensatória. A mesma *ratio* que, em sintonia com o interesse da classe burguesa, tinha destruído a ordem feudal e a figura espiritual de sua reflexão, a ontologia escolástica, sentiu medo do caos ao se ver diante dos destroços, sua própria obra. Ela treme ante o que, sob seu âmbito de dominação, perdura de maneira ameaçadora e se fortalece de modo proporcional ao seu próprio poder. Tal temor cunhou em seus primórdios o modo de procedimento constitutivo do pensamento burguês em seu conjunto, que consiste em neutralizar rapidamente todo passo em direção à emancipação por meio do fortalecimento da ordem. À sombra da incompletude de sua emancipação, a consciência burguesa precisa temer vir a ser anulada por uma

* Em latim no original: membros dissecados. (N.T.)

consciência mais avançada; ela pressente que, por não ser toda a liberdade, só reproduz a imagem deformada dessa última. Por isso, ela estende teoricamente a sua autonomia ao sistema que se assemelha ao mesmo tempo aos seus mecanismos de coerção. A *ratio* burguesa propôs-se produzir a partir de si mesma a ordem que tinha negado no exterior. Todavia, enquanto uma ordem produzida, essa não é mais ordem alguma; por isso, torna-se insaciável. O sistema era uma tal ordem gerada de maneira racional e insensata: algo posicionado que se apresenta como algo em si. Ele precisou transpor a sua origem para o interior do pensamento formal, cindido de seu conteúdo; ele não podia exercer de outro modo o seu domínio sobre o material. O sistema filosófico foi desde o início antinômico. Nele, o ponto de partida fundiu-se com a sua própria impossibilidade; no início da história dos sistemas modernos, justamente essa impossibilidade condenou cada um deles a ser aniquilado pelo seguinte. A *ratio* que, para se impor como sistema, eliminou virtualmente todas as determinações qualitativas às quais se achava ligada caiu em uma contradição irreconciliável com a objetividade que violentou, pretendendo compreendê-la. Ela se distanciou tanto mais amplamente dessa objetividade quanto mais plenamente a submeteu aos seus axiomas, por fim, ao axioma da identidade. O pedantismo de todos os sistemas, até as complicações arquitetônicas de Kant e, apesar de seu programa, mesmo de Hegel, são as marcas de um insucesso determinado a priori, documentado com uma sinceridade incomparável nas falhas do sistema kantiano; já em Molière, o pedantismo é um elemento central da ontologia do espírito burguês. Aquilo que, no que há para conceber, escapa à identidade do conceito impele esse último à organização excessiva, de modo que não se levante absolutamente nenhuma dúvida quanto à inatacável exaustividade, à completude e à exatidão do produto do pensamento. A grande filosofia foi acompanhada pelo zelo paranoico de não tolerar nada senão ela mesma. O mais mínimo resto de não-identidade era suficiente para desmentir a identidade, totalmente segundo o seu conceito. As excrescências dos sistemas desde a glândula pineal de Descartes e os axiomas e definições de Spinoza, nos quais já está injetado todo o racionalismo que ele extrai posteriormente de maneira dedutiva, manifestam por meio de sua não-verdade a não-verdade dos próprios sistemas, sua loucura.

O sistema no qual o espírito soberano se imaginava transfigurado tem a sua história primordial no elemento pré-espiritual, na vida animal da espécie. Predadores são famintos; o salto sobre a presa é difícil e com frequência perigoso. Para que o animal se arrisque a dá-lo, ele necessita certamente de impulsos adicionais. Esses impulsos fundem-se com o desprazer da fome na fúria contra a vítima, fúria essa cuja expressão a aterroriza e paralisa convenientemente. No progresso que leva até a humanidade, isso é racionalizado por meio de projeção.

O *animal rationale** que tem apetite por seu adversário precisa, já detentor feliz de um supereu, encontrar uma razão. Quanto mais plenamente o que ele faz segue a lei da autoconservação, tanto menos pode conferir o primado dessa auto-conservação a si mesmo e aos outros; senão o status arduamente alcançado do ζῷον πολιτικόν** — como se diz em alemão moderno — perderia sua credibilidade. O ser vivo que se quer devorar precisa ser mau. Esse esquema antropológico sublimou-se até o cerne da teoria do conhecimento. No idealismo — mais expressamente em Fichte — vige inconscientemente a ideologia de que o não-eu, *l'autrui*, por fim tudo aquilo que evoca a natureza, é inferior; e isso para que a unidade do pensamento que conserva a si mesmo possa engoli-lo sem escrúpulos. Isso justifica o seu princípio, assim como aumenta a avidez. O sistema é a barriga que se tornou espírito, a fúria é a marca registrada de todo e qualquer idealismo; essa fúria desfigura até mesmo a humanidade de Kant, contradiz o nimbo do mais elevado e do mais nobre com o qual ela costumava se cobrir. A imagem do homem no centro está irmanada com o desprezo pelo homem: não deixar nada inconteste. A inexorabilidade sublime da lei moral foi talhada por essa fúria racionalizada contra o não-idêntico e mesmo o liberal Hegel não foi melhor ao repreender com a superioridade da má consciência aqueles que se recusam ao conceito especulativo, à hipóstase do espírito.*** O elemento libertador em Nietzsche, verdadeiramente uma viragem do pensamento ocidental que foi simplesmente usurpada pelos que vieram depois, consistia em expor tais mistérios. O espírito que rejeita a racionalização — seu sortilégio — deixa de ser, por força de sua autorreflexão, o mal radical que o estimula no outro. — O processo, contudo, no qual os sistemas se decompuseram em virtude de sua própria insuficiência, faz contraponto ao processo social. Enquanto princípio de troca, a *ratio* burguesa realmente assimilou aos sistemas com um sucesso crescente, ainda que potencialmente assassino, tudo aquilo que queria tornar comensurável a si mesma, identificar consigo, deixando sempre cada vez menos de fora. Aquilo que se revelou como vão na teoria foi confirmado ironicamente pela práxis. Por isso, enquanto ideologia, falar da crise do sistema passou a ser algo dileto mesmo junto a todos aqueles tipos que anteriormente, não cansavam de expressar tons profundos cheios de rancor sobre o *aperçu*****, seguindo o ideal já obsoleto do sistema. A realidade não deve mais ser construída porque ela precisaria ser

* Adorno utiliza nessa passagem a expressão em francês para "animal racional". (N.T.)

** Em grego no original: animal político. (N.T.)

*** "O pensamento ou a representação que concebe apenas um ser determinado, a existência, precisa ser reconduzido ao mencionado começo da ciência, a Parmênides, que purificou e elevou sua representação e, com isso, também aquela do tempo subsequente, ao pensamento puro, ao ser enquanto tal, criando, assim, o elemento da ciência." (Hegel, WW 4, p.96).

**** Em francês no original: percebido. (N.T.)

construída de maneira por demais fundamental. Sua irracionalidade, que se intensifica sob a pressão de uma racionalidade particular, ou seja, a desintegração por meio da integração, oferece pretextos para tanto. Se a sociedade fosse compreendida enquanto sistema fechado e, com isso, irreconciliável com os sujeitos, ela se tornaria por demais penosa para os sujeitos, se eles ainda se mostrassem como algo desse gênero. A pretensa angústia existencial exprime a claustrofobia da sociedade que se transformou em sistema. Seu caráter de sistema, que ainda ontem era o *schibboleth** da filosofia escolástica, é propositalmente negado pelos adeptos dessa filosofia; impunemente, eles podem se fazer passar aí por porta-vozes do pensamento livre, originário, quiçá não-acadêmico. Um tal abuso não anula a crítica ao sistema. Toda filosofia em sentido enfático, em contraposição à filosofia cética que renunciou à ênfase, tinha em comum a sentença de que a filosofia só é possível como sistema. Essa sentença paralisou a filosofia quase tanto quanto as correntes empiristas. Aquilo sobre o que ela devia fornecer primeiramente um juízo pertinente é postulado antes mesmo de o juízo ser proferido. O sistema, uma forma de representação de uma totalidade para a qual nada permanece exterior, posiciona o pensamento absolutamente ante todo e qualquer conteúdo e volatiza o conteúdo em pensamentos: de maneira idealista antes de toda argumentação em favor do idealismo.

Mas a crítica não liquida simplesmente o sistema. No apogeu do iluminismo, D'Alembert distinguiu com razão o *esprit de système* do *esprit systématique* e o método da *encyclopédie* levou em conta essa distinção. O que fala a favor do *esprit systématique* não é apenas o motivo trivial da vinculação que, certamente, se cristaliza antes na desvinculação; ele não satisfaz apenas a avidez dos burocratas por enfiar tudo em suas categorias. A forma do sistema é adequada ao mundo que, segundo seu conteúdo, se subtrai à hegemonia do pensamento; unidade e concordância são, porém, ao mesmo tempo a projeção deformada de um estado pacificado, que não é mais antagônico, sobre as coordenadas do pensar dominante, repressivo. O duplo sentido da sistemática filosófica não deixa outra escolha senão transpor a força do pensamento, um dia desvinculada dos sistemas, para a determinação aberta dos momentos particulares. Isso não era inteiramente estranho à lógica hegeliana. A microanálise das categorias particulares, entrando em cena ao mesmo tempo como a sua autorreflexão objetiva, devia, sem levar em consideração coisa alguma imposta do alto, deixar cada conceito passar para o seu outro. Para ele, era a totalidade desse movimento que significava por fim o sistema. Entre esse conceito, conclusivo e com isso paralisante, e o conceito da dinâmica enquanto o conceito da produção pura-

* *Schibboleth*: vocábulo da língua inglesa que designa um costume ou um princípio outrora aceito e amplamente difundido que perdeu quase completamente sua significação. (N.T.)

mente autárquica a partir do sujeito, uma produção que constitui toda a sistemática filosófica, impera contradição assim como afinidade. Hegel só pôde equilibrar a tensão entre estática e dinâmica graças à construção do princípio da unidade, do espírito, enquanto algo que ao mesmo tempo é em si e vem-a-ser de maneira pura, retomando o *actus purus** aristotélico-escolástico. O disparate dessa construção, que sincopa a produção subjetiva e a ontologia, o nominalismo e o realismo, se mantém no ponto arquimediano, impedindo mesmo em um sentido imanente ao sistema a resolução dessa tensão. Não obstante, um tal conceito filosófico de sistema eleva-se muito acima de uma sistemática meramente científica, que exige uma exposição ordenada e plenamente organizada das ideias, a estruturação consequente das disciplinas especializadas, sem, contudo, insistir estritamente, visto a partir do objeto, na unidade interna dos momentos. Do mesmo modo que seu postulado permanece preso à pressuposição da identidade de todo ente com o princípio do conhecimento, esse postulado, um dia tão sobrecarregado quanto na especulação idealista, recorda por outro lado legitimamente a mútua afinidade dos objetos que é transformada em tabu pela carência de ordem cientificista, para então ceder ao substituto de seus esquemas. Isso de que os objetos comungam, ao invés de cada um ser o átomo no qual a lógica classificatória o transformou, é um rasto da determinação dos objetos em si que Kant negou e Hegel quis restabelecer contra ele através do sujeito. Conceber uma coisa mesma e não meramente adaptá-la, reportá-la ao sistema de referências, não é outra coisa senão perceber o momento particular em sua conexão imanente com outros momentos. Sob o invólucro crepitante do idealismo absoluto, um tal antissubjetivismo se move na inclinação para trazer à luz as coisas a serem respectivamente tratadas por meio do recurso ao modo como vieram a ser. A concepção do sistema recorda, em uma figura invertida, a coerência do não-idêntico que é precisamente ferida pela sistemática dedutiva. A crítica ao sistema e o pensamento assistemático permanecem extrínsecos até o momento em que não conseguem liberar a força de coerência que os sistemas idealistas assinalaram ao sujeito transcendental.

O princípio do eu fundador de sistemas, o método puro pré-ordenado a todo e qualquer conteúdo, sempre foi o princípio da *ratio*. Essa não é limitada por nada que venha de fora, nem mesmo pela assim chamada ordem espiritual. Atestando em todos os seus níveis uma infinitude positiva a seu princípio, o idealismo transforma a constituição do pensamento, sua autonomização histórica, em metafísica. Ele elimina todo ente heterogêneo. Isso determina o sistema como puro devir, como puro processo, e, por fim, como aquela produção absoluta que Fichte — nessa medida o autêntico pensador sistemático da filosofia — declara como sendo o pensamento. Já em Kant, a *ratio* emancipada, o *progres-*

* Em latim no original: ato puro. (N.T.)

sus ad infinitum,* só era detida por meio do reconhecimento ao menos formal do não-idêntico. A antinomia da totalidade e da infinitude — pois o incansável *ad infinitum* explode o sistema que repousa em si e que, porém, não deve a sua origem senão à infinitude — é uma antinomia da essência idealista. Ela reproduz uma antinomia central da sociedade burguesa. Essa também precisa, para conservar a si mesma, para permanecer idêntica a si mesma, para "ser", expandir-se continuamente, prosseguir, lançar sempre para mais além os limites, não respeitar nenhum deles, não permanecer igual a si mesma.[9] Foi-lhe demonstrado que, no momento em que alcançasse um nível limite, em que não pudesse mais dispor sobre espaços não-capitalistas fora dela mesma, ela precisaria se suspender segundo seu conceito. Isso esclarece por que para a Antiguidade, apesar de Aristóteles, o conceito moderno da dinâmica tanto quanto o de sistema eram inapropriados. Mesmo a Platão, de cujos diálogos tantos assumiram a forma aporética, esses dois conceitos só poderiam ser imputados de maneira retrospectiva. A censura feita por Kant, por essa razão, aos antigos não é tão pura e simplesmente lógica quanto é apresentada, mas histórica: inteiramente moderna. Por outro lado, a sistemática entrou a tal ponto na carne da consciência moderna que até mesmo as aspirações husserlianas antissistemáticas, que se instituíram sob o nome de ontologia e das quais se ramificou, então, a ontologia fundamental, retrocedem irresistivelmente ao sistema, ao preço de sua formalização. De tal modo entrecruzadas, a essência estática e a essência dinâmica do sistema acham-se sempre novamente em conflito. Se o sistema deve ser de fato fechado, se ele não deve tolerar nada fora de seu círculo mágico, então se torna, por mais dinâmico que seja concebido, finito enquanto infinitude positiva, estático. O fato de portar assim a si mesmo, como Hegel o dizia, decantando o seu próprio sistema, leva-o a parar. Sistemas fechados precisam, dito de maneira grosseira, estar prontos. Bizarrices, como aquela que se atribui sempre, uma vez mais, a Hegel de que a história do mundo alcançou o seu acabamento no Estado prussiano, não são nem meras aberrações com fins ideológicos nem irrelevantes em relação ao todo. Em seu necessário contrassenso decompõe-se a unidade requisitada entre sistema e dinâmica. Essa dinâmica, na medida em que nega o conceito de limite e se assegura enquanto teoria do fato de que ainda há sempre algo fora, também possui a tendência a desmentir o sistema, seu produto. Não seria infrutífero tratar a história da filosofia moderna sob o aspecto de como ela se acomodou ao antagonismo entre estática e dinâmica no sistema. O sistema hegeliano não foi em si verdadeiramente um sistema deveniente, mas já estava implicitamente pré-pensado em cada uma de suas determinações particulares. Um tal asseguramento condenou-o à não-verdade. É quase sem consciência que

* Em latim no original: o progresso ao infinito. (N.T.)

a consciência precisaria imergir nos fenômenos em relação aos quais ela toma uma posição. Com isso, a dialética certamente se transforma de maneira qualitativa. A consonância sistemática se decomporia. O fenômeno não permaneceria por mais tempo aquilo que continua sendo em Hegel apesar de todas as suas declarações contrárias: exemplo de seu conceito. Isso comporta mais trabalho e esforço ao pensamento do que Hegel denomina porque nele o pensamento não faz outra coisa senão extrair de seus objetos aquilo que em si já é pensamento. Apesar do programa da exteriorização, ele se satisfaz em si mesmo, se isola, por mais que também exija com frequência o contrário. Se o pensamento realmente se exteriorizasse na coisa, se ele valesse por ela e não por suas categorias, então o objeto começaria a falar sob o olhar insistente do próprio pensamento. Hegel opunha à teoria do conhecimento que só nos tornamos ferreiros batendo o ferro, na execução do conhecimento junto àquilo que lhe apresenta resistência, de modo por assim dizer ateórico. Nesse caso, é preciso tomá-lo ao pé da letra; essa é a única maneira de devolver à filosofia a assim chamada por Hegel liberdade para o objeto, uma liberdade que ela tinha perdido sob o encanto do conceito de liberdade, da autonomia do sujeito instauradora de sentido. No entanto, a força especulativa capaz de lançar pelos ares o indissolúvel é a força da negação. É somente nela que sobrevive o caráter sistemático. As categorias da crítica ao sistema são ao mesmo tempo aquelas que concebem o particular. O que um dia ultrapassou legitimamente o particular no sistema tem seus sítios fora do sistema. A visão, que interpretando colhe no fenômeno mais do que ele simplesmente é, e, unicamente por meio daí, o que ele é, seculariza a metafísica. Só os fragmentos enquanto forma da filosofia seriam capazes de entregar às mônadas projetadas de maneira ilusória pelo idealismo o que lhes é devido. Elas seriam representações no particular da totalidade irrepresentável enquanto tal.

O pensamento, que não tem o direito de hipostasiar nada positivamente fora da execução dialética, lança-se para além do objeto com o qual ele não pode mais fingir ser idêntico; ele se torna mais independente do que na concepção de sua absolutidade na qual se conjugam o soberano e o condescendente, um dependendo em si do outro. Talvez fosse isso que Kant tinha em vista ao permitir à esfera inteligível que ela não guardasse nada imanente. Imersão no particular, a imanência dialética elevada ao extremo também necessita enquanto seu momento da liberdade sair do objeto, a liberdade que é suprimida pela requisição de identidade. Hegel a teria criticado: ele se remetia à completa mediação nos objetos. Na prática do conhecimento, na dissolução do indissolúvel, o momento de uma tal transcendência do pensamento vem à luz junto ao fato de essa transcendência só dispor enquanto micrologia de meios macrológicos. A exigência de ser vinculante sem sistema é a exigência por modelos de pensamento. Esses modelos não são de um tipo meramente monadológico. O modelo diz respeito ao específico e mais do que específico, sem fazê-lo volatizar-se em seu conceito mais genérico supraordenado. Pensar filosoficamente significa o mesmo que pensar em modelos; a dialética negativa é um *ensemble* de análises de modelos. A filosofia se rebaixaria novamente a uma afirmação consoladora se iludisse a si mesma e aos outros quanto ao fato de que, quaisquer que sejam os meios com os quais movimenta seus objetos em si mesma, também precisaria infundir-se neles de fora. Aquilo que espera neles mesmos carece da intervenção para falar, com a perspectiva de que as forças mobilizadas de fora, por fim todas as teorias aplicadas aos fenômenos, acabariam por se aquietar naqueles objetos. É também nessa medida que a teoria filosófica designa seu próprio fim: por meio de sua realização. Não faltam intenções análogas na história. O conceito supremo do Esclarecimento francês, o conceito de razão, considerado em sua forma, fornece-lhe algo sistemático: a imbricação constitutiva de sua ideia de razão, contudo, com a ideia de uma organização objetivamente racional da sociedade retira do sistema o *pathos* que ele só reconquista uma vez mais no momento em que a razão enquanto ideia renuncia à sua própria realização e se absolutiza no espírito. O pensamento enquanto enciclopédia, algo racionalmente organizado, e não obstante descontínuo, assistemático e mais espontâneo, exprime o espírito autocrítico da razão. Esse representa* aquilo que escapou da filosofia, tanto por meio de sua distância crescente em relação à prática quanto por meio de sua integração no funcionamento acadêmico: a experiência do mundo, aquela visão para a realidade cujo pensamento também constitui um momento. A liberdade do espírito não é nada além disso. No entanto, o pensamento não pode prescindir nem do elemento do *homme de lettres*, difamado pelo *ethos* científico pequeno-burguês, nem do elemento do qual abusa a filosofia cientificizada: o autorrecolhimento meditativo, o argumento que encontrou tanto ceticismo. Sempre que a filosofia foi substancial, esses dois momentos se conjugaram. A partir de uma certa distância, a dialética precisaria ser caracterizada como o esforço elevado à autoconsciência por deixar-se tornar permeável. De outro modo, o argumento especializado degenera-se em técnica de especialistas desprovidos de conceitos em meio ao conceito, tal como se expande hoje academicamente na assim chamada filosofia analítica passível de ser aprendida e copiada por robôs. O imanentemente argumentativo é legítimo quando se porta receptivamente em relação à realidade integrada em sistema, a fim de recolher suas próprias forças contra ela. O que há de livre no pensamento, em contrapartida, representa a instância que já sabe sobre o não-verdadeiro enfático daquela conexão. Sem esse saber, ele não eclodiria: sem se apropriar da violência do sistema, ele falharia. O fato de os dois

* *Vertreten* significa representar no sentido de tomar o lugar de alguém, e não no de produzir uma representação de algo. (N.T.)

momentos não se fundirem sem quebra tem sua razão no poder real do sistema que absorve mesmo aquilo que potencialmente o ultrapassa. A não-verdade da própria conexão imanente, contudo, revela-se para a experiência imponente de que o mundo, que se organiza de maneira tão sistemática como se fosse a razão realizada, glorificada por Hegel, eterniza ao mesmo tempo em sua antiga irrazão a impotência do espírito que parece onipotente. A crítica imanente do idealismo defende o idealismo na medida em que mostra o quanto ele engana a si mesmo; o quanto aquilo que é o primeiro e que, para ele, é sempre o espírito, se acha em cumplicidade com o predomínio cego do simples ente. A doutrina do espírito absoluto favorece imediatamente uma tal cumplicidade. — O consenso científico tenderia a admitir que a experiência também implica teoria. Essa, porém, não passa de um "ponto de vista" no máximo hipotético. Representantes conciliadores do cientificismo exigem que aquilo que chamam de ciência séria ou honesta preste contas sobre tais pressupostos. E precisamente essa exigência é incompatível com a experiência intelectual. Se exigirmos dela um ponto de vista, então esse ponto de vista seria o daquele que está comendo em relação ao assado. Ela vive desse ponto de vista, na medida em que o devora: somente se ele imergisse nela isso seria filosofia. Até esse momento, a teoria incorpora na experiência espiritual aquela disciplina que, em relação a Kant, Goethe já achava dolorosa. Se a experiência se entregasse apenas à sua dinâmica e à sua felicidade, então não haveria nenhum ponto de apoio. A ideologia está à espreita do espírito que, alegrando-se consigo mesmo como o Zaratustra de Nietzsche, quase se transforma irresistivelmente no absoluto para si mesmo. A teoria impede isso. Ela corrige a ingenuidade da autoconfiança do espírito, sem que ele precise, porém, sacrificar a espontaneidade em direção à qual a teoria, por sua parte, quer aceder. Pois de maneira alguma desaparece a diferença entre a assim chamada parcela subjetiva da experiência intelectual e o seu objeto; o esforço necessário e doloroso do sujeito cognoscente o atesta. No estado irreconciliado, a não-identidade é experimentada como algo negativo. Diante disso, o sujeito se retrai em direção a si mesmo e à plenitude de seus modos de reação. Somente uma autorreflexão crítica o protege contra a limitação de uma tal plenitude e contra a construção de um muro entre si mesmo e o objeto, contra a suposição de seu ser-por-si como o em-si e por-si. Quanto menos é possível afirmar a identidade entre sujeito e objeto, tanto mais contraditório se torna aquilo que é atribuído ao sujeito como cognoscente, uma força desatrelada e uma autorreflexão aberta. A teoria e a experiência espiritual carecem de seu efeito recíproco. Aquela não tem respostas para tudo, mas reage ao mundo falso até o seu ponto mais íntimo. A teoria não possui nenhuma jurisdição sobre aquilo que se subtrai a seu encantamento. A mobilidade é essencial para a consciência, não é nenhuma propriedade contingente. Ela visa a um duplo modo de comportamento: aquele que vem do interior, o processo imanente, o comportamento propriamente dialético; e um comportamento livre, que vem à tona como que a partir da dialética, sem vinculação. Todavia, os dois não são apenas incongruentes. O pensamento não-regulamentado possui uma afinidade eletiva com a dialética que, enquanto crítica ao sistema, lembra aquilo que estaria fora do sistema; e a força que libera o movimento dialético no conhecimento é aquela que se erige contra o sistema. Essas duas posições da consciência ligam-se por meio da crítica recíproca, não por meio de um compromisso.

Uma dialética que não está mais "colada" à identidade[10] provoca, se não a objeção da carência de fundamento que pode ser reconhecida junto a seus frutos fascistas, a objeção de causar vertigens. Esse sentimento é central para a poesia moderna desde Baudelaire; de maneira anacrônica faz-se a filosofia entender que ela não deveria ter nada em comum com algo desse gênero. Deve-se dizer o que quiser; Karl Kraus precisou experimentar que, quanto mais exatamente cada uma de suas proposições exprimia isso, justamente por causa de uma tal exatidão, a consciência reificada gritava que sua cabeça girava como uma roda de moinho. O sentido de uma tal reclamação pode ser apreendido em um uso da opinião dominante. Ela adora apresentar alternativas entre as quais se deve escolher, uma das quais se deve marcar com uma cruz. Assim, as decisões de uma administração reduzem-se frequentemente ao sim ou não a projetos submetidos à aprovação; sub-repticiamente, o pensar administrativo transformou-se em modelo aspirado mesmo por um pensar supostamente ainda livre. Ao pensamento filosófico, porém, em suas situações essenciais, cabe não jogar esse jogo. A alternativa previamente dada já é um fragmento de heteronomia. Somente aquela consciência da qual se exige de antemão, de modo moralista, uma decisão poderia julgar a legitimidade de reivindicações alternativas. A insistência na confissão de um ponto de vista próprio é a coação da consciência moral estendida até o interior da teoria. A essa coação corresponde a simplificação grosseira que não conserva nem mesmo o elemento verdadeiro junto aos grandes teoremas depois da eliminação do supérfluo. Marx e Engels, por exemplo, opuseram-se a que se trivializasse a teoria dinâmica das classes e a sua expressão econômica radicalizada por meio da contradição mais simples entre pobre e rico. A essência é falsificada por meio do resumo do essencial. Uma filosofia que se rebaixasse àquilo que Hegel já ridicularizava, que se acomodasse ao leitor benevolente em meio a explicações sobre aquilo que é preciso pensar junto a cada pensamento, associar-se-ia à regressão acossante, sem ser capaz de seguir o seu passo. Por detrás da preocupação em saber onde ela poderia afinal ser aferrada encontra-se, na maioria das vezes, apenas a agressão, o desejo de agarrá-la, tal como historicamente as escolas se devoraram mutuamente. A equivalência entre culpa e expiação transportou-se para a sucessão dos pensamentos. É justamente essa assimilação do espírito ao princípio dominante que precisa ser trazida à luz pela reflexão filosófica. O pensamento tradicional e os hábitos do saudável entendimento humano que ele deixa para trás depois de ter desaparecido filosoficamente exigem um sistema de referências, um *frame of reference* no qual tudo possa encontrar seu lugar. Não se atribui nem mesmo muito valor à inteligibilidade do sistema de referências — ele pode ser sedimentado até mesmo em axiomas dogmáticos — porquanto toda reflexão é localizável e o pensamento não previsto é mantido afastado. Em contrapartida, para que frutifique, o conhecimento se joga *à fond perdu* nos objetos. A vertigem que isso provoca é um *index veri*;* o choque do aberto, a negatividade com a qual ele se manifesta necessariamente no que é previsto e sempre igual, não-verdade apenas para o não-verdadeiro.

A desmontagem dos sistemas e do sistema não é nenhum ato epistemológico formal. O que o sistema quis outrora alcançar para os detalhes só pode ser buscado neles. Nem se ele está lá, nem o que ele é estão garantidos de antemão para o pensamento. É só assim que o discurso completamente abusivo sobre a verdade enquanto o concreto conquistaria seu sentido. Ele obriga o pensamento a permanecer diante do mais ínfimo. Não se deve filosofar sobre o concreto, e sim muito mais a partir dele. A entrega ao objeto específico, porém, cai sob a suspeita de falta de uma posição inequívoca. O que é diverso do existente passa a seus próprios olhos por bruxaria, enquanto no mundo falso proximidade, terra natal e segurança são, por sua vez, figuras do sortilégio. Com esse, os homens temem perder tudo porque não conhecem nenhuma outra felicidade, nem mesmo uma felicidade do pensamento, mas apenas aquela de poder se agarrar a alguma coisa, a não-liberdade perenizante. Exige-se ao menos um pouco de ontologia em meio à sua crítica; como se a menor intelecção imprevista não exprimisse melhor aquilo que se quer do que uma *declaration of intention* que permanece sem consequência. Junto à filosofia confirma-se uma experiência que Schönberg observou na teoria musical tradicional: não se aprende propriamente a partir dessa teoria musical senão como um andamento começa e termina, nada sobre ele mesmo, sobre seu transcurso. De maneira análoga, seria preciso que a filosofia não fosse reduzida a categorias, mas, em certo sentido, primeiro compusesse a si mesma. No curso de sua progressão, ela precisa se renovar incessantemente, a partir de sua própria força do mesmo modo que a partir do atrito com aquilo com o que se mede; é aquilo que se passa nela que decide, não uma tese ou posição; o tecido, não o curso de via única dedutivo ou indutivo do pensamento. Por isso, a filosofia é essencialmente não-relatável. De outra forma, ela seria su-

* Em latim no original: um indício de verdade. (N.T.)

pérflua; o fato de ela se deixar na maioria das vezes relatar fala contra ela. Mas um modo de comportamento que não garante nada de primeiro e seguro, e, no entanto, já em virtude da determinação de sua exposição, não faz nenhuma concessão ao relativismo, ao irmão do absolutismo, de maneira que se aproxima da doutrina, provoca irritação. Ele impele, até a ruptura, para além de Hegel, cuja dialética queria ter tudo e ser mesmo *prima philosophia*, e que, no princípio de identidade, no sujeito absoluto, realmente o era. Não obstante, desvinculando-se do elemento primeiro e fixo, o pensamento não se absolutiza enquanto algo que paira livremente. Justo a desvinculação o fixa naquilo que ele mesmo não é e afasta a ilusão de sua autarquia. Aquilo que há de falso na racionalidade desatrelada, que escapa a si mesma, a conversão do esclarecimento em mitologia, é ele mesmo determinável racionalmente. Segundo o seu próprio sentido, o pensar é pensar de algo. Até na forma da abstração lógica de algo enquanto algo visado ou julgado, forma essa que afirma não posicionar por si mesma nenhum ente, sobrevive inextinguível para o pensamento que gostaria de extingui-lo o seu não-idêntico, aquilo que não é pensamento. A *ratio* torna-se *irrational* quando esquece isso, quando hipostasia suas produções, as abstrações, contra o sentido do pensamento. O postulado de sua autarquia condena-o ao vazio, e, por fim, à imbecilidade e à primitividade. A objeção contra a falta de solo sob os pés precisaria ser voltada contra o princípio espiritual que se autoconserva, considerado enquanto esfera de origens absolutas; porém, é lá onde a ontologia, Heidegger antes de tudo, se choca com a falta de solo sob os pés que se encontra o lugar da verdade. Essa é provisória, frágil por causa de seu teor temporal; Benjamin criticou de maneira penetrante a sentença ultraburguesa de Gottfried Keller segundo a qual a verdade não pode nos escapar. A filosofia tem de abdicar do consolo de acreditar que a verdade não é passível de ser perdida. Uma filosofia que não pode cair no abismo a partir do qual os fundamentalistas da metafísica gostam de discursar em tom empolado — não se trata aqui do abismo de uma ágil sofística, mas da loucura — torna-se, sob o postulado de seu princípio de securidade, analítica e potencialmente tautologia. Somente tais pensamentos que vão ao extremo fazem frente à impotência onipotente do consenso seguro; somente a acrobática cerebral continua tendo uma relação com a coisa que ela despreza em favor da *fable convenu** de sua autossatisfação. Nada de irrefletidamente banal pode, como reprodução de uma vida falsa, continuar sendo verdadeiro. Hoje toda tentativa de reter o pensamento, sobretudo em favor de sua aplicabilidade, sob a alegação de seu exagero e gratuidade narcisistas, é reacionária. Poderíamos enunciar esse argumento sob a forma vulgar: se tu quiseres, posso fazer inumeráveis análises desse gênero. Por meio daí, todas essas análises são desvalorizadas.

* Em francês no original: fábula convencional. (N.T.)

Eis a resposta dada por Peter Altenberg a alguém que, seguindo o mesmo padrão, desconfiava de suas formas curtas: mas eu não quero. O pensamento aberto não está protegido contra o risco de escorregar para o arbitrário; nada lhe garante que tenha se nutrido suficientemente com a coisa mesma para suportar esse risco. A consequência de sua realização, contudo, a espessura do tecido contribui para que ele alcance o que deve tocar. Na filosofia, a função do conceito de segurança inverteu-se. O que um dia quis ultrapassar o dogma e a tutela por meio da certeza de si transformou-se em asseguramento social de um conhecimento para o qual não deve acontecer mais nada. E efetivamente, para aquilo em relação ao que não se pode objetar nada, nada acontece realmente.

Na história da filosofia repete-se a transformação de categorias epistemológicas em categorias morais; a interpretação fichtiana de Kant é a prova mais evidente disso, mas não a única. Algo similar se passou com o absolutismo lógico-fenomenológico. Para os adeptos da ontologia fundamental, o relativismo é o escândalo de um pensamento sem solo. A dialética opõe-se tão bruscamente ao relativismo quanto ao absolutismo; não é na medida em que busca uma posição mais intermediária entre os dois, mas atravessando os extremos, partindo de sua própria ideia, que ela procura mostrar sua não-verdade. É necessário tratar assim o relativismo porque a crítica a ele foi estabelecida na maioria das vezes de maneira tão formal que a fibra do pensamento relativista permaneceu em certa medida sem ser tocada. Por exemplo, o argumento contra Spengler, dileto desde Leonard Nelson, é miserável — o argumento de que o relativismo pressupõe no mínimo algo absoluto, a saber, a sua própria validade e, com isso, contradiz-se a si mesmo. Ele confunde a negação universal de um princípio com a sua própria elevação a uma afirmação, sem levar em conta a diferença específica do valor conjuntural dos dois. Talvez fosse muito mais fecundo reconhecer o relativismo como uma figura limitada da consciência. De início, a consciência assume a figura do individualismo burguês que considera a consciência individual mediada, por sua parte, pelo universal como algo derradeiro e, por isso, atribui às opiniões dos indivíduos a cada vez particulares o mesmo direito, como se não houvesse nenhum critério de sua verdade. À tese abstrata da condicionalidade de todo pensamento é preciso lembrar concretamente a sua própria condicionalidade, a ofuscação em relação ao momento supraindividual pelo qual apenas a consciência individual se torna pensamento. Por detrás dessa tese encontra-se o desprezo do espírito em favor do predomínio das relações materiais como a única coisa que conta aí. Em face dos pontos de vista incômodos e decididos de seu filho, o pai opõe que tudo é relativo, que, como no ditado grego, o homem é dinheiro. O relativismo é um materialismo vulgar, o pensamento perturba o ganho. Inimiga pura e simples do espírito, uma tal atitude permanece necessariamente abstrata. A relatividade de todo conhecimento nunca pode ser afirmada senão de fora, porquanto nenhum conhecimento concludente é realizado. Logo que a consciência se insere em uma coisa determinada e apresenta para si sua requisição imanente por verdade ou falsidade, a contingência supostamente subjetiva do pensamento se desfaz. No entanto, o relativismo é nulo porque aquilo que ele toma de um lado por arbitrário e contingente, e, de outro lado, por irredutível, emerge ele mesmo da objetividade — justamente daquela de uma sociedade individualista — e precisa ser deduzido enquanto aparência socialmente necessária. Os modos de reação que, segundo uma doutrina relativista, são peculiares de cada indivíduo são pré-formados, quase sempre um balir; em particular, o estereótipo da relatividade. De fato, a aparência individualista também foi afinal associada com interesses de grupos por relativistas mais astuciosos como Pareto. Mas os limites de objetividade específicos das camadas sociais, posicionados pela sociologia do saber, só são por sua vez efetivamente dedutíveis do todo da sociedade, do elemento objetivo. Quando uma versão tardia do relativismo sociológico, aquela de Mannheim, imagina poder destilar, com uma inteligência "que flutua livremente", objetividade científica a partir das diversas perspectivas das camadas sociais, ela inverte o condicionante em condicionado. Em verdade, as perspectivas divergentes possuem sua lei na estrutura do processo social como uma totalidade pré-ordenada. Por meio do conhecimento desse processo, elas perdem a sua gratuidade. Um empreendedor que não quer sucumbir à concorrência precisa calcular de tal modo que a parte não-remunerada do produto do trabalho alheio lhe seja própria como lucro e precisa pensar em trocar, nesse caso, o mesmo pelo mesmo — a força de trabalho pelos seus custos de reprodução; todavia, é preciso mostrar, de maneira tão logicamente consequente quanto isso, por que essa consciência objetivamente necessária é objetivamente falsa. Essa relação dialética suspende seus momentos particulares em si. A relatividade supostamente social das intuições obedece à lei objetiva de uma produção social sob a propriedade privada dos meios de produção. O ceticismo burguês incorporado pelo relativismo enquanto doutrina é obtuso. Entretanto, a hostilidade constante contra o espírito é mais do que um mero traço da antropologia subjetiva burguesa. Essa hostilidade provém do fato de o conceito de razão um dia emancipado precisar temer, no interior das relações de produção existentes, que sua consequência exploda essas relações. Por isso, a razão limita a si mesma; durante toda a era burguesa, a ideia de autonomia do espírito foi acompanhada por seu autodesprezo reativo. Ele não se perdoa o fato de a constituição da existência por ele dirigida lhe interditar aquele desenvolvimento para a liberdade que reside em seu próprio conceito. Relativismo é a expressão filosófica disso; não é preciso lhe opor nenhum absolutismo dogmático, a própria comprovação de sua estreiteza o quebra. Por mais que possa ter assumido ares progressivos, o momento reacionário foi sempre associado ao relativismo, já na sofística enquanto disponibilidade para os interesses mais fortes. Uma crítica corrosiva do relativismo é o paradigma de uma negação determinada.

Assim como no caso de Hegel, uma dialética desencadeada não prescinde de algo firme. No entanto, ela não lhe concede mais o primado. Hegel não o acentuou tanto na origem de sua metafísica: ele deveria emergir dela no fim, como uma totalidade completamente transpassada por luz. Por isso, suas categorias lógicas possuem um caráter duplo peculiar. Elas são estruturas que emergiram, que se suspendem e que são ao mesmo tempo a priori e invariáveis. Elas entram em ressonância com a dinâmica por meio da doutrina da imediatidade que se reproduz novamente em cada nível dialético. A teoria da segunda natureza, já tingida criticamente em Hegel, não se perdeu para uma dialética negativa. Ela assume a imediatidade não-mediatizada, as formações que a sociedade e seu desenvolvimento apresentam para o pensamento, *tel quel*, para liberar por meio de análise suas mediações, segundo a medida da diferença imanente dos fenômenos em relação àquilo que eles pretendem ser a partir de si mesmos. Para uma tal análise, o elemento firme que se mantém, o "positivo" do jovem Hegel, é como o negativo para ele. Ainda no prefácio à *Fenomenologia*, o pensamento, o inimigo mortal daquela positividade, é caracterizado como o princípio negativo.* A isso conduz a meditação mais simples possível: o que não pensa, mas se entrega à intuição, tende ao mau positivo por causa daquela constituição passiva que, na crítica à razão, designa a fonte sensível e legítima do conhecimento. Acolher algo tal como respectivamente se apresenta, renunciando à reflexão, já é sempre potencialmente reconhecê-lo como ele é; em contrapartida, todo pensamento provoca virtualmente um movimento negativo. Em Hegel, porém, apesar de toda afirmação do contrário, o primado do sujeito sobre o objeto permanece inconteste. Esse primado só é justamente encoberto pela palavra semiteológica "espírito", junto à qual não se pode eliminar a lembrança de uma subjetividade individual. A lógica hegeliana paga a conta por isso com o seu caráter extremamente formal. Apesar de, segundo o seu próprio conceito, precisar ser plena de conteúdo, em sua aspiração a ser tudo ao mesmo tempo, metafísica e doutrina das categorias, ela expele de si o ente determinado a partir do qual somente seu ponto de partida poderia se legitimar; nisso ela não se acha de modo algum tão distante de Kant nem de Fichte, que Hegel não se cansou de condenar como os

* "A atividade de cindir é a força e o trabalho do entendimento, da potência mais espantosa e maior, ou muito mais da potência absoluta. O círculo que repousa fechado em si e retém seus momentos enquanto substância é a relação imediata que, por isso, não suscita espanto. Mas o fato de o acidental enquanto tal, cindido de seu âmbito, aquilo que é ligado e só é efetivamente real em sua relação com o outro, conquistar uma existência própria e uma liberdade distinta, é a potência descomunal do negativo; isso é a energia do pensamento, do eu puro." (Hegel, WW 2, p.33s.)

porta-vozes de uma subjetividade abstrata. A ciência da lógica é, por sua vez, abstrata no sentido mais simples possível; a redução aos conceitos universais já suprime de antemão sua contrapartida, aquele elemento concreto que a dialética idealista se vangloria de portar e desdobrar em si. O espírito ganha sua batalha contra um inimigo ausente. A declaração depreciativa de Hegel sobre a existência contingente, a pena de Krug que a filosofia poderia e precisaria mesmo desdenhar de deduzir a partir de si mesma, equivale a um "pega, ladrão!". Na medida em que a lógica hegeliana já tem sempre a ver com o *medium* do conceito e ela mesma só reflete de maneira universal sobre a relação do conceito com seu conteúdo, o elemento não-conceitual, ela já está anteriormente assegurada da absolutidade do conceito que ela se compromete a demonstrar. No entanto, quanto mais criticamente se compreende a autonomia da subjetividade, quanto mais ela se torna consciente de si enquanto algo por sua parte mediatizado, tanto mais imperativa se torna a obrigação do pensamento de confrontar-se com aquilo que lhe proporciona a firmeza que não possui em si mesmo. De outro modo, não haveria nem mesmo aquela dinâmica com a qual a dialética movimenta o peso daquilo que é firme. Não se deve recusar pura e simplesmente toda experiência que se apresenta de maneira primária. Se faltasse completamente à experiência da consciência aquilo que Kierkegaard defendia sob o termo ingenuidade, então o pensamento, alienado em si mesmo, consentiria com aquilo que o que está estabelecido espera dele, e se tornaria efetivamente ingênuo. Mesmo termos como experiência originária, comprometidos pela fenomenologia e pela neo-ontologia, designam algo verdadeiro ao mesmo tempo em que o lesam com a sua presunção. Se não se exercesse espontaneamente uma resistência contra a fachada, sem levar em consideração as próprias dependências, o pensamento e a atividade não seriam senão cópias turvas. Aquilo que no objeto ultrapassa suas determinações impostas pelo pensamento retorna de início ao sujeito como algo imediato; lá onde o sujeito se sente totalmente certo de si mesmo, na experiência primária, é aí que ele é uma vez mais o menos possível sujeito. O que há de mais subjetivo, aquilo que é dado imediatamente, subtrai-se à sua intervenção. Uma tal consciência imediata, contudo, nem deve ser mantida de maneira contínua, nem é pura e simplesmente positiva. Pois a consciência é ao mesmo tempo a mediação universal e tampouco pode saltar por sobre sua sombra nos *données immédiates* que lhe pertencem. Eles não são a verdade. É uma aparência idealista alimentar a esperança de que o todo possa emergir sem ruptura do imediato enquanto algo firme e absolutamente primeiro. Para a dialética, a imediatidade não permanece como aquilo pelo que ela se apresenta imediatamente. Ela se transforma em momento ao invés de ser fundamento. No polo oposto, as coisas não se dão de maneira diversa no que diz respeito às invariantes do pensamento puro. Somente um relativismo pueril contesta a validade da lógica formal ou da matemática, tratando-a, porque veio a ser, como efêmera. A questão é apenas que os invariantes cuja invariância é algo produzido não podem ser arrancados daquilo que varia, como se se tivesse então a verdade nas mãos. Essa verdade cresceu juntamente com aquilo que possui um teor coisal, que se altera, e sua imutabilidade é o engano da *prima philosophia*. Enquanto as invariantes não se dissolvem indiferenciadamente na dinâmica histórica e na dinâmica da consciência, elas são momentos nessa dinâmica; elas se tornam ideologia logo que são fixadas como transcendência. De maneira alguma a ideologia equivale todas as vezes à filosofia expressamente idealista. Ela se apresenta sub-repticiamente todas as vezes que se coloca à base algo de primeiro, qualquer que seja o conteúdo, uma identidade implícita entre o conceito e a coisa que justifica o mundo quando a dependência da consciência em relação ao ser é ensinada de maneira sumária.

Em uma oposição brusca em relação ao ideal de ciência corrente, a objetividade de um conhecimento dialético precisa de mais, não de menos sujeito. Senão, a experiência filosófica definha. O espírito positivista do tempo, porém, é alérgico a isso. Segundo ele, nem todos são capazes de uma tal experiência. Ela constituiria o privilégio de indivíduos, um privilégio determinado por suas disposições e história de vida; exigi-la enquanto condição do conhecimento seria elitista e antidemocrático. É preciso admitir que, de fato, nem todos podem fazer experiências filosóficas na mesma medida, do mesmo modo que, por exemplo, todos os homens dotados de quocientes intelectuais comparáveis podem repetir experimentos científico-naturais ou deveriam poder compreender deduções matemáticas; e isso apesar de, segundo a opinião corrente, ser efetivamente necessário um dom específico para tanto. Em todo caso, comparada com a racionalidade virtualmente desprovida de sujeito própria a um ideal de ciência que tem em vista a possibilidade de substituição de tudo por tudo, a parcela subjetiva junto à filosofia conserva um toque de irracionalidade. Essa parcela não é nenhuma qualidade natural. Apesar de nosso argumento assumir ares democráticos, ele ignora o que o mundo administrado faz com seus membros forçados. Os únicos que podem se opor espiritualmente a isso são aqueles que esse mundo não modelou completamente. A crítica ao privilégio transforma-se em privilégio: o curso do mundo é dialético a um tal ponto. Seria fictício supor que, entre as condições sociais, sobretudo entre as condições sociais da educação, que encurtam, talham sob medida e estropiam multiplamente as forças produtivas espirituais, que com a indigência reinante no domínio da imaginação e nos processos patogênicos da primeira infância diagnosticados pela psicanálise, mas de modo algum realmente transformados por ela, todos poderiam compreender ou mesmo apenas notar tudo. Se fosse isso o que esperamos, então regularíamos o conhecimento pelos traços patológicos de uma humanidade da qual é retirada, por meio da lei da perpetuação do igual, a possibilidade de fazer experiências, se é que algum dia ela teve uma tal possibilidade. A construção da verdade segundo a analogia de uma *volonté de tous* — consequência extrema do conceito subjetivo de razão — espoliaria a todos em nome de todos e lhes privaria daquilo de que necessitam. Cabe àqueles que, em sua formação espiritual, tiveram a felicidade imerecida de não se adaptar completamente às normas vigentes — uma felicidade que eles muito frequentemente perderam em sua relação com o mundo circundante —, expor com um esforço moral, por assim dizer por procuração, aquilo que a maioria daqueles em favor dos quais eles o dizem não consegue ver ou se proíbe de ver por respeito à realidade. O critério do verdadeiro não é a sua comunicabilidade imediata a qualquer um. É preciso resistir à compulsão quase universal a confundir a comunicação daquilo que é conhecido com aquilo que é conhecido, e mesmo a colocá-la se possível em uma posição mais elevada, uma vez que atualmente cada passo em direção à comunicação liquida e falsifica a verdade. Entrementes, é nesse paradoxo que trabalha tudo o que diz respeito à linguagem. A verdade é objetiva e não plausível. Por menos que toque imediatamente a qualquer um e por mais que careça da mediação subjetiva, aplica-se efetivamente à sua tessitura aquilo que Spinoza já reclamava de maneira por demais entusiástica para a verdade singular: o fato de ela ser seu próprio índice. Ela perde o caráter de privilégio que lhe é imputado pelo rancor, na medida em que não procura se justificar* com base em experiências das quais deriva, mas se insere em configurações e contextos de fundamentação que a conduzem até a evidência ou a convencem de suas carências. Não há nada que convenha menos à experiência filosófica do que a soberba elitista. Ela precisa prestar contas sobre até que ponto, de acordo com sua possibilidade no interior da ordem estabelecida, está contaminada por essa ordem, e, por fim, pela relação de classes. Na experiência filosófica, as chances que o universal concede aos indivíduos de maneira desordenada voltam-se contra o universal que sabota a universalidade de uma tal experiência. Se essa universalidade fosse produzida, a experiência de todos os indivíduos se transformaria com ela e ela abandonaria muito da contingência que até o presente a deformou irremediavelmente, mesmo onde ela ainda se faz sentir. A doutrina hegeliana segundo a qual o objeto se reflete em si mesmo sobrevive à sua versão idealista porque somente para uma dialética transformada o sujeito, despido de sua soberania, é virtualmente capaz de se tornar de fato a forma reflexiva da objetividade. Quanto menos a teoria procura passar por

* A expressão alemã "*sich auf etwas herausreden*" significa "procurar justificar-se por meio de uma alegação a algo". Em sua relação com o termo *Ausrede* (desculpa, pretexto), porém, ela possui uma conotação negativa. (N.T.)

definitiva e maximamente abrangente, tanto menos também ela se objetiva em face daquele que pensa. A volatização da compulsão ao sistema permite ao ser pensante confiar com menos prevenção em sua própria consciência e experiência do que é tolerado pela concepção patética de uma subjetividade que tem de pagar o seu triunfo abstrato com a recusa a seu conteúdo específico. Isso corresponde àquela emancipação da individualidade, que ocorreu no período entre o grande idealismo e os nossos dias, e cujas conquistas árduas, apesar e por causa da pressão atual da regressão coletiva, assim como os impulsos da dialética de 1800, não podem ser revogadas teoricamente. Com certeza, o individualismo do século XIX debilitou a força objetivadora do espírito — a força para a intelecção da objetividade e para a sua construção. No entanto, ele também alcançou para o espírito uma diferenciação que fortaleceu a experiência do objeto.

Entregar-se ao objeto equivale a fazer justiça a seus momentos qualitativos. A objetivação científica, em acordo com a tendência à quantificação intrínseca a toda ciência desde Descartes, tende a excluir as qualidades, transformando-as em determinações mensuráveis. Em uma medida crescente, a própria racionalidade é equiparada *more mathematico** à faculdade de quantificação. Por mais exatamente que isso tenha em conta o primado de uma ciência da natureza triunfante, ele não reside de maneira alguma no conceito da *ratio*** em si. A racionalidade é efetivamente cega, porquanto se fecha contra os momentos qualitativos enquanto algo que precisa ser por sua vez pensado racionalmente. A *ratio* não é meramente συναγωγή,*** ascensão a partir dos fenômenos dispersos em direção ao seu conceito genérico.[11] Ela exige, do mesmo modo, a capacidade de diferenciação. Sem essa capacidade, a função sintética do pensamento, a unificação abstrativa, não seria possível: reunir o igual significa necessariamente distingui-lo do desigual. Esse é, porém, o qualitativo; um pensamento que não o pensa já está ele mesmo amputado e em desacordo consigo. Platão, que foi o primeiro a instaurar a matemática enquanto modelo metodológico, ainda emprestou, no começo da filosofia europeia da razão, uma forte ênfase ao momento qualitativo da razão, na medida em que reconheceu à διαίρεσις**** os mesmos direitos que à συναγωγή. Ela desemboca no postulado de que a consciência deve, levando em conta a cisão socrática e sofística entre φύσει e θέσει,***** ajustar-se à natureza das coisas, e não proceder arbitrariamente com elas. Com isso, a distinção qualitativa não é apenas incorporada à dialética platônica, à sua doutrina do pensamento, mas também interpretada como correção da violência

* Em latim no original: segundo o uso matemático. (N.T.)
** Em latim no original: razão. (N.T.)
*** Em grego no original: síntese, reunião. (N.T.)
**** Em grego no original: separação, cisão. (N.T.)
***** Em grego no original: por natureza e segundo a afirmação. (N.T.)

de uma quantificação desencadeada. Uma alegoria oriunda do *Fedro* não deixa nenhuma dúvida quanto a esse ponto. Nela encontram-se em equilíbrio um pensamento retificador e a não-violência. É preciso, assim é dito, invertendo o movimento conceitual da síntese, "ser capaz de, na medida em que se divide em partes, proceder segundo as articulações, conforme a natureza, e não tentar, tal como um mau cozinheiro, romper qualquer membro".[12] Para toda quantificação, este momento qualitativo permanece enquanto o substrato daquilo que precisa ser quantificado e, segundo a advertência de Platão, não deve ser rompido, se é que precisamos evitar a conversão da *ratio* em irrazão enquanto danificação do objeto que procura alcançar. Como momento do antídoto, à operação racional é por assim dizer associada em uma segunda reflexão a qualidade que a primeira reflexão limitada, a reflexão da ciência, silenciou em sua filosofia submissa e heterogênea. Não há nenhuma intelecção quantificada que não receba de início seu sentido, seu *terminus ad quem*,* na retradução para o elemento qualitativo. A meta cognitiva mesmo da estatística é qualitativa, a quantificação não passa de seu meio. A absolutização da tendência de quantificação própria à *ratio* coincide com a sua falta de autorreflexão. A insistência no qualitativo serve a essa autorreflexão, não evoca irracionalidade. Mais tarde, sem uma inclinação romântica retrospectiva, somente Hegel mostrou consciência disso; e isso em uma época, é verdade, em que a supremacia da quantificação ainda não vigia de maneira tão inconteste quanto hoje. Para ele, certamente em sintonia com a tradição científica, "a verdade da própria qualidade é a quantidade".[13] No *Sistema da filosofia*, porém, ele a reconhece como "a determinação indiferente em relação ao ser, exterior a ele".[14] De acordo com a grande *Lógica*, quantidade é "ela mesma uma qualidade". Ela guarda sua relevância no quantitativo; e o *quantum* retorna à qualidade.[15]

Do lado subjetivo, correspondia à tendência de quantificação a redução daquele que conhece a um universal desprovido de qualidade, a algo puramente lógico. Com certeza, as qualidades só se liberariam em um estado objetivo que não seria mais limitado à quantificação e que não inculcaria mais a quantificação naquilo que precisa se adaptar espiritualmente. Mas essa quantificação não é a essência atemporal, pela qual a matemática, seu instrumento, a faz passar. Assim como surgiu a sua pretensão de exclusividade, ela pode desaparecer. Na coisa, o potencial de suas qualidades espera pelo sujeito qualitativo, não por seu resíduo transcendental, ainda que o sujeito só se fortaleça para tanto por meio da limitação própria à divisão do trabalho. No entanto, quanto maior é o número de reações que são reprovadas como supostamente apenas subjetivas, tanto maior é o número de determinações qualitativas da coisa que escapam ao conhecimento.

* Em latim no original: o ponto final em relação a algo. (N.T.)

O ideal do diferenciado e nuançado, que o conhecimento nunca esqueceu totalmente até os mais recentes desenvolvimentos, apesar de todo "science is measurement", não se relaciona somente com uma capacidade individual, dispensável para a objetividade. Ele recebe seu impulso da coisa. Diferenciado é aquele que, na coisa e em seu conceito, ainda consegue distinguir o mais ínfimo que escapa ao conceito; somente a diferencialidade alcança o mais ínfimo. Em seu postulado, ou seja, no postulado da faculdade da experiência do objeto — e a diferencialidade é a sua experiência transformada em forma de reação subjetiva —, o momento mimético do conhecimento, o momento da afinidade eletiva entre aquele que conhece e aquilo que é conhecido, encontra refúgio. No interior do processo conjunto do esclarecimento, esse momento vai se desfazendo pouco a pouco. Mas esse processo não o afasta totalmente, na medida em que não quer anular a si mesmo. Ainda na concepção de um conhecimento racional, livre de toda afinidade, sobrevive o tatear em direção àquela concordância que outrora era incontestável para a ilusão mágica. Se esse momento fosse totalmente eliminado, então a possibilidade de o sujeito conhecer o objeto se tornaria pura e simplesmente incompreensível e a racionalidade, solta, irracional. No entanto, o momento mimético se funde por sua parte no curso de sua secularização com o momento racional. Esse processo compreende-se como diferencialidade. Ela contém em si uma faculdade mimética de reação tanto quanto o órgão lógico para a relação de *genus*, *species* e *differentia specifica*.* Nesse caso, permanece associada à faculdade diferenciadora tanta contingência quanto a toda individualidade não reduzida ante o universal de sua razão. Essa contingência, porém, não é tão radical quanto agradaria aos critérios do cientificismo. Hegel foi estranhamente inconsequente ao acusar a consciência individual, palco da experiência espiritual que anima sua obra, de contingência e limitação. Isso só é explicável a partir dos desejos de destituir o momento crítico que está ligado ao espírito individual. Em sua particularização, ele pressentiu as contradições entre o conceito e o particular. A consciência individual é quase sempre, e isso com razão, a consciência infeliz. A aversão que Hegel manifesta em relação a essa consciência recusa-se a reconhecer justamente o estado de coisas que ele, quando lhe convém, sublinha: o quanto o universal é imanente ao individual. Segundo uma necessidade estratégica, ele trata o indivíduo como se esse fosse o imediato cuja aparência ele mesmo destrói. Com essa aparência também desaparece, no entanto, a aparência da contingência absoluta da experiência individual. Essa experiência não teria nenhuma continuidade sem os conceitos. Por sua participação no meio discursivo, ela sempre é ao mesmo tempo, segundo sua própria determinação, mais do que apenas individual. O indivíduo torna-se sujeito,

* Em latim no original: gênero, espécie e diferença específica. (N.T.)

na medida em que se objetiva graças à sua consciência individual, na unidade de si mesmo tanto quanto na unidade de suas experiências: poderia muito bem ser que essas duas coisas permanecessem recusadas aos animais. Como é em si mesma universal, e porquanto o seja, a experiência individual também alcança o universal. Mesmo na reflexão epistemológica, a universalidade lógica e a unidade da consciência individual se condicionam mutuamente. Todavia, isso não diz respeito apenas ao lado subjetivo-formal da individualidade. Todo conteúdo da consciência individual lhe é trazido por seu portador, em favor de sua autoconservação, e se reproduz com ela. É por meio da autorreflexão que a consciência individual consegue se libertar daí e se ampliar. A isso lhe impele o tormento proveniente do fato de aquela universalidade possuir a tendência de conquistar o predomínio na experiência individual. Enquanto "prova de realidade", a experiência não apenas duplica as emoções e os desejos do indivíduo, mas também os nega, para que ele sobreviva. A não ser no modo que se dá no movimento da consciência humana individual, o universal não se deixa absolutamente apreender pelo sujeito. Se o indivíduo fosse cortado, não surgiria daí nenhum sujeito superior, purificado do entulho da contingência, mas unicamente um sujeito que seguiria um padrão de realização sem consciência. No Leste, o curto-circuito teórico na concepção do indivíduo serviu de pretexto para a opressão coletiva. Em razão do número de seus membros, o Partido deveria ser a priori superior a todo indivíduo em poder de conhecimento; e isso mesmo o Partido sendo cego ou estando aterrorizado. No entanto, o indivíduo isolado que não é levado em conta pela ordem pode perceber de tempos em tempos a objetividade de maneira menos turva do que um coletivo que não é, de mais a mais, senão a ideologia de seus comitês. A frase de Brecht de que o Partido possui mil olhos, enquanto o indivíduo só possui dois, é falsa como toda sabedoria de botequim.* A imaginação exata de um dissidente pode ver mais do que mil olhos nos quais se colocaram os óculos rosa da unidade, de modo que aquilo que eles olham é confundido com a universalidade do verdadeiro e regredido. A isso opõe-se a individuação do conhecimento. A percepção do objeto não depende apenas dessa individuação, da diferenciação: ela mesma também é constituída a partir do objeto que requisita nela, por assim dizer, a sua *restitutio in integrum*.** Não obstante, os modos subjetivos de reação dos quais o objeto carece precisam ser, por sua vez, continuamente corrigidos com base no objeto. Essa correção realiza-se na autorreflexão, fermento da experiência espiritual. O processo de objetivação filosófica seria, dito de maneira metafórica, vertical, intratemporal, em

* *Binsenweisheit* é uma expressão alemã que designa uma falsa sabedoria, uma sabedoria que não se constitui senão a partir de trivialidades por demais conhecidas. Para manter o tom coloquial do texto, optamos pela expressão "sabedoria de botequim". (N.T.)

** Em latim no original: restauração à situação original. (N.T.)

face daquele processo horizontal, abstratamente quantificante, da ciência; essa é toda a verdade da metafísica bergsoniana do tempo.

Sua geração, que é também a de Simmel, Husserl e Scheler, ansiou em vão por uma filosofia que, receptiva aos objetos, se tornasse um filosofar com conteúdo. A tradição tendia em direção àquilo que denunciava. Mas isso não dispensa da reflexão metodológica que consistia em dizer qual é a relação que a análise particular do conteúdo estabelece com a teoria da dialética. A asserção da filosofia da identidade idealista de que esta é absorvida naquela é infundada. Todavia, é objetivamente e não apenas por meio do sujeito cognoscente que o todo expresso pela teoria é contido nesse particular que é preciso analisar. A mediação dos dois é ela mesma uma mediação de conteúdo, a mediação através da totalidade social. Mas ela também é formal em virtude do caráter abstrato daquilo que regula a própria totalidade, a lei da troca. O idealismo que destilou a partir daí seu espírito absoluto oculta ao mesmo tempo o verdadeiro, a saber, o fato de essa mediação se impor sobre os fenômenos como um mecanismo de coação; isso se esconde por detrás do assim chamado problema da constituição. A experiência filosófica não possui esse universal imediatamente, como fenômeno, mas o possui tão abstratamente quanto ele é objetivamente. Ela é obrigada a partir do particular, sem esquecer aquilo que ela não é, mas sabe. Seu caminho é duplo, como o caminho de Heráclito que conduz para o alto e para baixo. Enquanto ela se assegura da determinação real dos fenômenos por meio de seu conceito, ela não pode entregar a si mesma esse último ontologicamente, como se ele fosse o verdadeiro em si. O conceito é fundido com o não-verdadeiro, com o princípio opressor, e isso diminui ainda mais a sua dignidade crítico-cognitiva. Ele não constitui nenhum *telos* positivo no qual o conhecimento pudesse se aplacar. A negatividade do universal fixa, por sua parte, o conhecimento no particular como aquilo que precisa ser resgatado. "Verdadeiros são apenas os pensamentos que não compreendem a si mesmos."* Em seus elementos incondicionalmente universais, toda filosofia, mesmo aquela que possui a intenção da liberdade, arrasta consigo a não liberdade na qual se prolonga a não liberdade da sociedade. Essa possui em si a compulsão; mas é apenas essa compulsão que a protege de uma regressão à arbitrariedade. O pensamento consegue reconhecer criticamente o caráter compulsivo que lhe é imanente; sua própria compulsão é o meio de sua libertação. A liberdade para o objeto, que em Hegel desemboca na destituição do sujeito, precisa ser inicialmente produzida. Até esse ponto, a dialética enquanto método e a dialética da coisa se mostram divergentes. Conceito e realidade possuem a mesma essência

* Adorno cita um dos aforismos mais conhecidos de sua obra *Minima moralia*. Frankfurt am Main, Suhrkamp,1977, p.254. (N.R.T.)

contraditória. Aquilo que dilacera a sociedade de maneira antagônica, o princípio da dominação, é o mesmo que, espiritualizado, atualiza a diferença entre o conceito e aquilo que lhe é submetido. Essa diferença, porém, assume a forma lógica da contradição porque tudo aquilo que não se submete à unidade do princípio de dominação, segundo a medida desse princípio, não aparece como algo diverso que lhe é indiferente, mas como violação da lógica. Por outro lado, o resto de divergência entre a concepção filosófica e sua execução também atesta algo da não-identidade que não permite ao método nem absorver inteiramente os conteúdos nos quais apenas ele deve ser, nem espiritualizá-los. O primado do conteúdo expõe-se como insuficiência necessária do método. Aquilo que, enquanto tal, sob a figura da reflexão genérica, precisa ser dito para não se ver indefeso ante a filosofia dos filósofos só se legitima na execução, e, dessa forma, o método é uma vez mais negado. Do ponto de vista do conteúdo, seu excesso é abstrato, falso; já Hegel precisou aceitar a desproporção entre o prefácio da *Fenomenologia do espírito* e a *Fenomenologia*. O ideal filosófico seria o de que a justificação daquilo que se deve fazer se tornasse supérfluo, na medida em que fosse feito.

A tentativa mais recente de escapar do fetichismo dos conceitos — de escapar da filosofia acadêmica, sem renunciar à exigência de rigor — teve lugar sob o nome de existencialismo. Como a ontologia fundamental, da qual tinha se separado por meio de um engajamento político, o existencialismo permaneceu preso ao idealismo; ante a estrutura filosófica, esse engajamento manteve de resto algo contingente, substituível por uma política contrária, por menos que esta satisfaça a *characteristica formalis** do existencialismo. Guerrilheiros há de um lado como de outro. Não é traçado nenhum limite teórico em relação ao decisionismo. Não obstante, o componente idealista do existencialismo é por sua vez função da política. Sartre e seus amigos, críticos da sociedade e decididos a não se contentar com uma crítica teórica, não deixaram de ver que o comunismo, onde quer que ele tenha chegado ao poder, se fossilizou como sistema administrativo. A instituição do partido de estado centralizador é um escárnio em relação a tudo aquilo que um dia foi pensado sobre a relação com o poder do estado. Foi por isso que Sartre reportou tudo ao momento que não é mais tolerado pela prática dominante, e, de acordo com a linguagem da filosofia, se chama espontaneidade. Quanto menores se tornaram as chances objetivas oferecidas a ela pela distribuição social do poder, tanto mais exclusivamente ele passou a clamar pela categoria kierkegaardiana da decisão. Em Kierkegaard, essa categoria alcançou seu sentido de *terminus ad quem*, o sentido da cristologia; em Sartre, ela se tornou o absoluto ao qual outrora ela devia servir. Apesar de seu

* Em latim no original: característica formal. (N.T.)

extremo nominalismo,* a filosofia sartriana organizou-se em sua fase mais eficaz segundo a antiga categoria idealista da atividade livre do sujeito. Como para Fichte, toda objetividade é indiferente para o existencialismo. Coerentemente, nas peças teatrais de Sartre as relações e as condições sociais tornaram-se, no máximo, um adendo atual que, estruturalmente, não se mostrava, porém, como muito mais do que ocasiões para a ação. Esta foi condenada, pela ausência filosófica de objetos em Sartre, a uma irracionalidade que era certamente aquilo a que o iluminista imperturbável menos visava. A representação de uma liberdade absoluta de decisão é tão ilusória quanto aquela do eu absoluto que engendra o mundo a partir de si. A mais modesta experiência política é suficiente para fazer balançar como cenários as situações construídas para servir de pretexto para a decisão dos heróis. Nem mesmo sobre um plano dramatúrgico poder-se-ia postular tais decisões soberanas em uma imbricação histórica concreta. Um general que se decide a não deixar mais que se cometa nenhuma atrocidade do modo irracional como antes as apreciava; um general que interrompe o cerco a uma cidade que já lhe foi entregue por traição e funda uma comunidade utópica, seria, mesmo nos tempos selvagens de um Renascimento alemão grotescamente romantizado, senão assassinado por soldados revoltados, destituído por seus superiores. A isso corresponde, de modo mais do que exato, o fato de Götz, fanfarroneando como o Holoferne de Nestroy após ter sido instruído pelo massacre da cidade da luz sobre a liberdade de sua ação, ter se colocado à disposição de um movimento popular organizado, máscara transparente daquilo contra o que Sartre agita a espontaneidade absoluta. Logo em seguida, o cavaleiro romântico, com a única diferença de que ele conta dessa vez com a bênção da filosofia, comete então, uma vez mais, as atrocidades das quais tinha se jurado livre.** O sujeito absoluto não escapa de seus enredamentos: as correntes que ele gostaria de arrebentar, as correntes da dominação, equivalem ao princípio da subjetividade absoluta. É uma honra para Sartre que isso se manifeste em suas obras dramá-

* A restituição hegeliana do realismo do conceito, até a defesa provocativa da prova ontológica da existência de Deus, era reacionária segundo as regras de jogo de um esclarecimento irrefletido. Entrementes, o curso da história justificou sua intenção antinominalista. Em contraposição ao esquema tosco da sociologia do saber scheleriana, o nominalismo transforma-se, por sua vez, em ideologia — na ideologia própria à piscadela de olhos que diz "isso não existe", da qual a ciência oficial gosta de se servir logo que entidades constrangedoras como classe, ideologia e, recentemente, em geral sociedade são mencionadas. A relação de uma filosofia autenticamente crítica com o nominalismo não é invariante, ela se altera historicamente com a função do ceticismo (Cf. Max Horkheimer, *Montaigne und die Funktion der Skepsis* [Montaigne e a função do ceticismo], in *Zeitschrift fur Sozialforschung*, VII, ano 1938, passim). Atribuir ao sujeito todo *fundamentum in re* dos conceitos é idealismo. O nominalismo só se distingue lá onde o idealismo levanta uma petição de objetividade. O conceito de uma sociedade capitalista não é nenhum *flatus vocis*.

** Em todo esse trecho sobre o general Götz, Adorno refere-se à peça *O diabo e o bom deus*, de Sartre. (N.R.T.)

ticas e contra a sua obra filosófica capital; suas peças desmentem a filosofia que elas tratam sob a forma de teses. Não obstante, as imbecilidades do existencialismo político, assim como as imbecilidades da fraseologia do existencialismo alemão despolitizado, têm seu fundamento filosófico. O existencialismo eleva o inevitável, o mero ser-aí dos homens, à altura de um engajamento que o indivíduo deve adotar sem o fundamento de determinação da escolha e sem que tivesse propriamente uma outra escolha. Se o existencialismo ensina mais do que uma tal tautologia, então ele se compromete com a subjetividade que é por si enquanto aquilo que é unicamente substancial. As direções que portam os derivados do termo latino *existere* enquanto divisas gostariam de apelar à realidade efetiva* de uma experiência vital contra a ciência particular alienada. Por temor da reificação, elas recuam diante daquilo que possui um teor coisal. Em suas mãos, ele se torna para elas um exemplo. Aquilo que submetem à ἐποχή** vinga-se delas, na medida em que impõe sua força por detrás das costas da filosofia, nas decisões que, de acordo com ela, são irracionais. O pensamento expurgado de conteúdo objetivo não é superior à ciência particular desprovida de conceitos; todas as suas versões recaem, uma segunda vez, justamente naquele formalismo que elas combatem em função do interesse essencial da filosofia. Esse formalismo é então posteriormente preenchido com empréstimos contingentes tomados em particular junto à psicologia. A intenção do existencialismo, ao menos em sua forma francesa radical, não seria realizável em meio à distância dos conteúdos objetivos, mas na proximidade ameaçadora em relação a eles. A cisão entre sujeito e objeto não pode ser suspensa por meio da redução à essência do homem, mesmo que essa fosse a essência da individuação absoluta. Se a pergunta, hoje popular, que remonta ao marxismo de proveniência lukacsiana, a pergunta sobre o homem é ideológica, isso se dá porque, segundo a sua forma pura, ela dita o elemento invariante da resposta possível, mesmo que esse elemento seja a própria historicidade. Aquilo que o homem deve ser em si é sempre aquilo que ele foi: ele é acorrentado às rochas de seu passado. Mas ele não é apenas o que foi e é, mas também aquilo que pode vir a ser; nenhuma determinação é suficiente para antecipar isso. O quão pouco as escolas que se agrupam em torno da existência, mesmo as escolas extremamente nominalistas, são capazes daquela exteriorização à qual elas aspiram recorrendo à existência humana singular é algo confessado por elas mesmas, na medida em que filosofam em termos genérico-conceituais sobre o que não é absorvido em seu conceito

---

* O alemão possui duas palavras para realidade: *Realität* e *Wirklichkeit*. A primeira designa, em geral, a simples presença de algo dado no real, enquanto a segunda é usada particularmente por Kant e Hegel para caracterizar a realidade propriamente dita. Por isso, costuma-se traduzir *Wirklichkeit* por realidade efetiva. (N.T.)

** Em grego no original: suspensão. (N.T.)

e que lhe é contrário, ao invés de pensá-lo verdadeiramente. Elas servem-se do existente para ilustrar a existência.

O arquétipo longínquo e vago do modo como inversamente se deveria pensar encontra-se nas línguas junto aos nomes que não impregnam categorialmente as coisas, com certeza ao preço de sua função cognitiva. Um conhecimento não reduzido quer aquilo ante o que lhe foi adestrado se resignar e que é obscurecido pelos nomes que se acham perto demais daí; resignação e ofuscação completam-se ideologicamente. A exatidão idiossincrática na escolha das palavras, como se elas devessem denominar a coisa, não é a menor das razões pelas quais a exposição é essencial à filosofia. O fundamento cognitivo para uma tal insistência da expressão em face do τόδε τι* é a sua própria dialética, sua mediação conceitual em si mesmo; ela é o lugar de intervenção para compreender o não-conceitual nele. Pois a mediação em meio ao não-conceitual não é nenhum resto que se apresenta após a subtração, tampouco aquilo que remete a uma má infinitude de tais procedimentos. Ao contrário, a mediação da ὕλη** é sua história implícita. A filosofia retira do negativo aquilo que de algum modo a legitima, do fato de aquele elemento indissolúvel diante do qual ela capitula e do qual se desvia o idealismo também ser em seu ser-assim-e-não-de-outro-modo uma vez mais um fetiche, o fetiche da irrevogabilidade do ente. Esse fetiche desfaz-se diante da intelecção de que as coisas não simplesmente são assim e não de outra forma, mas de que elas vieram a ser sob certas condições. Esse vir-a-ser desaparece e mora na coisa; ele não poderia nem ser imobilizado no conceito da coisa, nem ser separado de seu resultado e esquecido. A experiência temporal lhe é similar. Na leitura do ente enquanto texto de seu devir tocam-se uma dialética idealista e uma materialista. Todavia, enquanto para o idealismo a história interna da imediatidade a justifica como estágio do conceito, essa imediatidade não se torna para o materialismo apenas o critério de medida da não-verdade dos conceitos, mas também mais ainda da não-verdade do ente imediato. Aquilo graças ao que a dialética negativa penetra seus objetos enrijecidos é a possibilidade da qual sua realidade os espoliou, mas que, contudo, continua reluzindo em cada um deles. No entanto, mesmo junto ao empenho extremo por expressar linguisticamente uma tal história coagulada nas coisas, as palavras empregadas permanecem conceitos. Sua precisão substitui a ipseidade da coisa, sem a tornar totalmente presente; um espaço vazio se abre entre elas e aquilo que evocam. Daí o sedimento de arbítrio e relatividade que se apresenta tanto na escolha das palavras quanto na exposição como um todo. Mesmo em Benjamin, os conceitos possuem a tendência para dissimular autoritariamente

* Em grego no original: esse algo. (N.T.)

** Em grego no original: matéria. (N.T.)

sua conceptualidade. Somente os conceitos podem realizar aquilo que o conceito impede. O conhecimento é um τρώσας ἰάσεται. O erro determinável de todo conceito obriga a que se evoque outros; é daí que emergem aquelas constelações para as quais unicamente passa alguma coisa da esperança contida no nome. É pela negação do nome que a linguagem filosófica se aproxima do nome. O que ela critica nas palavras, sua pretensão de uma verdade imediata, é quase sempre a ideologia de uma identidade positiva, essente, entre a palavra e a coisa. Mesmo a insistência ante a palavra e o conceito particulares, ante a porta de ferro que deve se abrir, não passa de um momento, mesmo que ele seja indispensável. Para ser conhecido, o interior que o conhecimento abraça na expressão sempre carece também de algo que lhe seja exterior.

Não se pode mais seguir por muito tempo a corrente principal da filosofia mais recente — o termo soa vergonhoso. A filosofia moderna, até hoje dominante, gostaria de excluir os momentos tradicionais do pensamento, desistoricizá-los segundo o seu próprio conteúdo, relegar a história a um ramo especializado de uma ciência que constata fatos. Desde que se passou a buscar o fundamento de todo conhecimento na suposta imediatidade daquilo que é dado subjetivamente, procurou-se, de maneira por assim dizer fiel ao ídolo da pura atualidade, expulsar do pensamento a sua dimensão histórica. O agora unidimensional e fictício transforma-se em fundamento do conhecimento do sentido interno. Sob esse aspecto harmonizam-se os patriarcas da modernidade, considerados oficialmente como antípodas: nas explicações autobiográficas de Descartes sobre a origem de seu método e na doutrina baconiana dos ídolos. Aquilo que é histórico no pensamento, ao invés de obedecer à atemporalidade da lógica objetiva, é equiparado à superstição de que o apelo à tradição institucional eclesiástica foi de fato contrário ao pensamento verificador. A crítica à autoridade tinha toda razão. Mas ela desconhece que a tradição é ela mesma imanente ao próprio conhecimento enquanto momento mediador de seus objetos. O conhecimento deforma esses objetos logo que, graças a uma objetivação imobilizante, faz com isso *tabula rasa*. Ele compartilha em si, mesmo em sua forma autonomizada em relação ao conteúdo, da tradição enquanto lembrança inconsciente; não poderia ser formulada nenhuma questão na qual o saber do passado não fosse conservado nem continuasse ativo. A figura do pensamento enquanto movimento intratemporal, motivadamente progressivo, antecipa, de maneira microcósmica, o movimento macrocósmico, histórico, que foi interiorizado na estrutura do pensamento. Entre as realizações da dedução kantiana é preciso colocar em uma primeira posição o fato de ele ainda conservar na forma pura do conhecimento, na unidade do "eu penso", no nível da reprodução na imaginação, a lembrança, o traço do elemento histórico. Todavia, como não há nenhum tempo sem o ente que é no tempo, aquilo que Husserl denominou em sua fase tardia "historicidade interna" não pode permanecer interior, não pode permanecer forma pura. A historicidade interna do pensamento confunde-se com o seu conteúdo, e, assim, com a tradição. Em contrapartida, o sujeito puro, completamente sublimado, seria o sujeito absolutamente desprovido de tradição. Um conhecimento que satisfizesse inteiramente ao ídolo daquela pureza, à atemporalidade total, coincidiria com a lógica formal e se tornaria tautologia; não concederia mais espaço nem mesmo para uma lógica transcendental. A atemporalidade à qual a consciência burguesa aspira, talvez para compensar a sua própria mortalidade, é o ápice de sua ofuscação. Benjamin incorporou radicalmente esse aspecto ao abjurar bruscamente o ideal da autonomia e submeter seu pensamento a uma tradição que, com certeza, enquanto voluntariamente estabelecida e subjetivamente escolhida, carece tanto de autoridade quanto o pensamento autárquico ao qual apresenta uma tal acusação. Ainda que seja uma contrafigura do momento transcendental, o momento tradicional é *quasi* transcendental, não a subjetividade pontual, mas aquilo que é propriamente constitutivo, o mecanismo que, de acordo com Kant, se acha velado no fundo da alma humana. Entre as variantes das questões iniciais por demais estreitas da *Crítica da razão pura*, não poderia faltar a questão sobre como o pensamento, que precisa se exteriorizar a partir da tradição, pode conservá-la, transformando-a;[16] a experiência espiritual não é nada além disso. A filosofia de Bergson e, mais ainda, o romance de Proust abandonam-se a essa experiência, mas o fazem por sua parte apenas sob o encanto da imediatidade, por aversão àquela atemporalidade burguesa que antecipa com a mecânica do conceito a eliminação da vida. Mas a *methexis** da filosofia na tradição só seria a sua negação determinada. Ela é fundada pelos textos que critica. Graças a esses textos que a tradição lhe oferece e que a corporificam, seu comportamento torna-se comensurável com a tradição. Isso justifica a passagem da filosofia para a interpretação que não eleva nem o interpretado nem o símbolo ao nível do absoluto, mas procura aquilo que é verdadeiro lá onde o pensamento seculariza o arquétipo irrecuperável dos textos sagrados.

Por meio da vinculação, seja manifesta, seja latente aos textos, a filosofia reconhece aquilo que ela nega em vão em nome do ideal do método, sua essência linguística. Em sua história mais recente, em analogia com a tradição, essa essência linguística foi proscrita como retórica. Deslocada e degradada a um meio para a produção de um efeito, essa essência portou a mentira na filosofia. O desprezo pela retórica equilibra a culpa na qual ela, desde a Antiguidade, tinha se enredado por meio daquela cisão em relação à coisa denunciada por Platão.

---

* Do grego: participação. (N.T.)

Mas, perseguindo o momento retórico por meio do qual a expressão se salvaguardou no pensamento, não se contribui menos para a tecnificação do pensamento, para a sua potencial eliminação, do que o cultivo da retórica contribuíra ao desprezar o objeto. A retórica defende na filosofia aquilo que não pode ser pensado senão na linguagem. Ela se afirma nos postulados da exposição por meio dos quais a filosofia se diferencia da comunicação de conteúdos já conhecidos e fixados. Como tudo aquilo que representa uma outra coisa, ela corre perigo porque facilmente dá um passo em direção à usurpação daquilo que a exposição não pode alcançar para o pensamento sem mediação. Ela é continuamente corrompida pela meta da persuasão, sem a qual, no entanto, a relação do pensamento com a práxis desapareceria uma vez mais do ato de pensamento. A alergia de toda a tradição filosófica reconhecida contra a expressão, de Platão até os semanticistas, está em conformidade com o traço peculiar a todo esclarecimento de condenar aquilo que o comportamento pode ter de indisciplinado, perseguindo-o até o cerne da lógica, de acordo com o mecanismo de defesa da consciência reificada. Se a aliança da filosofia com a ciência conflui virtualmente para a eliminação da linguagem, e, com isso, da própria filosofia, então essa não sobrevive sem seu esforço linguístico. Ao invés de se estender indefinidamente no transcurso da linguagem, a filosofia reflete sobre ela. Não é sem razão que a negligência no nível da linguagem — dito em termos científicos: o inexato — gosta de se aliar ao gesto científico da incorruptibilidade por meio da linguagem. Pois a eliminação da linguagem no pensamento não é a sua desmitologização. É com ofuscação que a filosofia sacrifica com a linguagem o espaço no qual ela se comporta em relação à sua coisa de uma maneira diversa da meramente significativa; é somente enquanto linguagem que o similar é capaz de conhecer o similar. A denúncia permanente da retórica feita pelo nominalismo, para o qual o nome é privado de toda similitude com aquilo que diz, não pode ser, contudo, ignorada: contra isso, não se pode apelar diretamente ao momento retórico. A dialética, segundo o sentido literal do termo a linguagem enquanto *organon** do pensamento, seria a tentativa de salvar criticamente o momento retórico: aproximar uma da outra a coisa e a expressão, até a indiferenciação. Ela atribui aquilo que historicamente foi considerado uma mácula do pensamento, a sua conexão incapaz de ser totalmente destruída com a linguagem, à força do pensamento. Isso inspirou a fenomenologia quando ela, como sempre de modo ingênuo, quis se assegurar da verdade na análise das palavras. Na qualidade retórica, a cultura, isto é, a sociedade, a tradição, anima o pensamento; aquilo que é puramente antirretórico está ligado com o barbarismo no qual termina o pensamento burguês. A difamação de Cícero e mesmo a antipatia de Hegel por

* Do grego: instrumento. (N.T.)

Diderot testemunham o ressentimento daqueles para os quais a indigência de suas vidas acaba por privar da liberdade de se erguer e que consideram o corpo da linguagem pecaminoso. Na dialética, em contraposição à concepção vulgar, o momento retórico toma o partido do conteúdo. Mediatizando o momento retórico com o momento formal, lógico, a dialética busca se assenhorar do dilema entre a opinião arbitrária e aquilo que é correto, mas inessencial. Porém ela se inclina para o conteúdo enquanto aquilo que é aberto e não previamente decidido pela estrutura: apelo contra o mito. O mítico é o sempre igual, que por fim se dilui e transforma em lei formal do pensamento. Um conhecimento que quer o conteúdo quer a utopia. Essa, a consciência da possibilidade, se atém ao concreto como a algo não desfigurado. Ele é o possível, nunca o imediatamente real e efetivo que obstrui a utopia; é por isso que, em meio ao subsistente, ele aparece como abstrato. A cor indelével provém do não-ente. A ele serve o pensamento, uma parte da existência que, como sempre negativamente, atinge o não-ente. Somente a distância extrema seria a proximidade; a filosofia é o prisma que capta suas cores.

PARTE I RELAÇÃO COM A ONTOLOGIA

1. A NECESSIDADE ONTOLÓGICA

As ontologias na Alemanha, sobretudo a ontologia heideggeriana, continuam exercendo influência, sem que os rastros do passado político provoquem qualquer horror. Tacitamente, a ontologia é compreendida como disposição para sancionar uma ordem heterônoma, dispensada de se justificar ante a consciência. O fato de tais interpretações serem desmentidas em uma instância superior como incompreensões, como queda no plano ôntico e falta de radicalismo da questão, só acaba por fortalecer a dignidade do apelo: a ontologia parece tanto mais fascinante, quanto menos ela precisa se atrelar a determinados conteúdos que permitiriam a inserção do entendimento indiscreto. Intangibilidade transforma-se em inatacabilidade. Quem se recusa a segui-la torna-se suspeito como um apátrida espiritual, sem a terra natal no ser, de modo algum tão diverso do que faziam outrora os idealistas Fichte e Schelling, ao vilipendiarem aqueles que se opunham à sua metafísica. Em todas as suas correntes que se combatem mutuamente e que se excluem reciprocamente como falsas versões, a ontologia é apologética. Todavia, sua influência não seria compreensível se não viesse a seu encontro nenhuma necessidade enfática, índice de uma omissão, não fosse sua nostalgia pelo veredicto kantiano sobre o saber do absoluto um caso difícil de resolver. Quando nos primórdios das correntes neo-ontológicas as pessoas começaram a falar com uma simpatia teológica sobre a ressurreição da metafísica, isso vinha à luz de maneira tosca, mas aberta. Já a vontade husserliana de estabelecer a *intentio recta* no lugar da *intentio obliqua*,* de se voltar para as coisas, possuía algo disso; aquilo que na crítica à razão tinha traçado os limites da possibilidade do conhecimento não foi outra coisa senão a reflexão retrospectiva sobre a própria faculdade de conhecimento, da qual o programa fenomenológico gostaria inicialmente de se ver dispensado. No "projeto" da constituição ontológica das áreas e regiões objetivas, e, por fim, do "mundo enquanto suma conceitual de todo existente", manifesta-se claramente a vontade de apreender o todo sem os limites impostos pelo seu conhecimento: as εἴδη husserlianas que

---

* Em latim no original: intencionalidade reta e intencionalidade oblíqua. (N.T.)

se tornaram existenciais junto ao Heidegger de *Ser e tempo* deveriam antecipar de maneira abrangente o que todas aquelas regiões, até a mais elevada, propriamente são. De maneira implícita, achava-se por trás disso a afirmação de que os projetos da razão poderiam impor sua estrutura à profusão do ente; e isso segundo a retomada das antigas filosofias do absoluto, cuja primeira retomada foi o idealismo pós-kantiano. Ao mesmo tempo, porém, a tendência crítica continuou vigente, não tanto contra conceitos dogmáticos, mas antes como o esforço por não estabelecer nem construir mais os *absoluta** desprovidos agora de sua unidade sistemática e separados uns dos outros, mas por acolhê-los receptivamente, em uma postura formada a partir do ideal positivista de ciência, e descrevê-los. Assim, o saber absoluto torna-se novamente, como em Schelling, intuição intelectual. Espera-se eliminar as mediações, ao invés de refletir sobre elas. O tema não-conformista segundo o qual a filosofia não teria de se resignar às suas limitações — àquelas limitações intrínsecas à ciência organizada e utilizável — reverte-se em conformismo. A estrutura categorial assumida enquanto tal sem crítica, um suporte de relações subsistentes, é confirmada como absoluta, e a imediatidade irrefletida do método se presta a toda arbitrariedade. A crítica do criticismo torna-se pré-crítica. Daí o modo de comportamento espiritual que é marcado pelo permanente "retorno a". O absoluto transforma-se, o que ele menos gostaria de fazer e o que todavia a verdade crítica diz sobre isso, em algo histórico-natural, a partir do qual pôde ser alcançada de maneira relativamente rápida e tosca a norma da autoadaptação.** Em contrapartida, a filosofia escolar idealista recusou-se a entregar o que espera da filosofia àquele que se envolve com ela de modo despreparado. Essa foi a outra face da autorresponsabilização científica imposta a ela por Kant. Já no idealismo alemão rumoreja a consciência de que a filosofia empreendida enquanto especialização não tem mais nada em comum com os homens aos quais ela produz a perda do costume de lidar com as únicas questões que poderiam levá-los a se interessar por ela, rejeitando-as como vãs; foi sem precauções usuais entre colegas que Schopenhauer e Kierkegaard o disseram, e que Nietzsche abandonou todo acordo com a realidade acadêmica. Sob esse aspecto, contudo, as ontologias atuais não se apropriam simplesmente da tradição antiacadêmica da filosofia, na medida em que, como Paul Tillich formulou certa vez, perguntam por aquilo que toca o homem incondicionadamente. Elas estabeleceram academicamente o *pathos* do não-acadêmico. Nelas, o frisson agradável ante a decadência do mundo unifica-

* Em latim no original: elementos absolutos. (N.T.)

** A expressão alemã "*sich anpassen*" foi constantemente utilizada pelos nazistas para expressar a necessidade de as pessoas e as instituições se adequarem aos princípios estruturadores do novo regime. Assim, ela possui uma conotação política, da qual Adorno claramente faz uso nessa passagem. (N.T.)

se com o sentimento aquietante de operar sobre um solo firme, se possível mesmo assegurado filologicamente. A audácia, prerrogativa, como sempre, do homem jovem, se sabe coberta pelo assentimento geral e pela mais poderosa instituição cultural. Do movimento como um todo surgiu o contrário daquilo que seus pontos de partida pareciam prometer. A ocupação com coisas relevantes regride a uma abstração que não é sobrepujada por nenhuma metodologia neokantiana. Esse desenvolvimento não pode ser cindido da própria problemática da necessidade. Uma tal necessidade não pode ser apaziguada por essa filosofia, assim como não podia ser outrora apaziguada pelo sistema transcendental. É por isso que a ontologia se envolve com sua névoa. De acordo com uma tradição alemã mais antiga, ela coloca a pergunta em uma posição mais elevada do que a resposta; onde permanece devendo o que é prometido, ela alça por sua vez, de maneira consoladora, o fracasso ao nível de um existencial. É verdade que as perguntas possuem, na filosofia, um peso diverso do que possuem nas ciências particulares. Enquanto nas ciências particulares elas são eliminadas pela solução, seu ritmo em termos de história da filosofia seria antes o da duração e do esquecimento. Isso não significa, porém, como não se para de repetir depois de Kierkegaard, que a existência do questionador constitui aquela verdade que a resposta não faz senão procurar em vão. Ao contrário, na filosofia a autêntica questão quase sempre encerra, em certa medida, sua resposta. Ela não conhece, como é o caso da pesquisa, uma relação consecutiva de "antes e depois" entre a pergunta e a resposta. Ela precisa modelar a sua pergunta segundo aquilo que experimentou para poder recuperá-lo. Suas respostas não são dadas, feitas, geradas: nelas reaparece a questão desdobrada, transparente. O idealismo gostaria justamente de abafar esse fato, de produzir incessantemente sua própria configuração, e, se possível, todo conteúdo, ou seja, "deduzir". Em contrapartida, o pensamento que não se impõe como origem não deveria dissimular o fato de que não produz, mas sim reproduz, aquilo que, enquanto experiência, já possui. O momento da expressão no pensamento o incita a não se portar, *more mathematico*, como se formulasse problemas e esperasse então por soluções. Termos como problema e solução soam falsos na filosofia porque postulam a independência do pensado em relação ao pensamento precisamente lá onde pensamento e pensado são mediados reciprocamente. Só se deixa compreender propriamente em termos filosóficos aquilo que é verdadeiro. A coexecução plena do juízo no qual vem a termo a compreensão coincide com a decisão sobre o que é verdadeiro e falso. Quem não julga a consistência de um teorema, ou a sua falta de consistência, consentindo-o, não o compreende. Ele possui o seu próprio conteúdo de sentido, o conteúdo que precisaria ser compreendido, na exigência de uma tal consistência. Por meio disso, a relação entre a compreensão e o juízo diferencia-se da ordem comum do tempo. É tão pouco possível que algo seja compreendido sem o juízo quanto que algo seja julgado sem a compreensão. Isso retira a legitimidade do esquema segundo o qual a solução seria o juízo, enquanto o problema não passaria da mera questão, fundada na compreensão. A fibra da assim chamada condução filosófica da própria demonstração é mediatizada, em contraste com o modelo matemático, sem que esse modelo, porém, simplesmente desapareça. Pois a consistência do pensamento filosófico exige que seu procedimento se meça com as formas da conclusão. Na filosofia, as demonstrações são os esforços por alcançar obrigatoriedade para aquilo que é expresso, na medida em que o tornamos comensurável com os meios do pensamento discursivo. Mas aquele não se segue meramente desses: a reflexão crítica de uma tal produtividade do pensamento é ela mesma um conteúdo da filosofia. Apesar de a pretensão de deduzir o não-idêntico a partir da identidade ter sido elevada ao extremo em Hegel, a estrutura de pensamento da *Grande lógica* implica as soluções nas formulações dos problemas, ao invés de apresentar resultados depois de colocar um ponto final. Apesar de acentuar a crítica ao juízo analítico até a tese de sua "falsidade", tudo em Hegel é juízo analítico, revolvimento do pensamento sem qualquer menção a algo que lhe seja exterior. O fato de o novo e outro ser uma vez mais o antigo e conhecido é um momento da dialética. Por mais evidente que seja a sua conexão com a tese da identidade, essa conexão não é de maneira alguma circunscrita por ela. Quanto mais o pensamento filosófico se entrega à sua experiência, tanto mais ele se aproxima, paradoxalmente, do juízo analítico. A efetiva tomada de consciência de um *desideratum** do conhecimento é, na maioria das vezes, esse conhecimento mesmo: contraparte do princípio idealista da produção permanente. Na renúncia ao aparato tradicional da demonstração, no acento colocado sobre o saber já conhecido, impõe-se na filosofia o fato de ela não ser de maneira nenhuma o absoluto.

A necessidade ontológica não é capaz de garantir o que quer mais do que o tormento dos esfomeados é capaz de lhes garantir a ceia. Não há nenhuma dúvida em relação a uma tal garantia, porém, que esteja em condições de atormentar um movimento filosófico para o qual isso não foi cantado no berço. Exatamente por isso, ele recai no afirmativo não-verdadeiro. "O obscurecimento do mundo não alcança nunca a luz do seer."**[1] Aquelas categorias, às quais a onto-

* Em latim no original: algo desejado. (N.T.)

** O termo "seer" remete-nos a um recurso utilizado por Heidegger para diferenciar a pergunta metafísica pelo *Ser* enquanto o ser do ente e o pensamento interessado em colocar uma vez mais a questão acerca do sentido do *ser* em sua máxima diferença em relação a todo ente. Para acompanhar essa diferença, Heidegger cria uma distinção pautada no étimo originário do verbo "ser" em alemão. Surgem, assim, os termos *Sein* e *Seyn*. Nessa passagem citada por Adorno, o termo utilizado por Heidegger é *Seyn*. Traduziu-se este termo por "seer" em função do fato de a grafia arcaica de "ser" em português ter duas letras "e". (N.T.)

logia fundamental deve a sua ressonância e que ela por isso ou nega ou sublima de tal modo que passam a não servir mais para uma confrontação desagradável, permitem que depreendamos o quanto elas são sinais de um elemento que falta e que não pode ser produzido, o quanto elas são a sua ideologia complementar. O culto do ser, contudo, ou ao menos a atração que essa palavra exerce por meio de seu prestígio, vive do fato de que na própria realidade, tal como outrora na teoria do conhecimento, os conceitos funcionais foram reprimindo cada vez mais os conceitos substanciais. A sociedade transformou-se em contexto funcional total, como antes era pensada pelo liberalismo; aquilo que é, é relativo a um outro, irrelevante em si mesmo. O horror que isso provoca, a consciência crepuscular de que o sujeito está perdendo sua substancialidade, tudo isso predispõe para que se escute a asseveração, faz com que o ser, equiparado de maneira desarticulada àquela substancialidade, sobreviva apesar de tudo a essa estrutura funcional, sem que possa se perder. Todavia, aquilo que o filosofar ontológico buscava como que despertar de maneira evocativa é minado por processos reais, pela produção e reprodução da vida social. O empenho por reivindicar teoricamente homem, ser e tempo como fenômenos originários não detém o destino das ideias ressuscitadas. Mesmo no âmbito especificamente filosófico, os conceitos cujos substratos foram historicamente ultrapassados sempre foram criticados de maneira pertinente como hipóstases dogmáticas; é isso que acontece em Kant com a transcendência da alma empírica, com a aura da palavra ser-aí, no capítulo sobre os paralogismos; com o recurso imediato ao ser no capítulo da anfibolia dos conceitos da razão. A nova ontologia não se apropria dessa crítica kantiana, não a leva adiante por meio da reflexão, mas se comporta como se ela pertencesse a uma consciência racionalista, de cujas máculas um pensamento genuíno precisaria se purificar em um banho ritual. Apesar disso, para colocar até mesmo a filosofia crítica a seu lado, é imputado a ela um teor imediatamente ontológico. Não sem legitimação, Heidegger pôde retirar da leitura de Kant o momento antissubjetivista e "transcendente". Esse momento acentua programaticamente o caráter objetivo de sua problemática no prefácio à *Crítica da razão pura* e não deixa nenhuma dúvida quanto a ela na execução da dedução dos conceitos puros do entendimento. Ele não se reduz àquilo que a história convencional da filosofia retém, a saber, à revolução copernicana; o interesse objetivo mantém o primado sobre o interesse subjetivo, voltado para o mero vir-a-termo do conhecimento e para um desmembramento da consciência no estilo empirista. De maneira alguma, contudo, esse interesse objetivo pode ser equiparado a uma ontologia velada. Contra isso não fala apenas a crítica kantiana da ontologia racionalista, que a rigor cede lugar à concepção de uma outra ontologia, mas também o curso de pensamento da própria *Crítica da razão pura*. De acordo com Kant, a objetividade — a objetividade do conhecimento e a da suma conceitual de tudo aquilo que é conhecido — é mediada subjetivamente. Em verdade, ela tolera a suposição de um em-si para além da polaridade sujeito-objeto, mas a deixa de maneira totalmente intencional tão indeterminada que nenhuma interpretação possível conseguiria retirar daí as letras que formam a palavra ontologia. Se Kant quisesse salvar aquele *kosmos noetikos** que foi atacado pela virada em direção ao sujeito; se sua obra comportasse nessa medida em si um momento ontológico, então esse momento permaneceria de qualquer modo um momento e não o momento central. Sua filosofia gostaria de levar a termo essa salvação com a força daquilo que ameaça o que precisa ser salvo.

A revigoração da ontologia a partir de uma intenção objetivista seria suportada por aquilo que certamente menos se adequa à sua concepção: pelo fato de o sujeito ter se tornado em grande medida ideologia, dissimulando o contexto funcional objetivo da sociedade e tranquilizando o sofrimento dos sujeitos no interior dela. É nessa medida que o não-eu recebe uma preponderância drástica em relação ao eu, e não apenas hoje. Isso é deixado de lado pela filosofia de Heidegger, mas ela o registra: em suas mãos, esse primado histórico transforma-se pura e simplesmente em primado ontológico do ser ante todo elemento ontológico, ante tudo aquilo que é real. Muito sabiamente, ele teve a cautela de não fazer regredir diante dos olhos de todos a revolução copernicana, isto é, a revolução que conduziu à ideia. Ele distinguiu cuidadosamente a sua versão da ontologia daquela do objetivismo, a sua postura anti-idealista daquela do realismo seja crítico, seja ingênuo.[2] Incontestavelmente, a necessidade ontológica não devia ser nivelada ao anti-idealismo, como queriam as frentes do conflito acadêmico entre as escolas. Não obstante, dentre seus impulsos, aquele que talvez seja o mais persistente desabona o idealismo. O sentimento vital antropocêntrico é abalado. O sujeito, autorreflexão filosófica, apropriou-se por assim dizer da crítica muito antiga ao geocentrismo. Esse motivo é mais do que o simples fato de uma visão de mundo, mesmo que seja cômodo explorá-lo como visão de mundo. É verdade que as sínteses desenfreadas entre o desenvolvimento filosófico e o das ciências naturais são suspeitas: elas ignoram a autonomização da linguagem formal físico-matemática que há muito não pode mais ser abrigada na intuição, tampouco em categorias imediatamente comensuráveis com a consciência humana. Todavia, os resultados da nova cosmologia reluziram de maneira ampla; todas as representações que querem aproximar o universo do sujeito ou mesmo deduzi-lo daí como se ele se tratasse de algo posicionado pelo sujeito foram rejeitadas como provenientes de uma ingenuidade comparável à dos tolos casmurros ou dos paranoicos que consideram suas cidadezinhas como o centro do universo. O fundamento do idealismo filosó-

* Do grego: mundo do pensamento. (N.T.)

fico, a própria dominação da natureza, perdeu a certeza de sua onipotência justamente por causa de sua expansão desmedida durante a primeira metade do século XX; exatamente porque a consciência do homem se arrasta de maneira claudicante atrás dessa expansão, porque a ordem de suas relações permaneceu irracional, assim como porque a partir da grandeza daquilo que foi alcançado foi possível medir pela primeira vez a sua insignificância em comparação com o inalcançável. Universais são o pressentimento e o temor de que a dominação da natureza contribua por meio de seu progresso para tecer cada vez mais a desgraça da qual ela queria se proteger: rumo àquela segunda natureza para a qual a sociedade se expandiu. A ontologia e a filosofia do ser são modos de reação — ao lado de outros modos de reação mais grosseiros —, nos quais a consciência espera arrancar-se desse enredamento. Mas elas portam uma dialética fatal em si. A verdade que expulsa o homem do centro da criação e o adverte de sua impotência fortalece, enquanto modo de comportamento subjetivo, o sentimento da impotência, incita os homens a se identificarem com ela e intensifica, com isso, ainda mais o encanto da segunda natureza. A fidelidade ao ser, um turvo derivado de uma intuição crítica estabelecido em termos de visão de mundo, degrada-se realmente e transforma-se em — como Heidegger certa vez, imprudentemente, a definiu — pertencimento ao ser. Ela se sente ante o todo, mas liga-se sem muito problema a todo e qualquer particular, na medida em que este convence o sujeito de maneira suficientemente enérgica de suas próprias fraquezas. Sua prontidão para se curvar ante a desgraça que emerge da interconexão dos próprios sujeitos é a vingança por seu desejo vão de fugir da jaula de sua subjetividade. O salto filosófico, o gesto originário de Kierkegaard, é ele mesmo o arbítrio do qual a submissão do sujeito ao ser pretende escapar. Somente onde o sujeito, segundo a linguagem de Hegel, também está presente atenua-se o encanto do ser; esse encanto perpetua-se naquilo que seria para o sujeito o pura e simplesmente outro, do mesmo modo que o *deus absconditus** já sempre portava traços da irracionalidade das divindades míticas. O exotismo *kitsch* das visões de mundo "artesanais", tal como o zen-budismo, que se deixa consumir com uma facilidade espantosa, lança luz sobre as filosofias restauradoras de hoje em dia. Exatamente como o zen-budismo, essas filosofias simulam uma posição de pensamento que a história acumulada nos sujeitos torna impossível. A limitação do espírito àquilo que é aberto e acessível ao estado de sua experiência histórica é um elemento de liberdade; a errância sem conceito é a encarnação de seu contrário. As doutrinas que fogem sem muita preocupação do sujeito para o cosmo, juntamente com a filosofia do ser, são mais facilmente conciliáveis com uma concepção enrijecida do mundo e com as chances de su-

* Em latim no original: Deus absconso, velado, encoberto. (N.T.)

cesso que ela encerra do que a menor parcela de reflexão do sujeito sobre si mesmo e sobre seu aprisionamento real.

Heidegger certamente percebeu a ilusão da qual se nutre o sucesso popular da ontologia: o fato de somente a partir de uma consciência na qual nominalismo e subjetivismo estão sedimentados, uma consciência que só se tornou efetivamente o que é por meio da autorreflexão, a posição da *intentio recta* poder ser escolhida. Ele contorna essa alternativa com a doutrina do ser que se afirma para além de *intentio recta* e *intentio obliqua*, de sujeito e objeto, assim como de conceito e ente. Ser é o conceito mais elevado — pois quem diz "ser" não tem o ser mesmo na boca, mas apenas a palavra — e é de qualquer modo privilegiado em relação a toda conceptualidade, por força dos momentos concomitantemente pensados na palavra ser, momentos que não se esgotam na unidade dos indícios conceituais conquistada de maneira abstrata. Apesar de ao menos o Heidegger maduro não se referir mais a esse ponto, seu discurso acerca do ser supõe a doutrina husserliana da intuição categorial ou da visão das essências. Somente por meio de uma tal intuição, segundo a estrutura que a filosofia heideggeriana atribui ao ser, esse poderia, de acordo com o uso linguístico da escola, se descerrar ou desvelar; o ser enfático de Heidegger seria o ideal daquilo que se entrega à ideação. A crítica presente nessa doutrina à lógica classificatória enquanto a unidade dos indícios relativos àquilo que é compreendido no conceito permanece válida. Husserl, porém, cuja filosofia se mantém nos limites da divisão do trabalho e, apesar de todas as assim chamadas questões fundacionais, deixou sem esclarecimento até a sua fase tardia o conceito de ciência rigorosa, procurou produzir uma concordância imediata das regras de jogo dessa ciência com aquilo que possui seu sentido próprio em sua crítica; *he wanted to eat the cake and have it too*. Apresentado expressamente enquanto tal, seu método gostaria de injetar nos conceitos classificatórios, a partir do modo segundo o qual o conhecimento se assegura deles, aquilo que, enquanto classificatórios, enquanto mero arranjo do dado, eles não poderiam ter, mas só adquiririam por meio da concepção da coisa mesma, que em Husserl oscila entre algo intramental e algo contraposto à imanência da consciência. Não se pode criticá-lo, como era usual no tempo em que ele ainda estava vivo, pela não-cientificidade da intuição categorial enquanto irracionalista — sua *oeuvre* como um todo opõe-se ao irracionalismo —, mas por sua contaminação pela ciência. Heidegger percebeu isso e deu o passo que Husserl hesitou dar. No entanto, ele rejeitou o momento racional que Husserl conservou,* e, nisso mais próximo de Bergson, levou adiante tacitamente um procedimento que sacrifica a ligação com o conceito discursivo, momento incondicional do pensamento. Assim, ele cobriu os pontos fracos de

* Cf. já o capítulo sobre a jurisdição da razão nas *Ideen* [Ideias].

Bergson que coloca um ao lado do outro dois modos de conhecimento divergentes, não mediados um pelo outro, na medida em que, sob a mobilização da dignidade supostamente mais elevada daquilo que é atribuído à intuição categorial, afasta com a questão sobre sua legitimação também a questão crítico-cognitiva como pré-ontológica. A insuficiência da questão preliminar à teoria do conhecimento transforma-se em título de direito para a sua simples eliminação; o dogmatismo torna-se para ele, em contraposição à tradição da crítica ao dogmatismo, a sabedoria mais elevada. Essa é a origem do arcaísmo* heideggeriano. A ambiguidade das palavras gregas que designam "ser", uma ambiguidade que remonta à indiferenciação jônica entre matéria, princípio e essência pura, não é registrada como insuficiência, mas como superioridade do originário. Ela deve curar o conceito "ser" da ferida de sua conceptualidade, da cisão entre o pensamento e o que é pensado.

Mas o que se apresenta como se tivesse seu lugar no mundo anterior ao pecado originário de uma metafísica subjetivante tanto quanto objetivante torna-se *contre coeur*** um crasso em-si. A subjetividade renegada converte-se em objetivismo. Por mais cuidadosamente que um tal pensamento evite a controvérsia criticista, imputando na mesma medida as duas posições antitéticas à perda do ser, a sublimação de seus conceitos, prosseguimento incansável das reduções husserlianas, priva aquilo que é visado com o termo "ser" de todo ser-aí individuado tanto quanto de todos os rastos de uma abstração racional. Na tautologia para a qual conflui esse ser, o sujeito é dissipado: "Mas o ser — o que é o ser? Ele é ele mesmo".[3] O ser aproxima-se incontornavelmente de uma tal tautologia. Ela não se torna melhor quando optamos por ela com astuta sinceridade e a declaramos como cidadã do que há de mais profundo. Todo juízo, segundo a indicação de Hegel até mesmo o juízo analítico, quer o queira ou não, porta em si a exigência de predicar algo que não se identifica simplesmente com o mero conceito de sujeito. Se o juízo não leva isso em conta, ele quebra o contrato que tinha antecipadamente assinado por meio de sua forma. No entanto, isso se torna inevitável junto ao conceito de ser, tal como ele é manipulado pela nova ontologia. Essa "termina junto ao arbitrário que consiste em fazer passar o ser pelo pura e simplesmente imediato, o 'ser' que justamente em sua pureza é exatamente o contrário de uma pura imediatidade, a saber, algo inteiramente mediado, que apenas ganha sentido na mediação".[4] Ela não pode determinar o

* Adorno utiliza nesse contexto o termo *Archaismus* (arcaísmo) por sua relação com o grego ἀρχή (princípio, origem). É importante ter isso em vista porque o que está em jogo aqui não é uma tendência para a assunção de algo já ultrapassado, mas antes o impulso metodológico para determinar as estruturas originárias dos fenômenos em geral. (N.T.)

** Em francês no original: contra a sua vontade. (N.T.)

ser senão por meio dele mesmo, porque ele não é nem apreensível por meio de conceitos, nem com isso "mediatizado", nem se deixa mostrar imediatamente segundo o modelo da consciência sensível; ao invés de toda e qualquer instância crítica em relação ao ser, tem lugar a repetição do puro nome. O resíduo, a essência pretensamente não-desfigurada,[5] equivale a uma ἀρχή* do tipo daquela que o movimento motivado do pensamento foi obrigado a rejeitar. O fato de uma filosofia negar ser metafísica não decide, como Heidegger o declarou um dia contra Sartre,[6] se ela o é ou não, mas fundamenta antes a suspeita de que no caráter inconfesso de seu teor metafísico se esconderia a não-verdade. Um novo começo a partir de um pretenso ponto zero é a máscara de um intenso esforço por esquecimento, a simpatia pela barbárie não lhe é estranha. O fato de as ontologias mais antigas, a ontologia escolástica tanto quanto as suas sucessoras racionalistas, terem decaído não foi o resultado de nenhuma mudança contingente de visão de mundo ou de estilo de pensamento, tal como acredita ainda o mesmo relativismo histórico contra o qual se insurgiu um dia a necessidade ontológica. Nenhuma simpatia pelo entusiasmo platônico, em contraposição aos traços de resignação de ciências isoladas de Aristóteles, é capaz de enfraquecer a objeção contra a teoria das ideias enquanto duplicação do mundo das coisas; nenhuma defesa da bênção à ordem é capaz de eliminar as dificuldades que são preparadas pela relação entre τόδε τι e πρώτη οὐσία** na metafísica aristotélica; essas dificuldades provêm da não-mediação das determinações do ser e do ente, que a nova ontologia restaura de maneira decididamente ingênua. A exigência por uma razão objetiva, por mais legítima que seja, não conseguiria eliminar sozinha a crítica kantiana à prova ontológica da existência de Deus. Já a passagem eleata para o conceito de ser hoje glorificado era, fato a que Heidegger dá pouca importância, um esclarecimento em relação ao hilozoísmo. A intenção de apagar tudo isso por meio da regressão a um ponto anterior à reflexão do pensamento crítico em um tempo primevo sagrado, porém, não gostaria senão de contornar coações filosóficas que, uma vez reconhecidas, impedem o apaziguamento da necessidade ontológica. A vontade de não se declarar saciado com a experiência de apreender algo essencial a partir da filosofia é deformada por meio de respostas que são talhadas segundo a necessidade; ela hesita entre o compromisso legítimo de oferecer pão e não pedras e a convicção ilegítima de que deve ser pão porque assim precisa ser.

O fato de a filosofia erigida a partir do primado do método aquietar-se junto às assim chamadas questões preliminares e por isso também se sentir,

* Em grego no original: princípio. (N.T.)

** Em grego no original: esse algo e substância primeira. (N.T.)

tanto quanto possível, segura enquanto ciência fundamental não faz outra coisa senão enganar quanto ao fato de as questões preliminares e a própria filosofia não possuírem mais quase nenhuma consequência para o conhecimento. As reflexões sobre o instrumento há muito tempo não tocam mais aquilo que é cientificamente conhecido, somente aquilo que é em geral cognoscível, a saber, a validade dos juízos científicos. Para uma tal reflexão, aquilo que é determinadamente conhecido é algo subalterno, um mero *constitutum*;* por mais que retire daí a pretensão de imergir em sua constituição genérica, ela o deixa indiferente. A primeira formulação na qual isso foi expresso é a célebre formulação kantiana de que "o idealista transcendental" é "um realista empírico".[7] A admiração pela tentativa da *Crítica da razão pura* de fundamentar a experiência permaneceu surda para a declaração de falência segundo a qual a tensão imensurável dessa crítica aplicada ao teor da própria experiência é ἀδιάφορον.** Essa admiração só encoraja o funcionamento normal do entendimento e a visão correspondente da realidade; aliás, o próprio Heidegger continua optando pelo "homem que pensa normalmente".[8] Somente umas poucas intuições e juízos do *common sense* são colocados fora de jogo. "Kant queria provar de uma maneira capaz de chocar 'todo mundo' que 'todo mundo' tinha razão: — essa foi a ironia secreta dessa alma. Ele escreveu contra os doutos em favor do preconceito popular, mas para os doutos e não para o povo."[9] O derrotismo paralisa o impulso especificamente filosófico de trazer à tona algo verdadeiro, escondido por detrás dos ídolos da consciência convencional. O tom sarcástico do capítulo sobre a anfibolia contra a presunção de querer conhecer o interior das coisas, a resignação viril e autossuficiente com a qual a filosofia se estabelece no *mundus sensibilis**** como em qualquer coisa exterior, tudo isso não é meramente a renúncia esclarecida àquela metafísica que confunde o conceito com sua própria realidade efetiva, mas também a renúncia obscurantista àquelas que não capitulam diante da fachada. Algo da lembrança dessa parte melhor que a filosofia crítica não tanto esqueceu, mas zelosamente alijou em honra da ciência que ela queria fundamentar, sobrevive na necessidade ontológica; a vontade de não privar o pensamento daquilo em virtude do que ele é pensado. Desde que as ciências se separaram irrevogavelmente da filosofia idealista, as ciências de mais sucesso não buscaram mais uma outra legitimação senão a declaração de seu método. Em sua autointerpretação, a ciência transforma-se para si mesma em *causa sui*,**** ela se assume como um dado e com isso sanciona também a sua forma desde sempre presente, a forma da divisão do trabalho, cuja insuficiên-

* Em latim no original: algo constituído. (N.T.)

** Em grego no original: indiferente. (N.T.)

*** Em latim no original: mundo sensível. (N.T.)

**** Em latim no original: causa de si. (N.T.)

cia, porém, não pode permanecer indefinidamente velada. Sobretudo as ciências humanas, por meio do ideal de positividade tomado de empréstimo, tornam-se vítimas da insignificância e da aconceptualidade em inumeráveis investigações particulares. O corte entre disciplinas particulares tais como sociologia, economia e história escamoteia o interesse do conhecimento, por baixo das trincheiras cavadas de maneira pedante e defendidas de modo ultravaloroso. A ontologia lembra-nos disso. No entanto, na medida em que se tornou cautelosa, não gostaria de insuflar o essencial na coisa por meio do pensamento especulativo. Ela deve eclodir muito mais como algo dado, um tributo às regras de jogo da positividade que a necessidade quer ultrapassar. Alguns adeptos da ciência esperam da ontologia um complemento decisivo, sem que precisem tocar nos procedimentos científicos. Se a filosofia heideggeriana em sua fase mais tardia pretende se elevar acima da diferenciação tradicional entre fato e essência, então ela reflete a irritação fundamentada ante a divergência entre ciências da essência e ciências dos fatos, entre as disciplinas lógico-matemáticas e as disciplinas empiricamente objetivas que prosperam sem coordenação umas ao lado das outras, apesar de o ideal de conhecimento de umas ser incompatível com o das outras. Mas o antagonismo entre os critérios científicos exclusivos e a exigência absoluta de uma doutrina da essência ou então de uma doutrina do ser não é afastado por aquilo que comanda essa doutrina. Ela se contrapõe abstratamente à sua contraparte, afligida pelos mesmos defeitos dos quais padece uma consciência submetida à divisão do trabalho e da qual ela pretende ser a cura. O que ela oferece contra a ciência não é a sua autorreflexão, nem tampouco, como pensava Walter Bröcker, algo que, como qualitativamente outro, dispor-se-ia em camadas sobre ela, por um movimento necessário. De acordo com a antiga alegoria hegeliana contra Schelling, ela parte da pistola e não é senão um complemento à ciência que a expede sumariamente sem alterar nela mesma, convincentemente, qualquer coisa. Destacando-se distintamente da ciência, ela ratifica, contudo, a sua onipotência, de maneira similar ao que aconteceu com o fascismo, quando palavras de ordem irracionalistas faziam contraponto ao funcionamento científico-tecnológico. A passagem da crítica das ciências para aquilo que lhes é essencial, a saber, o ser, abstrai-se uma vez mais daquilo que poderia ser de algum modo essencial nas ciências e priva com isso a necessidade daquilo que essa passagem parece outorgar. Na medida em que o filosofar ontológico se distancia de todo conteúdo coisal mais apavorado do que Kant jamais esteve, ele permite menos uma intelecção não regulamentada do que o idealismo em sua configuração schellinguiana e hegeliana. Sobretudo a consciência social, que justamente nas ontologias antigas era inseparável da consciência filosófica, é sancionada negativamente enquanto heterodoxia, enquanto ocupação com o mero ente e μετάβασις εἰς ἄλλο γένος.* A hermenêutica heideggeriana apropriou-se da virada contra a teoria do conhecimento inaugurada por Hegel na introdução à *Fenomenologia do espírito*.[10] No entanto, as reservas da filosofia transcendental contra uma filosofia de conteúdo, reservas que fazem com que ela expulse de casa o conteúdo como algo meramente empírico, sobrevivem apesar de todos os protestos em seu programa de destacar o ser do ente e explicitar o próprio ser.[11] Se a ontologia fundamental se retrai, é porque um ideal de "pureza" proveniente da metodologização da filosofia — cujo último elo de ligação foi Husserl — é mantido por ela enquanto contraste do ser em relação ao ente, na medida em que o filosofar ontológico se distancia de todo conteúdo coisal. Esse hábito só podia se reconciliar com essa pureza em um domínio em que todas as diferenças determinadas, sim, todo conteúdo se desvanece. Assustado com as fraquezas de Scheler, Heidegger não deixa que a *prima philosophia*** seja comprometida de maneira crassa pela contingência do material, pela transitoriedade das respectivas eternidades. No entanto, ele também não abdica da concreção originariamente prometida pela palavra existência.*** A diferenciação entre conceito e material seria para ele o pecado original, apesar de se perpetuar no *pathos* do ser. Aquilo que não se pode subestimar entre as suas muitas funções é que, trazendo em

* Em grego no original: mudança inadmissível entre dois planos, erro provocado por uma tal mudança. (N.T.)

** Em latim no original: filosofia primeira. (N.T.)

*** Gunther Anders (*Die Antiquiertheit des Menschen*, Munique, 1961, p.186s., 220, 326, e antes de tudo "On the Pseudo-Concreteness of Heidegger's Philosophy", *Philosophical and Phenomenological Research* vol.VIII, n.3, p.337s.) já denunciou há muito tempo a pseudoconcretude da ontologia fundamental. A palavra conotada de maneira extremamente afetiva na filosofia alemã entre as duas grandes guerras foi impregnada pelo espírito da época. Sua magia serve-se daquela passagem da Nekyia homérica em que Odisseus, para fazer com que as sombras falassem, as alimenta com sangue. Presumivelmente, "terra e sangue" não eram tão eficazes como o apelo à origem. A ressonância irônica que desde o início acompanha essa fórmula revela a consciência daquilo que o arcaico, sob as condições da produção industrial do capitalismo avançado, possui de corroído. Mesmo o *Schwarze Korps* [o jornal oficial da SS] ridicularizava as barbas dos antigos alemães. Ao invés disso, a aparência do concreto seduz como a aparência daquilo que não pode ser trocado e assimilado. Em meio a um mundo que foi se tornando monótono, surgiu aquele fantasma; fantasma porque ele não tocava diretamente no fundamento da relação de troca; senão os nostálgicos teriam se sentido efetivamente ameaçados por aquilo que denominavam equivalência, pelo princípio do capitalismo do qual eles não estavam conscientes e pelo qual eles acusavam os opositores desse sistema. A obsessão com o conceito do concreto uniu-se com a incapacidade de alcançá-lo com o pensamento. A palavra evocadora substitui a coisa. Decerto a filosofia heideggeriana ainda explora o caráter falso daquele tipo de concreção; porque τόδε τι e οὐσία são indiferenciáveis, ele os substitui, como já estava projetado em Aristóteles, um pelo outro sempre segundo a necessidade e o *thema probandum*. O meramente ente torna-se nulo; depurado da mácula de ser, um ente torna-se ser, seu próprio conceito puro. O ser, em contrapartida, privado de todo conteúdo delimitante, não precisa mais vir à tona como conceito, mas é considerado imediatamente como o τόδε τι: como concreto. Os dois momentos, uma vez isolados absolutamente, não possuem nenhuma *differentia specifica* um em relação ao outro, e se tornam cambiáveis; esse *quid pro quo* é elemento central da filosofia heideggeriana.

verdade à tona a sua dignidade superior em face do ente, o ser comporta ao mesmo tempo a lembrança do ente do qual ele quer se destacar enquanto a lembrança daquilo que precede a diferenciação e o antagonismo. O ser atrai, persuade como o barulho das folhas no vento de maus poemas. A única diferença é que aquilo que esses poemas exaltam escapa de maneira relativamente inocente, enquanto na filosofia se insiste nisso como se fosse uma propriedade privada, em relação à qual o pensamento que a pensa não possui poder algum. Essa dialética que faz passar uma para a outra a pura particularização e a pura universalidade, todas as duas de maneira igualmente indeterminada, é silenciada e explorada na doutrina do ser; a imediatidade transforma-se em couraça mítica.

A filosofia heideggeriana, em toda a sua aversão pelo assim chamado impessoal cujo nome deveria ser destinado a denunciar a antropologia da esfera de circulação, equivale a um sistema de crédito extremamente desenvolvido. Um conceito tomado de empréstimo a um outro. O estado oscilante que, com isso, se produz ironiza o gesto de uma filosofia que se sente tão enraizada que prefere a palavra alemã *Denken* (pensamento) ao termo estrangeiro *Philosophie* (filosofia). Assim como em uma antiga piada o devedor se acha em vantagem ante o credor porque esse depende que aquele queira pagar, a bênção emana para Heidegger de tudo aquilo em relação ao que ele está em débito. Que o ser não seja nem fato nem conceito o exime de crítica. Onde quer que venha a se fixar, pode ser rejeitada como uma incompreensão. O conceito retira do elemento fático o *air* de uma plenitude sólida, o ar daquilo que não foi simplesmente produzido pelo pensamento e é por isso precário: do em si. O ente recebe do espírito que o sintetiza a aura do ser que é mais do que fático: a consagração da transcendência; e justamente essa estrutura se hipostasia enquanto algo mais elevado ante o entendimento reflexivo que, com o bisturi, separa o ente e o conceito. Mesmo a indigência daquilo que Heidegger retém em suas mãos depois de tudo isso é cunhada uma vez mais por ele como uma vantagem; uma das invariantes mais gerais de sua filosofia — que ele naturalmente nunca denomina enquanto tal — é a conversão de toda falta de conteúdo, de toda não-possessão de conhecimento em um indício de profundidade. A abstração involuntária apresenta-se como promessa voluntária. No tratado *Platons Lehre von der Wahrheit*, diz-se que "o pensamento desce à pobreza de sua essência provisória"[12] — como se o vazio do conceito de ser fosse o fruto do pudor monástico do originário, não condicionado pelas aporias do pensamento. O ser, contudo, que não deve ser nenhum conceito ou que deve ser um conceito totalmente particular, é o conceito pura e simplesmente aporético.[13] Ele transforma o mais abstrato em mais concreto, e, por isso, mais verdadeiro. Aquilo que cabe a essa ascese é revelado pela própria linguagem de Heidegger em formulações que o criticam de maneira mais raivosa do que o faria uma crítica maldosa: "Com seu dizer, o pensamento traça sulcos invisíveis na linguagem. Esses são ainda mais invisíveis do que os sulcos deixados pelos passos lentos do camponês através do campo."[14] Apesar de uma tal modéstia afetada, não se corre aqui nem mesmo riscos teológicos. Como acontecia outrora com a ideia absoluta, os atributos do ser assemelham-se sem dúvida alguma aos dotes tradicionalmente ligados à divindade. Mas a filosofia do ser evita afirmar a sua existência. Tanto mais arcaico é o todo, menos ele quer se confessar não-moderno. Ao invés disso, ele participa da modernidade enquanto álibi do ente no qual se dá a transcendência do ser que, no entanto, deve permanecer aí velado.

Desde Schelling, o filosofar ligado ao conteúdo foi fundado sobre a tese da identidade. Somente se a suma conceitual do ente, e, por fim, o próprio ente, momento do espírito, puderem ser reduzidos à subjetividade; somente se a coisa e o conceito forem idênticos no estado mais elevado do espírito, é possível, de acordo com o axioma fichtiano de que o a priori é ao mesmo tempo o a posteriori, proceder. Mas o juízo histórico sobre a tese da identidade também concerne à concepção heideggeriana. Para a sua máxima fenomenológica de que o pensamento precisa se curvar àquilo que lhe é entregue ou por fim "destinado" — como se o pensamento não pudesse penetrar as condições de um tal destino —, a possibilidade da construção — a possibilidade do conceito especulativo, intimamente ligado com a tese da identidade — é tabu. A fenomenologia husserliana já tinha se visto em dificuldades nesse ponto, uma vez que sua palavra de ordem "às coisas mesmas" queria ir além da teoria do conhecimento. Husserl denominou explicitamente a sua doutrina não-epistemológica* — assim como Heidegger designou mais tarde a sua doutrina não metafísica , mas se apavorou diante da passagem para o conteúdo coisal mais profundamente do que jamais o fez um neokantiano de Marburgo, para o qual o método infinitesimal devia ajudar a realizar uma tal passagem. Exatamente como Husserl, Heidegger sacrificou a empiria, colocou tudo aquilo que, segundo a linguagem husserliana, não era fenomenologia eidética ao lado das ciências positivas não-filosóficas. Mas ele estende a interdição até as εἴδη husserlianas, até as unidades conceituais supremas, isentas de fatos, com as quais se misturam rastos de um conteúdo

* Ele expôs, na consideração fenomenológica fundamental das *Ideen* [Ideias], seu método como estrutura de operações, sem o deduzir. O arbítrio concedido com isso, um arbítrio que ele só se dispôs a afastar em sua fase tardia, é inevitável. Se o procedimento fosse deduzido, então ele se revelaria justamente como vindo de cima, o que ele não queria ser de maneira alguma. Ele pecaria contra aquele lema quase positivista "às coisas mesmas". Essas, contudo, não impelem de maneira alguma às reduções fenomenológicas que assumem, por isso, o aspecto de uma posição arbitrária. Apesar de toda conservadora "jurisdição da razão", elas recaem no irracionalismo.

coisal. O ser é a contração das essencialidades. Por sua própria consequência, a ontologia recai em uma terra de ninguém. Ela precisa eliminar os a posteriores e não pode ser, tampouco, uma lógica compreendida como doutrina do pensamento e disciplina particular; todo passo do pensamento deveria conduzi-la para além do único ponto onde ela poderia esperar satisfazer a si mesma. Mesmo em relação ao ser, ela quase não ousa mais, por fim, predicar algo. Não é tanto uma meditação mítica que se manifesta nesse caso, mas a carência do pensamento que quer ir em direção ao seu outro e não pode se permitir nada com medo de perder aí o que afirma. De maneira tendencial, a filosofia se torna um gesto ritual. Nesse gesto, também se apresenta algo verdadeiro: seu emudecimento.

A inervação histórica da positividade própria à coisa enquanto um modo de comportamento do espírito não permaneceu estranha à filosofia do ser. Essa gostaria de penetrar a camada intermediária das posições subjetivas que se transformaram em segunda natureza, as paredes que o pensamento construiu à sua volta. Esse estado de coisas repercute no programa husserliano e Heidegger estava de acordo com isso.[15] O esforço do sujeito que fundamenta no idealismo o conhecimento irrita depois de sua decadência como um ornamento supérfluo. Contra a sua vontade, a ontologia fundamental permanece nesse ponto herdeira do positivismo como a fenomenologia.[16] Em Heidegger, a objetividade própria à coisa capota: ele pretende filosofar como que sem forma, puramente a partir das coisas, e, com isso, elas lhe escapam. O enfado produzido pelo aprisionamento subjetivo do conhecimento leva à convicção de que aquilo que transcende a subjetividade é imediato para ela, sem que ela o macule por meio do conceito. Em analogia às correntes românticas e ao movimento tardio da juventude alemã, a ontologia fundamental desconhece a si mesma ao se afirmar como antirromântica em protesto contra o momento restritivo e obscurecedor da subjetividade; ela quer superar essa subjetividade com um modo de falar belicoso, diante do qual Heidegger também não recuou.[17] No entanto, na medida em que a subjetividade não pode eliminar suas mediações por meio do pensamento, ela volta a aspirar ao retorno a estágios da consciência que se acham antes da reflexão sobre a subjetividade e a mediação. Isso fracassa. Onde por assim dizer desprovida de sujeito ela imagina se aninhar às coisas tal como essas se mostram, de uma maneira que faz justiça ao material, de um modo originário que acompanha ao mesmo tempo o caráter novo da coisa, ela alija do que é pensado todas as suas determinações, tal como Kant alijou outrora todas as determinações da coisa em si transcendente. Essas determinações seriam escandalosas tanto como obra da razão meramente subjetiva quanto como derivados do ente particular. Os *desiderata* contraditórios colidem e se aniquilam mutuamente. Como não se tem o direito nem de pensar especulativamente, posicionar o que quer que seja em termos de pensamento, nem inserir inversamente um ente que, enquanto pequenino pedaço do mundo, comprometeria a precedência do ser, o pensamento não se atreve mais a pensar absolutamente nada além de algo completamente vazio, um X muito mais do que jamais o foi o antigo sujeito transcendental, o qual, enquanto unidade da consciência, sempre carrega consigo a lembrança de uma consciência existente: a "egoidade". Esse X, o absolutamente inexprimível, que se subtrai a todos os predicados, torna-se sob o nome "ser" um *ens realissimum*.* Naquilo que a formação aporética dos conceitos possui de compulsório realiza-se contra a vontade da filosofia do ser o julgamento feito por Hegel sobre o ser: de maneira indiferenciável, ele se confunde com o nada; e Heidegger não se enganou de modo algum quanto a isso. Não se pode censurar a ontologia existencial por aquele niilismo,[18] em vista do qual os existencialistas de esquerda a interpretaram para o seu espanto, mas pelo fato de ela apresentar a nulidade absoluta de seu termo supremo como algo positivo.

Por mais que o ser possa mesmo ser comprimido dos dois lados, até se tornar um ponto sem dimensão, por meio de uma cautela permanente, o procedimento tem, de qualquer modo, seu *fundamentum in re*.** A intuição categorial, a interiorização do conceito, lembra-nos do fato de que, para além da ὕλη*** sensível, um momento sempre precisa corresponder também aos estados de coisas constituídos categorialmente que a teoria do conhecimento tradicional só conhece como sínteses. Nessa medida, esses estados de coisa também possuem constantemente algo imediato, que evoca uma concretude plástica.**** Assim como uma simples proposição matemática não vale sem a síntese dos números a partir dos quais se estabelece a equação, uma síntese — Kant negligencia isso — também não seria possível se a relação dos elementos não correspondesse a essa síntese, sem levar em conta as dificuldades nas quais um tal modo de falar se enreda no nível da lógica corrente; se, dito de maneira drástica e com o risco de ser mal compreendido, os dois lados da equação não fossem de fato iguais um ao outro. Faz tão pouco sentido falar dessa copertinência independentemente da síntese pensante, quanto seria uma síntese racional sem essa cor-

* Em latim no original: ente realíssimo. (N.T.)

** Em latim no original: fundamento na coisa. (N.T.)

*** Em grego no original: matéria. (N.T.)

**** O termo alemão *Anschaulichkeit* possui uma relação direta com o verbo *anschauen*, que significa literalmente "ver de perto", "contemplar", "olhar", e, por extensão, "intuir" como um ato de ter a coisa imediatamente presente. Nesse sentido, ele designa o caráter daquilo que se apresenta em meio à intuição e pode ser traduzido por evidência, clareza ou plasticidade. Optou-se pela tradução por "concretude plástica" apenas para ressaltar a presença clara e concreta da coisa em questão. (N.T.)

respondência: exemplo clássico de "mediação". O fato de se hesitar decidir na reflexão se o pensamento é uma atividade e não muito mais, precisamente em sua tensão, um adaptar-se, remete para uma tal mediação. Aquilo que é pensado espontaneamente é algo aparente, dela inseparável. O fato de Heidegger sublinhar o aspecto do aparecer contra a sua completa redução ao pensamento poderia ser um corretivo salutar do idealismo. No entanto, ele isola aí o momento intrínseco ao estado de coisas, toma-o, para usar a terminologia de Hegel, de maneira tão abstrata quanto o idealismo apreende o momento sintético. Hipostasiado, esse deixa de ser um momento e se torna aquilo que a ontologia menos gostaria que fosse em seu protesto contra a cisão entre conceito e ente: algo coisificado. Segundo o seu próprio caráter, porém, esse momento é genético. A objetividade do espírito ensinada por Hegel, produto do processo histórico, permite, tal como redescobriram alguns idealistas como o velho Rickert, algo como uma relação intuitiva com o espiritual. Quanto mais a consciência se sabe firmemente assegurada de uma tal objetividade adquirida pelo espiritual, ao invés de atribuí-la ao sujeito contemplador como uma "projeção", tanto mais ela se aproxima de uma fisionomia rigorosa do espírito. Para um pensamento que não retira, por sua parte, todas as determinações e desqualifica seu oposto, seus construtos se tornam uma segunda imediatidade. Nisso confia de maneira por demais ingênua a doutrina da intuição categorial; ela confunde essa segunda imediatidade com uma imediatidade primeira. Hegel foi muito além disso na lógica da essência; essa trata a essência como algo que emerge do ser tanto quanto como algo autônomo em relação a esse, por assim dizer uma espécie de ser-aí. Em contrapartida, a exigência husserliana da pura descrição dos estados de coisa espirituais que Heidegger assume tacitamente — acolhê-los como aquilo segundo o que eles se dão e apenas como tais — torna um tal estado de coisas tão dogmático quanto se o espiritual, na medida em que é refletido, pensado uma vez mais, não se tornasse um outro. Sem hesitação supõe-se erroneamente que o pensamento, incondicionalmente uma atividade, pudesse muito bem ter um objeto que, pelo fato de ser pensado, não se tornasse ao mesmo tempo algo produzido. O idealismo conservado já no conceito do estado de coisas puramente espiritual é assim convertido de maneira potencial em ontologia. Com o rebaixamento de um pensamento puramente receptivo, contudo, cai por terra a afirmação da fenomenologia à qual a escola como um todo deve sua influência: a afirmação de que ela não concebe, mas investiga e descreve, de que não é nenhuma teoria do conhecimento, em suma, de que não porta o estigma de uma inteligência reflexiva. O arcano da ontologia fundamental, porém, o ser, é o estado de coisas categorial que se oferece de maneira supostamente pura e que é levado à sua fórmula extrema. — Há muito tempo a análise fenomenológica sabe que a consciência sintetizante possui algo receptivo. Aquilo que é unificado em um juízo se lhe dá a conhecer exemplarmente e não de modo meramente comparativo. Não há como contestar a imediatidade da intelecção pura e simples, mas sim a sua hipóstase. Na medida em que algo se revela primariamente em um objeto específico, cai sobre a *species** a luz mais intensa possível: sob essa luz dissipa-se a tautologia que não sabe outra coisa sobre a *species* além daquilo por meio do que ela é definida. Sem o momento de uma intelecção imediata, a sentença hegeliana de que o particular é o universal permaneceria uma afirmação gratuita. Desde Husserl, a fenomenologia salvou essa sentença, mas certamente à custa de seu complemento: o elemento reflexivo. Não obstante, sua visão das essências — o Heidegger tardio evita a palavra-chave da escola da qual provém — envolve contradições que não podem ser resolvidas em nome da paz adorada segundo o lado nominalista ou segundo o realista. Por um lado, a ideação possui uma afinidade eletiva com a ideologia, com a introdução sub-reptícia da imediatidade através do mediado, que a reveste com a autoridade do ser-em-si absoluto, evidente sem qualquer objeção para o sujeito. Por outro lado, a visão das essências designa a visualização fisionômica dos estados de coisas espirituais. O que a legitima é o fato de o espiritual não ser constituído por meio da consciência que está voltada para isso de maneira cognoscente, mas estar fundado objetivamente em si segundo suas leis imanentes, muito para além de seu autor individual, na vida coletiva do espírito. O momento da visualização imediata é adequado a essa objetividade do espírito. Enquanto algo em si já pré-formado, esse momento também pode ser intuído, tal como as coisas sensíveis. A questão é que, exatamente como as coisas sensíveis, essa intuição não é absoluta e irrefutável. Exatamente como aos juízos sintéticos a priori kantianos, Husserl atribui, sem demora, necessidade e universalidade àquilo que cintila fisionomicamente, tal como acontece nas ciências. Contudo, aquilo com o que a intuição categorial contribui de maneira muito falível seria a concepção da coisa mesma, não o seu aparelho classificatório. O ψεὺδος** não é a não-cientificidade da intuição categorial, mas a sua cientifização dogmática. Sob o olhar ideador manifesta-se a mediação que estava congelada na aparência da imediatidade do dado espiritual; nesse ponto, a visão das essências está próxima da consciência alegórica. Enquanto experiência daquilo que veio a ser no que supostamente é simples, ela seria quase exatamente o contrário daquilo como o que ela é utilizada: não uma aceitação fiel do ser, mas uma crítica; a consciência não da identidade da coisa com o seu conceito, mas da ruptura entre os dois. Aquilo pelo que luta a filosofia do ser, como se fosse um órgão do positivo enquanto tal, tem a sua verdade na negatividade. — A ênfase heideggeriana no ser, que não deve ser ne-

* Em latim no original: espécie. (N.T.)

** Em grego no original: falso. (N.T.)

nhum mero conceito, pode se apoiar na indissolubilidade do conteúdo judicativo em juízos, tal como anteriormente Husserl se apoiou sobre a unidade ideal da *species*. O valor conjuntural de uma tal consciência exemplar poderia subir historicamente. Quanto mais socializado é o mundo, quanto mais espessamente é tecida a camada de determinações universais que envolve seus objetos, tanto mais o estado de coisas singular, seguindo uma observação de Gunther Anders, tende a se tornar imediatamente transparente em vista de seu universal; tanto mais ele pode ser trazido à tona e visualizado justamente por meio de uma imersão micrológica; uma situação fática que certamente porta a marca do nominalismo e que é bruscamente oposta à intenção ontológica, por mais que possa ter desencadeado a visão das essências, sem que se apercebesse. Se esse procedimento, contudo, se expõe constantemente à objeção das ciências particulares, à acusação há muito automatizada de que ele está fundado em uma generalização falsa ou precipitada, então a responsabilidade por isso não cabe apenas ao hábito de pensamento, que abusa há muito tempo de seu *ethos** científico de ordenar modestamente de fora os estados de coisa, enquanto uma racionalização pelo fato de não estar mais neles, não concebê-los. Na medida em que as investigações empíricas mostram concretamente às antecipações do conceito, *medium* do pensamento exemplar, que aquilo que é trazido à tona e visualizado a partir de um particular quase imediatamente como algo categorial não possui nenhuma universalidade, elas demonstram os erros dos métodos de Husserl e de Heidegger que colocam em dúvida essa prova e, no entanto, flertam com uma linguagem da pesquisa que soa como se se submetesse à prova.

A afirmação de que o ser, preordenado a toda e qualquer abstração, não é nenhum conceito, ou ao menos é um conceito qualitativamente distinto, dissimula o fato de que toda imediatidade, já segundo a doutrina da fenomenologia de Hegel, sempre se reproduzindo novamente em todas as mediações, é um momento, não o todo do conhecimento. Nenhum projeto ontológico deixa de absolutizar momentos particulares isolados. Se o conhecimento é um entrelaçamento da função sintética do pensamento com aquilo que precisa ser sintetizado, nenhum dos dois independente do outro, então também não pode ter lugar nenhuma lembrança imediata, aquilo que Heidegger estipula como a única fonte de direito de uma filosofia digna do ser, a não ser por força da espontaneidade do pensamento, uma espontaneidade por ele desprezada. Se nenhuma reflexão viesse a ter conteúdo sem algo imediato, então este se enrijeceria de maneira desvinculada e arbitrária sem a reflexão, sem a determinação pensante e diferenciadora daquilo que o ser, mostrando-se supostamente de modo puro para um pensamento passivo, não pensante, significa. O caráter fictício do que

* Em latim no original: hábito, costume. (N.T.)

é afirmado provoca o aparecimento do tom artificial dos pronunciamentos segundo os quais ele se desencobre ou ilumina. Se a determinação pensante e a realização da pretensa palavra originária, sua confrontação crítica com aquilo a que essa palavra remete, não são possíveis, então isso coloca sob acusação todo discurso sobre o ser. O ser não foi pensado porque não se deixa pensar de modo algum na indeterminação que exige. O fato, porém, de a filosofia do ser transformar essa irrealizabilidade em inatacabilidade e a isenção do processo racional em transcendência em relação ao entendimento reflexivo é um ato de violência tão astuto quanto desesperado. De maneira mais decidida do que a fenomenologia que ficou a meio caminho, Heidegger gostaria de se evadir da imanência da consciência. Sua evasão, contudo, é uma irrupção no espelho, cega para o momento da síntese no substrato. Ela ignora que o espírito, reconhecido na filosofia eleática do ser adorada por Heidegger como idêntico ao ser, já está contido enquanto sentido implicado naquilo que ele apresenta como essa pura ipseidade e que ele teria diante de si. A crítica heideggeriana à tradição filosófica torna-se objetivamente o contrário daquilo que promete. Escamoteando o espírito subjetivo, e, com isso, necessariamente também o material, a facticidade junto à qual a síntese atua; fazendo o que é em si articulado segundo esses momentos passar por algo unificado e absoluto, ela se transforma no contrário da "destruição", da exigência de desencantar o que é produzido pelos homens junto aos conceitos. Ao invés de tornar com isso agnósticas as relações humanas, ela as confunde com o *mundus intelligibilis*.* Ela conserva reiteradamente aquilo contra o que se insurge, os construtos de pensamento que, segundo seu próprio programa, deveriam ser eliminados como encobridores. Com o pretexto de manter aparente o que se acha sob eles, eles se tornam uma vez mais imperceptivelmente o em si no qual tinham simplesmente se tornado para a consciência reificada. Aquilo que se arroga estar destruindo o fetiche não destrói senão as condições de descobri-lo como fetiche. A evasão aparente termina naquilo do que foge; o ser no qual desemboca é θέσει. Na cessão do ser, do espiritualmente mediatizado, à visão receptiva, a filosofia converge com sua visão trivial e irracionalista da vida. A referência à irracionalidade não equivaleria por si mesma ao irracionalismo filosófico. Essa irracionalidade é o traço que a não-identidade que não admite supra-assunção entre sujeito e objeto deixa para trás no conhecimento que postula identidade por meio da mera forma do juízo predicativo; ela é também a esperança contra a onipotência do conceito subjetivo. A irracionalidade, porém, exatamente como esse conceito, permanece aí função da *ratio* e objeto de sua autocrítica: aquilo que desliza através da rede é por ela filtrado. Mesmo os filosofemas do irracionalismo remetem a conceitos e, com isso, a um momento racio-

* Em latim no original: mundo inteligível. (N.T.)

nal que seria incompatível com eles. Heidegger contorna aquilo que a dialética, enquanto um de seus temas, quer concluir, na medida em que usurpa um ponto de vista para além da diferença entre sujeito e objeto, uma diferença na qual se manifesta a inadequação da *ratio* àquilo que é pensado. Um tal salto, porém, fracassa com os meios da razão. O pensamento não pode conquistar nenhuma posição, na qual desapareceria imediatamente essa cisão entre sujeito e objeto, uma cisão que reside em todo e qualquer pensamento e no próprio pensar. Por isso, o momento da verdade heideggeriano é nivelado ao irracionalismo de uma visão de mundo. Hoje como na época de Kant, a filosofia reclama uma crítica da razão levada a termo pela própria razão, não o seu banimento ou eliminação.

Com a interdição de pensar, o pensamento sanciona o que ele é simplesmente. A necessidade genuinamente crítica do pensamento de despertar da fantasmagoria da cultura é absorvida, canalizada, conduzida à falsa consciência. A cultura que o envolve fez com que o pensamento perdesse o hábito de formular a questão "o que é tudo isso e para que tudo isso?" — de maneira sumária, a questão sobre o seu sentido se torna cada vez mais urgente, quanto menos um tal sentido se torna evidente para os homens e quanto mais plenamente o funcionamento cultural o substitui. Ao invés disso, o que é agora assim e não de outro modo é entronizado como aquilo que, enquanto cultura, pretende possuir sentido. Diante do peso de sua existência, não insistimos nem na questão sobre se o sentido que ela afirma é realizado, nem na questão sobre a própria legitimação desse sentido. Em contrapartida, a ontologia fundamental apresenta-se como porta-voz do interesse escamoteado, do "esquecido". É exatamente por isso que ela possui uma aversão pela teoria do conhecimento que facilmente estabelece esse interesse no nível dos preconceitos. Não obstante, ela não pode anular segundo sua vontade a teoria do conhecimento. Na doutrina do ser-aí — da subjetividade —, enquanto o caminho real* que conduz à ontologia, ressurge secretamente uma vez mais a antiga questão subjetiva retrospectiva, a questão humilhada pelo *pathos* ontológico. Mesmo a pretensão do método fenomenológico de destituir a tradição do filosofar ocidental tem aí a sua terra natal e não tem senão poucas ilusões em relação a isso; ela deve o efeito do originário aos progressos do esquecimento entre aqueles que fazem o apelo por ela. A orientação da pergunta sobre o sentido do ser ou a sua variante tradicional "por que há antes o ente e não apenas nada?" é de origem fenomenológica: ela é reenviada à análise do significado da palavra "ser". Aquilo que essa palavra ou o ser-aí significam equivaleria em todo

* Real aqui no sentido de ligado à realeza, ao rei, e não no sentido do que diz respeito à realidade. (N.T.)

caso ao sentido de ser ou ser-aí; algo que já é ele mesmo imanente à cultura, assim como as significações que a semântica decifra nas línguas, é tratado como se escapasse tanto à relatividade do que é produzido quanto à perda de sentido do mero ente. Essa é a função da versão heideggeriana da doutrina do primado da linguagem. O fato de que o sentido da palavra "ser" é para ele imediatamente o sentido de ser não passa de uma má equivocidade. Com certeza, equivocidades não são apenas expressões imprecisas.[19] A homofonia dos termos aponta constantemente para algo igual. As duas significações de "sentido" estão imbricadas. Os conceitos, instrumentos do pensamento humano, não podem ter nenhum sentido quando o próprio sentido é negado, quando toda memória de um sentido objetivo é expulsa para além dos mecanismos da formação conceitual. O positivismo, para o qual os conceitos não são senão fichas de jogo intercambiáveis e contingentes, retirou daí a consequência e extirpou a verdade em nome da verdade. Certamente, a posição contrária à filosofia do ser lhe repreende pela tolice de sua razão. No entanto, a unidade do equívoco só se torna visível por meio de sua diferença implícita. Essa diferença desaparece no discurso heideggeriano sobre o sentido. Ele segue nesse caso a sua propensão para a hipóstase: por meio de seu modo de expressão, ele concede aos resultados oriundos da esfera do condicionado a aparência de incondicionalidade. Isso torna-se possível por meio da cintilante palavra "ser". Se o ser verdadeiro é representado radicalmente como χωρίς* do ente, então ele é idêntico à sua significação: só é preciso indicar o sentido da essencialidade ser para que se tenha o sentido do próprio ser. Segundo esse esquema, a tentativa de evasão do idealismo é revogada sem que se perceba e a doutrina do ser é reabsorvida em uma doutrina do pensamento que priva o ser de tudo aquilo que seria outra coisa além de puro pensamento. Para aceder a um sentido de ser estabelecido como sempre e que é experimentado como ausente, é oferecido de maneira compensatória aquilo que é constituído de antemão como âmbito de sentido, em um juízo analítico, a doutrina da significação. O fato de os conceitos, para serem efetivamente tais conceitos, precisarem significar algo serve de veículo para que seu ὑποκείμενον** — o próprio ser — possua sentido, porque o ser não se dá de outro modo senão como conceito, como significação linguística. Que esse conceito não deva ser conceito, mas que ele deva ser imediatamente, isso é algo que envolve o sentido semântico em uma dignidade ontológica. "O discurso acerca do 'ser' também nunca compreende esses termos no sentido de um gênero a cuja universalidade vazia pertenceriam como casos particulares as doutrinas do ente representadas historiograficamente. 'Ser' fala sempre segundo seus envios e, por isso, transpas-

* Em grego no original: separado, cindido. (N.T.)

** Em grego no original: substrato. (N.T.)

sado pela tradição."[20] É com isso que se consola uma tal filosofia. Esse consolo é o polo de atração da ontologia fundamental, para muito além do teor teórico.

A partir do espírito, a ontologia gostaria de restabelecer a ordem rompida pelo espírito, e, junto com ela, sua autoridade. O termo "projeto" revela a sua tendência para negar a liberdade a partir da liberdade: uma obrigatoriedade transubjetiva é entregue à responsabilidade do ato de uma subjetividade posicionadora. Esse contrassenso por demais palpável não pôde ser abafado senão dogmaticamente pelo Heidegger tardio. A lembrança da subjetividade é extirpada no conceito de projeto: "Aquilo que joga no projetar não é o homem, mas o próprio ser que envia o homem para o interior da ek-sistência do ser-aí considerado enquanto sua essência."[21] À mitologização heideggeriana do ser enquanto a esfera do destino[22] alia-se a *hybris** mítica que proclama o plano decretado pelo sujeito como o plano da autoridade suprema e que dissimula a voz do próprio ser. A consciência que não consente com isso é desqualificada como "esquecimento do ser".[23] Uma tal exigência que prescreve uma ordem harmoniza-se com a estrutura de pensamento heideggeriano. É somente enquanto ato de violência contra o pensamento que essa estrutura tem sua chance. Pois a perda que possui uma ressonância *kitsch* na expressão esquecimento do ser não foi um revés do destino, mas algo motivado. O luto, herança dos antigos ἀρχαί,** dissipa-se para a consciência que se arranca à natureza. O próprio mito manifesta-se como engodo; só o engodo pode atualizá-lo — o engodo e o comando. No entanto, a autoestilização do ser enquanto algo que se acha para além do conceito crítico deve propiciar-lhe ainda o título de direito do qual carece a heteronomia, porquanto sobrevive algo do esclarecimento. O sofrimento compreendido como aquilo que a filosofia heideggeriana registra por meio da expressão "perda do ser" não é apenas a não-verdade; senão só muito dificilmente se consegue ver por que ele foi buscar um ponto de sustentação em Hölderlin. A sociedade que, segundo seu próprio conceito, gostaria de fundamentar as relações dos homens em liberdade, sem que a liberdade tenha sido realizada até hoje em suas relações, é tão rígida quanto defeituosa. Na relação universal de troca, todos os momentos qualitativos cuja suma conceitual poderia constituir algo como uma estrutura se acham aplanados. Quanto mais desmedido é o poder das formas institucionais, tanto mais caótica é a vida que elas impõem e deformam segundo sua imagem. A produção e a reprodução da vida, juntamente com tudo aquilo que é coberto pelo termo "superestrutura", não são transparentes para essa razão cuja realização reconciliada não equivaleria senão a uma ordem digna do homem, a uma ordem sem violência. As ordens antigas e enraizadas na natureza ou bem

* Do grego: desmedida. (N.T.)

** Em grego no original: princípios. (N.T.)

passaram, ou bem sobreviveram, para o seu mal, à sua própria legitimação. A sociedade não transcorre em lugar algum de maneira tão anárquica quanto ela aparece na contingência constantemente ainda irracional do destino individual. Todavia, sua legalidade objetificada é a contraparte de uma constituição da existência na qual se poderia viver sem angústia. É isso que sentem os projetos ontológicos: eles o projetam sobre as vítimas, os sujeitos, açodando convulsivamente o pressentimento da negatividade objetiva por meio da mensagem de uma ordem em si que vai até o mais abstrato, até a estrutura do ser. Em todos os lugares, o mundo se prepara para passar aos horrores da ordem e não para o seu contrário, acusado aberta ou veladamente pela filosofia apologética. O fato de a liberdade permanecer em grande medida ideologia; o fato de as pessoas serem impotentes diante do sistema e não conseguirem determinar suas vidas e a vida do todo a partir de sua razão; sim, o fato de não poderem mais nem mesmo pensar essa ideia sem sofrer adicionalmente proscreve sua conjuração para a figura contrária: elas preferem sardonicamente o que é pior à aparência de algo melhor. As filosofias ligadas ao espírito do tempo trazem consigo as suas contribuições para essa situação. Elas se sentem já em ressonância com a ordem alvorecente dos interesses mais poderosos, apesar de, como Hitler, portarem o peso solitário do destino. O fato de se comportarem como metafisicamente desabrigadas e como mantidas no nada provém de uma ideologia apologética da ordem que provoca o desespero e que ameaça os homens com a aniquilação física. A ressonância da metafísica ressuscitada é a concordância prévia com aquela opressão cuja vitória também reside no Ocidente no potencial social e que foi obtida há muito no Oriente, onde o pensamento da liberdade realizada é veladamente transformado em não-liberdade. Heidegger exorta a um pensar servil e descarta o uso da palavra "humanismo", com um gesto padrão contra o mercado da opinião pública. Ao fazer isso, ele se alinha com a unidade de frente daqueles que praguejam contra os "ismos". Seria preciso com certeza perguntar se ele não gostaria de eliminar o falatório sobre o humanismo, um falatório que é suficientemente repugnante, simplesmente porque sua doutrina gostaria de colocar um ponto final na questão.

Apesar de sua intenção autoritária, contudo, a ontologia enriquecida de algumas experiências não celebra senão muito raramente a hierarquia de maneira mais aberta do que nos tempos onde um aluno de Scheler publicou um escrito sobre "O mundo da Idade Média e nós". A tática que consiste em se defender por todos os lados harmoniza-se com uma fase social que só com pouca convicção continua fundando suas relações de dominação em um estágio anterior da sociedade. A tomada do poder conta com os produtos finais antropológicos da sociedade burguesa e precisa deles. Tal como o "Fuhrer" se levanta acima do povo atomizado, pragueja contra a pretensão e, para se perpetuar, muda vez por outra a guarda, também as simpatias oriundas dos primórdios da renascença ontológica pela hierarquia desaparecem na onipotência e na exclusividade do ser. Mesmo isso não é apenas ideologia. O antirrelativismo que remonta ao escrito husserliano sobre a fundamentação do absolutismo lógico, os *Prolegomena zur reinen Logik* [Prolegômenos para a lógica pura], funde-se com uma aversão contra o pensar estático, coisal, que, expresso no idealismo alemão e em Marx, foi, contudo, de início desprezado pelo jovem Scheler e pelos primórdios da nova ontologia. Mesmo assim, a atualidade do relativismo diminui; também arrefeceu o falatório sobre ele. A necessidade filosófica passou sem ser percebida da necessidade de conteúdo coisal e de solidez para a necessidade de escapar da reificação no espírito, realizada pela sociedade e ditada categorialmente para os seus membros, por meio de uma metafísica que condena uma tal reificação, indicando-lhe os seus limites por meio de um apelo a algo originário imperdível e com isso não lhe fazendo em verdade nenhum mal maior do que a ontologia ao funcionamento da ciência. Não resta nada dos valores eternos comprometidos senão a confiança no caráter sagrado da essência privilegiada em relação a tudo aquilo que possui um elemento coisal: da essência "ser". Em virtude de sua impropriedade desprezível em face do ser que é em si mesmo dinâmico e que deve "acontecer apropriativamente",* o mundo reificado é tomado, por assim dizer, como indigno de ser transformado; a crítica ao relativismo é elevada até o ponto em que condena como heresia a racionalidade em progresso do pensar ocidental, e, com ela, a razão subjetiva. A velha animosidade atiçada uma vez mais pela opinião pública contra o intelecto dissecador liga-se com a animosidade contra o que é alienado por meio da coisificação: desde sempre as duas reenviam uma a outra. Heidegger é ao mesmo tempo coisofóbico e antifuncional. O ser não deve ser absolutamente uma coisa e, não obstante, como as metáforas sempre o indicam uma vez mais, deve ser o "solo", algo firme.[24] Nisso se manifesta o fato de a subjetivação e a reificação não divergirem simplesmente, mas serem correlatos. Quanto mais aquilo que é conhecido é funcionalizado e se transforma em produto do conhecimento, tanto mais plenamente é atribuído ao sujeito como sua atividade o momento do movimento nele; tanto mais o objeto se transforma em resultado do trabalho cristalizado nele, algo morto. A redução do objeto ao mero material, uma redução que precede toda síntese subjetiva enquanto sua

* A expressão "acontecer apropriativamente" tem por correlato no original alemão o verbo *ereignen*. Este termo significa correntemente "acontecimento", "evento", "ocorrência", mas no texto heideggeriano ganha um sentido técnico. Heidegger procura pensar o termo a partir da presença dos radicais *eigen* e *äugen* em seu étimo, "próprio" e "visão" respectivamente. Assim, o que temos não é um acontecimento entre outros, mas um acontecimento no interior do qual tem lugar uma determinada apropriação do ser-aí humano pelo ser e uma abertura desse ser-aí para o acontecimento do ente na totalidade. Como Adorno usa o termo a partir de sua significação no texto heideggeriano, procuramos recuperar o sentido do termo em Heidegger. (N.T.)

condição necessária, suga desse material a sua própria dinâmica; desqualificado, esse material é paralisado, ele é privado daquilo a que se pode em geral predicar o movimento. Não é à toa que o termo "dinâmico" designa em Kant uma classe de categorias.[25] A matéria, contudo, desprovida da dinâmica, não é nada pura e simplesmente imediata, mas, apesar da aparência de concretude absoluta, é mediada pela abstração, por assim dizer de início apenas içada. A vida acha-se polarizada segundo o totalmente abstrato e o totalmente concreto, apesar de ela só existir na tensão entre os dois; os dois polos são igualmente reificados e mesmo aquilo que resta do sujeito espontâneo, a apercepção pura, deixa, por meio de sua dissociação em relação a todo eu vivente, enquanto eu penso kantiano, de ser sujeito e é coberto em sua logicidade autônoma pela rigidez reinante. A questão é que a crítica heideggeriana da reificação sobrecarrega simplesmente o intelecto reflexivo e co-realizador com aquilo que possui sua origem na realidade que reifica esse intelecto juntamente com seu mundo de experiências. No que concerne àquilo que é perpetrado pelo espírito, o responsável não é a sua impertinência desrespeitosa. Ao contrário, ele reproduz aquilo para o que é compelido pela conexão da realidade na qual ele mesmo forma apenas um momento. É somente com não-verdade que se pode reenviar a reificação ao ser e à história do ser, a fim de que seja deplorado e santificado enquanto destino aquilo que a autorreflexão e a prática atiçada por ela talvez conseguissem alterar. Com certeza, a doutrina do ser lega legitimamente contra o positivismo aquilo que funda o conjunto da história da filosofia difamada por ela, sobretudo Kant e Hegel: o fato de os dualismos do dentro e do fora, do sujeito e do objeto, da essência e do fenômeno, do conceito e do fato, não serem absolutos. Sua reconciliação, porém, é projetada para o interior da origem irrevogável e, por meio daí, o próprio dualismo, contra o qual o todo foi concebido, se enrijece contra o impulso reconciliador. A nênia sobre o esquecimento do ser é uma sabotagem da reconciliação; a história do ser miticamente impenetrável com a qual se abraça a esperança a nega. Sua fatalidade precisaria ser rompida enquanto nexo de ofuscação.

No entanto, esse nexo de ofuscação não se estende apenas para os projetos ontológicos, mas também para as necessidades com as quais eles se ligam e a partir das quais recebem implicitamente algo como uma garantia para suas teses. A própria necessidade, a necessidade espiritual não menos do que a material, é exposta à crítica depois que mesmo uma tenaz ingenuidade não pode confiar mais no fato de os processos sociais ainda se orientarem imediatamente pela oferta e pela demanda, e, com isso, pelas necessidades. Do mesmo modo que essas necessidades não são algo invariante, inderivável, elas também não garantem sua satisfação. A sua aparência, assim como a ilusão na qual se manifestam, mesmo se precisassem ser apaziguadas, remonta à mesma falsa consciência. Na medida em que são produzidas de maneira heterônoma, elas tomam parte na ideologia, por mais tangíveis que possam ser. Certamente, não há nada real que possa ser nitidamente extraído daquilo que elas comportam de ideológico, se é que a crítica não quer, por sua parte, sucumbir a uma ideologia, à ideologia da simples vida natural. Necessidades reais podem ser objetivamente ideologias, sem que precise surgir daí um direito de negá-las. Pois nas próprias necessidades dos homens catalogados e administrados há algo que reage naquilo em que eles não estão completamente controlados, o excedente da parcela subjetiva da qual o sistema não se assenhoreou completamente. As necessidades materiais precisariam ser respeitadas mesmo em sua figura invertida, causada pela superprodução. Mesmo a necessidade ontológica tem o seu momento real em um estado no qual os homens não são capazes nem de conhecer nem de reconhecer como racional — significativo — o caráter necessário da única coisa à qual seu comportamento obedece. Aquilo que suas necessidades comportam de falsa consciência remonta a algo de que os sujeitos dotados de maioridade não necessitam e que com isso compromete toda realização possível. À falsa consciência acrescenta-se o fato de ela imaginar o irrealizável como realizável, de maneira complementar à realização possível de necessidades que lhe é recusada. Ao mesmo tempo, o sofrimento inconsciente de si mesmo provocado pela carência material, ainda se mostra espiritualizado em tais necessidades invertidas. Essa consciência precisa impelir à eliminação dessa carência, assim como a necessidade sozinha não é capaz de produzi-la. O pensamento sem necessidade, que não quer nada, seria nulo; mas um pensar a partir da necessidade se confunde quando a necessidade é representada de maneira simplesmente subjetiva. As necessidades são um conglomerado de algo verdadeiro e falso; verdadeiro seria o pensamento que deseja algo correto. Se a doutrina de acordo com a qual as necessidades não podem ser deduzidas de nenhum estado natural, mas do assim chamado padrão cultural, é pertinente, então também se acham inseridas nesse padrão as relações da produção social juntamente com toda a sua má irracionalidade. Essa deve ser criticada sem levar em conta as necessidades espirituais, um substituto daquilo que é retido. A nova ontologia é em si mesma um substituto: aquilo que é prometido para além do ponto de partida idealista permanece idealismo de maneira latente e impede a sua crítica incisiva. Em geral, os substitutos não são apenas as realizações primitivas dos desejos com os quais a indústria cultural alimenta as massas, sem que essas acreditem efetivamente nisso. A ofuscação não tem limites onde o cânone cultural oficial instala seus bens, no elemento pretensamente sublime da filosofia. A mais urgente de suas necessidades hoje parece a necessidade de algo firme. Ela inspira as ontologias; elas se adaptam a essa necessidade. Ela possui a sua justificação no fato de que se quer segurança, de que não se quer ser enterrado por uma dinâmica histórica contra a qual as pessoas se sentem impotentes. O imperturbável gostaria de conservar aquilo que é antigo e condenado. Quanto mais desesperançadamente as formas sociais existentes bloqueiam essa nostalgia, tanto mais irresistível a autoconservação desesperada é introduzida em uma filosofia que deve ser as duas coisas ao mesmo tempo, desespero e autoconservação. As estruturas invariantes são criadas segundo a imagem do horror onipresente, da vertigem de uma sociedade ameaçada pelo declínio total. Se a ameaça desaparecesse, então com certeza também desapareceria com ela a sua inversão positiva, que não é ela mesma outra coisa senão o seu negativo abstrato.

Mais especificamente, a necessidade de uma estrutura de invariantes é uma reação à representação do mundo deformado, uma representação originariamente projetada pela crítica cultural conservadora desde o século XIX e desde então popularizada. As teses da história da arte, assim como aquelas relativas à extinção da força geradora do estilo, a nutriram; a partir da estética, essa representação se expandiu enquanto ponto de vista global. Sem excluir aquilo que os historiadores da arte subentendiam: que essa perda era de fato uma perda e não muito mais um passo poderoso em direção ao desencadeamento de forças produtivas. Teóricos esteticamente revolucionários como Adolf Loos ainda ousaram dizer isso no começo do século;[26] somente a consciência amedrontada da crítica cultural que entrementes se conjurou com a cultura existente o esqueceu. O choramingo pela perda das formas ordenadoras aumenta com a violência dessas formas. As instituições são mais poderosas do que nunca; elas produziram há muito algo como o estilo iluminado com neon da indústria cultural, um estilo que se abate sobre o mundo como outrora o movimento barroco. O conflito não enfraquecido entre a subjetividade e as formas, sob a dominação absoluta dessas últimas, se inverte em identificação com o agressor para a consciência que se experimenta como impotente e não ousa mais transformar a instituição e seus modelos espirituais. A deformação deplorada do mundo, uma deformação que abre as portas para o clamor pela ordem vinculante que o sujeito espera em silêncio que venha de fora, de maneira heterônoma, é, na medida em que sua afirmação é mais do que mera ideologia, fruto não da emancipação do sujeito, mas do fracasso dessa emancipação. Aquilo que aparece como o amorfo de uma constituição da existência moldada unicamente segundo a razão subjetiva é aquilo que subjuga os sujeitos, o puro princípio do ser-para-outros, do caráter de mercadoria. Em virtude da equivalência e da comparabilidade universais, ele coloca em descrédito por toda parte as determinações qualitativas, nivelando-as tendencialmente. O mesmo caráter de mercadoria, porém, dominação mediatizada dos homens sobre os homens, fixa os sujeitos em sua menoridade; sua maioridade e a liberdade para o qualitativo seguiriam lado a lado. O estilo revela, sob o projetor da própria arte moderna, seus momentos repressivos. A necessidade de forma que é tomada de empréstimo a ele engana quanto aquilo que na forma há de ruim e de constrangedor. Uma forma que não comprova em si mesma seu direito à vida em virtude de sua função transparente, mas que só é posicionada para que haja forma, é não-verdadeira e, com isso, insuficiente também enquanto forma. De maneira potencial, o espírito ao qual se quer convencer que ele se encontraria dissimulado nessas formas está para além. Somente porque se fracassa no esforço por erigir o mundo de tal modo que não obedeça mais às categorias formais contrárias à consciência mais avançada, a consciência predominante deve tratar espasmodicamente como próprias tais categorias. Mas como o espírito não pode remover completamente a sua insuficiência, ele contrapõe à heteronomia atual grosseiramente visível uma heteronomia, seja passada, seja abstrata, a saber, os valores enquanto *causa sui* e o fantasma de sua reconciliação com os viventes. O ódio à arte moderna e radical, no qual continuam ressoando juntos de maneira beata o conservadorismo restaurador e o fascismo, provém do fato de ela tanto lembrar do que foi desleixado, quanto trazer à luz a questionabilidade do ideal estrutural heterônomo por meio de sua pura existência. Socialmente, a consciência subjetiva dos homens está por demais enfraquecida para explodir as invariantes nas quais ela está aprisionada. Ao invés disso, ela se adéqua a essas invariantes, apesar de lamentar a sua ausência. A consciência reificada é um momento na totalidade do mundo reificado; a necessidade ontológica é sua metafísica, mesmo se essa metafísica, segundo seu conteúdo doutrinal, explora a crítica à reificação, uma crítica que se tornou barata. A forma da invariância enquanto tal é a projeção do que essa consciência possui de cristalizado. Incapaz da experiência de tudo aquilo que já não estivesse contido no repertório do sempre igual constante, ela converte essa imutabilidade na ideia de algo eterno, a ideia da transcendência. Consciência liberada que certamente não é possuída por ninguém na não-liberdade; uma consciência que tivesse poder sobre si mesma, que fosse realmente tão autônoma como até aqui a consciência só deu ares de ser, não precisaria temer constantemente se perder em um outro — no fundo, as forças que a dominam. A necessidade de um ponto de apoio, de algo supostamente substancial, não é tão substancial quanto a sua autojustificação gostaria que fosse; ela é muito mais a marca registrada da fraqueza do eu, conhecida pela psicologia como uma danificação dos homens, atualmente típica. Quem não fosse mais oprimido nem pelo exterior nem em si mesmo, não buscaria nenhum ponto de apoio, talvez nem a si mesmo. Os sujeitos que puderam salvar algo da liberdade mesmo sob condições heterônomas padecem menos da falta de um ponto de apoio do que os sujeitos que não são livres e que gostariam demais de imputar a culpa por isso à liberdade. Se os homens não precisassem mais se igualar às coisas, eles não necessitariam mais de uma superestrutura coisal, nem precisariam se projetar como invariantes segundo o modelo da coisalidade. A doutrina das invariantes eterniza o caráter mínimo da transformação e sua positividade, o mal. Nessa medida, a necessidade ontológica é falsa. Muito provavelmente, a metafísica não desaparece no horizonte senão depois da queda das invariantes. Mas o consolo ajuda pouco. Aquilo que o tempo exigiria ignora o tempo, nenhuma espera é considerada como decisiva; quem se abandona a isso aceita a cisão entre o temporal e o eterno. Como essa cisão é falsa e, não obstante, as respostas das quais ela necessitaria são impossíveis no momento histórico, todas as perguntas que remetem a uma consolação possuem um caráter antinômico.

2. SER E EXISTÊNCIA

A crítica à necessidade ontológica conduz à crítica imanente da ontologia. Aquilo que a repele genericamente, de fora, ao invés de aceitar o confronto com sua própria estrutura e de, segundo a aspiração de Hegel, voltar contra ela sua própria força, não possui nenhum poder sobre a filosofia do ser. As motivações e as resultantes dos movimentos de pensamento de Heidegger podem ser reconstruídas mesmo onde não são expressas; é só muito dificilmente que qualquer uma de suas sentenças escapa ao valor relativo que possui na conexão funcional do todo. Nessa medida, ele é um herdeiro dos sistemas dedutivos. Sua história já é rica em conceitos que são atualizados pelo progresso do pensamento, mesmo que não se possa indicar o estado de coisas que lhes corresponderia; é a partir da necessidade de formar esses conceitos que brota o momento especulativo da filosofia. O movimento de pensamento petrificado neles precisa ser uma vez mais fluidificado, é preciso reiteradamente seguir, por assim dizer, sua pertinência. Não é suficiente nesse caso demonstrar à filosofia do ser que não há algo como o que ela denomina ser, pois ela não postula nenhum "haver" como tal. Ao invés disso, seria preciso deduzir uma tal cegueira do ser como resposta à exigência da irrefutabilidade, uma exigência que explora essa cegueira. Além disso, a ausência de sentido cuja constatação leva o positivismo ao grito de triunfo ainda reluz histórico-filosoficamente. Na medida em que a secularização do teor teológico outrora considerado como objetivamente compulsório não pode ser revogada, o seu apologeta precisa procurar salvá-lo por meio da subjetividade. É assim que já se comportava virtualmente o dogma da reforma; seguramente, essa era a figura da filosofia kantiana. Desde então, o Esclarecimento progrediu de maneira irresistível e a própria subjetividade foi arrastada para o interior do processo de desmitologização. Com isso, a chance de salvação caiu a um valor limítrofe. Paradoxalmente, sua esperança cedeu ao seu abandono, a uma secularização sem reservas e ao mesmo tempo autorreflexiva. O que há de verdadeiro no ponto de partida heideggeriano é o modo como ele se submete a isso na negação da metafísica tradicional; ele se torna não-verdadeiro no momento em que, de maneira não muito diversa de Hegel, começa a falar como se com isso o que deve ser salvo estivesse imediatamente presente. A filosofia do ser fracassa logo que reclama no ser um sentido que, segundo o seu próprio testemunho, é dissolvido por aquele pensamento ao qual o próprio ser ainda está preso enquanto reflexão conceitual, desde o momento em que é pensado. A ausência de sentido da palavra "ser", que é tão facilmente ridicularizada pelo saudável entendimento humano, não deve ser imputada à falta de pensamento ou a um sair pensando irresponsavelmente. Nela se cunha a impossibilidade de apreender ou produzir um sentido positivo através do pensamento que foi o medium de volatização objetiva do sentido. Se procurarmos levar a termo a diferenciação heideggeriana do ser ante seu conceito panlógico, então teremos nas mãos, depois da retração do ente assim como das categorias da abstração, um desconhecido que não possui mais nenhuma relação com o conceito kantiano da coisa em si transcendente senão o *pathos* de sua invocação. Por meio daí, porém, mesmo a palavra "pensamento", da qual Heidegger não pode abdicar, torna-se tão vazia de conteúdo quanto aquilo que há para pensar: um pensar sem conceito não é pensar algum. O fato de esse ser, que segundo Heidegger constitui a verdadeira tarefa do pensamento, se opor a toda determinação de pensamento mina o apelo ao pensamento. O objetivismo heideggeriano, o anátema lançado sobre o sujeito pensante, é quanto a isso o reverso exato. As proposições, que para os positivistas são vazias de sentido, são apresentadas à época como suas letras de câmbio; elas só são falsas porque se arvoram como plenas de sentido, porque soam como o eco de um conteúdo em si. Não é o sentido que se instala na célula mais interior da filosofia de Heidegger; apesar de se apresentar como saber salutar, ela é aquilo que Scheler chamou um dia de saber de dominação. Em verdade, o culto heideggeriano do ser, polemizando contra o culto idealista do espírito, tem por pressuposto a crítica à autodivinização do espírito. O ser heideggeriano, contudo, quase indiferenciável do espírito — seu antípoda —, não é menos repressivo que esse; somente é menos transparente do que ele, que tinha por princípio a transparência; é por isso que ele é ainda menos capaz de uma autorreflexão crítica sobre a essência dominante do que jamais o foram as filosofias do espírito. A carga elétrica da palavra "ser" em Heidegger é bem compatível com o elogio puro e simples do homem pio ou crente que dispensa a cultura neutralizada como se o caráter pio e a crença fossem em si um mérito, sem levar em conta a verdade daquilo em que se crê. Em Heidegger, essa neutralização chega a si mesma: o caráter pio em relação ao ser acaba por riscar completamente o conteúdo que as religiões semi ou totalmente secularizadas trouxeram consigo sem grandes consequências. Dos usos religiosos não restou outra coisa em Heidegger — que os exerce — senão o fortalecimento geral da dependência e da submissão, um substituto da lei formal objetiva do pensamento. Por mais que a estrutura permanentemente se subtraia, ela não deixa, assim como o positivismo lógico, os seus adeptos de fora.

Se os fatos são por um lado desapropriados de tudo aquilo por meio do que eles são mais do que fatos, por outro lado, Heidegger como que se apodera, por assim dizer, do produto descartado da aura que se dissipou. Essa aura garante à filosofia algo como uma existência póstuma, na medida em que a filosofia se ocupa com o ἕν καί πᾶν* como se ele fosse a sua especialidade. A expressão do ser não é outra coisa senão o sentimento dessa aura, certamente sem um astro que lhe entregasse sua luz. Nessa aura, o momento da mediação é isolado e se torna com isso imediato. Assim como os polos sujeito e objeto, a mediação também não se deixa hipostasiar; ela só vigora em sua constelação. A mediação é mediada através daquilo que é mediado. Heidegger a tensiona até ela se tornar por assim dizer uma objetividade não-objetiva. Ele coloniza um reino intermediário imaginário entre a estupidez dos *facta bruta*** e a tagarelice própria às visões de mundo. O conceito de ser que não quer dar voz a suas mediações transforma-se em algo desprovido de essência, aquilo como o que Aristóteles tinha percebido a ideia platônica, a essência *par excellence*; ele se transforma em repetição do ente. O ente encontra-se desprovido de tudo aquilo que sempre se atribuiu ao ser. Apesar de a exigência enfática do ser por uma essencialidade pura se tornar por meio daí caduca, o ente que habita inesgotavelmente o ser, sem precisar reconhecer na versão heideggeriana seu caráter ôntico, toma parte de maneira parasitária nessa exigência ontológica. O fato de o ser se mostrar e dever ser acolhido passivamente pelo sujeito é tomado de empréstimo dos velhos dados da teoria do conhecimento os quais deveriam ser algo fático, ôntico. Esse ôntico, contudo, na esfera sagrada do ser, elimina o rastro da contingência que permitia outrora sua crítica. Por força da lógica da aporia filosófica, sem mesmo precisar esperar pelo ingrediente ideológico do filósofo, ele transpõe para o cerne do essencial a preponderância empírica do que é um ente. A representação do ser enquanto uma entidade cuja determinação pensante perderia incondicionalmente o pensado, na medida em que o decompõe e, com isso, de acordo com o discurso político correspondente, o desagrega, desemboca no fechamento eleático, tal como outrora o sistema e hoje o mundo. De maneira diversa, porém, da intenção dos sistemas, o fechamento é aqui heterônomo: inalcançável pela vontade racional tanto do indivíduo quanto daquele sujeito comum social que até hoje não se realizou. Na sociedade renovada em vista da estática que está se esboçando, não parece mais se desenvolver nenhum novo tema em face ao arsenal da ideologia apologética; os temas correntes são tão mais diluídos, e se tornam a tal ponto irreconhecíveis que só muito dificilmente são desmentidos pelas experiências atuais. Se os recursos e os artifícios astutos da filosofia projetam

* Em grego no original: o uno e o todo. (N.T.)

** Em latim no original: fatos brutos. (N.T.)

o ente sobre o ser, então o ente é assim justificado de maneira feliz; se ele é punido com desprezo enquanto um mero ente, então ele pode impunemente prosseguir lá fora sua desordem. Não é de outra forma que ditadores de coração delicado evitam a visita aos campos de concentração, cujos funcionários agem probamente segundo as suas instruções.

O culto ao ser vive de uma ideologia antiquíssima, da ideologia dos *idola fori*: daquilo que prospera à sombra da palavra ser e das formas dela derivadas. "É" estabelece entre o sujeito gramatical e o predicado a conexão do juízo existencial e sugere com isso algo ôntico. Ao mesmo tempo, porém, tomado puramente por si, enquanto cópula, ele significa o estado de coisas universal e categorial de uma síntese, sem representar por si mesmo algo ôntico. Por isso, sem muitas dificuldades, ele se deixa registrar do lado ontológico. Heidegger deriva da logicidade da cópula a pureza ontológica que agrada à sua alergia àquilo que é fático; do juízo de existência, contudo, ele retira a lembrança do ôntico, que permite então hipostasiar o resultado categorial da síntese como um dado. Com certeza também corresponde um "estado de coisas" ao "é": em todo e qualquer juízo predicativo, o "é" possui sua significação tanto quanto o sujeito e o predicado. Mas o "estado de coisas" é intencional e não-ôntico. Segundo seu próprio sentido, a cópula só se realiza na relação entre sujeito e objeto. Ela não é autônoma. Na medida em que Heidegger insistiu erroneamente que ela se acha para além daquilo por meio do que unicamente ela pode alcançar sua significação, ele se viu dominado por aquele pensamento coisificado contra o qual queria lutar. Se ele fixa o que é visado com o "é" e o transforma em um em-si absoluto ideal — justamente o ser —, então aquilo que é representado pelo sujeito e pelo predicado do juízo, uma vez arrancado da cópula, teria o mesmo direito. A sua síntese por meio da cópula não lhes adviria senão de maneira meramente extrínseca; justamente contra isso foi imaginado o conceito de ser. Sujeito, cópula, predicado seriam novamente, tal como na lógica obsoleta, fechados em si, particularidades prontas, segundo o modelo das coisas. Em verdade, porém, a predicação não se junta aí, mas também é, porquanto acopla os dois, aquilo que eles já seriam em si, caso esse "seriam" fosse de algum modo pensável sem a síntese do "é". Isso interdita a extrapolação da cópula até uma essência "ser" preeminente, assim como a um "devir", síntese pura. Essa extrapolação repousa sobre uma confusão teórico-semântica: a confusão entre a significação universal da cópula "é", marca gramatical constante para a síntese do juízo, e a significação específica que o "é" adquire em cada juízo. As duas não coincidem de maneira alguma. Nessa medida, o "é" precisaria ser comparado com as expressões ocasionais. Sua universalidade é um indício de particularização, da forma universal para a consecução dos juízos particulares. A nomenclatura leva isso em conta ao reservar para essa universalidade o termo científico "cópula" e justamente o "é" para a capacidade particular que o juízo tem a cada vez de realizar. Heidegger negligencia essa diferença. Dessa forma, a capacidade particular do "é" reduz-se simplesmente a algo como um modo de aparição desse universal. A diferença entre a categoria e o conteúdo do juízo existencial se desvanece. A substituição da forma gramatical universal para o conteúdo apofântico transforma a capacidade ôntica do "é" em algo ontológico, em um modo de ser do ser. No entanto, ao se desconsiderar a capacidade mediada e mediadora, que é postulada no particular, no sentido de "é", então não resta nenhum substrato de qualquer tipo desse "é", mas apenas a forma abstrata da mediação em geral. Essa mediação, segundo a expressão hegeliana o puro devir, é tão pouco um princípio originário quanto qualquer outro, a não ser que se queira substituir Parmênides por Heráclito. A palavra ser possui um tom superior que só a definição arbitrária poderia deixar de ouvir; esse tom empresta à filosofia heideggeriana seu timbre. Todo e qualquer ente é mais do que ele é; o ser, em contraste com o ente, lembra-nos disso. Como não há nenhum ente que, na medida em que é determinado e determina a si mesmo, não careça de um outro que ele mesmo não é — pois ele não poderia ser determinado apenas por meio dele mesmo —, ele remete para além de si. Mediação é meramente uma outra palavra para designar isso. Heidegger, entretanto, tenta reter o que se remete para além de si e deixar para trás como escória aquilo para além do que ele se projeta. O entrelaçamento torna-se para ele o seu absoluto contrário, a πρώτη οὐσία.* Na palavra ser, na suma conceitual daquilo que é, a cópula se objetivou. Com certeza, assim como não se poderia falar de "é" sem "ser", não se poderia falar de "ser" sem "é". A palavra reenvia ao momento objetivo que condiciona em todo juízo predicativo a síntese, na qual somente ele de fato se cristaliza. Mas assim como esse estado de coisas no juízo, o ser tampouco é autônomo em face do é. A linguagem, que Heidegger considera com razão como mais do que a mera significação, é criadora graças à falta de autonomia de suas formas em relação àquilo que ele dela extirpa. Se a gramática acopla o "é" com a categoria do substrato ser enquanto seu ativo: exigindo que algo seja, então ela emprega reciprocamente ser apenas na relação com tudo aquilo que é, não em si. A aparência do ontologicamente puro é sem dúvida alguma fortalecida pelo fato de que toda análise de juízos remete a dois momentos, dos quais nenhum pode ser reduzido ao outro — tão pouco quanto, metalogicamente, sujeito e objeto.** — O pensamento fascinado pela quimera

* Em grego no original: substância primeira. (N.T.)

** A relação sujeito-objeto no juízo, enquanto uma relação puramente lógica, e a relação entre sujeito e objeto, enquanto uma relação material epistemológica, precisam ser de início estritamente diferenciadas; o termo "sujeito" significa, em um caso e no outro, coisas quase contraditórias. Na teoria do juízo, ele é adotado como a base a partir da qual algo é predicado; em relação ao ato do juízo e àquilo que é julgado na síntese judicativa, de uma certa maneira, na objetividade, ele é aquilo sobre de algo absolutamente primeiro tenderá a reclamar por fim essa irredutibilidade mesma como algo derradeiro. No conceito heideggeriano de ser, a redução acompanha a irredutibilidade. Mas esta é uma formalização que não se coaduna com aquilo que é formalizado. Tomada por si mesma, ela não diz mais do que algo negativo, a saber, que os momentos do juízo, qualquer que seja a ocasião, não se deixam absorver por um lado ou por outro; que eles não são idênticos. Fora dessa relação entre os momentos do juízo, a irredutibilidade é um nada sob o qual não há absolutamente nada a pensar. É por isso que não pode ser imputada a ela nenhuma prioridade ontológica em face dos momentos. O paralogismo reside na transformação desse negativo, de acordo com o qual não se pode reconduzir um dos momentos ao outro, em algo positivo. Heidegger chega até a fronteira da intelecção dialética da não-identidade na identidade. Mas ele não assume até o fim a contradição no conceito de ser. Ele a reprime. Tudo aquilo que pode ser de algum modo pensado sob o ser ridiculariza a identidade do conceito com aquilo que é visado por ele; Heidegger, contudo, o trata como identidade, puro ser si mesmo, desprovido de sua alteridade. Ele dissimula a não-identidade na identidade absoluta como uma desonra familiar. Como o "é" não é nem uma simples função subjetiva, nem algo coisificado, um ente, ou, segundo o pensamento tradicional, uma objetividade, Heidegger o denomina ser, esse terceiro termo. A passagem ignora a intenção da expressão que Heidegger acredita interpretar modestamente. O conhecimento de que o "é" não é nenhum mero pensamento nem tampouco nenhum mero ente não permite a sua transfi-

---

o que se exerce o pensamento. Epistemologicamente, porém, o sujeito designa a função do pensamento, em muitos aspectos também aquele ente que pensa e que só pode ser excluído do conceito eu ao preço de não significar mais aquilo que significa. Mas essa distinção envolve, apesar de tudo, uma estreita afinidade entre o que é distinguido. A constelação de um estado de coisas tocada pelo juízo — na linguagem da fenomenologia, a constelação "daquilo que é julgado enquanto tal" — e da síntese que tanto repousa sobre aquele estado de coisas quanto o constitui lembra da síntese material entre sujeito e objeto. Esses se distinguem do mesmo modo, não podem ser remetidos à pura identidade de um ou do outro lado e se condicionam reciprocamente porque nenhum objeto é determinável sem a determinação que o torna assim, a saber, o sujeito, e porque nenhum sujeito pode pensar algo que não esteja contraposto a ele sem excluir daí o próprio sujeito: o pensar está acorrentado ao ente. O paralelo entre lógica e teoria do conhecimento é mais do que mera analogia. A relação puramente lógica entre o estado de coisas e a síntese que sabe que não leva em consideração a existência, a facticidade espáciotemporal, é em verdade uma abstração da relação sujeito-objeto. Essa é exposta segundo o ponto de vista do pensamento puro, negligenciando todo conteúdo coisal ôntico particular, sem que, contudo, a abstração tenha poder sobre o algo que ocupa a posição vazia do caráter coisal e que, por mais geral que seja o nome dado a ele pela abstração, visa a algo coisal, e somente por meio de algo coisal se torna aquilo que ele mesmo significa. A instauração metodológica da abstração tem seus limites no sentido daquilo que julga ter nas mãos enquanto forma pura. Para o "algo" lógico-formal, o que é indelével é o rastro do ente. A forma "algo" é constituída segundo o modelo do material, do τόδε τι; ela é a forma do material e, nessa medida, segundo sua própria significação puramente lógica, carece daquele elemento metalógico em função do qual, como polo oposto ao pensamento, se empenha a reflexão epistemológica.

guração em algo transcendente em relação a essas duas determinações. Toda tentativa de mesmo apenas pensar o "é", mesmo que fosse em sua universalidade mais esvaecida, conduz aqui ao ente e lá a conceitos. A constelação dos momentos não pode ser reduzida a uma essência singular; nela reside aquilo que não é, ele mesmo, essência. A unidade que a palavra "ser" promete só dura enquanto não é pensada, enquanto a sua significação não é, de acordo com o próprio método de Heidegger, analisada; toda análise como essa exige que venha à tona aquilo que desapareceu no abismo do ser. Mas se a análise do próprio ser é tabu, então a aporia se converte em sublevação. O absoluto deve ser pensado no ser, mas apenas porque não pode ser pensado que ele seja o absoluto; é apenas porque ofusca magicamente o conhecimento dos momentos que ele parece estar para além dos momentos; como a razão não pode pensar o seu melhor, ela se torna a si mesma o mal.

Em verdade, contra o atomismo linguístico de Heidegger, que crê na totalidade, todos os conceitos singulares já se acham em si mesmos estreitamente ligados aos juízos que a lógica classificatória negligencia; a antiga tripartição da lógica em conceito, juízo e conclusão é um resíduo como o sistema de Lineu. Os juízos não são meras sínteses de conceitos, pois não há nenhum conceito sem juízo; Heidegger desconsidera isso, talvez sob o encanto da escolástica. No caráter mediatizado do ser tanto quanto do eu, talvez se esconda, porém, o sujeito. Heidegger escamoteia esse momento, digamos, idealista e por meio daí eleva a subjetividade ao nível daquilo que possui uma preeminência em relação a todo dualismo sujeito-objeto, ao nível do absoluto. O fato de toda análise do juízo remontar ao sujeito e ao objeto não instaura nenhuma região para além desses momentos que pudesse ser em si. Ela tem por resultado a constelação desses momentos, e não um momento mais elevado, nem mesmo um terceiro termo mais geral. Certamente seria preciso acrescentar no sentido de Heidegger que o "é" não é coisal, não é τὰ ὄντα,* um ente, uma objetividade no entendimento usual. Pois sem a síntese o "é" não possui nenhum substrato; no estado de coisas visado não é possível designar nenhum τόδε τι que lhe seja correspondente. Portanto, assim diria a dedução, o "é" precisa designar o terceiro termo, justamente o ser. Mas essa dedução é falsa, ato de violência de uma semântica autossuficiente. A falsa conclusão é flagrante no fato de um tal substrato supostamente puro do é não poder ser pensado. Toda tentativa de pensá-lo depara-se com mediações das quais o ser hipostasiado gostaria de se desembaraçar. Do fato de não poder ser pensado, contudo, Heidegger ainda retira a vantagem de uma dignidade metafísica suplementar do ser. Na medida em que se recusa ao pensamento, ele é o absoluto; na medida em que, bem hegelianamente, ele não pode ser reduzido

* Em grego no original: os entes. (N.T.)

sem restos nem ao sujeito nem ao objeto, ele está para além de sujeito e objeto, apesar de, independentemente deles, ele não ser de maneira alguma. A razão que não o pode pensar é por fim ela mesma difamada, como se o pensamento se deixasse de algum modo dissociar da razão. É incontestável que o ser não é simplesmente a suma conceitual daquilo que é, daquilo que é um caso. De maneira antipositivista, uma tal intelecção faz justiça ao excedente do conceito em relação à facticidade. Nenhum conceito seria pensável nem mesmo possível sem o algo mais que torna a língua o que ela é. No entanto, aquilo que ressoa na palavra ser ante os τὰ ὄντα, o fato de tudo ser mais do que é, designa uma tal imbricação, e não algo transcendente em relação a ela. Essa imbricação torna-se em Heidegger esse algo transcendente, ela se junta ao ente singular. Ele segue a dialética até o ponto em que nem o sujeito nem o objeto são algo imediato e último, mas salta para fora dela na medida em que busca se lançar para além deles em direção a algo imediato e primeiro. O pensamento torna-se arcaico tão logo ele transfigura em ἀρχή metafísica o que no ente disperso é mais do que ele mesmo. Enquanto reação à perda da aura,[1] essa ἀρχή, a remissão das coisas para além de si mesmas, é refuncionalizada por Heidegger e transformada em substrato, equiparando-se, por meio daí, às coisas. Ele prescreve uma restauração do horror que, muito antes das religiões naturais míticas, já preparava a confusão: sob a palavra alemã *Sein* (ser) é trazido à tona Mana,[2] como se a impotência crepuscular fosse comparável àquela dos primitivos pré-animistas quando trovejava. Sub-repticiamente, Heidegger segue a lei que, com a racionalidade em progresso de uma sociedade constantemente irracional, é sempre continuamente retomada. Tendo aprendido a duras penas, ele evita o pelagianismo romântico de Klages e os poderes de Oskar Goldberg, fugindo da região da superstição tangível rumo à obscuridade na qual não se formam mais nem mesmo mitologemas como aquele da realidade das imagens. Ele escapa da crítica, sem, no entanto, desistir das vantagens da origem; esta é deslocada a tal ponto para trás que aparece como extratemporal e, por isso, onipresente. "Mas isso não é possível."[3] Não se pode sair da história senão por regressão. Sua finalidade, aquilo que há de mais antigo, não é o verdadeiro, mas a aparência absoluta, o aprisionamento opressor em uma natureza cuja impenetrabilidade meramente parodia o sobrenatural. A transcendência heideggeriana* é a imanência absolutizada,

* "O ser enquanto tema fundamental da filosofia não é nenhum gênero de um ente, e, no entanto, diz respeito a todo ente. Sua 'universalidade' precisa ser buscada mais acima. Ser e estrutura do ser encontram-se para além de todo ente e de toda possível determinação essente de um ente. Ser é o *transcendens* puro e simples. A transcendência do ser do ser-aí é uma transcendência insigne, na medida em que nela residem a possibilidade e a necessidade da mais radical individuação. Todo descerramento de ser enquanto *transcendens* é conhecimento transcendental. Verdade fenomenológica (descerramento do ser) é *veritas transcendentalis*." (Heidegger, *Ser e tempo*, 6ª edição, Tubingen, 1949, p.38.)

enrijecida contra seu próprio caráter de imanência. Essa aparência carece de uma explicação; é preciso dizer como o pura e simplesmente derivado, mediatizado, o ser, pode se apoderar das insígnias do *ens concretissimum*.* Ela se baseia no fato de que os polos da teoria do conhecimento e da metafísica tradicionais, o puro "esse aqui" e o puro pensamento, são abstratos. Tantas determinações estão afastadas dos dois que resta muito pouco a dizer sobre eles, ao menos se o juízo quiser se orientar a partir daquilo sobre o que ele julga. Por meio daí, os dois polos parecem indiferenciáveis entre si, e isso permite que, sem ser notado, se empenhe para que um assuma o lugar do outro, sempre de acordo com o que deve ser demonstrado. O conceito do ente enquanto tal, segundo o seu ideal sem qualquer categoria, não precisa, em sua perfeita ausência de qualidades, se restringir a nenhum ente e pode se denominar ser. O ser, porém, enquanto conceito absoluto, não precisa se legitimar enquanto conceito: ele se limitaria se adotasse qualquer extensão e pecaria contra seu próprio sentido. Por isso, ele pode ser tão bem adornado com a dignidade do imediato quanto o τόδε τι com a dignidade do essencial. É entre os dois extremos indiferentes entre si que se desenrola o conjunto da filosofia heideggeriana.** Contra sua vontade, contudo, o ente se impõe no ser. O ser recebe sua vida do fruto proibido, como se esse fruto fosse a maçã de Freya. Apesar de o ser, em virtude de sua absolutidade aurática, não querer ser contaminado com nenhum ente, ele se transforma justamente naquele imediato que concede o direito à petição por absolutidade por meio do fato de ser sempre significar o mesmo: o ente enquanto tal. Logo que o discurso sobre o ser acrescenta algo à pura invocação, esse algo provém do plano ôntico. Os rudimentos de uma

* Em latim no original: do ente maximamente concreto. (N.T.)

** O fato de a filosofia heideggeriana, apesar de seu contato com Hegel, se afastar da dialética lhe confere o caráter atraente da transcendência alcançada. Refratária à reflexão dialética que não cessa, contudo, de tocar, ela se mantém em contato com a lógica tradicional e se apodera, segundo o padrão do juízo predicativo, do caráter de firmeza e de incondicionalidade daquilo que, para a lógica dialética, não seria senão momento. É mais ou menos assim que, de acordo com uma formulação inicial (Cf. Heidegger, *Ser e tempo*, op.cit., p.13), o ser-aí deve ser esse ôntico, esse existente, que possui o primado — paradoxo inconfesso — de ser ontológico. "Ser-aí" é uma variante alemã e odiosa do termo "sujeito". Não escapa a Heidegger o fato de que ele é tanto princípio da mediação quanto imediato, de que, enquanto constituinte, o constituído pressupõe a facticidade. O estado de coisas é dialético; Heidegger o traduz a todo custo na lógica da ausência de contradições. A partir de dois momentos mutuamente contraditórios do sujeito são formados dois atributos que ele lhe assinala como a uma substância. No entanto, isso serve à dignidade ontológica: a contradição não desdobrada torna-se garantia de algo mais elevado porque não se adequa às condições da lógica discursiva, em cuja linguagem ela é traduzida. Graças a essa projeção, a substância denominada "ser" deveria se encontrar, enquanto algo positivo, acima tanto do conceito quanto dos fatos. Uma tal positividade não resiste à sua reflexão dialética. Tais esquemas são τόδε τι de toda a ontologia fundamental. A transcendência para além do pensamento e dos fatos é obtida por ela a partir das estruturas dialéticas que são expressas e hipostasiadas de maneira não-dialética, como se pudéssemos simplesmente denominá-las.

ontologia material em Heidegger são temporais: algo que veio a ser e que é tão efêmero quanto antes em Scheler.

Com certeza, só se faz justiça ao conceito de ser quando se concebe mesmo a experiência genuína que provoca sua instauração: o impulso filosófico para expressar o inexprimível. Quanto maior é o temor com o qual a filosofia se opõe a esse impulso, àquilo que lhe é próprio, tanto maior é a tentação de ir diretamente até o inexprimível, sem o trabalho de Sísifo, que não seria a pior definição da filosofia e que encoraja tanto ao sarcasmo contra ela. A própria filosofia, enquanto forma do espírito, contém um momento, profundamente aparentado com aquele elemento provisório assumido em Heidegger como algo que deveria ser tema de nossa meditação e que impede a meditação. Pois a filosofia é uma forma muito mais específica do que a história de seu conceito permite imaginar, uma história na qual raramente, com exceção de uma certa camada de Hegel, ela incorpora em sua reflexão a sua diferença qualitativa em relação à ciência, à doutrina da ciência e à lógica, com as quais, contudo, ela se acha imbricada. A filosofia não consiste nem em *vérités de raison* nem em *vérités de fait*. Nada do que diz se curva aos firmes critérios de um "esse é o caso"; suas proposições sobre aquilo que é conceitual não se curvam aos firmes critérios do estado de coisas lógico, assim como suas proposições sobre aquilo que é fático não se curvam aos critérios firmes da pesquisa empírica. Ela é frágil também por causa de sua distância. Ela não se deixa fixar. Sua história é um permanente insucesso, na medida em que, aterrorizada pela ciência, ela sempre aspirou novamente àquilo que apresenta firmeza. Ela merece a sua crítica positivista por conta de sua pretensão de cientificidade rejeitada pela ciência; essa crítica se equivoca, uma vez que confronta a filosofia com um critério que não é o seu onde quer que ela obedeça à sua ideia. Mas a filosofia não abdica da verdade. Ao contrário, ela lança luz sobre o caráter limitado da verdade científica. Aquilo que possui de provisório determina-se por meio do fato de, em sua distância em relação ao conhecimento verificador, ela não ser facultativa, mas conduzir uma vida própria de rigor. Ela busca esse rigor naquilo que ela mesma não é, naquilo que lhe é oposto, e na reflexão sobre aquilo que um conhecimento positivo, com má ingenuidade, supõe como imperativo. A filosofia não é nem ciência, nem poesia pensante — à qual o positivismo gostaria de degradá-la com um oxímoro estúpido —, mas uma forma tanto mediatizada quanto destacada daquilo de que é diversa. Seu elemento provisório, porém, não é outra coisa senão a expressão do inexprimível que ela comporta nela mesma. Nesse ponto, ela é verdadeiramente como uma irmã da música. O provisório quase não pode ser propriamente exposto com palavras; isso pode ter levado a os filósofos passarem por cima dele, com a exceção talvez de Nietzsche. Ele é antes a pressuposição para a compreensão dos textos filosóficos do que a sua propriedade demonstrativa. Isso pôde emergir historicamente e pode ser uma vez mais silenciado, como há a ameaça de que aconteça com a música. Heidegger incorporou isso radicalmente e transformou esse elemento específico da filosofia, talvez porque esse elemento estava a ponto de se dissolver, literalmente em uma especialidade, uma objetividade de uma ordem quase superior. A filosofia, que reconhece o fato de não estabelecer juízos nem sobre a facticidade nem sobre conceitos como se julga normalmente, e que não está nem mesmo segura de seu objeto, gostaria de possuir seu teor apesar de tudo positivo para além do fato, do conceito e do juízo. Dessa forma, o elemento provisório do pensamento é elevado ao próprio inexprimível que o pensamento quer expressar; o não-objetivo, ao objeto esboçado pela própria essência, e, justamente com isso, mutilado. Sob o peso da tradição que Heidegger quer abalar, o inexprimível se torna expresso e compacto na palavra "ser"; o protesto contra a reificação é reificado e se torna estranho e irracional para o pensamento. Na medida em que tematiza imediatamente o inexprimível da filosofia, Heidegger a bloqueia até o ponto da revogação da consciência. Por punição, seca a fonte que, segundo sua concepção, tinha sido soterrada e que ele queria desenterrar, tornando-se mais indigente do que nunca a intelecção da filosofia supostamente destruída que tende para o inexprimível através de suas mediações. Aquilo que, a partir de um abuso de Hölderlin, é atribuído à indigência da época não passa da indigência do pensamento que se acredita para além do tempo. A expressão imediata do inexprimível é nula; onde a sua expressão acontece, como no caso da grande música, seu selo é o intangível e o efêmero, e essa expressão adere ao transcurso, não ao "é isso aí" designativo. O pensamento que quer pensar o inexprimível por meio do abandono do pensamento falsifica-o e transforma-o naquilo que ele menos gostaria de ser, no absurdo de um objeto absolutamente abstrato.

A criança, assim poderia argumentar a ontologia fundamental se ela não fosse tão ôntico-psicológica, pergunta sobre o ser. A reflexão a tolhe dessa pergunta e a reflexão da reflexão, como sempre acontece no caso do idealismo, gostaria de restituí-la. No entanto, dificilmente a dupla reflexão perguntaria de modo tão imediato quanto a criança. Seu comportamento é copiado pela filosofia, por assim dizer com o antropomorfismo do adulto, como se essa fosse a da infância de todo o gênero humano, como algo pré e supratemporal. Aquilo em que a criança trabalha arduamente é antes a sua relação com as palavras, das quais ela se apropria com um esforço que, na idade mais avançada, quase não é mais representável do que o mundo, o qual, enquanto o mundo dos objetos de sua ação, lhe é em certa medida familiar desde as primeiras fases. Ela quer se assegurar da significação das palavras e essa ocupação — sem dúvida alguma marcada por uma obstinação ranheta, gazeteira e psicanaliticamente explicável — a conduz à relação entre a palavra e a coisa. Ela adora levar sua mãe à loucura com o problema penoso sobre por que o banco se chama banco. Sua ingenuidade não é ingênua. Enquanto língua, a cultura migra em movimentos muito precoces de sua consciência: uma hipoteca lançada sobre o discurso acerca da originariedade. O sentido das palavras e o seu teor de verdade, sua "posição em relação à objetividade", ainda não são agudamente distintos um do outro; saber o que significa a palavra "banco" e o que um banco realmente é — ao que é que se deve imputar o juízo existencial — é a mesma coisa, ou ao menos é indiferenciado, para aquela consciência; aliás, em casos inumeráveis, isso só é passível de ser cindido com muito esforço. Orientada pelo vocabulário aprendido, a imediatidade infantil é mediada em si mesma justamente nesse ponto; a insistência na pergunta sobre o "porquê", sobre o que há de primeiro, é pré-formada. A linguagem é experimentada como φύσει, não como θέσει, "taken for granted"; no começo está o fetichismo, e a caça ao começo permanece constantemente submetida a ele. Sem dúvida alguma, é difícil trazer à luz esse fetichismo porque simplesmente tudo aquilo que é pensado também é linguístico, o nominalismo irrefletido é tão falso quanto o realismo que entrega à linguagem falível os atributos da linguagem revelada. Heidegger tem a seu favor o fato de não haver nenhum em si sem linguagem; portanto, de a linguagem estar na verdade, e não esta na linguagem como algo meramente designado por ela. Mas a participação constitutiva da linguagem na verdade não instaura nenhuma identidade entre as duas. A força da linguagem afirma-se no fato de a expressão e a coisa se separarem na reflexão.[4] A linguagem não se torna instância da verdade senão na consciência da não-identidade da expressão com aquilo que é visado. Heidegger recusa-se a essa reflexão; ele se detém depois do primeiro passo da dialética da filosofia da linguagem. Seu pensamento também é restauração, uma vez que gostaria de restabelecer a violência do nome por meio de um ritual da nomeação. Essa violência, contudo, não está presente nas línguas secularizadas a ponto de permitir isso ao sujeito. Por meio da secularização, os sujeitos privaram essas línguas dos nomes e, por sua intransigência, a objetividade da linguagem não carece de uma confiança filosófica em Deus. A linguagem só é mais do que signo graças à sua força significativa lá onde possui o que é visado da maneira mais exata e mais densa possível. Ela só é na medida em que vem a ser, na confrontação constante entre a expressão e a coisa; foi nesse sentido que procedeu Karl Kraus, que, ao que tudo indica, também estava inclinado para uma concepção ontológica da linguagem. O procedimento de Heidegger, porém, segundo a formulação de Scholem, é uma cabalística hipergermânica. Ele se comporta em relação às línguas históricas como se elas fossem a língua do ser, e isso de uma maneira romântica, como tudo aquilo que é violentamente antirromântico. Seu tipo de destruição emudece ante a formação filológica cega que ele ao mesmo tempo suspende. Uma tal consciência aquiesce àquilo que a envolve, ou ao menos se acomoda a ele; um radicalismo filosófico genuíno, como quer que venha a aparecer historicamente, é produto da dúvida. Ilusória é a própria questão radical que não faz outra coisa senão destruir uma tal dúvida.

A antiga categoria heideggeriana da autenticidade, que quase não é mais nomeada posteriormente, consolida a expressão enfática da palavra "ser". A transcendência do ser em face do conceito e do ente quer converter o *desideratum* da autenticidade em algo que não é nenhuma aparência e que não é nem instaurado nem passageiro. Protesta-se com razão contra o fato de o desenvolvimento histórico da filosofia ter nivelado a diferenciação entre essência e aparência, o impulso inerente da filosofia enquanto θαυμάζειν, a insatisfação com a fachada. O esclarecimento irrefletido negou a tese metafísica da essência enquanto o mundo verdadeiro por detrás dos fenômenos com a contratese igualmente abstrata de que a essência seria, enquanto a suma conceitual da metafísica, a aparência; como se a aparência se tornasse por isso a essência. Graças à cisão do mundo, o que se dissimula é a lei da cisão, o autêntico. O positivismo que se acomoda a isso na medida em que elimina como mito e projeção subjetiva tudo aquilo que não é um dado, e que é velado reforça o caráter aparente, do mesmo modo que outrora aquelas doutrinas que se consolavam pelo sofrimento no *mundus sensibilis* evocando o *noumenal*. Heidegger pressentiu algo desse mecanismo. Mas o autêntico do qual ele sente a falta se converte imediatamente em positividade, na autenticidade enquanto um comportamento da consciência que, abandonando o mundo profano, imita de maneira impotente o hábito teológico da antiga doutrina da essência. A essência velada é imunizada contra a suspeita de que seria uma não-essência. Desse modo, não há nenhuma consideração que ouse pensar que as categorias da assim chamada massificação desenvolvidas por *Ser e tempo* e pelos livros de bolso da coleção Göschen sobre a situação espiritual do tempo, organizada por Jaspers, poderiam ser elas mesmas categorias dessa não-essência velada que torna os homens o que eles são; elas ainda precisam se deixar insultar pela filosofia porque teriam esquecido a essência. A resistência contra a consciência reificada, uma resistência que ressoa no *pathos* da autenticidade, é quebrada. O que resta da crítica é largado sobre o aparente, a saber, os sujeitos; permanece sem ser molestada a essência cuja culpa se reproduz e só é representada pela culpa desses sujeitos. — Apesar de a ontologia fundamental não se deixar desviar do θαυμάζειν, ela torna impossível responder à pergunta "O que é propriamente?" por meio da configuração da pergunta. Não é à toa que essa pergunta é adornada com o termo *dégoutant* questão do ser. Tudo isso é mendaz porque se apela, nesse caso, ao interesse corporal de todo indivíduo — o que é desnudado no monólogo de Hamlet, ou seja, se o indivíduo é absolutamente aniquilado com a morte ou se ele tem a esperança do *non confundar* cristão — e, no entanto, aquilo que Hamlet tem em vista com ser ou não ser é substituído pela pura essência que absorve a existência. Uma vez que a ontologia existencial, segundo o uso fenomenológico, tematiza algo, mobilizando descrições e distinções, ela satisfaz o interesse e desvia a atenção desse ponto. "A questão do ser", assim diz Heidegger, "não tem por finalidade apenas determinar a condição de possibilidade a priori das ciências, que investigam o ente como sendo desse e daquele modo e aí sempre se movimentam já em uma compreensão de ser, mas também a condição de possibilidade das próprias ontologias que residem antes das ciências ônticas e as fundam. Toda ontologia, por mais que disponha de um sistema de categorias tão rico e tão firmemente estruturado, permanece no fundo cega e uma inversão de sua intenção mais própria, se não começa com um esclarecimento suficiente em relação ao sentido do ser e concebe essa clarificação como sua tarefa fundamental."[5] Estendendo ao extremo aquilo que prepara em tais proposições o caráter fenomenológico circunstanciado enquanto questão do ser, essa questão perde aquilo que pode ser representado com a palavra e, se possível, aquilo que é representado ainda se acha a tal ponto degradado à condição de embaraço funcionalizado que a renúncia é recomendada como verdade superior, como resposta propriamente dita à questão contornada. Para ser suficientemente autêntica, a assim chamada questão do ser se retira para o ponto dimensional daquilo que admite como a única significação do ser genuinamente originária. Ela se transforma em proibição de ir além de si mesma, e, por fim, de ir além daquela tautologia que em Heidegger se manifesta no fato de o ser que se desencobre não dizer outra coisa senão sempre uma vez mais ser.[6] Se fosse possível, Heidegger ainda gostaria de fazer a essência tautológica do ser passar por algo superior às determinações da lógica. Mas essa essência precisa ser desenvolvida a partir da aporia. Como já tinha acontecido com Husserl, Heidegger se submete despreocupadamente aos *desiderata* do pensamento que se revelaram como incompatíveis na história da metafísica por ele rejeitada de maneira por demais soberana: ele se submete ao elemento puro, livre de toda mistura empírica e, por isso, absolutamente válido, e ao imediato, pura e simplesmente dado, irrevogável porque escapa ao adendo conceitual. Foi assim que Husserl combinou o programa de uma fenomenologia "pura", a saber, eidética, com o programa da autodoação do objeto fenomenal. Já no título "fenomenologia pura" unem-se as normas contraditórias. O fato de ela não querer ser nenhuma teoria do conhecimento, mas uma posição a ser assumida à vontade, dispensa de pensar até o fim a relação mútua de suas categorias. No que diz respeito a isso, Heidegger só se diferencia de seu mestre na medida em que transpõe o programa contraditório para fora de seu palco husserliano, para fora da consciência, e para o interior daquilo que transcende a consciência, uma concepção que foi certamente prefigurada pela preponderância do noema no Husserl do período intermediário. A incompatibilidade entre o elemento puro e o intuído, porém, obriga a escolher o substrato de sua unidade de maneira tão indeterminada que ele não contém mais nenhum momento a partir do qual uma das duas exigências poderia aplicar um desmentido à outra. É por isso que o ser heideggeriano não pode ser nem ente, nem conceito. Ele tem de pagar com a sua niilidade pela inexpugnabilidade assim obtida, com uma irrealizabilidade por meio de todo pensamento e de toda intuição, que não retém nada nas mãos senão a igualdade consigo mesmo do mero nome.* Além disso, as intermináveis repetições que as publicações heideggerianas regurgitam precisam ser creditadas menos à sua loquacidade do que à aporia. Um fenômeno só vai além de si mesmo por meio de sua determinação. Aquilo que permanece totalmente indeterminado é sempre dito uma vez mais, como um substitutivo para tanto, assim como gestos que, repelidos de seus objetos de ação, são realizados sempre uma vez mais num ritual sem sentido. A filosofia do ser compartilha esse ritual da repetição com o mito que gostaria tanto de ser.

A dialética entre ser e ente, o fato de nenhum ser poder ser pensado sem o ente e nenhum ente sem mediação, encontra-se reprimida por Heidegger: os momentos que não são sem que um seja mediado pelo outro são para ele o uno sem mediação, e esse uno é o ser positivo. Mas o cálculo não fecha. A relação de débito entre as categorias é impugnada. Arrancado a fórceps, o ente retorna: o ser purificado do ente só permanece fenômeno originário enquanto possui em si uma vez mais o ente que exclui. Heidegger resolve esse problema com uma jogada de mestre estratégica; essa é a matriz de todo o seu pensamento. Com o termo "diferença ontológica", sua filosofia toca até o momento indissolúvel do ente. "Aquilo que com certeza deve ser compreendido por um tal 'ser', que se pretende completamente independente da esfera do ôntico, precisa permanecer em suspenso. Sua determinação o introduziria na dialética do sujeito e do objeto, da qual justamente ele deve ser excluído. Nessa indeterminação, na posição sem dúvida alguma mais central da ontologia heideggeriana reside o fato de os extremos ser e ente precisarem necessariamente permanecer indeterminados em relação um ao outro, por mais que não se possa nem mesmo indicar em

* "O excesso de objetividade que lhe é atribuída" — ao ser — "faz com que essa objetividade apareça em todo o seu vazio: 'como opinião vazia sobre absolutamente tudo'. É só em virtude de um *quid pro quo* que o ser é significativo mesmo sem sujeitos que o tenham em vista: isto é, somente na medida em que a ontologia moderna imputa sub-repticiamente ao ser a significação que advém ao ser como algo visado. A cisão arbitrária, portanto, a subjetividade, revela-se com isso como seu *principium vitale*. A ontologia não consegue de maneira alguma conceber o ser senão a partir do ente, mas ela escamoteia justamente essa sua condicionalidade." (Karl Heinz Haag, *Kritik der neueren Ontologien*, Stuttgart, 1960, p.69.)

que consiste essa diferença. O discurso acerca da 'diferença ontológica' reduz-se à tautologia de que o ser não é o ente porque ele é o ser. Portanto, Heidegger comete o erro pelo qual repreende a metafísica ocidental, o fato de ter ficado constantemente sem ser dito o que denota o ser em contraposição ao ente."[7] Sob o sopro da filosofia, o ente torna-se um fato ontológico,* expressão distorcida e hipostasiada do fato de o ser não poder ser pensado sem o ente, assim como o ente, segundo a tese fundamental de Heidegger, sem o ser. Com isso, ele constrói seus círculos. A penúria da ontologia é não poder sair daí sem o que lhe é oposto, sem o ôntico; a dependência do princípio ontológico em relação à sua contraparte, o escândalo incondicionável da ontologia, torna-se parte da ontologia. O triunfo heideggeriano sobre as outras ontologias menos astutas é a ontologização do ôntico. O fato de não haver nenhum ser sem o ente ganha a fórmula de que o ser do ente pertence à essência do ser. Com isso, algo verdadeiro se transforma em não-verdade: o ente torna-se essência. O ser se apodera daquilo que uma vez mais não gostaria de ser na dimensão de seu ser-em-si, apodera-se do ente, cuja unidade conceitual é sempre concomitantemente visada pelo sentido literal de ser. Toda a construção da diferença ontológica é um vilarejo de Potemkin. Ele não é erigido senão para que a dúvida em relação ao ser absoluto possa ser eliminada de maneira tanto mais soberana em virtude da tese do ente como um modo de ser do ser.** Na medida em que todo ente particular é trazido ao seu conceito, ao conceito do ôntico, desaparece daí aquilo que, ante o conceito, o torna um ente. A estrutura formal e totalmente conceitual do discurso acerca do ôntico e todos os seus equivalentes colocam-se no lugar do conteúdo heterogêneo para o conceitual desse conceito. Isso é possibilitado por meio do fato de que o conceito do ente — nesse ponto de maneira alguma tão dessemelhante em relação àquele conceito do ser festejado por Heidegger — é aquele conceito que abarca o pura e simplesmente não-conceitual, aquilo que não se esgota no conceito, sem, contudo, jamais expressar sua diferença em rela-

* A doutrina heideggeriana sobre o privilégio do ser-aí como o privilégio do ôntico que é ao mesmo tempo ontológico; a doutrina da presença do ser, hipostasia de antemão o ser. Somente a medida que o ser, como ele o desejaria, é autonomizado como algo que precede o ser-aí, o ser-aí recebe essa transparência em relação ao ser, uma transparência que, porém, deve ser uma vez mais liberada por este. Também nessa medida, a pretensa superação do subjetivismo é uma fraude. Apesar do plano redutor de Heidegger, o que foi uma vez mais contrabandeado por meio da doutrina da transcendência do ser para o interior do ente foi justamente o primado ontológico da subjetividade, abjurado pela linguagem da ontologia fundamental. Heidegger foi coerente ao inverter mais tarde a análise do ser-aí no sentido do primado intacto do ser, um primado que não pode ser fundamentado a partir de um ente porque, de acordo com ele, o ser não é um ente. Com certeza, tudo aquilo por meio do que ele havia produzido um efeito cai por terra, mas esse efeito já tinha passado para a autoridade do último Heidegger.

** "... se é que pertence à verdade do ser que o ser nunca se essencializa sem o ente, que um ente nunca é sem o ser." (Heidegger, *O que é metafísica?*, 5ª edição, Frankfurt am Main, 1949, p.41.)

ção àquilo que é abarcado. Porque "o ente" é o conceito para todo ente, o próprio ente torna-se conceito, estrutura ontológica que passa sem quebras para a estrutura do ser. A ontologização do ente recebe uma formulação expressiva em *Ser e tempo*: "A 'essência' do ser-aí reside em sua existência."[8] A partir da definição do-que-é-aí, do existente *qua* existente, por meio dos conceitos ser-aí e existência, vem à tona o fato de que aquilo que no que-é-aí não é essencial, não é ontológico, é ontológico. A diferença ontológica é afastada à força da conceptualização do não-conceitual e se transforma em não-conceptualidade.

A ontologia só deixa de ser perturbada pelo ôntico se este se torna o seu igual. Uma tal impostação sub-reptícia fundamenta a anterioridade da ontologia ante a diferença ontológica: "Aqui não se trata, contudo, de uma contraposição entre *existentia* e *essentia* porque essas duas determinações metafísicas do ser ainda não se encontram absolutamente em questão, para não falar de sua relação."[9] Apesar da asserção contrária, isso que supostamente possui uma anterioridade ante a diferença ontológica cai em Heidegger do lado da essência: no que a diferença expressa pelo conceito do ente é negada, o conceito é realçado por meio do não-conceitual que ele deveria compreender. Em um outro passo do ensaio sobre Platão, é possível apreender isso. Ele se desvia da pergunta sobre a existência e a transforma em uma pergunta sobre a essência: "A sentença 'o homem eksiste' não responde à pergunta sobre se o homem é realmente ou não, mas sim à pergunta sobre a 'essência do homem'."[10] O discurso sobre o "ainda não" no qual se elimina a antítese entre existência e essência[11] não é nenhuma metáfora temporal contingente para algo atemporal. De fato, trata-se de um pensamento arcaico, do pensamento dos hilozoístas jônicos muito mais que dos eleatas; nos parcos filosofemas legados pelos primeiros, misturam-se de maneira turva existência e essência. O trabalho e o esforço da metafísica antiga, desde a metafísica parmenídica, que precisou cindir pensamento e ser para poder identificá-los, até à metafísica aristotélica consistiu em impor a separação. A desmitologização é separação, o mito é a unidade enganosa daquilo que não é separado. No entanto, como a insuficiência dos princípios originários para a explicação do mundo que é copensado neles leva à sua decomposição e, com isso, como a extraterritorialidade do ser enquanto algo errante entre essência e fato se vê presa na teia do conceito, Heidegger se vê obrigado, em nome do privilégio do ser, a condenar o trabalho crítico do conceito como história da decadência; como se a filosofia pudesse, para além da história, possuir um ponto de vista histórico, apesar de, por outro lado, dever obedecer à história que é ela mesma, como a existência, ontologizada. Heidegger é anti-intelectualista por compulsão sistemática, antifilosófico a partir da filosofia, assim como os renascimentos religiosos atuais não se deixam inspirar pela verdade de suas doutrinas, mas pela filosofia segundo a qual seria bom ter religião. A história do pensamento é, até onde é possível retroceder e acompanhá-la, dialética do Esclarecimento. É por isso que, de maneira bastante decidida, Heidegger não para em algum de seus estágios, tal como talvez tenha se sentido seduzido a fazer em seus anos de juventude, mas se precipita com uma máquina do tempo de Wells no abismo do arcaísmo, no qual tudo pode ser tudo e tudo pode significar tudo. Ele estende a mão para o mito; mas mesmo o seu mito permanece um mito do século XX, uma aparência, tal como a história o desmascarou e que se torna descomunal junto à plena incompatibilidade do mito com a figura racionalizada da realidade na qual toda consciência se acha aprisionada. Esta se arroga o estado mitológico, como se esse estado lhe fosse possível sem que ela fosse igual a ele. Com o conceito de ser heideggeriano ganha voz o conceito mítico de destino: "O advento do ente repousa no envio do ser."[12] A celebrada não-separação entre a existência e a essência no ser torna-se assim — para dar-lhe o nome preciso — isso que é: cegueira em relação à conexão natural, fatalidade do encadeamento, negação absoluta da transcendência que tremula no discurso sobre o ser. A aparência inerente ao conceito de ser é essa transcendência; seu fundamento, porém, é o fato de as determinações heideggerianas, as determinações do ser-aí, enquanto a penúria da história humana real até hoje, terem sido eliminadas, de elas terem sido privadas da lembrança dessa história. Elas se tornam momentos do próprio ser e, com isso, algo preordenado em relação a essa existência. Seu poder astral e sua magnificência são tão frios ante o aviltamento e a falibilidade da realidade histórica quanto essa realidade é sancionada como inalterável. A celebração do sem-sentido enquanto sentido é mítica; a repetição ritual das conexões naturais nas ações simbólicas dos indivíduos como se elas fossem por isso supranaturais. Categorias tais como a angústia, as quais ao menos não se deve estipular que precisariam durar para sempre, tornam-se por meio de sua transfiguração constituintes do ser enquanto tal, algo preordenado à existência, seu a priori. Elas se instalam justamente como o sentido que não pode ser denominado no estado histórico atual de maneira positiva, imediata. O sem-sentido é investido de sentido, na medida em que o sentido do ser deve imergir precisamente em sua contraparte, na mera existência enquanto sua forma.

A posição ontológica privilegiada do ser-aí foi antecipada por Hegel graças à tese idealista do primado do sujeito. Hegel tira partido do fato de que o não-idêntico precisa ser determinado por sua parte apenas enquanto conceito; com isso, ele é descartado dialeticamente, transformado em identidade: o ôntico torna-se ontológico. Certos matizes linguísticos na *Ciência da lógica* revelam isso muito rapidamente. Espaço e tempo são, é isso que nos diz a terceira observação sobre o "devir" em articulação com Jacobi, "expressamente determinados como indeterminados, o que — para recorrer à sua forma mais simples — é o ser.

Justamente essa indeterminação é, porém, aquilo que constitui a sua determinação; pois a indeterminação é oposta à determinação; com isso, ela é enquanto o próprio oposto o determinado ou negativo e, em verdade, o negativo puro, totalmente abstrato. Essa indeterminação ou negação abstrata que o ser porta assim nele mesmo é aquilo que é exposto pela reflexão tanto exterior quanto interior quando, assimilando-o ao nada, ela o declara uma mera coisa vazia de pensamento, o nada. — Ou pode-se dizer ainda que é porque o ser é a ausência de determinações que ele não é a determinação (afirmativa) que ele é, que ele não é ser, mas nada."[13] Tacitamente, a indeterminação é usada como um sinônimo do indeterminado. No conceito de indeterminação desaparece aquilo de que ela é conceito; ele é equiparado ao indeterminado enquanto sua determinação e isso permite a identificação do indeterminado com o nada. Com isso, já é na verdade suposto o idealismo absoluto que a *Lógica* teria primeiro de demonstrar. A recusa de Hegel de começar com alguma coisa ao invés de com o ser possui o mesmo sentido. É trivial dizer que o não-idêntico não é nenhuma imediatidade, que ele é mediatizado. Mas Hegel não faz justiça a essa própria intelecção em certas passagens centrais. Ela diz que o não-idêntico é com efeito idêntico — enquanto ele mesmo mediatizado — e, no entanto, não-idêntico, o outro em relação a todas as suas identificações. Ele não desenvolve até o fim a dialética do não-idêntico, apesar de ter para além disso a intenção de defender o uso linguístico pré-crítico contra o uso linguístico da filosofia da reflexão. Seu próprio conceito do não-idêntico, que nele é veículo para torná-lo idêntico, para torná-lo igualdade consigo mesmo, possui incondicionalmente seu contrário por conteúdo; ele passa rapidamente por isso. Aquilo que ele constata expressamente no escrito sobre a *Diferença entre Fichte e Schelling*, para imediatamente integrá-lo à sua própria filosofia, transforma-se na pior objeção contra ela. O sistema absoluto de Hegel que repousa na resistência perene do não-idêntico nega a si mesmo contra a sua autocompreensão. Em verdade, não há identidade sem algo não-idêntico, apesar de essa identidade enquanto identidade total arrancar para si em Hegel o primado ontológico. Para isso auxilia a elevação da mediação do não-idêntico ao nível de seu ser absolutamente conceitual. A teoria, ao invés de se apropriar com conceitos do indissolúvel, os engole por meio da subsunção sob o seu conceito universal, o conceito da indissolubilidade. A remissão da identidade ao não-idêntico, tal como Hegel quase conseguiu alcançar, constitui a objeção contra toda filosofia da identidade. A categoria aristotélica da *steresis** torna-se seu triunfo e sua fatalidade. Aquilo que escapa necessariamente ao conceito abstrato: o fato de ele não conseguir por si mesmo ser o não-conceitual, ele conta como mérito, como algo superior, como espírito ante aquilo do que ele forçosamente abstrai. O que é menos deve ser mais verdadeiro,

* Em latim no original: privação. (N.T.)

tal como surge em seguida, na ideologia presunçosa de Heidegger, a magnificência do simples. A apologia da indigência, porém, não é apenas uma apologia do pensamento novamente reduzido a um ponto, mas tem a sua função ideológica precisa. A afetação de uma simplicidade sublime, que reanima a dignidade da pobreza e da vida frugal, convém ao contrassenso persistente de uma carência real em uma sociedade cujo estado de produção não permite mais a alegação de que não há bens suficientes para todos. Na medida em que a filosofia, atada por seu próprio conceito à não-ingenuidade, flerta com o *Rheinischer Hausfreund*,* ela ajuda a ir além disso: a partir de sua história do ser, a carência reluz como o simplesmente superior ou ao menos como *ad Kalendas Graecas*.** Já em Hegel, aquilo que é produzido pela abstração é tomado pelo mais substancial. Segundo o mesmo *topos*, ele trata a matéria tal como a passagem para a existência.[14] Uma vez que seu conceito de matéria é indeterminado, que lhe falta enquanto conceito justamente aquilo que é visado com ele, toda a luz incide sobre sua forma. Isso coloca Hegel em sintonia com a metafísica ocidental em seus limites extremos. Engels o percebeu, mas retirou a consequência inversa, igualmente não-dialética, de que a matéria é o ser primeiro.[15] O próprio conceito de ser primeiro merece a crítica dialética. Heidegger repete a manobra hegeliana *a la Eulenspiegel*. A única diferença é que Hegel pratica essa manobra abertamente, enquanto Heidegger, que não queria ser nenhum idealista, envolve em névoa a ontologização do ôntico. O elemento motriz, contudo, de fazer com que o menos no conceito passe por seu mais é em todos os aspectos a velha renúncia platônica segundo a qual o não-sensível é o superior. Desprovida da tensão com o sensível, da tensão na qual o ideal ascético possui sua verdade contra o engodo de um cumprimento por decreto, a lógica sublima ao extremo o ideal ascético e ao mesmo tempo o fetichiza. O conceito que se torna puro, na medida em que repele seu conteúdo, funciona sub-repticiamente como o modelo de uma organização da vida na qual, apesar de todo progresso do aparelho — ao qual o conceito corresponde —, a pobreza não deve desaparecer de maneira nenhuma. Se a ontologia fosse de algum modo ironicamente possível, então ela seria possível como suma conceitual da negatividade. Aquilo que permanece igual a si mesmo, a pura identidade, é o mal; a fatalidade mítica é atemporal. Ao secularizar a fatalidade, a filosofia foi sua escrava, porquanto reinterpretou com um eufemismo gigantesco o imutável como o bem, e isso até as teodiceias de Hegel e Leibniz. Se quiséssemos projetar uma ontologia e seguir nesse caso o estado de

* "O amigo de casa renano", almanaque redigido em dialeto alemão por pastores protestantes e pelo poeta Johann Peter Hebel (1760-1826). Heidegger contribuiu com um artigo na juventude. (N.T.)
** Em latim no original: às calendas gregas. (N.T.)

coisas fundamental cuja repetição a transforma em invariante, então isso seria o horror. Em suma, uma ontologia da cultura teria de assumir aquilo em que a cultura efetivamente fracassou. O lugar de uma ontologia filosoficamente legítima seria mais a construção da indústria cultural do que a construção do ser; o bom seria somente aquilo que escapa à ontologia.

A doutrina da existência quer primariamente se lançar para além da ontologização do ôntico. Na medida em que essa ontologização, segundo o argumento antiquíssimo, não pode ser retirada da essência, ela mesma deve ser essencial. A existência é elevada para além do modelo kierkegaardiano, mas, justamente por isso, vê-se desarmada em comparação com ele. Mesmo a sentença bíblica segundo a qual "Vós deveis reconhecê-la em seus frutos" soa no templo da existência como a sua profanação e precisa emudecer. Modo de ser do ser, a existência não se encontra mais oposta antiteticamente ao conceito, aquilo que é doloroso é afastado. Ela recebe a dignidade da ideia platônica, assim como a blindagem daquilo que não pode ser pensado de outra forma porque não é nada pensado, mas simplesmente está aí. Nesse ponto, Heidegger e Jaspers estão de acordo. Ingenuamente, Jaspers reconhece a neutralização da existência em contraste com Kierkegaard: "Eu ... senti em suas decisões negativas ... o contrário de tudo aquilo que amei e quis, de tudo que estava e não estava pronto a fazer."[16] Mesmo o existencialismo de Jaspers, o existencialismo que não se deixou contaminar na construção do conceito de ser pela *pater subtilis*, compreendeu-se desde o princípio como "questão do ser"[17]; os dois podiam, sem se negar, fazer o sinal da cruz diante daquilo que em Paris, sob o signo da existência, irrompe rápido demais para o seu gosto dos auditórios universitários para as cantinas[18] e soa lá menos respeitável. Com certeza, enquanto a crítica permanece parada junto à tese da impossibilidade de ontologização do ôntico, ela mesma se mostra ainda como um juízo sobre as relações estruturais invariantes, como que por demais ontológicas; essa foi a motivação filosófica da virada sartriana para a política. O movimento que, depois da Segunda Guerra Mundial, denominou-se existencialismo e que se apresentou como de vanguarda tinha algo de deficiente e sombrio. O existencialismo de que o *establishment* alemão suspeitava como sendo subversivo assemelha-se às barbas de seus militantes. Eles se fantasiam de oposicionistas, seus jovens parecem homens das cavernas que não tomam mais parte no malogro da cultura, apesar de eles não fazerem outra coisa senão colar o emblema ultrapassado e fora de moda da dignidade patriarcal de seus avós. O que é verdadeiro no conceito de existência é o protesto contra um estado da sociedade e do pensamento cientificista que expulsa a experiência não-regulamentada, virtualmente o sujeito enquanto momento do conhecimento. O protesto kierkegaardiano contra a filosofia também foi o protesto contra a consciência reificada, na qual, como ele dizia, a subjetividade se extinguiu: mesmo contra ela, ele apreendeu o interesse da filosofia. Isso se repetiu anacronicamente nas escolas existencialistas na França. A subjetividade entrementes de fato destituída e internamente enfraquecida é isolada e — de maneira complementar à hipóstase heideggeriana de seu polo contrário, do ser — hipostasiada. A dissociação do sujeito, exatamente como a dissociação do ser, inconfundivelmente leva, no Sartre de *O ser e o nada*, à ilusão da imediatidade do que é mediado. Do mesmo modo que o ser é mediado pelo conceito e, com isso, pelo sujeito, o sujeito é inversamente mediado pelo mundo no qual vive e as suas decisões são impotentes e meramente interiores. Uma tal impotência permite que a inessência coisal triunfe sobre o sujeito. Enquanto ponto de partida da filosofia, o conceito de existência corrompeu muitos porque parecia ligar coisas divergentes: a reflexão acerca do sujeito que constitui todo conhecimento e, com isso, todo ente e a concreta individuação de sua experiência, imediata para todo sujeito singular. A divergência dos dois irritava o princípio subjetivo como um todo: pôde-se repreender o sujeito constitutivo por ser simplesmente retirado do sujeito empírico e por ser assim imprestável para fundamentá-lo e para fundamentar um ser-aí empírico qualquer; foi possível repreender o indivíduo por ser um fragmento contingente do mundo e carecer da necessidade essencial da qual precisa para abarcar e se possível fundar o ente. A existência ou, no jargão demagógico, o homem, parece tanto universal, a essência comum a todos os homens, quanto específica, na medida em que esse universal não pode ser nem representado nem mesmo pensado senão em sua particularização, na individualidade determinada. Antes de toda crítica ao conhecimento, contudo, na mais simples reflexão sobre o conceito homem *in intentione recta*,* essa *eureca* perde sua evidência. Não se pode indicar o que é o homem. O homem de hoje é função, não é livre, ele regride a um ponto anterior a tudo aquilo que lhe é sugerido como invariante, mesmo que essa seja a indigência sem apoio da qual se nutrem certas antropologias. Ele arrasta consigo enquanto herança social as deformações que veio sofrendo há milênios. Se a essência humana fosse decifrada a partir de sua constituição social, então isso sabotaria sua possibilidade. Uma assim chamada antropologia histórica não teria mais quase valor algum. Em verdade, ela conceberia a gênese e a condicionalidade, mas as atribuiria aos sujeitos, sob a abstração da desumanização que os tornou o que eles são e que permanece tolerada em nome de uma *qualitas humana*.** Quanto mais concreta a antropologia se apresenta, tanto mais ilusória ela se torna, indiferente em relação àquilo no homem que não se funda absolutamente nele enquanto sujeito, mas no processo de dessubjetivação que, desde tempos imemoriais, correu pa-

* Em latim no original: tendo-o em vista diretamente. (N.T.)

** Em latim no original: qualidade humana. (N.T.)

ralelamente à formação do sujeito. A tese de uma antropologia arrivista de que o homem é aberto — raramente lhe falta o olhar de soslaio malicioso do animal — é vazia; ela faz passar a sua própria indeterminação, sua bancarrota, por algo determinado e positivo. A existência é um momento, não o todo contra o qual foi concebida e a partir do qual, uma vez destacada, ela se apoderou da pretensão irrealizável, logo que se estilizou em filosofia. O fato de não se conseguir dizer o que o homem é não é indício de nenhuma antropologia particularmente nobre, mas um veto contra todas as antropologias.

Enquanto Kierkegaard, de maneira nominalista, joga a existência contra a essência, como arma da teologia contra a metafísica, o indivíduo, a existência, mesmo que apenas em razão do dogma da semelhança da pessoa em relação a Deus, é levado imediatamente em conta por ele como portador de sentido. Ele polemiza contra a ontologia, mas o ente enquanto ser-aí, "esse indivíduo", não absorve seus atributos. A existência em *Ser e tempo* não é caracterizada de maneira muito diversa da que tem lugar nas reflexões iniciais de *Doença para morte*; a "transparência" kierkegaardiana do sujeito, a consciência, é o título de direito para sua ontologização: "Nós denominamos existência o próprio ser em relação ao qual o ser-aí pode se comportar dessa ou daquela maneira e sempre se comporta de algum modo",[19] ou literalmente: "Em razão de sua determinação existencial, o ser-aí é nele mesmo 'ontológico'."[20] O conceito de subjetividade não reluz menos que o conceito de ser e, por isso, pode se harmonizar como se quiser com esse conceito. Sua plurivocidade permite equiparar o ser-aí com um modo de ser do ser e eliminar da análise a diferença ontológica. O ser-aí é então designado como ôntico em virtude de sua individuação espacial e como ontológico enquanto *logos*. Na inferência heideggeriana do ser-aí ao ser, o que é dúbio é esse "ao mesmo tempo" que implica o discurso heideggeriano acerca do "primado múltiplo" do "ser-aí" "ante todos os outros entes". Não é por meio do fato de que o sujeito é determinado pela consciência que aquilo ao que a consciência adere indissociavelmente se acha nele de todo consciente, transparente, "ontológico". Não há coisa alguma, mas apenas proposições que poderiam ser efetivamente ontológicas. O indivíduo que possui consciência e cuja consciência não existiria sem ele permanece espaciotemporal, facticidade, ente; não o ser. No ser está implícito o sujeito, pois ele é conceito e não algo imediatamente dado; no sujeito, porém, está implícita a consciência humana individual e, com isso, o ôntico. O fato de esse ente poder pensar não é suficiente para despi-lo de suas determinações enquanto um ente, como se ele fosse imediatamente essencial. Ele não é precisamente nele mesmo "ontológico", pois essa ipseidade postula aquele elemento ôntico que a doutrina do primado ontológico elimina de si.

Aquilo que deve ser criticado não é meramente o fato de o conceito ontológico de existência extirpar o não-conceitual na medida em que o eleva ao nível de seu conceito, mas também a importância relativa que o momento aconceitual adquire aí. O nominalismo, uma das raízes da filosofia da existência do protestante Kierkegaard, criou para a ontologia heideggeriana a força de atração do não-especulativo. Assim como no conceito de existência o existente é falsamente conceitualizado, atribui-se de maneira complementar ao existente um primado ante o conceito, um primado do qual se vale então uma vez mais o conceito ontológico de existência. Se admitirmos que o indivíduo é uma aparência socialmente mediada, então também o é a sua forma epistemológica de reflexão. É incompreensível a razão pela qual a consciência individual daquele que fala a cada vez e que já pressupõe na partícula "meu" uma universalidade linguística negada por ele através do primado de sua particularização deve ser anterior a todo o resto: a contingência que o força a começar com a sua consciência, uma consciência na qual ele se acha enraizado de uma vez por todas, torna-se para ele o fundamento da necessidade. Como Hegel o reconheceu bem cedo, na limitação ao "meu" a priori está implicada a relação com aquele outro que deveria ser excluído por meio daí. A sociedade é anterior ao sujeito. O fato de ele se tomar falsamente por um ente anterior à sociedade é a sua ilusão necessária e não expressa senão algo meramente negativo sobre a sociedade. No "meu" eternizou-se linguisticamente a relação de propriedade, ela quase se transformou em forma lógica. Sem o momento do universal ao qual o meu se refere na medida em que dele se diferencia, o puro τόδε τι é tão abstrato quanto o universal que, isolado do τόδε τι, é estigmatizado como vazio e nulo. O personalismo filosófico de Kierkegaard, tal como em uma certa medida a sua versão buberiana, fareja no nominalismo a chance latente da metafísica; um esclarecimento consequente, contudo, regressa à mitologia no ponto em que absolutiza o nominalismo, ao invés de avançar dialeticamente sua tese; ali onde interrompe a reflexão em meio à crença em um dado último. Uma tal interrupção da reflexão não é nada além da autoconservação irrefletida que se transformou em conceito obtuso.

A ideia de que o critério de medida da verdade não é a sua objetividade, qualquer que seja a forma que esta venha a assumir, mas o puro ser assim e se comportar assim daquele que pensa, tal ideia domina o conceito do existenciário em relação ao qual Heidegger prefere o já ontologizado existencial ser-aí *qua* ser. A razão subjetiva dos positivistas é enobrecida, na medida em que se despe essa razão de seu momento racional. Nesse ponto, Jaspers segue Kierkegaard incondicionalmente; o objetivismo heideggeriano só muito dificilmente subscreveria a sentença segundo a qual a subjetividade é a verdade; na análise dos existenciais em *Ser e tempo*, porém, essa sentença ressoa incessantemente. O que contribui com sua popularidade na Alemanha é o fato de o gesto radical e o tom pastoral se unirem com uma ideologia dirigida à pessoa, uma ideologia do vigoroso e do autêntico, qualidades que, com uma candura esperta, os indivíduos reservam para si mesmos no espírito do privilégio. Se, por meio de sua essência designada por Kant como funcional, a subjetividade dissolve as substâncias firmes pré-ordenadas, sua afirmação ontológica apazigua a angústia diante disso. Subjetividade, o conceito de função κατ' ἐξοχήν, torna-se o absolutamente firme, tal como isso de resto já tinha sido estabelecido na doutrina kantiana da unidade transcendental. Mas a verdade, a constelação de sujeito e objeto na qual os dois se interpenetram, não pode ser reduzida nem à subjetividade, nem tampouco, inversamente, àquele ser cuja relação dialética com a subjetividade Heidegger busca turvar. Aquilo que é verdadeiro no sujeito desdobra-se na relação com aquilo que ele mesmo não é, de maneira alguma por meio da afirmação peremptória de seu ser-assim. Hegel sabia disso, mas isso é entediante para as escolas da restauração. Se a verdade fosse de fato a subjetividade, se o pensamento não fosse outra coisa senão repetição do sujeito, então esse pensamento seria nulo. A elevação existencial do sujeito elimina em favor dele aquilo que poderia sair dele. Com isso, ela se remete ao relativismo acima do qual se imaginava estar e degrada o sujeito à sua contingência opaca. Um tal existencialismo irracional enche o peito e se inflama contra os intelectuais, reconhecendo-se também como um: "O filósofo, porém, arrisca-se ao discurso no qual não há nenhuma diferença objetiva entre o falar autêntico a partir da origem filosofante e uma intelectualidade vazia. Enquanto o homem como pesquisador tem a cada vez critérios universalmente válidos para seus resultados e encontra sua satisfação na inevitabilidade de sua validade, ele como filósofo só tem o critério respectivamente subjetivo de seu próprio ser para diferenciar o falar vazio do falar que desperta um interesse existencial. Portanto, há um *ethos* diverso na raiz da atividade teórica nas ciências e na filosofia."[21] Privada do outro em direção ao qual se exterioriza, a existência que se proclama assim critério do pensamento alcança autoritariamente validade para seus meros decretos, tal como na prática política o ditador o faz respectivamente para uma visão de mundo. Por meio da redução do pensamento aos sujeitos pensantes, o progresso do pensamento é interrompido, o progresso no qual ele se tornaria pela primeira vez pensamento e no qual somente a subjetividade viveria. Enquanto terra batida da verdade, ela é reificada. Já era possível escutar tudo isso no tom da palavra antiquada "personalidade". O pensar transforma-se naquilo que o sujeito pensante já é de antemão, em tautologia, em uma forma da consciência regressiva. Ao invés disso, o potencial utópico do pensamento consistiria no fato de que, mediado pela razão corporificada nos sujeitos individuais, o pensamento romperia a limitação daqueles que pensam assim. Sua força maior está em sobrepujar os sujeitos pensantes fracos e falíveis. Essa força é paralisada — desde Kierkegaard em vista de metas obscurantistas — pelo conceito existencial de verdade, e a estreiteza é propagada como força para a verdade; por isso, o culto da existência floresce na província de todos os países.

Há muito tempo a ontologia cassou a oposição do conceito de existência contra o idealismo. O ente que devia testemunhar outrora contra a consagração da ideia feita pelos homens recebeu a consagração muito mais ambiciosa do próprio ser. Seu éter o enobrece de antemão em face das condições da existência material visada pelo Kierkegaard de *O Instante* ao confrontar a ideia com a existência. Por meio da absorção do conceito de existência no ser, sim, já por meio de sua elaboração filosófica em conceito universal suscetível de ser discutido, é uma vez mais escamoteada a história que em Kierkegaard, que não subestimava os hegelianos de esquerda, irrompeu na especulação sob o signo teológico do contato paradoxal entre tempo e eternidade. A ambivalência da doutrina do ser, a ambivalência que consiste em ao mesmo tempo tratar do ente e ontologizá-lo, ou seja, desapropriá-lo de todo o seu não-conceitual por meio do recurso à sua *characteristica formalis*,* também determina a sua relação com a história.** Por um lado, através de sua transposição para o existencial da historicidade, é afastado o sal do histórico; a exigência de toda *prima philosophia* a uma doutrina de invariantes é estendida para aquilo que varia: a historicidade paralisa a história no não-histórico, sem se preocupar com as condições históricas subentendidas pela conexão interna e pela constelação de sujeito e objeto.*** Isso permite então o veredicto sobre a sociologia. Ela se desfigura, tal como antes a psicologia em Husserl, em uma relativização extrínseca à coisa mesma que danifica o trabalho sólido do pensamento: como se a história real não estivesse gravada no cerne de tudo aquilo que é preciso conhecer; como se todo conhecimento que resiste de maneira séria à reificação não colocasse as coisas enrijecidas em fluxo, não tomasse consciência por meio daí da história presente nelas. Por outro lado, a ontologização da história permite uma vez mais atribuir ao poder histórico irrefletido a potência do ser e, com isso, justificar a subordinação a situações históricas, como se elas fossem impostas pelo próprio ser. Esse aspecto da concepção

* Em latim no original: característica formal. (N.T.)

** "Somente o ente que é essencialmente em seu ser por-vir, de modo que pode se deixar retrojetar, livre para a sua morte e se esfacelando nela, para o seu aí fático, isto é, somente o ente que foi de maneira essencial cooriginariamente por-vir pode, entregando a si mesmo a possibilidade herdada, assumir o próprio caráter de jogado e ser instantaneamente para o 'seu tempo'. Somente uma temporalidade própria que é ao mesmo tempo finita torna possível algo assim como o destino, isto é, uma historicidade própria." (Heidegger, *Ser e tempo*, op.cit., p.385.)

*** Em sua forma linguística, a ontologia fundamental precisa ser remetida a um momento histórico e social que não deveria ser por sua vez novamente relacionado com a pura *essentia* da historicidade. Por isso, as descobertas feitas em termos de crítica da linguagem no *Jargão da autenticidade* são contrárias ao teor filosófico. A arbitrariedade que Heidegger arrasta consigo no conceito de projeto, herança imediata da fenomenologia desde a sua passagem para uma disciplina material, é flagrante nos resultados: as determinações específicas de ser-aí e existência em Heidegger, aquilo que ele atribui à *condition humaine* e considera como chave de uma verdadeira doutrina do ser, tudo isso não é logicamente consistente, mas deformado pelo elemento contingentemente privado. O tom falso abafa esse fato, mas o reconhece precisamente por meio daí.

heideggeriana da história foi ressaltado por Karl Löwith.* O fato de a história, sempre segundo o caso específico, poder ser ignorada ou divinizada é uma consequência política praticável da filosofia do ser. O próprio tempo e, com isso, o efêmero são tão absolutizados quanto transfigurados pelos projetos ontológico-existenciais. O conceito de existência enquanto o conceito da essencialidade do efêmero, da temporalidade do temporal, mantém a existência distante por meio de sua denominação. Se ela é tratada um dia como título de um problema fenomenológico, então ela já é integrada. Esses são os consolos mais recentes da filosofia, do mesmo tipo do eufemismo mítico; uma crença falsamente ressuscitada de que o encanto do natural seria quebrado por meio do fato de o repetirmos de maneira apaziguante. O pensamento existencial esconde-se na caverna da mímesis ultrapassada. Desse modo, porém, ele aceita o preconceito mais fatidicamente repleto de consequências da história da filosofia — licenciado por ele como se faz com os empregados supérfluos —, o preconceito platônico de que o imperecível precisa ser o bem, um preconceito com o qual não se diz outra coisa senão que aqueles que são a cada vez os mais fortes na guerra permanente teriam razão. Não obstante, se a pedagogia platônica cultivou as virtudes guerreiras, então essas tinham de qualquer modo, de acordo com o diálogo *Górgias*, de se responsabilizar ante a ideia da justiça, ante a ideia suprema. No céu mais obscurecido da doutrina da existência, porém, não brilha mais nenhum astro. A existência é santificada sem aquilo que a santifica. Não resta nada da ideia eterna, na qual o ente devia tomar parte ou por meio da qual ele devia ser condicionado, senão a afirmação nua e crua daquilo que já é simplesmente: a afirmação do poder.

* "As aspas usadas por Heidegger para 'seu tempo' na citação acima devem supostamente indicar que não se trata aí de um 'empenho' qualquer por um hoje contemporâneo que se impõe momentaneamente, mas de um tempo decisivo de um instante autêntico, cujo caráter de decisão se revela a partir da diferença entre o tempo vulgar e o tempo existencial. Mas como é que se consegue, em um caso dado, diferenciar inequivocamente se o tempo da decisão é um 'instante' originário ou apenas um 'hoje' premente no curso e no decurso de um acontecimento mundial? A decisão que não sabe pelo que se decidiu não fornece nenhuma resposta a essa pergunta. Já aconteceu mais de uma vez de pessoas muito decididas se empenharem por uma coisa que levantava a pretensão de ser como um destino e um momento decisivo e que, contudo, era vulgar e não era digna do sacrifício. Como é afinal possível traçar os limites no interior de um pensamento inteiramente histórico entre o acontecimento 'próprio' e aquele que acontece 'vulgarmente', como é possível diferenciar inequivocamente entre o destino escolhido por si mesmo e a fatalidade não escolhida que se abate sobre os homens ou os seduz para uma escolha e uma decisão momentânea? E não é verdade que a história vulgar se vingou de maneira suficientemente clara do desprezo heideggeriano pelo simplesmente presente hoje ao seduzi-lo em um instante vulgarmente decisivo a assumir durante o regime de Hitler a condução da Universidade de Freiburg e conduzir o ser-aí mais propriamente decidido para um 'ser-aí alemão', a fim de praticar a teoria ontológica da historicidade existencial sobre o solo ôntico do acontecimento histórico, isto é, político?" (Karl Löwith, *Heidegger, Denker in durftiger Zeit*, Frankfurt am Main, 1953, p.49.)

PARTE II DIALÉTICA NEGATIVA: CONCEITO E CATEGORIAS

Nenhum ser sem ente. O algo enquanto substrato do conceito, necessário em termos de pensamento, enquanto substrato mesmo do conceito de ser, é a abstração mais extrema do caráter coisal não-idêntico ao pensamento. Essa abstração, porém, não pode ser eliminada por nenhum outro processo de pensamento; sem o algo, a lógica formal não pode ser pensada. Essa não pode ser purificada de seu rudimento metalógico.* A possibilidade de o pensamento se livrar desse caráter coisal por meio da forma do "em geral", ou seja, a suposição de uma forma absoluta, é ilusória. A experiência de algo que possui caráter coisal é constitutiva da forma "caráter coisal em geral". Correlativamente, junto ao polo oposto subjetivo, o conceito puro, função do pensamento, também não pode ser radicalmente isolado do eu que é. O πρῶτον ψεῦδος** do idealismo desde Fichte foi a suposição de que no movimento da abstração nos livramos daquilo de que nos abstraímos. Esse é expulso do pensamento, banido de seu domínio originário, não aniquilado em si; uma tal crença é mágica. O pensamento contradiria já o seu próprio conceito sem o pensado, e esse pensado remete antecipadamente para o ente tal como ele deve ao menos ser posicionado pelo pensamento absoluto: um simples ὕστερον πρότερον.*** Ele permaneceria inconveniente para a lógica da ausência de contradição; somente a dialética pode compreendê-lo na autocrítica do conceito. Ela é objetivamente provocada pelo conteúdo daquilo que é discutido pela crítica à razão, pela teoria do conhecimento, e sobrevive por isso ao declínio do idealismo que com ela alcança seu apogeu. Esse pensamento

* Na primeira observação à primeira tríade da lógica, Hegel recusa-se a começar com o algo em vez de com o ser (Cf. Hegel, *WW 4*, op.cit., em esp. p.89; também p.80). Com isso, ele prejudica toda a obra que quer evidenciar o primado do sujeito no sentido deste último, i.e, de uma maneira idealista. Só muito dificilmente a dialética se desenvolveria nele de outra forma se, como corresponderia ao traço fundamental aristotélico da obra, ele tivesse partido do algo abstrato. Por mais que a representação de um tal algo enquanto tal possa mostrar mais tolerância ante o não-idêntico do que a representação do ser, ela não é de maneira alguma menos mediatizada. Não se poderia tampouco permanecer parado junto ao conceito do algo. Sua análise precisaria continuar se movimentando em direção àquilo que ele pensa: na direção do não-conceitual. Hegel, entretanto, não consegue suportar o mínimo rastro de não-identidade no ponto de partida da lógica, um rastro que a palavra "algo" relembra.

** Em grego no original: o primeiro erro ou o primeiro elemento falso. (N.T.)

*** Em grego no original: posterior anterior. (N.T.)

conduz ao momento do idealismo que lhe é contrário: ele não se deixa volatizar uma vez mais em pensamento. A concepção kantiana ainda permitia dicotomias como a dicotomia entre forma e conteúdo, sujeito e objeto, sem que a mediação mútua dos pares contraditórios a confundisse; ela não leva em conta sua essência dialética, a contradição enquanto implicada em seu sentido. Foi somente o mestre de Heidegger, Husserl, que aguçou a tal ponto a ideia de aprioridade que tornou possível deduzir, contra a sua vontade e contra a vontade de Heidegger, da própria pretensão às εἴδη* a sua dialética.[1] No entanto, no momento em que a dialética se torna imperiosa, ela não pode insistir em seu princípio como a ontologia e a filosofia transcendental, ela não pode ser fixada como uma estrutura suportadora, como quer que venhamos a modificá-la. A crítica à ontologia não tem por meta nenhuma outra ontologia, nem mesmo uma ontologia do não-ontológico. Se esse fosse o caso, ela não faria outra coisa senão colocar algo diverso como o pura e simplesmente primeiro; dessa vez não mais a identidade absoluta, o ser, o conceito, mas o não-idêntico, o ente, a facticidade. Com isso, ela hipostasiaria o conceito do não-conceitual e iria de encontro àquilo que tem em vista. A filosofia fundamental, πρώτη φιλοσοφία, implica necessariamente o primado do conceito; aquilo que se lhe recusa também abandona a forma de um filosofar pretensamente a partir do fundamento. A filosofia pôde aplacar-se no pensamento da apercepção transcendental ou ainda no ser, enquanto esses conceitos permaneceram para ela idênticos ao pensamento que ela pensa. Se rejeitamos de maneira principial uma tal identidade, então ela arrasta para o interior de sua queda a quietude do conceito enquanto algo derradeiro. Na medida em que o caráter fundamental de todo conceito universal se dissolve ante o ente determinado, a filosofia não tem mais o direito de esperar pela totalidade.

Na *Crítica da razão pura*, a sensação ocupa enquanto o algo a posição daquilo que é indissoluvelmente ôntico. A sensação, contudo, não possui nenhum primado a título do conhecimento ante qualquer outro ente real. Seu "meu", contingente para uma análise transcendental e ligado às condições ônticas, é confundido com uma pretensão de direito pela experiência presa à hierarquia da reflexão que é a coisa mais próxima de si mesma; como se aquilo que para uma consciência humana singular qualquer é supostamente derradeiro fosse algo em si derradeiro e como se todas as outras consciências humanas singulares limitadas a si mesmas não pudessem reclamar para as suas sensações o mesmo primado. Não obstante, se consideramos que a forma, o sujeito transcendental, para funcionar, ou seja, para julgar de maneira válida, carece rigorosamente da sensação, então ela não estaria presa apenas, quase ontologicamente, à apercepção pura, mas também ao seu polo oposto, à sua matéria. Isso precisaria abalar toda a doutrina da constituição subjetiva, à qual, de acordo com Kant, a matéria não

* Em grego no original: formas. (N.T.)

pode ser reconduzida. Com isso, porém, cairia por terra a ideia de algo imutável, igual a si mesmo. Essa ideia deduz-se da dominação do conceito que gostaria de permanecer constante ante seus conteúdos, precisamente ante a "matéria", e, por isso, se torna cego em relação a ela. As sensações, a matéria kantiana sem a qual não poderiam ser representadas nem mesmo as formas que, portanto, também são por sua vez condições de possibilidade do conhecimento, possuem o caráter do efêmero. O não-conceitual, indispensável para o conceito, desmente o seu em-si e o altera. O conceito do não-conceitual não pode permanecer junto a si, junto à teoria do conhecimento; esta constringe a filosofia ao caráter coisal. Quando quer que a filosofia tenha se apoderado de um caráter coisal, ela acolheu com o historicamente ente o não-conceitual enquanto seu objeto, não apenas pela primeira vez junto a Schelling e a Hegel, mas *contre coeur** já em Platão, que batizou o ente como o não-ente e, no entanto, escreveu uma doutrina sobre o Estado, na qual as ideias eternas estão irmanadas com determinações empíricas tais como a troca de equivalentes e a divisão do trabalho. Em termos acadêmicos, as pessoas se habituaram hoje com a diferença entre uma filosofia regular, conveniente, que teria a ver com os conceitos supremos, por mais que eles possam mesmo negar sua conceptualidade, e uma relação meramente genética, extrafilosófica, com a sociedade, cujos protótipos suspeitos são a sociologia do saber e a crítica à ideologia. A diferença é tão pouco pertinente quanto a necessidade de uma filosofia regular é por sua parte suspeita. Não é apenas uma filosofia atrasada que teme por sua pureza e que se afasta de tudo em que um dia teve sua substância. Ao contrário, a análise filosófica toca de maneira imanente no interior dos conceitos supostamente puros e de seu teor de verdade, esse ôntico ante o qual estremece a exigência de pureza e que, tremendo em sua soberba, essa exigência abandona às ciências particulares. O menor resíduo ôntico nos conceitos em torno dos quais a filosofia regular se agarra em vão obriga-a a introduzir de maneira reflexiva o próprio ser-aí, ao invés de se contentar com o seu mero conceito e de se arrogar sob o abrigo daquilo que ele designa. O pensamento filosófico não tem por conteúdo depois da supressão do espaço e do tempo nem restos, nem descobertas genéricas sobre algo espaciotemporal. Ele se cristaliza no particular, em algo determinado no espaço e no tempo. O conceito do ente enquanto tal é apenas a sombra do conceito falso de ser.

Onde quer que se ensine algo absolutamente primeiro, o que está em questão em todos os casos é, como o seu apropriado correlato de sentido, algo desigual, absolutamente heterogêneo a ele; *prima philosophia* e dualismo seguem lado a lado. Para escapar disso, a ontologia fundamental precisa tentar manter o seu elemento primeiro afastado de toda determinação. As coisas não eram melhores para

* Em francês no original: contra a vontade. (N.T.)

o primeiro Kant, ou seja, para o Kant da unidade sintética da apercepção. Para ele, toda determinação do objeto é um investimento da subjetividade na multiplicidade desprovida de qualidade, sem levar em conta o fato de os atos determinantes, que ele considerava como desempenhos espontâneos da lógica transcendental, também se constituírem em função de um momento que eles mesmos não são; o fato de só ser possível sintetizar aquilo que por si mesmo também o permite e reclama. A determinação ativa não é nada puramente subjetivo, e, por isso, é iníquo o triunfo do sujeito soberano que, segundo ele, prescreve as leis à natureza. No entanto, na medida em que sujeito e objeto não se encontram, como no esboço fundamental kantiano, em verdade firmemente contrapostos, mas se interpenetram reciprocamente, a degradação kantiana da coisa em algo caoticamente abstrato também afeta a força que deve formar o sujeito. O encanto exercido pelo sujeito torna-se igualmente um encanto sobre o sujeito; a fúria hegeliana do desaparecimento persegue os dois. No desempenho categorial, o sujeito se arruína e empobrece; para poder determinar e articular aquilo que se acha à sua frente, de modo a que esse se torne um objeto no sentido kantiano, o sujeito precisa, em favor da validade objetiva dessas determinações, se reduzir à mera universalidade; ele não precisa se deixar amputar menos por si mesmo do que pelo objeto do conhecimento, para que esse seja trazido programaticamente a seu conceito. O sujeito objetivante se reúne no ponto da razão abstrata, por fim na ausência de contradição lógica que não possui por sua vez nenhum sentido independentemente do objeto determinado. O absolutamente primeiro permanece tão indeterminado quanto seu oposto; a unidade do abstratamente antitético não se revela a nenhuma questão retrospectiva relativa a algo concretamente antecedente. A estrutura rigidamente dicotômica desintegra-se muito mais por força das determinações de cada um dos polos enquanto momento de seu próprio contrário. Para o pensamento filosófico, o dualismo é algo previamente dado e tão inevitável quanto ele se torna falso no progresso do pensamento. Para isso, a mediação é apenas a expressão mais genérica e ela mesma insuficiente. — Não obstante, se compramos a pretensão do sujeito de que ele é o elemento primeiro, uma pretensão que ainda inspira sub-repticiamente a ontologia, então aquilo que, segundo o esquema da filosofia tradicional, é secundário também não se mostra mais como secundário, subordinado em um duplo sentido. O desprezo por essa pretensão foi a imagem invertida da trivialidade de que todo ente é matizado por aquele que contempla, por seu grupo ou gênero. Em verdade, o conhecimento do momento da mediação subjetiva no que é objetivo implica a crítica à representação de uma visão que penetra até o puro em si, uma crítica que, esquecida, fica à espreita por detrás dessa trivialidade. A metafísica ocidental foi sempre, com a exceção dos heréticos, uma metafísica da câmara escura. O sujeito — ele mesmo apenas momento limitado

— foi aprisionado por ela em toda eternidade em seu si próprio, como punição por sua divinização. Como se através das brechas de uma torre, ele olha para um céu escuro no qual desponta a estrela da ideia ou do ser. Porém, precisamente o muro em torno do sujeito projeta em tudo aquilo que ele conjura a sombra do elemento coisal que a filosofia subjetiva combate então uma vez mais de maneira impotente. O que quer que a palavra venha algum dia a trazer consigo em termos de experiência, só é exprimível em configurações do ente, não por meio da alergia em relação a ele; de outro modo o conteúdo da filosofia se transforma em resultado irrisório de um processo de subtração, não diverso do que outrora a certeza cartesiana do sujeito, da substância pensante. Não se pode olhar para além daí. O que estaria para além só aparece nos materiais e categorias no interior. Desse modo, a verdade e a não-verdade da filosofia kantiana se dissociariam. Ela é verdadeira na medida em que destrói a ilusão do saber imediato do absoluto; não-verdadeira, uma vez que descreve esse absoluto segundo um modelo que corresponderia a uma consciência imediata, mesmo que essa fosse a princípio o *intellectus archetypus*.* A demonstração dessa não-verdade é a verdade do idealismo pós-kantiano; este, contudo, é uma vez mais não-verdadeiro, na medida em que equipara a verdade subjetivamente mediada com o sujeito, como se o seu conceito puro fosse o próprio conceito.

Tais reflexões dão a impressão de paradoxo. A subjetividade, o próprio pensamento, não pode ser explicado a partir de si mesmo, mas somente a partir do elemento fático, sobretudo da sociedade; mas a objetividade do conhecimento não é uma vez mais sem o pensamento, sem a subjetividade. Um tal paradoxo emerge na norma cartesiana de que a explicação precisaria fundamentar o posterior, ao menos logicamente posterior a partir do anterior. A norma não é mais obrigatória. De acordo com o seu critério de medida, o estado de coisas dialético seria a simples contradição lógica. Mas o estado de coisas não pode ser explicado segundo um esquema de uma ordem hierárquica citado de fora. Senão, a tentativa de explicação pressuporia a explicação que ele precisa primeiro encontrar; senão, ela suporia a ausência de contradição, o princípio subjetivo de pensamento, enquanto inerente ao que precisa ser pensado, ao objeto. A partir de um certo ponto de vista, a lógica dialética é mais positivista que o positivismo que a despreza: ela respeita, enquanto pensar, aquilo que há para ser pensado, o pensamento, mesmo lá onde ele não consente com as regras do pensar. Sua análise tangencia as regras do pensar. O pensar não precisa deixar de se ater à sua própria legalidade; ele consegue pensar contra si mesmo, sem abdicar de si; se uma definição de dialética fosse possível, seria preciso sugerir uma desse gênero. A armadura do pensamento não deve necessariamente permanecer aderida a ele;

* Em latim no original: arquétipo do entendimento. (N.T.)

o pensar alcança um ponto suficientemente distante para perceber a totalidade de sua requisição lógica como ofuscação. O aparentemente insuportável, o fato de a subjetividade pressupor algo fático, assim como a objetividade o sujeito, é insuportável somente para uma tal ofuscação, para a hipóstase da relação entre fundamento e consequência, do princípio subjetivo, ao qual a experiência do objeto não se adéqua. A dialética é, enquanto modo de procedimento filosófico, a tentativa de destrinçar os nós do paradoxo com o meio antiquíssimo do esclarecimento, a astúcia. Não é por acaso que o paradoxo foi, desde Kierkegaard, a forma decadente da dialética. A razão dialética segue o impulso de transcender a conexão natural e sua ofuscação que prossegue na compulsão subjetiva das regras lógicas, sem lhe impor sua dominação: sem vítima ou vingança. Mesmo sua própria essência veio a ser e é tão efêmera quanto a sociedade antagonística. Com certeza, o antagonismo tem tão pouco seus limites na sociedade quanto o sofrimento. Assim como a dialética não pode ser estendida até a natureza enquanto princípio universal de explicação, não se deve erigir um ao lado do outro os dois tipos de verdade, a verdade dialética intrassocial e uma outra que lhe é indiferente. A cisão orientada pela divisão das ciências entre ser social e ser extrassocial ilude quanto ao fato de que na história heterônoma é a cegueira natural que se perpetua.[2] Nada conduz para fora da conexão dialética imanente senão ela mesma. A dialética medita sobre essa conexão de maneira crítica, reflete seu próprio movimento; senão, o título de Kant contra Hegel permaneceria não-prescrito. Uma tal dialética é negativa. Sua ideia denomina a diferença de Hegel. Junto a Hegel, coincidiam identidade e positividade; a inclusão de todo não-idêntico e objetivo na subjetividade elevada e ampliada até espírito absoluto deveria empreender a reconciliação. Em contraposição a isso, a força efetiva em toda determinação particular não é apenas a sua negação, mas também é ela mesma o negativo, não-verdadeiro. A filosofia do sujeito absoluto, total, é particular.* A reversibilidade da tese da identidade que é inerente a essa tese atua

---

* A palavra "identidade" possui muitos sentidos na história da filosofia moderna. Por um lado, ela designa a unidade da consciência pessoal: o fato de um eu se manter como o mesmo em todas as suas experiências. Era isso que tinha em vista a sentença kantiana relativa ao "'eu penso' que deve poder acompanhar todas as minhas representações". Em seguida, a identidade deveria ser uma vez mais o legalmente igual em todas as essências dotadas de razão, pensamento enquanto universalidade lógica; mais além, a igualdade consigo mesmo de todo objeto de pensamento, o simples A = A. Por fim, segundo o ponto de vista da teoria do conhecimento: o fato de sujeito e objeto, como quer que venham a ser mediados, coincidirem. As duas primeiras camadas de significação também não são mantidas de maneira alguma estritamente afastadas uma da outra. Isso não é culpa de um uso pouco rigoroso da linguagem. A identidade designa muito mais o ponto de indiferença entre o momento psicológico e o lógico no idealismo. A universalidade lógica enquanto a universalidade do pensamento é ligada à identidade individual, sem a qual ela não chegaria a termo porque, de outro modo, nenhum passado seria fixado em algo atual, e, com isso, não seria fixado absolutamente nada enquanto igual. O recurso a isso pressupõe uma vez mais a universalidade lógica; ele

contrariamente ao princípio do espírito. Se o ente pode ser deduzido totalmente a partir do espírito, então esse se torna, para o seu infortúnio, similar ao mero ente que imagina contradizer: de outro modo, o espírito e o ente não estariam em acordo. Justamente o princípio de identidade insaciável eterniza o antagonismo em virtude da opressão daquilo que é contraditório. Aquilo que não tolera nada que não seja como ele mesmo sabota a reconciliação pela qual ele se toma equivocadamente. O ato de violência intrínseco ao ato de igualar reproduz a contradição que ele elimina.

Primeiro Karl Korsch, e em seguida os funcionários da Diamat,* objetaram que a virada em direção à não-identidade seria, por causa de seu caráter teórico e crítico-imanente, uma nuança insignificante do neo-hegelianismo ou da esquerda hegeliana historicamente ultrapassada; como se a crítica marxista à filosofia prescindisse desta última, por mais que, por zelo cultural, as pessoas no Leste não possam abdicar ao mesmo tempo de uma filosofia marxista. A exigência da unidade entre *praxis* e teoria rebaixou irresistivelmente a teoria até torná-la uma serva; ela alijou da teoria aquilo que ela teria podido realizar nessa unidade. O visto prático que se requisita de toda teoria transformou-se em carimbo de censura. No entanto, na medida em que a teoria foi subjugada no interior da célebre relação teoria–prática, ela se tornou aconceitual, uma parte da política para fora da qual ela gostaria de conduzir; ela é entregue ao poder. A liquidação da teoria por meio da dogmatização e da interdição ao pensamento contribui para a má prática; é de interesse da própria prática que a teoria reconquiste sua autonomia. A relação recíproca entre os dois momentos não é decidida de uma vez por todas, mas se altera historicamente. Hoje, porquanto o funcionamento por toda parte predominante paralisa e difama a teoria, por meio de sua mera existência a teoria depõe contra ele em toda a sua impotência. Por isso, ela é legítima e odiada; sem ela, a prática que sempre quer transformar não poderia ser transformada. Quem condena a teoria como anacrônica obedece ao *topos* segundo o qual é preciso eliminar como antiquado aquilo que continua fazendo mal enquanto algo frustrado. Por meio daí, é precisamente o curso do mundo

---

é um recurso do pensamento. O "eu penso" kantiano, o momento individual da unidade, sempre exige também o universal supraindividual. O eu particular só é um em virtude da universalidade do princípio numérico da unidade; a unidade da própria consciência é uma forma de reflexão da identidade lógica. O fato de uma consciência individual ser una só vale sob a pressuposição lógica do terceiro excluído: o fato de ela não dever poder ser uma outra. Nessa medida, sua singularidade, para ser apenas possível, precisa ser supraindividual. Nenhum dos dois momentos tem prioridade em relação ao outro. Se não houvesse nenhuma consciência idêntica, nenhuma identidade da particularização, então não haveria nem algo universal nem o inverso. Assim, legitima-se em termos de teoria de conhecimento a concepção dialética do particular e do universal.

* Diamat é a abreviatura de "materialismo dialético (*Dia*lektischer *Mat*erlialismus)" em alemão. (N.T.)

que é endossado, uma vez que a ideia da teoria não se mostra senão como um não-consentimento com esse curso; e isso mesmo se ela teoricamente não é pertinente, mesmo se se consegue eliminá-la de maneira positivista ou por uma ordem superior. O furor provocado pela lembrança de uma teoria dotada de um peso próprio não está de resto muito distante da respiração ofegante característica de certos usos intelectuais no lado ocidental. Há muito tempo, o temor pelo caráter epigonal e pelo cheiro escolástico que impregna todas as reprises de temas histórico-filosoficamente codificados induz falsamente as correntes escolares a assumirem ares de algo que nunca se deu antes. Precisamente isso fortalece a continuidade fatal do que já esteve presente. Todavia, por mais duvidoso que seja um comportamento que insiste tanto mais estrondosamente em vivências originárias quanto mais prontamente suas categorias lhe são entregues pelo mecanismo social, os pensamentos não podem ser equiparados ao lugar de onde provêm; esse hábito também é parte de uma filosofia da origem. Quem se defende contra o esquecimento, contra o esquecimento histórico certamente, e não, como no caso de Heidegger, contra o esquecimento próprio à história do ser e, com isso, supra-histórico; quem se defende contra o sacrifício por toda parte requerido da liberdade da consciência outrora conquistada, não se coloca a favor de uma restauração histórico-espiritual. O fato de a história passar por cima de certas posições só é honrado como um juízo sobre o seu conteúdo veritativo por aqueles para os quais a história é o tribunal do mundo. Com muita frequência, aquilo que é eliminado sem ter sido teoricamente absorvido só libera mais tarde o seu conteúdo veritativo. Esse conteúdo torna-se a fraqueza da saúde dominante; aquilo que nos conduz sempre uma vez mais a isso em situações modificadas. Aquilo que em Marx e Hegel permaneceu teoricamente insuficiente transmitiu-se para a prática histórica; é por isso que é preciso refletir novamente de maneira teórica, ao invés de deixar que o pensamento se curve irracionalmente ao primado da prática. A própria prática foi um conceito eminentemente teórico.

A renúncia a Hegel torna-se palpável em uma contradição que diz respeito ao todo e não se aplaca programaticamente como uma contradição particular. Crítico da cisão kantiana entre forma e conteúdo, Hegel queria alcançar uma filosofia sem uma forma separável, sem um método a ser manipulado independentemente da coisa. No entanto, ele procedeu metodicamente. De fato, a dialética não é nem apenas método, nem algo real no sentido ingênuo do termo. Ela não é nenhum método: pois a coisa não-reconciliada, à qual falta exatamente essa identidade que é substituída pelo pensamento, é plena de contradições e se opõe a toda tentativa de interpretá-la de maneira unívoca. É a coisa, e não o impulso à organização próprio ao pensamento, que provoca a dialética. Nada pura e simplesmente real: pois a contraditoriedade é uma categoria da reflexão, a confrontação pensante entre o conceito e a coisa. A dialética enquanto procedimento significa pensar em contradição em virtude e contra a contradição uma vez experimentada na coisa. Contradição na realidade, ela é contradição contra essa última. Uma tal dialética, porém, não se deixa mais coadunar com Hegel. Seu movimento não tende para a identidade na diferença de cada objeto em relação a seu conceito; ela antes coloca o idêntico sob suspeita. Sua lógica é uma lógica da desagregação: da desagregação da figura construída e objetivada dos conceitos que o sujeito cognoscente possui de início em face de si mesmo. A identidade dessa figura com o sujeito é a não-verdade. Com ela, a pré-formação subjetiva do fenômeno se coloca diante do não-idêntico, do indivíduo inefável. A suma conceitual das determinações idênticas corresponderia à imagem dos sonhos da filosofia tradicional, à estrutura a priori e à sua forma tardia arcaísta, à ontologia. Todavia, ante todo e qualquer conteúdo específico, enquanto algo firmado abstratamente, essa estrutura é negativa no sentido mais simples possível, espírito que se tornou coação. O poder dessa negatividade continua vigendo até hoje, realmente. Aquilo que poderia ser diverso ainda não começou. Isso afeta todas as determinações particulares. Toda determinação que se apresenta como desprovida de contradição se revela tão contraditória quanto os modelos ontológicos ser e existência. Não se consegue obter nada positivo da filosofia que seja idêntico à sua construção. No processo de desmitologização, a positividade precisa ser negada até o cerne da razão instrumental que produz a desmitologização. A ideia de reconciliação impede o seu estabelecimento positivo no conceito. Não obstante, a crítica ao idealismo não elimina aquilo que a construção adquiriu de discernimento a partir do conceito, nem aquilo que a condução dos conceitos ganhou em energia graças ao método. Só ultrapassa a esfera do encantamento idealista aquilo que ainda está inscrito em sua figura, aquilo que o chama pelo nome em meio à co-realização de seu próprio procedimento dedutivo e que demonstra na suma conceitual desenvolvida da totalidade o seu elemento cindido e não-verdadeiro. A identidade pura é aquilo que é posicionado pelo sujeito, e, nessa medida, algo trazido de fora. Por isso, de maneira bastante paradoxal, criticá-la imanentemente significa criticá-la de fora. O sujeito deve propiciar uma reparação ao não-idêntico por aquilo que perpetrou nele. Justamente por meio daí ele se liberta da aparência de seu ser-por-si absoluto. Por sua vez, essa aparência é o produto do pensamento identificador que, quanto mais desvaloriza uma coisa e a transforma em um mero exemplo de uma espécie ou de um gênero, tanto mais se arroga como a possuindo enquanto tal sem um aporte subjetivo.

Na medida em que o pensamento imerge naquilo que se encontra inicialmente à sua frente e apreende seu caráter antinômico imanente, ele se abandona à ideia de algo que se encontraria para além da contradição. A oposição do pensamento ao seu heterogêneo reproduz-se no próprio pensamento enquanto a sua contradição imanente. A crítica recíproca de universal e particular, os atos identificadores que julgam se o conceito faz justiça àquilo que é apreendido e se o particular também preenche seu conceito, é o meio do pensamento da não-identidade entre o particular e o conceito. E não apenas o meio do pensamento. Se a humanidade deve se libertar da compulsão que realmente se abate sobre ela sob a forma da identificação, então ela precisa alcançar ao mesmo tempo a identidade com o seu conceito. Nisso tomam parte todas as categorias relevantes. O princípio de troca, a redução do trabalho humano ao conceito universal abstrato do tempo médio de trabalho, é originariamente aparentado com o princípio de identificação. Esse princípio tem na troca o seu modelo social, e a troca não existiria sem esse princípio; por meio da troca, os seres singulares não-idênticos se tornam comensuráveis com o desempenho, idênticos a ele. A difusão do princípio transforma o mundo todo em algo idêntico, em totalidade. Não obstante, se o princípio fosse abstratamente negado; se ele fosse proclamado como o ideal de não precisar mais proceder, por reverência ao irredutivelmente qualitativo, segundo equivalentes, então isso constituiria uma desculpa para retornar à antiga injustiça. Pois a troca de equivalentes consistiu desde sempre em trocar em seu nome desiguais, em se apropriar da mais valia do trabalho. Se simplesmente se anulasse a categoria de medida da comparabilidade, no lugar da racionalidade que reside em verdade ideologicamente, mas também enquanto promessa, no princípio de troca, apareceriam a apropriação imediata, a violência, e, hoje em dia, o privilégio nu e cru dos monopólios e dos cliques. A crítica ao princípio de troca enquanto princípio identificador do pensamento quer a realização do ideal de uma troca livre e justa que até os nossos dias não foi senão mero pretexto. Somente isso seria capaz de transcender a troca. Se a teoria crítica desvelou a troca enquanto troca do igual e, contudo, desigual, então a crítica da desigualdade na igualdade também tem por meta a igualdade, apesar de todo ceticismo em relação ao rancor próprio ao ideal de igualdade burguês que não tolera nada qualitativamente diverso. Se não mais se retivesse, de nenhum homem, uma parte de seu trabalho vital, então a identidade racional seria alcançada e a sociedade estaria para além do pensamento identificador. Isso se aproxima muito de Hegel. Só muito dificilmente a linha de demarcação em relação a ele é traçada por distinções particulares; ela é traçada muito mais pela intenção de saber se a consciência, teoricamente e em uma consequência prática, afirma e deseja fortalecer a identidade enquanto algo derradeiro, absoluto, ou se ela experimenta o aparato universal de constrangimento do qual por fim ela também carece para escapar da coação universal, assim como a liberdade só pode se tornar real através de uma coação civilizatória, não como *retour à la nature*. É preciso se opor à totalidade, imputando-lhe a não-identidade consigo mesma que ela recusa segundo o seu próprio conceito. Por meio dessa oposição, a dialética negativa está ligada como a seu ponto de partida com as categorias mais elevadas da filosofia da identidade. Nessa medida, ela também permanece falsa, participando da lógica da identidade; ela mesma permanece aquilo contra o que é pensada. Ela precisa se retificar no interior de seu progresso crítico que afeta os conceitos dos quais ela trata com base na forma como se eles também continuassem sendo os primeiros para ela. São coisas diversas se um pensamento fechado por meio da necessidade da forma se acomoda de maneira principial para negar de modo imanente a pretensão da filosofia tradicional por uma estrutura fechada ou se ele urge a partir de si mesmo por essa forma de fechamento, tornando-se, segundo a intenção, algo primeiro. No idealismo, o princípio formal supremo da identidade, em virtude de sua própria formalização, tinha a afirmação por conteúdo. De maneira inocente, a terminologia traz isso à tona; as simples proposições predicativas são denominadas afirmativas. A cópula diz: é assim, não de outro modo; o ato da síntese por ela expressa anuncia que ele não deve ser diferente: senão, a síntese não seria realizada plenamente. Em toda síntese trabalha a vontade de identidade; enquanto tarefa a priori do pensamento, imanente a ele, ela se mostra como positiva e desejável: o substrato da síntese seria reconciliado por meio dessa síntese com o eu, e, por isso, seria bom. Isso permite então prontamente o *desiderat* moral de que o sujeito pode se curvar a seu heterogêneo, pois ele compreende agora o quanto a coisa é a sua coisa. Identidade é a forma originária da ideologia. Goza-se dela como adequação à coisa aí reprimida; a adequação sempre foi também submissão às metas de dominação, e, nessa medida, sua própria contradição. Depois do esforço indizível que precisa ter custado ao gênero humano a produção do primado da identidade mesmo contra si mesmo, ele exulta e degusta sua vitória, tornando esse primado a determinação da coisa vencida: aquilo que sucedeu à coisa precisa ser apresentado por ela como seu em si. A ideologia deve sua força de resistência contra o esclarecimento à sua cumplicidade com o pensar identificador: com o pensar em geral. Ele mostra seu lado ideológico pelo fato de não resgatar jamais a promessa de que o não-eu seria no fim o eu; quanto mais o eu o apreende, tanto mais plenamente ele se acha degradado ao nível do objeto. A identidade transforma-se na instância de uma doutrina da adaptação na qual o objeto pelo qual o sujeito tem de se orientar paga de volta a esse sujeito aquilo que ele lhe infringiu. Ele deve aceitar a razão contra a sua razão. Por isso, a crítica à ideologia não é nada periférico e intracientífico, algo limitado ao espírito objetivo e aos produtos do espírito subjetivo; ela é, sim, filosoficamente central: a crítica da própria consciência constitutiva.

A força da consciência vai até a sua própria ilusão. Onde a racionalidade desencadeada que se evade de si mesma se torna falsa, aquilo que é racionalmente cognoscível se transforma verdadeiramente em mitologia. A *ratio* converte-se em irracionalidade no momento em que desconhece em seu progresso necessário o fato de o desaparecimento de seu substrato ainda mais diminuto ser seu próprio produto, a obra de sua abstração. Quando o pensamento segue inconscientemente a lei de seu movimento, ele se volta contra o seu sentido, contra aquilo que é pensado pelo pensamento e que põe um termo na fuga ante as intenções subjetivas. Aquilo que é ditado por sua autarquia condena o pensamento ao vazio; esse vazio torna-se por fim, subjetivamente, estupidez e primitividade. A regressão da consciência é o produto dessa falta de autorreflexão. A consciência ainda consegue visualizar o princípio de identidade, mas não pode ser pensada sem identificação: toda determinação é identificação. Mas justamente ela se aproxima também daquilo que o próprio objeto é enquanto algo não-idêntico: dando a ele a sua marca, ela quer receber dele a sua. Secretamente, a não-identidade é o *telos* da identificação, aquilo que precisa ser salvo nela; o erro do pensamento tradicional é tomar a identidade por sua finalidade. A força que lança pelos ares a aparência de identidade é a força do próprio pensamento: a aplicação de seu "isso é" abala sua forma, contudo, incondicional. Em termos dialéticos, o conhecimento do não-idêntico também está presente no fato de que justamente ele identifica, mais e de maneira diversa da maneira do pensamento da identidade. Ele quer dizer o que algo é, enquanto o pensamento da identidade diz sob o que algo cai, do que ele é um exemplar ou representante, ou seja, aquilo que ele mesmo não é. O pensamento da identidade afasta-se tanto mais amplamente da identidade de seu objeto, quanto mais inescrupulosamente se abate sobre ele. A identidade não desaparece por meio de sua crítica; ela se transforma qualitativamente. Vivem nela elementos da afinidade do objeto com o seu pensamento. A *hybris* consiste em querer que a identidade seja, que a coisa corresponda em si a seu conceito. Mas seu ideal não poderia ser simplesmente alijado: na repreensão pelo fato de a coisa não ser idêntica ao conceito também vive a nostalgia própria a este último de que ela poderia se tornar idêntica. Dessa forma, a consciência da não-identidade contém a identidade. Certamente, até o interior da lógica formal, o momento ideológico do pensamento puro é a suposição da identidade. Nesse pensamento, contudo, também se esconde o momento de verdade da ideologia, a indicação de que não deve haver nenhuma contradição, nenhum antagonismo. Já no simples juízo identificador, um elemento utópico se associa ao elemento pragmático, dominador da natureza. "A" deve ser aquilo que ele ainda não é. Uma tal esperança articula-se de maneira contraditória com aquilo em que a forma da identidade predicativa é rompida. Para isso, a tradição filosófica possuía a palavra "ideias". Elas não são nem χωρίς,* nem

* Em grego no original: separadas. (N.T.)

casca vazia, mas signo negativo. A não-verdade de toda identidade obtida é a figura invertida da verdade. As ideias vivem nas cavernas existentes entre aquilo que as coisas pretendem ser e aquilo que elas são. A utopia estaria acima da identidade e acima da contradição, uma conjunção do diverso. Em virtude dela, a identificação se reflete segundo o modo como a língua usa a palavra fora da lógica, língua que não fala da identificação de um objeto, mas da identificação com homens e coisas. A contenda grega sobre se é o semelhante ou o dessemelhante que conhece o semelhante só poderia ser resolvida dialeticamente. Se, na tese de que só o semelhante é capaz disso, o momento ineliminável da *mimesis* que é intrínseco a todo conhecimento e a toda prática humana ganha a consciência, uma tal consciência torna-se não-verdade quando a afinidade que, em seu caráter ineliminável, está ao mesmo tempo infinitamente distante, posiciona a si mesma positivamente. Na teoria do conhecimento, resulta daí incontornavelmente a consequência falsa de que o objeto é o sujeito. A filosofia tradicional arroga-se como conhecedora do dessemelhante, na medida em que o torna semelhante a si mesma, apesar de com isso só conhecer propriamente a si mesma. A ideia de uma filosofia transformada seria a ideia de se aperceber daquilo que lhe é dessemelhante, determinando-o como aquilo que lhe é dessemelhante. — O momento da não-identidade no juízo identificador é facilmente discernível, na medida em que todo objeto singular subsumido a uma classe possui determinações que não estão contidas na definição de sua classe. Junto ao conceito mais enfático que não é somente uma unidade distintiva dos objetos singulares dos quais ele é derivado também vale, porém, ao mesmo tempo, o contrário. O juízo de que alguém é um homem livre refere-se, pensado de maneira enfática, ao conceito de liberdade. Esse conceito, contudo, é por sua vez mais do que aquilo que é predicado desse homem, tanto quanto todo homem, por meio de outras determinações, é mais do que o conceito de sua liberdade. Seu conceito não diz apenas que podemos aplicá-lo a todos os homens singulares definidos como livres. Aquilo que nutre esse conceito é a ideia de um estado no qual os singulares teriam qualidades que não poderiam ser atribuídas aqui e hoje a ninguém. Celebrar alguém como livre tem sua especificidade no *sous-entendu* de que lhe é atribuído algo impossível porque esse algo se manifesta nele; esse elemento que ao mesmo tempo salta aos olhos e é secreto anima todo juízo identificador que de alguma maneira é válido. O conceito de liberdade fica aquém de si mesmo no momento em que é aplicado empiricamente. Ele mesmo deixa de ser então o que ele diz. No entanto, como precisa ser sempre também conceito daquilo que é concebido com ele, precisa ser confrontado com isso. Uma tal confrontação o conduz a uma contradição consigo mesmo. Toda tentativa de excluir do conceito de liberdade, por meio de uma definição meramente instaurada, "operacional", aquilo que a terminologia filosófica outrora denominou a sua ideia minimizaria arbitrariamente o conceito em favor de sua aplicabilidade em relação àquilo que ele designa em si. O singular é mais e menos do que a sua determinação universal. Todavia, como é somente por meio da suspensão dessa contradição, ou seja, por meio da identidade obtida entre o particular e seu conceito, que o particular, determinado, poderia chegar a si mesmo, o interesse do singular não é apenas conservar para si aquilo que o conceito de universal rouba dele, mas do mesmo modo conservar esse "mais" do conceito ante a sua indigência. Ele o experimenta até hoje como a sua própria negatividade. A contradição entre o universal e o particular tem por conteúdo o fato de que a individualidade ainda não é e por isso é ruim onde ela se estabelece. Ao mesmo tempo, essa contradição entre o conceito de liberdade e a sua realização também permanece a insuficiência do conceito; o potencial de liberdade exige uma crítica àquilo que sua formalização obrigatória fez dele.

Uma tal contradição não é nenhum erro subjetivo de pensamento; a contraditoriedade objetiva é aquilo que há de exasperante na dialética, sobretudo para a filosofia da reflexão predominante hoje tal como nos tempos de Hegel. Ela é dita incompatível com a lógica pura e simplesmente vigente e precisa ser eliminada por meio da consonância formal do juízo. Enquanto a crítica às suas regras se mantém abstratamente, a contradição objetiva não seria senão uma expressão pretensiosa para o fato de o aparato conceitual subjetivo afirmar inevitavelmente a verdade de seu juízo a partir do ente particular sobre o qual julga, apesar de esse ente só concordar com o juízo na medida em que já é pré-formado pela necessidade apofântica contida nas definições dos conceitos. A lógica filosófico-reflexiva avançada conseguiria incorporar isso facilmente a si mesma. No entanto, a contraditoriedade objetiva não designa apenas aquela parte do ente que permanece extrínseca no juízo, mas antes algo naquilo mesmo que é julgado. Pois o juízo tem em vista constantemente o ente a ser julgado para além do particular que é compreendido pelo juízo; senão, segundo sua própria intenção, ele seria supérfluo. E é justamente para essa intenção que ele nao é suficiente. O motivo negativo da filosofia da identidade conservou sua força; nada particular é verdadeiro, nenhum ente é ele mesmo tal como a sua particularidade o reivindica. A contradição dialética não é nem mera projeção de uma formação conceitual malfadada sobre a coisa, nem uma metafísica desvairadamente sangrenta.* Não importa o que venha a se apresentar como contraditório: a experiência impede que ele seja aplanado na unidade da consciência. Uma contradição, por exemplo, como aquela entre a determinação que o indivíduo reconhece como a sua própria e a que a sociedade

* A expressão alemã "*Amok laufen*" designa o estado daquele que vaga enfurecidamente com uma arma na mão e atira em todos aqueles que atravessam seu caminho. Para resgatar o conteúdo significativo da expressão, optamos pela locução adjetiva "desvairadamente sangrenta". (N.T.)

lhe impinge caso ele queira ganhar sua vida, o seu "papel", não pode ser reconduzida a nenhuma unidade sem manipulação, sem a intervenção de míseros conceitos supraordenados que produzem o desaparecimento das diferenças essenciais;* o mesmo se dá com a contradição relativa ao fato de, simultaneamente, o princípio de troca, que eleva as forças produtivas na sociedade existente, ameaçar essa sociedade, em um grau crescente, com a possibilidade da aniquilação. A consciência subjetiva para a qual a contradição é insuportável vê-se diante de uma escolha desesperada. Ou bem ela precisa estilizar de maneira harmoniosa o curso do mundo que lhe é contrário e obedecer-lhe heteronomamente contra uma melhor intelecção; ou bem ela precisa se comportar com uma fidelidade espasmódica em relação à sua própria determinação, como se não houvesse nenhum curso do mundo, e perecer junto com ele. Ela não pode eliminar de si mesma a contradição objetiva e suas emanações por meio de um arranjo conceitual. Ao contrário, ela pode concebê-la; todo o resto é afirmação gratuita. A contradição pesa mais do que para Hegel, que a visualizou pela primeira vez. Outrora veículo da identificação total, ela se torna instrumento da impossibilidade de uma tal identificação. O conhecimento dialético não tem, como seus adversários lhe imputam, que construir de cima contradições e continuar progredindo por meio de sua dissolução, apesar de Hegel por vezes proceder dessa forma. Em vez disso, ela tem por tarefa perseguir a inadequação entre pensamento e coisa; experimentá-la na coisa. A dialética não precisa se deixar intimidar pela acusação de estar possuída pela ideia fixa do antagonismo objetivo, apesar de a coisa já estar pacificada; nada singular encontra a sua paz no todo não-pacificado. Os conceitos aporéticos da filosofia são as marcas daquilo que não é resolvido, não apenas pelo pensamento, mas objetivamente. Creditar as contradições como uma culpa na conta da teimosia especulativa incorrigível não faria senão deslocar essa culpa; o pudor ordena à filosofia não reprimir a intelecção de Georg Simmel segundo a qual é espantoso o quão pouco os sofrimentos da humanidade são observados na história da filosofia. A contradição dialética não "é" enquanto tal, mas tem a sua intenção — o seu momento subjetivo — no fato de não se deixar dissuadir; por meio dessa intenção, a dialética se dirige para o diverso. O movimento dialético permanece filosófico enquanto autocrítica da filosofia.

Como o ente não é de modo imediato, mas apenas por meio e através do conceito, seria preciso começar pelo conceito e não pelo mero dado. O conceito

* Exemplo clássico de um tal conceito supraordenado, da técnica da subsunção lógica com fins ideológicos, é o conceito hoje corrente de sociedade industrial. Ele se abstrai das relações sociais de produção por meio do recurso às forças técnicas de produção, como se fosse apenas o seu nível que decidisse imediatamente sobre a forma social. Por outro lado, essa manobra teórica pode encontrar justificação em convergências imagináveis entre o Oriente e o Ocidente sob o signo do domínio burocrático.

do conceito mesmo tornou-se problemático. Não menos do que a sua contraparte irracionalista, a intuição, ele possui enquanto tal traços arcaicos que se entrecruzam com os traços racionais; relíquias de um pensamento estático e de um ideal estático de conhecimento em meio à consciência dinamizada. A pretensão imanente ao conceito é sua invariância criadora de ordem ante a mudança daquilo que é compreendido por ele. É essa mudança que é negada pela forma do conceito, "falsa" mesmo aí. Na dialética, o pensamento levanta uma objeção aos arcaísmos de sua conceptualidade. O conceito em si hipostasia, antes de todo conteúdo, a sua própria forma em face dos conteúdos. Com isso, porém, se hipostasia mesmo o princípio de identidade: a existência de um estado de coisas em si, enquanto algo fixo, constante, que é simplesmente postulado por uma certa prática de pensamento. O pensamento identificador objetiva por meio da identidade lógica do conceito. A dialética visa, segundo seu lado subjetivo, a pensar de tal modo que a forma do pensamento não mais torne seus objetos coisas inalteráveis que permanecem iguais a si mesmas; a experiência desmente que eles o sejam. O quanto a identidade daquilo que constitui o elemento sólido para a filosofia tradicional é frágil, isto é passível de ser aprendido a partir do que lhe dá garantia, a consciência humana singular. Enquanto unidade universalmente predelineada, ela deve, em Kant, fundar toda identidade. De fato, o homem mais velho, olhando para trás, lembra-se claramente de seu passado distante, porquanto já existia outrora em certa medida conscientemente. Esse passado instaura a unidade, por mais que a infância se lhe escape como irreal. Nessa irrealidade, contudo, o eu do qual nos lembramos como tendo sido um dia, e que se torna uma vez mais potencialmente um si próprio, transforma-se ao mesmo tempo em um outro, alheio, alguém que devemos considerar de maneira destacada. Uma tal ambivalência entre identidade e não-identidade mantém-se até o cerne da problemática lógica da identidade. Para essa identidade, a linguagem especializada teria subitamente pronta a fórmula corrente da identidade na não-identidade. Seria preciso opor-lhe inicialmente, de maneira contrastiva, a não-identidade na identidade. No entanto, uma tal inversão meramente formal deixaria espaço livre para a afirmação sub-reptícia de que, apesar de toda *prima philosophia*, a dialética seria uma "*prima dialectica*".* A virada em direção ao não-idêntico verifica-se em sua realização;

* "Se a dialética deve apenas reelaborar o resultado das ciências particulares, pensando em uma maneira de formar um todo: então ela é a empiria mais elevada e não seria propriamente nada além daquela reflexão que se empenha em apresentar a harmonia do todo a partir da experiência. Nesse caso, porém, a dialética não pode ser confundida com a consideração genética; nesse caso, ela não pode se vangloriar de um progresso imanente que certamente exclui toda aquisição contingente da observação e da descoberta; ela trabalha então apenas sobre o mesmo caminho e com os mesmos meios que as outras ciências, diferindo apenas na meta de unir as partes com o pensamento do todo. Portanto, vem à tona aqui uma vez mais um dilema digno de reflexão. Ou bem o desenvolvimento dialético é independente e determinado apenas a partir de si mesmo, e então a

se ela permanecesse uma declaração, ela se desdiria. Nas filosofias tradicionais, mesmo onde elas, segundo as palavras de Schelling, construíam, a construção não era propriamente senão uma reconstrução que não tolerava nada que não tivesse sido previamente digerido por elas. Na medida em que ainda interpretavam o heterogêneo como sendo elas mesmas, e, por fim, como o espírito, o heterogêneo já sempre se tornava uma vez mais para elas o igual, o idêntico no qual se repetiam como em um juízo analítico gigantesco, sem espaço para o qualitativamente novo. Estamos profundamente habituados a pensar que a filosofia não é possível sem uma tal estrutura de identidade, que nesse caso ela se desintegraria em uma pura justaposição de constatações. A mera tentativa de voltar o pensamento para o não-idêntico ao invés de para a identidade é tomada por um contrassenso; ela a priori reduziria o não-idêntico ao seu conceito e o identificaria com ele. Considerações elucidativas desse gênero são por demais radicais e, por isso, como a maioria das questões radicais, pouco demais. A forma do recurso incansável no qual se desencadeia tempestuosamente algo do *ethos* brutalizante do trabalho continua sempre recuando diante daquilo que precisaria ser visualizado e assim não o incomoda. A categoria da raiz, a categoria da própria origem, está associada com a dominação, é uma confirmação daquilo que passa por primeiro porque estava aí em primeiro lugar; a categoria do autóctone em face do imigrado, daquilo que é sedentário em face do móvel. Aquilo que seduz porque não quer se deixar aplacar pelo derivado, pela ideologia, é, por sua vez, um princípio ideológico. Na sentença de tom conservador de Karl Kraus "a origem é a finalidade", também se expressa algo que é difícil de imaginar que ele tenha querido dizer: o conceito de origem deveria perder a sua inessência estática. Não se poderia reencontrar a finalidade na origem, no fantasma de uma natureza boa; a origem é que só seria assinalada no fim, só se constituiria a partir desse. Não há nenhuma origem fora da vida do efêmero.

Enquanto idealista, a dialética também era uma filosofia da origem. Hegel comparou-a com um círculo. O retorno do resultado do movimento ao seu começo anula mortalmente esse resultado: a identidade do sujeito e do objeto deveria se produzir por meio daí sem falhas. O instrumento de sua teoria do conhecimento chamava-se síntese. Ela é criticável não como um ato particular de pensamento que recolhe em sua relação os momentos cindidos, mas como a ideia diretriz e suprema. Entrementes, em seu uso mais genérico, o conceito de síntese, de construção contra a decomposição, assumiu evidentemente aquele

---

dialética precisa de fato saber tudo a partir de si mesma; ou bem ela pressupõe as ciências finitas e os conhecimentos empíricos, e então, contudo, é quebrado o progresso imanente e a conexão desprovida de lacunas por meio daquilo que é assumido extrinsecamente, e ela se comporta além disso de maneira acrítica em relação à experiência. A dialética pode escolher. Nós não vemos nenhuma terceira possibilidade." (F.A. Trendelenburg, *Logische Untersuchungen* [Investigações lógicas], vol.I, Leipzig, 1870, p.91s.)

tom que se expressou talvez do modo mais repugnante possível na invenção de uma pretensa psicossíntese contra a psicanálise freudiana; a idiossincrasia recusa-se a colocar na boca a palavra "síntese". Hegel a emprega muito menos raramente do que se poderia esperar a partir do esquema da triplicidade já acusado por ele de gritantemente frágil. É a esse esquema que deveria corresponder a estrutura fática de seu pensamento. Preponderam as negações determinadas dos conceitos visados a partir da mais extrema proximidade, voltados para lá e para cá. Aquilo que é caracterizado formalmente como síntese em tais meditações mantém-se fiel à negação, na medida em que deve ser salvo aí aquilo que sucumbiu ao movimento do conceito respectivamente precedente. A síntese hegeliana é inteiramente a intelecção da insuficiência desse movimento, como que a intelecção de seus custos de produção. Cedo, desde a introdução à *Fenomenologia do espírito*, Hegel chega bem próximo da consciência da essência negativa da lógica dialética que é desenvolvida por ele. Seu imperativo de examinar de maneira pura todo conceito até ele se movimentar por força de seu próprio sentido, ou seja, de sua identidade, até ele se tornar não-idêntico a si mesmo, é um imperativo analítico, não sintético. Para que os conceitos satisfaçam a si mesmos, a sua estática deve retirar de si sua dinâmica, de modo comparável com o pulular que vemos nas gotas d'água nos microscópios. É por isso que o método é dito fenomenológico, uma relação passiva em face do que aparece. O que Benjamin denominou a dialética em repouso já se encontrava em Hegel, de modo muito mais avançado do que aquilo que apareceu cem anos mais tarde com o nome de fenomenologia. A dialética significa objetivamente quebrar a compulsão à identidade por meio da energia acumulada nessa compulsão, coagulada em suas objetivações. Isso se impôs parcialmente em Hegel contra ele mesmo, que com certeza não podia admitir o não-verdadeiro da compulsão à identidade. Na medida em que o conceito se experimenta como não-idêntico a si mesmo e como movimentado em si, ele conduz, não sendo mais simplesmente ele mesmo, àquilo que na terminologia hegeliana é denominado seu outro,[3] sem o absorver. Ele se determina por meio daquilo que lhe é exterior porque, de acordo com seu caráter próprio, ele não se exaure em si mesmo. Enquanto ele mesmo, ele não é de maneira alguma apenas ele mesmo. Onde, na *Ciência da lógica*, Hegel trata da síntese relativa à primeira tríade, ou seja, do devir,[4] foi somente depois de ter equiparado ser e nada enquanto algo totalmente vazio e indeterminado que ele atentou para a diferença que anuncia a diversidade absoluta do sentido linguístico literal dos dois conceitos. Ele radicaliza a sua antiga doutrina de que a identidade não pode ser predicada de maneira plenamente significativa, i.e., mais do que tautológica, senão do não-idêntico: é somente como identificados um com o outro, em virtude de sua síntese, que os momentos se transformariam em não-idêntico. Daí deriva-se aquela inquietude na afirmação de sua identidade que Hegel denomina o devir: essa identidade estremece em si. Enquanto consciência da não-identidade através da identidade, a dialética não é apenas um processo progressivo, mas ao mesmo tempo um processo regressivo; é nessa medida que a imagem do círculo a descreve corretamente. O desdobramento do conceito também é retomado, a síntese é a determinação da diferença que sucumbiu, "desapareceu" no conceito; quase como em Hölderlin a anamnese do natural que precisou tombar. É só na síntese realizada, na reunião dos momentos contraditórios, que se manifesta a diferença própria a esses momentos. Sem o passo da afirmação de que ser é o mesmo que o nada, os dois seriam, para usar um dos termos diletos de Hegel, indiferentes em relação um ao outro; somente porquanto devem ser o mesmo é que eles se tornam contraditórios. A dialética não se envergonha da reminiscência da procissão dançante de Echternach. De maneira inquestionada, Hegel restringiu contra Kant a prioridade da síntese: ele reconheceu, de acordo com o modelo dos diálogos tardios de Platão, a multiplicidade e a unidade, categorias já justapostas em Kant, como momentos dos quais nenhum é sem o outro. Não obstante, tal como Kant e toda a tradição, Platão inclusive, Hegel é partidário da identidade. Mesmo a negação abstrata da identidade não agrada ao pensamento. Enquanto regressão mimética, a ilusão de apoderar-se imediatamente do múltiplo se converteria uma vez mais em mitologia, em horror do difuso, tanto quanto o pensamento da unidade, imitação da natureza cega por meio de sua opressão, conflui no polo oposto para a dominação mítica. A autorreflexão do esclarecimento não significa a sua revogação: é em nome do *status quo* atual que ela é corrompida até se tornar uma tal revogação. Mesmo a aplicação autocrítica do pensamento da unidade é remetida a conceitos, a sínteses cristalizadas. É preciso reverter a tendência dos atos sintetizantes, obrigando-os a refletir sobre aquilo que fazem ao múltiplo. Somente a unidade é capaz de transcender a unidade. Nela, a afinidade que foi repelida pela unidade progressiva e que hibernou nessa unidade, secularizada até se tornar irreconhecível, encontra o seu direito à vida. As sínteses do sujeito, tal como Platão o sabia muito bem, imitam de maneira mediada, com o conceito, aquilo que essa síntese quer por si mesma.

Não se pode conquistar imediatamente o não-idêntico como algo que seria por sua parte positivo, nem tampouco pela negação do negativo. Essa negação não é ela mesma, como em Hegel, afirmação. O positivo que, de acordo com ele, deve resultar da negação não tem apenas o nome em comum com essa positividade que ele combatia em sua juventude. A equiparação da negação da negação com a positividade é a quinta-essência do identificar, o princípio formal levado à sua forma maximamente pura. Com ele, o princípio antidialético conquista sua supremacia no ponto mais íntimo da dialética, aquela lógica tradicional que assinala, *more arithmetico*,* menos vezes menos como mais. Essa lógica é tomada de empréstimo à matemática contra a qual Hegel normalmente reage de maneira tão idiossincrática. Se o todo é o domínio do encantamento, o negativo, então a negação das particularidades que possuem nesse todo sua suma conceitual permanece negativa. Seu positivo seria somente a negação determinada, a crítica, e não um resultado desenvolto que felizmente teria em mãos a afirmação. Na reprodução de uma imediatidade opaca que, enquanto algo que veio a ser, também é aparência, a positividade do Hegel maduro porta precisamente os traços daquilo que, de acordo com a terminologia pré-dialética, é ruim. Apesar de suas análises destruírem a aparência do ser-em-si da subjetividade,** a instituição que deve suspender a subjetividade e trazê-la a si mesma não é por isso, de maneira nenhuma, o momento superior, tal como ele a trata quase mecanicamente. É muito mais reproduzido na instituição que se amplia aquilo que com razão foi negado pela subjetividade, por mais abstratamente que ela possa ser reprimida enquanto tal. A negação exercida pelo sujeito era legítima; a negação exercida sobre ele também o é, e, no entanto, ela se mostra como ideologia. Na medida em que, a cada novo nível dialético, Hegel se esquece, contra a intelecção intermitente de sua lógica, do direito próprio ao nível precedente, ele prepara o molde daquilo que ele acusa como negação abstrata: uma positividade abstrata, i.e., ratificada a partir do arbítrio subjetivo. Essa positividade deriva-se teoricamente do método e não — como precisaria acontecer, segundo Hegel — da coisa. Além disso, ela se difundiu sobre o mundo como ideologia, do mesmo modo que se tornou um real aborto grotesco, convencendo-se assim de sua monstruosidade. Até o cerne da linguagem vulgar que elogia os homens porquanto eles são positivos, e mesmo enfim na expressão sanguinária das forças positivas, o positivo é fetichizado em si. Em contraposição a isso, a negação que não se desgarrou mantém sua seriedade no fato de não se tomar por sanção do ente. A negação da negação não revoga esta última. Ao contrário, ela comprova que essa negação não era suficientemente negativa; senão a dialética permanece em verdade indiferente em relação àquilo que foi posto no começo, aquilo por meio do que ela tinha se

---

* Em latim no original: de acordo com o hábito aritmético. (N.T.)

** Assim como quase todas as categorias hegelianas, a categoria da negação negada e, por meio daí, positiva também possui algum conteúdo de experiência, a saber, para o progresso subjetivo do conhecimento filosófico. Se aquele que conhece sabe de maneira suficientemente exata aquilo que falta à intelecção ou em que ela é falsa, então ele costuma já ter aquilo de que se sente a falta em virtude de uma tal determinação. Só não se pode atribuir esse momento da negação determinada, enquanto algo por sua vez subjetivo, à lógica objetiva e mesmo à metafísica. Não obstante, é esse momento o mais forte que fala em favor do caráter suficiente de um conhecimento enfático; em favor do fato de esse conhecimento ser capaz disso. Nesse ponto, a possibilidade da metafísica possui, para além de Hegel, um apoio.

integrado em Hegel, mas ao preço de sua despotencialização. O negado é negativo até desaparecer. Isso cinde decisivamente de Hegel. Aplainar uma vez mais por meio da identidade a contradição, expressão do não-idêntico, significa o mesmo que ignorar o que essa contradição diz, retornar a um pensamento puramente dedutivo. Somente quem desde o início pressupõe a positividade enquanto panconceptualidade pode sustentar que a negação da negação seja a positividade. Ele recolhe a presa do primado da lógica sobre o metalógico, do engodo idealista da filosofia em sua figura abstrata, como justificação em si. A negação da negação seria uma vez mais identidade, ofuscação renovada; projeção da lógica dedutiva e, por fim, do princípio da subjetividade, sobre o absoluto. Entre a intelecção maximamente profunda e a sua deterioração cintila a sentença hegeliana: "Mesmo a verdade é o positivo enquanto o saber que corresponde ao objeto, mas ela só é essa igualdade consigo na medida em que o saber se comportou negativamente em relação ao outro, penetrou no objeto e suspendeu a negação que ele é."[5] A qualificação da verdade enquanto comportamento negativo do saber que penetra o objeto — ou seja, que suprime a aparência de seu ser-assim imediato — soa como o programa de uma dialética negativa enquanto o programa do saber "que corresponde ao objeto"; o estabelecimento desse saber enquanto positividade, contudo, abjura esse programa. Por meio da fórmula da "igualdade consigo", da pura identidade, o saber do objeto se revela como charlatanice, porque esse saber não é mais, de modo algum, o saber do objeto, mas a tautologia de um νόησις νοήσεως* posicionado absolutamente. De uma maneira irreconciliável, a ideia de reconciliação impede a sua afirmação no conceito. Se objetarmos contra isso que a crítica à negação positiva da negação mutila o nervo vital da lógica hegeliana e não deixa mais absolutamente nenhum espaço para um movimento dialético, então, por fé na autoridade, esse movimento é reduzido à autocompreensão de Hegel. Apesar de a construção de seu sistema sem dúvida alguma desmoronar sem esse princípio, a dialética não tem o seu conteúdo de experiência no princípio, mas na resistência do outro à identidade, de onde provém sua violência. Nela também está compreendido o sujeito, uma vez que o seu domínio real produz as contradições, mas essas contradições impregnam o objeto. Colocar a dialética puramente na conta do sujeito, eliminar a contradição por assim dizer por meio de si mesma, também traz como resultado a eliminação da dialética, na medida em que ela é estendida à totalidade. Em Hegel, a dialética surge no sistema, mas não tem nele sua medida.

---

* Em grego no original: um conhecimento por meio do conhecimento. (N.T.)

O pensamento que se perde na identidade capitula facilmente em face do elemento indissolúvel e prepara, a partir da indissolubilidade do objeto, um tabu para o sujeito, que deve se resignar de maneira irracionalista ou cientificista, que não deve tocar naquilo que não lhe é igual e que, depondo as armas diante do ideal de conhecimento corrente, ainda lhe testemunha assim o seu respeito. Uma tal atitude do pensamento não é de modo algum estranha a esse ideal. Esse ideal articula constantemente o apetite da incorporação com a aversão àquilo que não pode ser incorporado e que necessitaria precisamente do conhecimento. Assim, a resignação da teoria ante a singularidade também não trabalha menos do que o excesso voraz em favor do subsistente para o qual ela cria o nimbo e a autoridade da impenetrabilidade e da rigidez espiritual. O existente singular coincide tão pouco com o seu conceito superior quanto se mostra como ininterpretável. Ele também não é, por sua parte, algo derradeiro contra o qual o conhecimento deveria se chocar. Segundo o resultado mais durável da lógica hegeliana, ele não é pura e simplesmente por si, mas é em si seu outro e está ligado a um outro. Aquilo que é, é mais do que ele é. Esse mais não lhe é anexado de fora, mas permanece imanente a ele enquanto aquilo que é reprimido dele. Nessa medida, o não-idêntico constituiria a própria identidade da coisa em face de suas identificações. A parte mais íntima do objeto revela-se ao mesmo tempo como exterior a ele, seu fechamento como uma aparência, reflexo do procedimento identificador, fixante. É nessa direção que a insistência pensante em face do singular conduz, em direção à sua essência, em vez de em direção ao universal que se supõe representá-lo. A comunicação com o outro cristaliza-se no singular que é mediado por ela em seu ser-aí. Tal como Husserl reconheceu, o universal habita efetivamente o centro da coisa individual, ele não se constitui somente na comparação de uma coisa individual com outra. Pois a absoluta individualidade — e a isso Husserl não prestou nenhuma atenção — é produto justamente do processo de abstração que é dissolvido em nome da universalidade. Apesar de o individual não poder ser deduzido a partir do pensamento, o cerne do individual seria comparável com aquelas obras de arte individuadas até o extremo que recusam todo esquema e cuja análise reencontra no extremo de sua individuação os momentos do universal, a sua participação dissimulada para si mesma no típico.

O momento unificador sobrevive sem a negação da negação e mesmo sem entregar-se à abstração enquanto princípio supremo, de modo que não se progride a partir de conceitos e por etapas até o conceito superior mais universal, mas esses conceitos entram em uma constelação. Essa constelação ilumina o que há de específico no objeto e que é indiferente ou um peso para o procedimento classificatório. O modelo para isso é o comportamento da linguagem. Ela não oferece nenhum mero sistema de signos para as funções do conhecimento.

Onde ela se apresenta essencialmente enquanto linguagem e se torna apresentação, ela não define seus conceitos. Ela conquista para eles a sua objetividade por meio da relação na qual ela coloca os conceitos, centrados na coisa. Com isso, ela serve à intenção do conceito de expressar totalmente aquilo que é visado. As constelações só representam de fora aquilo que o conceito amputou no interior, o mais que ele quer ser tanto quanto ele não o pode ser. Na medida em que os conceitos se reúnem em torno da coisa a ser conhecida, eles determinam potencialmente seu interior, alcançam por meio do pensamento aquilo que o pensamento necessariamente extirpa de si. O uso hegeliano do termo concreto, de acordo com o qual a coisa mesma é sua conexão, não a sua pura ipseidade, registra isso, sem, porém, apesar de toda crítica à lógica discursiva, desprezar essa última. Mas a dialética hegeliana era uma dialética sem linguagem, por mais que o sentido mais simples da palavra dialética postule a linguagem; nessa medida, Hegel permaneceu adepto da ciência corrente. Em sentido enfático, ele não precisava da linguagem porque tudo nele, mesmo aquilo que é desprovido de linguagem e opaco, deveria ser espírito e o espírito, conexão. Esse pressuposto é irrecuperável. Com certeza, porém, aquilo que não é dissolúvel em nenhuma conexão preconcebida transcende por si mesmo enquanto não-idêntico seu fechamento. Ele comunica com aquilo de que o conceito o separava. Ele só é opaco para a exigência de totalidade da identidade; ele resiste à sua pressão. Enquanto tal, contudo, ele procura se exprimir. Por meio da linguagem, ele se libera do encanto de sua ipseidade. Aquilo que no não-idêntico não pode ser definido em seu conceito excede seu ser-aí singular no qual ele não se concentra senão na polaridade em relação ao conceito, tendendo em direção a ele. O interior do não-idêntico é a sua relação com aquilo que ele mesmo não é e que lhe recusa a sua identidade arranjada, cristalizada, consigo mesmo. Ele só alcança a si mesmo na exteriorização, não em sua cristalização; isso ainda precisa ser aprendido com Hegel, sem fazer concessão aos momentos repressivos de sua doutrina da exteriorização. O objeto abre-se para uma insistência monadológica que é consciência da constelação na qual ele se encontra: a possibilidade de uma imersão no interior necessita desse exterior. No entanto, uma tal universalidade imanente do singular é objetiva como história sedimentada. Essa história está nele e fora dele, ela é algo que o engloba e em que ele tem seu lugar. Perceber a constelação na qual a coisa se encontra significa o mesmo que decifrar aquilo que ele porta em si enquanto algo que veio a ser. Por sua vez, o *chorismos** entre fora e dentro é condicionado historicamente. Somente um saber que tem presente o valor histórico conjuntural do objeto em sua relação com os outros objetos consegue liberar a história no objeto; atualização e concentração de algo

* Do grego: separação, cisão. (N.T.)

já sabido que transforma o saber. O conhecimento do objeto em sua constelação é o conhecimento do processo que ele acumula em si. Enquanto constelação, o pensamento teórico circunscreve o conceito que ele gostaria de abrir, esperando que ele salte, mais ou menos como os cadeados de cofres-fortes bem guardados: não apenas por meio de uma única chave ou de um único número, mas de uma combinação numérica.

O modo como os objetos precisam ser descerrados por meio da constelação não deve ser deduzido tanto da filosofia que perdeu o interesse em relação a isso, mas antes das investigações científicas significativas; em muitos aspectos, o trabalho científico realizado estava muito à frente de sua autocompreensão filosófica, do cientificismo. Nesse caso, não se precisa de maneira alguma partir do conteúdo específico em direção às investigações metafísicas, tal como acontece na *Origem do drama barroco alemão* de Benjamin, investigações que tomam o próprio conceito de verdade como constelação.[6] Seria necessário recorrer a um estudioso tão disposto para o positivismo quanto Max Weber. Sem dúvida alguma, ele compreendia os "tipos ideais", totalmente no sentido de uma teoria do conhecimento subjetivista, como auxiliares para que nos aproximemos do objeto, auxiliares desprovidos eles mesmos de toda subjetividade e remodeláveis uma vez mais à vontade. Todavia, como em todo nominalismo, ainda que ele também avalie seus conceitos como nulos, algo da constituição da coisa transparece e se lança para além da vantagem prática para o pensamento — um motivo nada desprezível para a crítica ao nominalismo irrefletido —, os trabalhos materiais de Weber se deixam guiar muito mais pelo objeto do que seria de se esperar segundo a metodologia da escola alemã do Sudoeste. Efetivamente, o conceito é a razão suficiente da coisa,* na medida em que a investigação ao menos de um objeto social se torna falsa quando se limita a interdependências no interior de seu domínio — interdependências que fundaram o objeto — e ignora a determinação do objeto pela totalidade. Sem o conceito supraordenado, essas dependências dissimulam a mais real dentre todas, a dependência da sociedade, e ela não saberia ser introduzida adequadamente a partir das *res*** singulares que o conceito tem sob si. Mas ela não aparece senão através do singular, e é por meio daí que o conceito se transforma uma vez mais no conhecimento determinado. Em oposição ao exercício científico corrente, Weber percebeu, no ensaio

* "Essa relação, o todo como unidade essencial, só reside no conceito, na meta. As causas mecânicas não são suficientes para essa unidade porque não têm por base a meta enquanto a unidade das determinações. Pela razão suficiente, Leibniz compreendia por isso uma razão que também seria suficiente para essa unidade e que, desse modo, não compreendia em si apenas as meras causas, mas as causas finais. Essa determinação do fundamento, contudo, não tem como ser desenvolvida aqui; o fundamento teleológico é uma propriedade do conceito e da mediação pelo conceito que é a razão." (Hegel, WW 4, op.cit., p.555.)

** Em latim no original: coisas. (N.T.)

sobre *A ética protestante e o espírito do capitalismo*, a dificuldade inerente à definição histórica dos conceitos, ao levantar a questão sobre a sua definição de maneira tão clara quanto antes dele somente filósofos o tinham feito, Kant, Hegel, Nietzsche. Ele recusa expressamente o procedimento definitório delimitador segundo o esquema "*genus proximum, differentia specifica*"[7] e exige ao invés disso que os conceitos sociológicos sejam "compostos de maneira gradual a partir de seus elementos singulares extraídos da realidade histórica. A compreensão conceitual definitiva não pode se achar por isso no começo, mas precisa estar na conclusão da investigação".[8] Saber se precisamos sempre de uma tal definição na conclusão ou se aquilo que Max Weber denomina a "composição" consegue ser, sem o resultado formalmente definitório, aquilo em direção ao que, por fim, a intenção epistemológica weberiana gostaria de tender é algo que permanece em suspenso. Assim como as definições não são aquela coisa única e exaustiva própria ao conhecimento tal como o cientificismo vulgar as considera, elas não precisam ser banidas. Um pensamento que não se apoderasse da definição em seu desenvolvimento e que não fosse capaz por instantes de fazer a coisa surgir por meio da pregnância linguística com certeza seria tão estéril quanto um pensamento que se satisfaz com definições verbais. Não obstante, aquilo que é ainda mais essencial é a razão pela qual Weber emprega o termo "composição", que seria inaceitável para o cientificismo ortodoxo. É certo que ele tinha em vista nesse caso apenas o lado subjetivo, o procedimento do conhecimento. Mas para as composições em questão deveria valer o mesmo que para o seu análogo, as composições musicais. Produzidas subjetivamente, essas composições só dão bom resultado quando a produção subjetiva desaparece nelas. A conexão que ela instaura — precisamente essa da "constelação" — torna-se legível como signo da objetividade: do teor espiritual. Aquilo que em tais constelações é similar à escrita é a conversão do que é pensado subjetivamente e do que é reunido em objetividade em função da linguagem. Até mesmo um procedimento que se compromete tanto com o ideal tradicional de ciência e com sua teoria como o procedimento de Max Weber não prescinde de maneira alguma desse momento que nele não é temático. Apesar de suas obras mais maduras, antes de tudo *Economia e sociedade*, parecerem sofrer por vezes de uma superabundância de definições verbais tomadas de empréstimo à jurisprudência, essas definições, consideradas mais de perto, são mais do que isso; elas não são apenas fixações conceituais, mas muito mais tentativas de expressar, por meio da reunião dos conceitos em torno do conceito central buscado, aquilo ao que ele remete, ao invés de circunscrevê-lo com fins operacionais. Assim, por exemplo, o conceito de capitalismo que é em todos os aspectos decisivo, de maneira análoga aliás à que se dá em Marx, é distinguido enfaticamente de categorias isoladas e subjetivas tais como o instinto de apropriação ou a aspiração ao ganho. Segundo ele, a tão aclamada aspiração ao ganho precisaria ser orientada pelo princípio de rentabilidade, pelas chances de mercado, ela precisaria se servir do cálculo financeiro; sua forma de organização seria a forma do trabalho livre, economia doméstica e empresa seriam cindidos, ele precisaria da contabilidade da empresa e de um sistema legal racional de acordo com o princípio predominante no capitalismo da racionalidade em geral.[9] Continua sendo preciso colocar em dúvida a completude desse catálogo; e, em particular, perguntar se a ênfase weberiana na racionalidade, abstraindo-se das relações de classe que se reproduzem através da troca de equivalentes, já não equiparou por demais, por meio do método, o capitalismo ao seu "espírito", apesar de a troca de equivalentes e sua problemática não serem certamente pensáveis sem racionalidade. Justamente a tendência crescente à integração do sistema capitalista, contudo, cujos momentos se imbricam em um conjunto funcional cada vez mais perfeito, torna a antiga pergunta pela causa cada vez mais precária em face da constelação; não é a crítica ao conhecimento, o curso real da história que impele à interrogação das constelações. Se em Weber essas constelações tomam o lugar de uma sistemática cuja ausência lhe foi de bom grado objetada, seu pensamento se revela aí como uma terceira via para além da alternativa entre positivismo e idealismo.

Quando uma categoria se transforma — por meio da dialética negativa, a categoria da identidade e da totalidade —, a constelação de todas as categorias se altera, e, com isso, uma vez mais cada uma delas. Os conceitos de essência e de aparência são paradigmáticos para isso. Eles provêm da tradição filosófica, são mantidos, mas invertidos na tendência de sua direção. A essência não pode mais ser hipostasiada como um puro ser-em-si espiritual. A essência converte-se muito mais naquilo que é velado sob a fachada do imediato, sob os pretensos fatos, e que faz deles aquilo que eles são, a lei da fatalidade à qual a história obedeceu até o momento; e isso tanto mais irresistivelmente quanto mais profundamente ela se oculta entre os fatos, a fim de se deixar desmentir por eles de maneira confortável. Uma tal essência é antes de tudo inessência, a organização do mundo que rebaixa os homens a um meio de seu *sese conservare**, que amputa e ameaça suas vidas, reproduzindo-as e fazendo-os acreditar que o mundo seria assim algo para satisfazer suas necessidades. Essa essência também precisa aparecer exatamente como a hegeliana: mascarada em sua própria contradição. A essência não pode ser reconhecida senão junto à contradição do ente em relação àquilo que ele afirma ser. Com certeza, em face dos pretensos fatos, ela é conceitual e não imediata. Mas uma tal conceptualidade não é meramente θέσει,

* Em latim no original: autoconservação. (N.T.)

produto do sujeito do conhecimento no qual esse sujeito mesmo se encontra por fim uma vez mais confirmado. Ao invés disso, ela exprime o fato de o mundo concebido, mesmo se isso acontece por culpa do sujeito, não ser seu próprio mundo, mas lhe ser hostil. Isso é atestado de maneira quase irreconhecível pela doutrina husserliana da visão das essências. Ela tende para a estrangeiridade completa da essência em relação à consciência que a apreende. Ainda que sob a forma fetichista de uma esfera ideal pura e simplesmente absoluta, ela se lembra de que mesmo os conceitos com os quais ela não hesita em equiparar suas essencialidades não são apenas os produtos de sínteses e abstrações: eles também representam um momento no múltiplo que reclama os conceitos meramente postos segundo a doutrina idealista. O idealismo hipertrofiado de Husserl, que exatamente por isso permaneceu por tanto tempo desconhecido para si mesmo, a ontologização do espírito puro, favoreceu em seus escritos mais influentes a expressão deformada de um tema anti-idealista, a insuficiência da tese da onipotência do sujeito pensante. A fenomenologia proíbe-lhe de prescrever leis lá onde o sujeito já precisa obedecer a essas leis; nessa medida, o que ele experimenta nelas é algo objetivo. Porquanto em Husserl, contudo, como junto aos idealistas, todas as mediações são traçadas do lado noético, do lado do sujeito, ele não consegue conceber o momento da objetividade no conceito senão como imediatidade sui generis e é obrigado a reproduzir, com um ato de violência em termos de teoria do conhecimento, a percepção sensível. De maneira convulsiva, ele negou que a essência, apesar de tudo, também seja, por sua parte, momento: algo que surgiu. Hegel, que ele condenou com a presunção da ignorância, tinha sobre ele a vantagem de as categorias essenciais do segundo livro da *Lógica* terem vindo tanto a ser, serem produtos da autorreflexão das categorias do ser, quanto se mostrarem como objetivamente válidas. Um pensamento que se recusou fanaticamente à dialética não era mais capaz de aceder a essa verdade, por mais que o tema fundamental de Husserl, as proposições lógicas, precisassem tê-lo levado até aí. Pois, de acordo com a sua teoria, essas proposições tanto possuem um caráter objetivo, são "leis essenciais", quanto estão vinculadas ao pensamento, algo sobre o que ele inicialmente silencia, e em seu ponto mais íntimo dependem daquilo que por sua vez não são. O absoluto do absolutismo lógico possui seu direito na validade das proposições formais e da matemática; não obstante, esse direito não é absoluto porque a exigência de absolutidade enquanto a identidade positivamente alcançada entre sujeito e objeto é ela mesma condicionada, um sedimento da exigência subjetiva por totalidade. A dialética da essência enquanto algo que se mostra ao mesmo tempo quase como essente, e, porém, como não-essente, não pode ser, contudo, de maneira alguma dissolvida, como por Hegel, na unidade do espírito considerado como espírito produtor e produzido. Sua doutrina da objetividade da essência postula que o ser é o espírito que ainda não chegou a si mesmo. A essência lembra da não-identidade no conceito daquilo que não é posto pela primeira vez pelo sujeito, mas ao que ele segue. Mesmo a cisão da lógica e da matemática em relação ao âmbito ôntico sobre o qual repousa a aparência de seu ser-em-si, a interpretação ontológica das categorias formais, possui seu aspecto ôntico em uma repulsa em face do ôntico, tal como Hegel a teria denominado. Esse momento ôntico se reproduz nas categorias. Na medida em que lhes é impossível perceber a si mesmas como algo cindido e condicionado — pois a cisão é a sua própria essência —, elas adquirem uma espécie de existência. E, no entanto, isso vale com maior razão para as leis essenciais da sociedade e de seu movimento. Elas são mais reais que o elemento fático no qual aparecem e que engana quanto a elas. Mas elas rejeitam os atributos tradicionais de sua essencialidade. Seria preciso designá-las como a negatividade trazida a seu conceito, uma negatividade que faz com que o mundo seja exatamente como ele é. Nietzsche, adversário irredutível da herança teológica na metafísica, ridicularizou a diferença entre essência e aparência, deixando o trasmundo aos homens toscos que se escondem por detrás das florestas,* nesse ponto em acordo com todo o positivismo. Talvez em nenhum outro lugar seja tão palpável como um esclarecimento infatigável poder tirar proveito dos obscurantistas. A essência é aquilo que é encoberto segundo a lei da própria inessência; contestar que haja uma essência significa se colocar do lado da aparência, da ideologia total na qual entrementes a existência se transformou. Aquele para o qual tudo aquilo que aparece possui o mesmo valor porque não possui conhecimento de nenhuma essência que permita o estabelecimento de distinções, este se alia, por um amor à verdade fanatizante, à não-verdade, à obtusidade científica desprezada por Nietzsche, uma obtusidade que recusa a essência para se preocupar com a dignidade dos objetos a serem tratados e que, no que concerne a essa dignidade, ou bem repete de forma estulta a opinião pública ou bem eleva a critério o fato de se ter ou não trabalhado sobre uma coisa, como eles dizem. A atitude científica remete a decisão sobre o essencial e o inessencial às disciplinas que se ocupam respectivamente com o objeto; para uma pode ser inessencial aquilo que é essencial para a outra. Em concordância com isso, Hegel transfere a diferença para um terceiro, que se encontra de início

* Adorno joga aqui com dois termos que fazem alusão ao capítulo "Os trasmundanos", de *Assim falou Zaratustra*: "*Hinterwelt*" e "*Hinterwäldler*". Numa tradução literal, esses dois termos designam respectivamente o "trás-mundo" e os "homens por detrás (*hinter*) das florestas". O primeiro termo não envolve maiores problemas em sua tradução. O segundo, porém, não possui nenhum correlato exato em português: a tradução por "homens primitivos" ou por "selvagens" perde a referência decisiva ao prefixo alemão "*hinter*" (atrás), que alude ao mundo das essências eternas por detrás do mundo das aparências e associa ao mesmo tempo os pensadores metafísicos com o caráter tosco daqueles que se escondem por detrás das florestas, dos selvagens. Para acompanhar minimamente esse jogo de palavras, optamos por "homens toscos que se escondem por detrás das florestas". (N.T.)

fora do movimento imanente da coisa.* Husserl, que não consegue nem mesmo sonhar com uma dialética entre essência e aparência, consegue ironicamente ter razão em relação a Hegel: de fato, há uma experiência espiritual em verdade falível, mas imediata do essencial e do inessencial, uma experiência da qual a necessidade científica de ordem não pode dissuadir os sujeitos senão pela força. Onde quer que uma tal experiência não seja feita, o conhecimento permanece imóvel e infrutífero. Ela encontra sua medida naquilo que se passa objetivamente aos sujeitos como o seu sofrimento. Paralelamente ao nivelamento teórico de essência e aparência, os sujeitos cognoscentes também perdem com certeza subjetivamente, junto com a sua capacidade para o sofrimento e para a felicidade, a faculdade primária de separar o essencial do inessencial, sem que se saiba aí corretamente o que é causa e o que é consequência. O impulso obstinado, que leva a preferir velar pela correção do irrelevante a refletir sobre o relevante com o risco do erro, está entre os sintomas mais difundidos da consciência regressiva. Os homens toscos que se escondem por detrás das florestas de um estilo mais recente não se deixam irritar por nenhum trasmundo, contentes que estão com o mundo-da-frente, do qual eles compram aquilo que esse lhes impinge com ou sem palavras. O positivismo transforma-se em ideologia, alijando primeiramente a categoria objetiva da essência e, então, de maneira consequente, o interesse pelo essencial. Mas o essencial não se exaure de modo algum na lei universal velada. Seu potencial positivo sobrevive naquilo que é concernido pela lei, naquilo que é inessencial para o veredicto do curso do mundo e assim expelido para a margem. A visão que se volta para esse elemento, para o "resíduo do mundo das aparências" de Freud, que se acha muito para além do psicológico, segue a intenção dirigida sobre o particular considerado como o não idêntico. O essencial tanto é amplamente contrário à universalidade dominante, à inessência, quanto a supera criticamente.

A mediação entre essência e aparência, conceito e coisa, também não permanece aquilo que era, o momento da subjetividade no objeto. Aquilo que media os fatos não é tanto o mecanismo subjetivo que os forma previamente e os concebe, mas a objetividade heterônoma em relação ao sujeito, a objetividade por detrás daquilo que ele pode experimentar. Ela se recusa à esfera da experiência subjetiva primária, ela precede essa esfera. No estágio histórico atual, onde segundo a linguagem corrente se diz que se julga de maneira por demais subje-

* "Por isso, na medida em que algo essencial e algo inessencial se diferenciam um do outro em um existente, essa diferença se mostra como um ato de posição exterior, o isolamento de uma parte do existente que não toca a ele mesmo em relação a uma outra parte; uma cisão que recai sobre um terceiro. É nesse caso indeterminado o que pertence ao essencial ou ao inessencial. São uma consideração e observação exteriores que fazem a diferença, e, desse modo, é o mesmo conteúdo que precisa ser visto ora como essencial, ora como inessencial." (Hegel, op.cit., p.487.)

tiva, o sujeito imita na maioria das vezes automaticamente o *consensus omnium*.* Ele só daria ao objeto aquilo que lhe pertence, ao invés de se satisfazer com o falso molde, no momento em que resistisse ao valor mediano de uma tal objetividade e se libertasse enquanto sujeito. É dessa emancipação e não da repressão insaciável do sujeito que a objetividade depende hoje. A supremacia daquilo que é objetivado sobre os sujeitos, uma supremacia que os impede de se tornarem sujeitos, inviabiliza do mesmo modo o conhecimento do elemento objetivo; foi isso que surgiu daquilo que se denominou um dia o "fator subjetivo". É a subjetividade e não tanto a objetividade que é agora mediatizada, e uma tal mediação carece muito mais urgentemente de análise do que a mediação tradicional. Nos mecanismos subjetivos de mediação perpetuam-se os mecanismos de mediação da objetividade nos quais todo sujeito, mesmo o sujeito transcendental, se encontra preso. O fato de os dados, por sua exigência, serem apercebidos dessa forma e não de outra é assegurado pela ordem pré-subjetiva que por sua vez constitui essencialmente a subjetividade constituinte para a teoria do conhecimento. Aquilo que, na dedução kantiana das categorias, segundo a sua própria declaração, permanece por fim contingente, "dado", ou seja, o fato de a razão dispor desses conceitos-base e de nenhum outro mais, depende daquilo que as categorias, de acordo com Kant, querem instaurar pela primeira vez. A universalidade da mediação não é, porém, nenhum título de direito que permita nivelar por ela tudo o que existe entre o céu e a Terra, como se a mediação do imediato e a mediação do conceito fossem a mesma coisa. Para o conceito, a mediação é essencial; ele mesmo é, segundo a sua constituição, imediatamente a mediação; a mediação da imediatidade, contudo, é uma determinação da reflexão que só faz sentido plenamente em relação àquilo que lhe é contraposto, o imediato. Se já não houvesse nada que não fosse mediatizado, então uma tal mediação, como Hegel acentuou, apontaria sempre necessariamente para algo mediatizado, sem o qual, por sua vez, ela também não existiria. Em contrapartida, o fato de algo mediatizado não ser sem mediação tem um caráter simplesmente privativo e epistemológico: a expressão da impossibilidade de determinar o algo sem mediação só muito dificilmente se mostra como mais do que a tautologia segundo a qual o pensamento de algo é justamente pensamento. Inversamente, nenhuma mediação permaneceria sem o algo. Na imediatidade não reside tanto seu próprio ser-mediatizado quanto na mediação algo imediato que seria mediatizado. Hegel negligenciou essa diferença. A mediação do imediato concerne ao seu *modus*: o saber sobre ele e os limites de um tal saber. A imediatidade não é nenhuma modalidade, nenhuma mera determinação do como para uma consciência. Ao contrário, o conceito de imediatidade designa

* Em latim no original: o consenso de todos, ou o consenso absoluto. (N.T.)

objetivamente aquilo que não pode ser alijado pelo conceito hegeliano. A mediação não significa de maneira alguma que tudo é absorvido nela, mas postula que aquilo por meio do que ela é mediada é algo que não se deixa absorver; a própria imediatidade, porém, representa um momento que não carece do conhecimento, da mediação, como essa mediação carece do imediato. Enquanto a filosofia emprega os conceitos "imediato" e "mediado", que ela por ora só com muita dificuldade pode dispensar, sua linguagem testemunha o estado de coisas que é contestado pela versão idealista da dialética. O fato de a dialética idealista passar por cima dessa diferença aparentemente mínima a auxilia em sua plausibilidade. O triunfo pelo qual o imediato é inteiramente mediatizado atropela o mediatizado e alcança, depois de uma feliz viagem, não sendo mais detido por nada não-conceitual, a totalidade do conceito, o domínio absoluto do sujeito. Mas como a diferença escamoteada é passível de ser reconhecida pela dialética, ela mantém nessa identificação total a última palavra. Ela consegue escapar da esfera de seu encantamento, sem contrastar com ela dogmaticamente, de fora, uma tese pretensamente realista. O círculo da identificação que nunca identifica por fim senão a si mesma foi traçado pelo pensamento que não tolera nada no exterior; seu aprisionamento é sua própria obra. Uma tal racionalidade totalitária, e, por isso, particular foi ditada historicamente pelo elemento ameaçador intrínseco à natureza. Esse é o seu limite restritivo. O pensamento identificador, a igualação de todo e qualquer desigual, perpetua-se no medo da sujeição à natureza. A razão irrefletida é obnubilada até a errância em face de tudo aquilo que se subtrai à sua dominação. Por agora, a razão está padecendo: curar-se de um tal mal é que seria propriamente razão. A teoria da alienação, fermento da dialética, ainda confunde a necessidade de se aproximar do mundo heterônomo e nessa medida irracional, segundo a sentença de Novalis, a necessidade de "estar por toda parte em casa", com a barbárie arcaica de que o sujeito nostálgico não está sem condições de amar o estranho, aquilo que é diverso dele; com a ânsia por incorporação e perseguição. Se o estranho não estivesse há muito proscrito, quase não haveria mais alienação.

A equivocidade no conceito de mediação — uma equivocidade que exige a equiparação mútua dos polos reciprocamente contrapostos à custa de sua diferença qualitativa da qual absolutamente tudo depende — remonta à abstração. Mas a palavra "abstrato" é ainda por demais abstrata e se mostra ela mesma como equívoca. A unidade daquilo que é tomado sob conceitos universais é fundamentalmente diversa do particular determinado conceitualmente. O conceito sempre é para ele ao mesmo tempo seu negativo; ele corta aquilo que o próprio negativo é, mas que não se deixa denominar imediatamente, e o substitui pela identidade. Esse negativo, falso, e contudo ao mesmo tempo necessário, é o palco da dialética. O cerne que também é por sua vez abstrato segundo a sua versão idealista não é simplesmente eliminado. Graças à sua diferenciação em relação ao nada, mesmo o algo mais indeterminado não seria, contra Hegel, uma coisa pura e simplesmente indeterminada. Isso contradiz a doutrina idealista da subjetividade de todas as determinações. Assim como o particular não seria determinável sem o universal por meio do qual, segundo a lógica corrente, ele é identificado, ele também não é idêntico a si mesmo. O idealismo não quer ver que um algo, por mais desprovido de qualidades que seja, ainda não pode ser considerado nulo. Como Hegel recua ante a dialética do particular que ele concebeu — ela aniquilaria o primado do idêntico e, consequentemente, o idealismo —, ele é impelido ininterruptamente ao simulacro. Para o lugar do particular, ele empurra o conceito universal da particularização enquanto tal, de "existência", por exemplo, um conceito no qual não há mais nada particular. Hegel restaura o modo de condução do pensamento que Kant com razão critica no racionalismo mais antigo como anfibolia dos conceitos da reflexão. A dialética hegeliana torna-se sofística onde ela fracassa. Aquilo que transforma o particular em impulso dialético, sua indissolubilidade em conceitos superiores, é tratado por ela como um estado de coisas universal, como se o particular mesmo fosse seu próprio conceito superior, e, por isso, indissolúvel. É justamente assim que a dialética da não-identidade e da identidade torna-se ilusória: vitória da identidade sobre aquilo que é idêntico. A insuficiência do conhecimento que não pode se assegurar de nada particular sem o conceito que não é de maneira alguma o particular transfere, como em um toque de mágica, a vantagem para o espírito que se eleva sobre o particular e purifica-o daquilo que se contrapõe ao conceito. O conceito universal de particularidade não tem poder algum sobre o particular que ele tem em vista por meio da abstração.

A polaridade do sujeito e do objeto aparece facilmente como uma estrutura por sua vez não-dialética, na qual toda dialética deve ter lugar. Mas esses dois conceitos são categorias derivadas da reflexão, fórmulas para algo que não é unificável; nada positivo, nenhum estado de coisas primário, mas algo inteiramente negativo, expressão unicamente da não-identidade. Apesar disso, a diferença entre sujeito e objeto também não pode ser por sua vez simplesmente negada. Nem eles são uma dualidade derradeira, nem se esconde por detrás deles uma unidade última. Eles se constituem um por meio do outro tanto quanto se diferenciam em virtude de uma tal constituição. Se o dualismo do sujeito e do objeto fosse colocado à base enquanto princípio, então ele seria, exatamente como o princípio de identidade que ele se recusa a aceitar, uma vez mais total, monístico; a dualidade absoluta seria unidade. Hegel valeu-se disso com a finalidade de por fim reabsorver no pensamento a polaridade sujeito–objeto, a qual, ao desenvolvê-la segundo os dois lados, ele via como a sua superioridade em relação a Fichte e a Schelling. De acordo com ele, a dialética do sujeito e do objeto transforma-se enquanto estrutura do ser em sujeito.* Enquanto abstrações, os dois são produtos do pensamento; a suposição de sua contradição declara necessariamente que o pensamento é o elemento primeiro. Mas o dualismo também não escapa do aceno do puro pensamento. Enquanto esse pensamento permanece, ele se realiza de acordo com a dicotomia que se transformou na forma do pensar e sem a qual o pensar talvez não existisse. Todo e qualquer conceito, mesmo o conceito de ser, reproduz a diferença entre pensar e pensamento. Por meio da constituição antagônica da realidade, essa diferença foi inscrita a ferro quente na consciência teórica; na medida em que expressa essa constituição antagônica, a não-verdade do dualismo é a verdade. Dissociado disso, contudo, o antagonismo se tornaria desculpa filosófica por sua eternização. Nada é possível senão a negação determinada dos momentos singulares por meio dos quais sujeito e objeto são absolutamente contrapostos e, justamente por meio disso, identificados um ao outro. O sujeito nunca é em verdade totalmente sujeito, o objeto nunca é totalmente objeto; não obstante, os dois não são arrancados de um terceiro que os transcenderia. O terceiro não seria menos ilusório. É insuficiente a proposta kantiana de alijá-lo, enquanto algo infinito, do conhecimento positivo, finito, e de esporear esse conhecimento com o inalcançável para incitá-lo a um esforço incansável. É preciso insistir criticamente na dualidade do sujeito e do objeto, contra a pretensão de totalidade inerente ao pensamento. Em verdade, a cisão que torna o objeto algo estranho, a ser dominado, e que o apropria subjetivamente é o resultado de um arranjo ordenador. A crítica da origem subjetiva da cisão por si só não reúne uma vez mais aquilo que é cindido, depois que ele chegou realmente a se dividir. A consciência se vangloria da unificação daquilo que ela primeiro cindiu arbitrariamente em elementos; daí o tom ideológico dominante de todo discurso sobre a síntese. Ele serve para esconder a análise que encobre a si mesma e que se torna cada vez mais tabu. A antipatia de uma consciência vulgarmente nobre pela análise tem sua razão de ser no fato de o esfacelamento que o espírito burguês censura em seus críticos ser sua própria obra inconsciente. Seu modelo são os processos racionais do trabalho. Eles

* "A compreensão de um objeto não consiste efetivamente em outra coisa senão no fato de o eu se apropriar dele, penetrá-lo e trazê-lo para a sua própria forma, isto é, para a universalidade que é imediatamente a determinidade ou para a determinidade que é imediatamente universalidade. O objeto na intuição ou mesmo na representação ainda é algo extrínseco, estranho. Por meio da compreensão, o ser-em-si-e-por-si que ele possui na intuição e na representação é transformado em ser-posicionado; o eu penetra-o de maneira pensante. No entanto, o modo como ele é no pensamento é como ele é em si e por si, o modo como ele é na intuição e na representação é fenômeno, o pensamento suspende a imediatidade com a qual ele vem inicialmente até nós e faz dele assim um ser-posicionado; esse seu ser-posicionado é, contudo, seu ser-em-si-e-por-si ou sua objetividade. O objeto possui assim essa objetividade no conceito, e esse conceito é a unidade da consciência de si na qual ele é integrado; sua objetividade ou o conceito não são, por isso, senão a natureza da consciência de si: ela não possui nenhum outro momento ou determinação além do próprio eu." (Hegel, WW 5, op.cit., p.16.)

necessitam, como condição da produção de mercadorias, da divisão que equivale ao procedimento conceitual universal da síntese. Se Kant tivesse inserido em sua crítica da razão a relação de seu método com a teoria, ou seja, a relação do sujeito que investiga em termos de teoria do conhecimento com o sujeito investigado, então não lhe teria escapado o fato de as formas que devem sintetizar o múltiplo serem por sua vez produtos das operações que a estrutura da obra intitula, de maneira suficientemente elucidativa, analítica transcendental.

O curso da reflexão epistemológica era, de acordo com a tendência predominante, o curso da recondução cada vez maior de objetividade ao sujeito. Seria preciso inverter justamente essa tendência. Aquilo por meio do que a tradição da filosofia destaca o conceito de subjetividade do ente é forjado a partir do modelo do ente. O fato de a filosofia, trabalhando até hoje em uma autorreflexão insuficiente, ter esquecido a mediação no interior do mediador, no interior do sujeito, não é mais meritório do que qualquer outro esquecimento — como se se tratasse aqui de algo mais sublime. Como punição, o sujeito é igualmente surpreendido pelo que esqueceu. No momento em que transforma a si mesmo em objeto da reflexão da teoria do conhecimento, lhe é comunicado aquele caráter de objetividade cuja ausência ele gostava tanto de proclamar como uma superioridade ante o âmbito daquilo que é fático. Sua essencialidade, um ser-aí de segunda potência, pressupõe, como Hegel não chegou a dissimular, o primeiro ser-aí, a facticidade enquanto condição de sua possibilidade, ainda que negada. A imediatidade das reações primárias foi quebrada em um ponto na formação do eu e, com elas, a espontaneidade na qual o eu puro, segundo o uso transcendental, deveria se recolher; sua identidade pretensamente central se produz à custa daquilo que o idealismo atribuiu então a ele mesmo. O sujeito constitutivo da filosofia é mais coisal que o conteúdo psíquico particular que ele afasta de si como coisal-naturalístico. Quanto mais soberanamente o eu se eleva sobre o ente, tanto mais ele se transforma sub-repticiamente em objeto e revoga ironicamente seu papel constitutivo. Não é apenas o eu puro que é mediado onticamente pelo eu empírico que, enquanto modelo da primeira versão da dedução dos conceitos puros do entendimento, transparece de maneira inegável, mas também o próprio princípio transcendental junto ao qual a filosofia acredita possuir aquilo que para ela é primeiro em face do ente. Alfred Sohn-Rethel foi o primeiro a chamar a atenção para o fato de que nisso, na atividade universal e necessária do espírito, se esconde incondicionadamente trabalho social. O conceito aporético do sujeito transcendental, de um não-ente que, contudo, deve agir, de algo universal que deve, não obstante, experimentar algo particular, seria uma bolha de sabão que não se poderia jamais criar a partir da conexão autárquica imanente de uma consciência necessariamente individual. Em face dessa consciência, porém, esse conceito não representa apenas o mais abstrato, mas, em virtude de sua potência formadora, também o mais real. Para além do círculo mágico da filosofia da identidade, o sujeito transcendental pode ser decifrado como a sociedade inconsciente de si mesma. Podemos mesmo chegar a deduzir uma tal inconsciência. Desde que o trabalho intelectual e o trabalho corporal cindiram-se sob o signo do domínio do espírito e da justificação do privilégio, o espírito cindido precisou reivindicar com o exagero da má consciência mesmo essa pretensão de domínio que ele deduziu da tese de que ele é o primeiro e originário, e, por isso, se não quiser se degenerar, deve se esforçar para esquecer de onde provém sua pretensão. Interiormente, o espírito pressente que seu domínio estável não é nenhum domínio do espírito, mas possui sua *ultima ratio** na violência física da qual dispõe. Ele não pode se permitir dizer seu segredo, sob pena do declínio. A abstração que, mesmo segundo o testemunho de idealistas extremos como Fichte, torna o sujeito efetivamente pela primeira vez um elemento constituinte, reflete a cisão do trabalho corporal, perceptível por meio da confrontação com esse trabalho. Se Marx, na *Crítica ao programa de Gotha*, objeta aos lassalianos que não é apenas o trabalho, como era usual repetir entre os socialistas vulgares, a fonte da riqueza,[10] então o que ele quis dizer com isso filosoficamente, em um período no qual já se tinha deixado para trás a temática filosófica oficial, não foi outra coisa senão que o trabalho não pode ser hipostasiado de forma alguma, nem sob a forma do labor manual, nem sob a forma da produção intelectual. Uma tal hipóstase dá prosseguimento apenas à ilusão da predominância do princípio produtivo. Esse princípio não alcança sua verdade senão na relação com esse não-idêntico para o qual Marx, detrator da teoria do conhecimento, escolheu de início o nome cru e por demais restrito de natureza, mais tarde matéria-prima natural e outros termos ainda, menos carregados.[11] Aquilo que constitui, desde a *Crítica da razão pura*, a essência do sujeito transcendental, a funcionalidade, a pura atividade que se realiza nas performances dos sujeitos individuais e ao mesmo tempo ultrapassa esses sujeitos, projeta um trabalho pairante sobre o sujeito puro considerado como origem. Se Kant represou a funcionalidade do sujeito por meio da afirmação de que ela seria nula e vazia sem se aplicar a um material, ele mostrou seguramente que o trabalho social é um trabalho sobre algo; mais consequentes, os idealistas que lhe sucederam eliminaram isso sem hesitação. A universalidade do sujeito transcendental, porém, é a funcionalidade da conexão funcional da sociedade, de um todo que se conjuga a partir das espontaneidades e das qualidades individuais, limitando-as então uma vez mais por meio do princípio de troca nive-

* Em latim no original: razão última. (N.T.)

lador e eliminando-as virtualmente como impotentes em sua dependência em relação ao todo. O domínio universal do valor de troca sobre os homens, que a priori recusa aos sujeitos serem sujeitos, rebaixa a própria subjetividade a uma mera objetividade e relega à não-verdade esse princípio de universalidade que afirma instaurar a predominância do sujeito. O mais do sujeito transcendental é o menos do sujeito empírico, reduzido ele mesmo ao extremo.

Como caso limite extremo da ideologia, o sujeito transcendental se aproxima muito da verdade. A universalidade transcendental não é uma simples autoexaltação narcisista do eu, nem a *hybris* de sua autonomia, mas ela tem sua realidade no domínio que se impõe e eterniza por meio do princípio de equivalência. O processo de abstração transfigurado pela filosofia e atribuído unicamente ao sujeito cognoscente transcorre na sociedade de troca efetiva. — A determinação do transcendental como o necessário que se associa com a funcionalidade e a universalidade exprime o princípio da autoconservação da espécie. Esse princípio confere legitimidade à abstração sem a qual ele não funciona; a abstração é o meio de uma razão autoconservadora. Parodiando Heidegger, nós poderíamos interpretar sem muitos artifícios a ideia da necessidade naquilo que é filosoficamente universal em função da necessidade de evitar a penúria, de remediar a carência de meios de subsistência pelo trabalho organizado;* com isso, porém, a mitologia linguística heideggeriana sairia certamente de seus eixos, pois ela é uma apoteose do espírito objetivo que desde o princípio denigre como de valor inferior a reflexão sobre o processo material que se prolonga no espírito. — A unidade da consciência é a unidade da consciência humana singular, e também porta visivelmente enquanto princípio o seu rasto e, com isso, a unidade do ente. Em verdade, em razão de sua ubiquidade, a autoconsciência individual transforma-se, para a filosofia transcendental, em um universal que não tem mais o direito de se prevalecer das vantagens da concreção oriunda da certeza de si. Não obstante, porquanto a unidade da consciência é moldada segundo a objetividade e tem por conseguinte seu critério de medida na possibilidade de constituição de objetos, ela é o reflexo conceitual da reunião total e sem falhas dos atos de produção na sociedade, atos por meio dos quais se forma efetivamente pela primeira vez a objetividade das mercadorias, o seu "caráter objetivo". — Mais além, aquilo que o eu possui de sólido, estável, impenetrável é *mimesis* da impenetrabilidade do mundo exterior para a consciência, tal como

* Adorno alude aqui a uma expressão recorrente no pensamento heideggeriano: "*die Not der Notwendigkeit*" (a penúria da necessidade). Com essa expressão, Heidegger procura pensar a necessidade associada tradicionalmente à verdade em sua relação com a negatividade constitutiva do ser-aí (para Heidegger, o ser-aí pensa a partir da negatividade). A paródia adorniana consiste, neste contexto, na transformação da negatividade supostamente abstrata do ser-aí na penúria material concreta. (N.T.)

essa impenetrabilidade é percebida pela consciência primitiva. É na onipotência intelectual do sujeito que sua impotência real encontra seu eco. O princípio do eu imita aquilo que nega. O *obiectum* não é *subiectum*, tal como o idealismo tentou compreendê-lo por milênios; muito antes, é o *subiectum* que é *obiectum*. O primado da subjetividade continua de maneira espiritualizada a luta darwiniana pela existência. A subjugação da natureza para fins humanos é uma mera relação natural; daí a superioridade da razão que domina a natureza e da aparência de seu princípio. Participa dessa aparência em termos metafísicos e de teoria do conhecimento o sujeito que se proclama o mestre baconiano e, por fim, o criador idealista de todas as coisas. No exercício de sua dominação, ele se torna parte daquilo que ele pensa dominar e sucumbe como o senhor hegeliano. Nesse modelo de senhor revela-se o quanto o sujeito pertence ao objeto na medida em que o consome. O que ele produz é o encanto daquilo que o sujeito pretende subjugar sob seu encanto. Sua autoexaltação desesperada é a reação à experiência de sua impotência que impede a autoreflexão; a consciência absoluta é inconsciente. A filosofia moral kantiana fornece-nos um testemunho magnífico quanto a isso com a contradição não-velada de que o mesmo sujeito que para ele é livre e sublime é, enquanto ente, parte daquela conexão natural da qual sua liberdade quer se destacar. Já a doutrina platônica das ideias, um passo poderoso em direção à desmitologização, repete o mito: ela eterniza enquanto essencialidades as relações de dominação que passaram da natureza para o homem e que são praticadas por ele. Se o domínio sobre a natureza foi condição e estágio da desmitologização, seria preciso agora que essa desmitologização se estendesse a essa dominação, se é que ela não quer se tornar vítima do mito. A ênfase filosófica na força constitutiva do momento subjetivo, porém, também nos interdita constantemente o acesso à verdade. Assim, espécies animais como o dinossauro tricerátops ou o rinoceronte arrastam consigo as couraças que os protegem como prisões talhadas sob medida que eles gostariam em vão de rejeitar — ao menos é o que parece de um ponto de vista antropomórfico. O aprisionamento no aparato de sua *survival* poderia explicar o caráter selvagem do rinoceronte tanto quanto o caráter selvagem por isso ainda mais terrível do *homo sapiens*. O momento subjetivo é como que envolto pelo momento objetivo; enquanto algo limitador que é imposto ao sujeito, ele mesmo é objetivo.

Em tudo isso, segundo as normas legadas da filosofia, da idealista e da ontológica, há algo do ὕστερον πρότερον. Com o dó vibrante da consistência lógica, é possível alegar que tais considerações pressupõem, sem o reconhecer enquanto mediadoras, aquilo que elas gostariam de deduzir como mediatizado: sujeito, pensamento; segundo elas, todas as suas determinações são, já enquanto determinações, determinações do pensamento. Todavia, o pensamento crítico não gostaria de fazer com que o objeto subisse ao trono real abandonado pelo sujeito, um trono no qual o objeto não seria outra coisa senão um ídolo. Ao contrário, ele só gostaria de eliminar a hierarquia. Como certeza, por meio da análise da subjetividade tomada de maneira pura e totalmente em si mesma, quase não se conseguiria romper a aparência de que o sujeito transcendental é o ponto arquimediano. Pois essa aparência contém, sem que seja necessário fazê-la sair das mediações do pensamento, a verdade do caráter precedente da sociedade e de todas as suas experiências. A intelecção da mediatidade do pensamento por meio da objetividade não nega o pensamento, nem as leis objetivas por meio das quais ele é pensamento. O fato de ser impossível sair daí indica por sua vez justamente o apoio que o pensamento encontra no não-idêntico, um apoio que ele tanto nega quanto busca e expressa por meio de sua própria forma. No entanto, aquilo que ainda é transparente é o fundamento da aparência transcendental que vai muito além de Kant: a razão pela qual o pensamento na *intentio obliqua* sempre desemboca uma vez mais incontornavelmente no próprio primado, na hipóstase do sujeito. Precisamente a abstração cuja reificação na história do nominalismo, desde a crítica aristotélica a Platão, foi criticada ao sujeito como sendo sua culpa, é ela mesma o princípio pelo qual o sujeito se torna efetivamente sujeito: ela é a sua própria essência. É por isso que o recurso àquilo que ele mesmo não é precisa parecer-lhe extrínseco, algo imposto com violência. Aquilo que o sujeito atribui à sua própria arbitrariedade, o *prius* inerente ao seu próprio caráter a posteriori, sempre soa para ele como o dogma transcendente. Se o idealismo é criticado estritamente desde o interior, ele tem à mão a defesa que consiste em dizer que ele se acha por meio disso sancionado pela crítica. Na medida em que ela se serve de suas premissas, ele já a possui virtualmente em si; por isso, ele é superior a ela. O idealismo rejeita, contudo, as objeções feitas de fora como pertencentes à filosofia da reflexão, como pré-dialéticas. Todavia, a análise não precisa se demitir em face dessa alternativa. A imanência é a totalidade dessas posições de identidade cujo princípio é aniquilado na crítica imanente. De acordo com as palavras de Marx, seria preciso tocar para o idealismo "a sua própria melodia". O não-idêntico que o determina desde o interior, segundo o critério da identidade, é ao mesmo tempo aquilo que se contrapõe a seu princípio e que ele assegura em vão dominar. Certamente sem qualquer saber proveniente do exterior, sem um momento de imediatidade, se quisermos, sem a intervenção do pensamento subjetivo que olha para além da estrutura da dialética, nenhuma crítica imanente é capaz de alcançar sua meta. É precisamente o idealismo que não pode reprovar esse momento, o momento da espontaneidade, porque ele mesmo não existiria sem ele. O idealismo cujo ponto mais íntimo é designado espontaneidade é transpassado pela espontaneidade. — O sujeito enquanto ideologia acha-se sob o encantamento do nome da subjetividade como o anão Napa de Hauff está sob o encantamento de uma erva fina. Esta foi mantida em segredo para ele; foi por isso que ele nunca chegou a aprender a preparar a pasta Souzeraine, que porta o nome da suprema magnificência na decadência. Nenhuma introspecção seria suficiente para trazer-lhe até a regra tanto de sua figura deformada quanto de seu trabalho. É preciso um impulso vindo de fora, a sabedoria da gansa Mimi.* Para a filosofia, a hegeliana em particular, um tal impulso é uma heresia. A crítica imanente tem seus limites no fato de que, por fim, a lei da conexão de imanência se confunde com a ofuscação que seria preciso quebrar. Mas esse instante, que só é verdadeiramente o salto qualitativo, não se produz senão na realização da dialética imanente que tem a característica de se transcender — de maneira totalmente similar à passagem da dialética platônica para as ideias que são em si; se a dialética se fechasse totalmente em si mesma, então ela já seria aquela totalidade que remonta ao princípio de identidade. Schelling acolheu esse interesse contra Hegel, e, com isso, expôs-se à ridicularização sobre a abdicação do pensamento que fugiria para o interior da mística. O momento materialista em Schelling, que atribui à própria matéria algo como uma força impulsionadora, poderia tomar parte nesse aspecto de sua filosofia. Mas mesmo o salto não pode ser hipostasiado como em Kierkegaard. Senão, ele difama a razão. A dialética precisa se limitar a partir da consciência que possui de si mesma. Não obstante, a decepção com o fato de que, totalmente sem salto, em um movimento próprio, a filosofia não é capaz de despertar de seu encantamento; com o fato de que ela precisa, para tanto, daquilo que mantém distante seu encantamento, algo diverso e novo. Essa decepção não é outra coisa senão a decepção da criança que se entristece em meio à leitura do conto de fadas de Hauff porque o anão, liberto de sua deformidade, perde a oportunidade de servir ao duque a pasta Souzeraine.

A crítica realizada à identidade dirige-se de maneira tateante para a preponderância do objeto. Mesmo quando o contesta, o pensamento da identidade é subjetivista. Revisá-lo, inserir a identidade na conta da não-verdade, não instaura nenhum equilíbrio entre sujeito e objeto, nenhum domínio universal do conceito de função no conhecimento: mesmo apenas restrito, o sujeito já é destituído. Ele

* Adorno refere-se nessa passagem ao conto "Zwerg Nase" (Anão Napa), de Wilhelm Hauff (1802-27). Nesse conto, uma bruxa transforma um rapaz num feio anão chamado Napa, fazendo-o cheirar uma erva fina. A gansa Mimi (também vítima de uma transformação) revela ao anão que ele poderia recuperar sua forma normal por meio da mesma erva. No entanto, o anão não sabe qual é essa erva e não vê, assim, como poderia encontrar uma saída para a sua situação. O dilema acirra-se ainda mais quando ele se vê diante da necessidade de preparar uma pasta de nome Souzeraine para o duque que o tinha empregado como cozinheiro. Como um dos ingredientes da pasta era a tal erva, ele a princípio não pode realizar sua tarefa, mas com a ajuda de Mimi consegue encontrá-la e retoma sua forma, assim como Mimi, que com ele foge e se casa. Desse modo, ele nunca mais volta a ver o duque, que fica esperando em vão pela pasta Souzeraine. (N.T.)

sabe por que se sente absolutamente ameaçado, segundo a medida de sua própria absolutidade, pelo menor transbordamento do não-idêntico. Qualquer coisa mínima basta para arruiná-lo como um todo porque o todo é a sua pretensão. A subjetividade transforma sua qualidade em uma relação que ela não é capaz de desenvolver a partir de si mesma. Em virtude da disparidade no interior do conceito de mediação, o sujeito se abate sobre o objeto de maneira totalmente diferente do que este sobre o sujeito. O objeto só pode ser pensado por meio do sujeito, mas sempre se mantém como um outro diante dele; o sujeito, contudo, segundo sua própria constituição, também é antecipadamente objeto. Não é possível abstrair o objeto do sujeito, nem mesmo enquanto ideia; mas é possível esvaziar o sujeito do objeto. Também pertence ao sentido da subjetividade ser objeto; mas não do mesmo modo como ao sentido da objetividade ser sujeito. O eu essente permanece implicado pelo sentido do "'eu penso' que deve poder acompanhar todas as minhas representações" porque ele possui a sucessão do tempo como condição de sua possibilidade, e a sucessão temporal não é senão enquanto sucessão daquilo que é temporal. O "minhas" (representações) remete a um sujeito como um objeto dentre objetos, e sem esse "minhas" não haveria nenhum "eu penso". A expressão ser-aí, sinônimo de sujeito, alude a tais estados de coisas. Deduz-se da objetividade o fato de que o sujeito é; ela lhe confere algo da objetividade; não é por acaso que o *subiectum*, aquilo que reside à base, relembra justamente aquilo que a linguagem artística da filosofia denominou objetivo. O objeto, em contrapartida, só se relaciona com a subjetividade na reflexão sobre a possibilidade de sua determinação. Não que a objetividade seja algo imediato e que a crítica ao realismo ingênuo precisasse ser esquecida. O primado do objeto significa o progresso da diferenciação qualitativa daquilo que é mediado em si, um momento na dialética que não se acha para além dela, mas se articula nela. Mesmo Kant não se deixou dissuadir do primado da objetividade. Na *Crítica da razão pura*,[12] a partir de uma intenção objetiva, ele tanto conduziu a análise subjetiva da faculdade do conhecimento quanto defendeu obstinadamente a coisa em si transcendental.* Ele tinha diante dos olhos o fato de ser em si não ser simplesmente contraditório com o conceito de um objeto, o fato de sua mediação subjetiva precisar ser menos atribuída à ideia do objeto do que à insuficiência do

* Literalmente, seria preciso seguir o primado do objeto até o ponto em que o pensamento imagina ter conquistado sua própria objetividade absoluta, separando-se de toda objetividade que não é ela mesma pensamento: até o cerne da lógica formal. O "algo" ao qual todas as proposições lógicas se referem ainda é, lá onde elas têm o direito de ignorar isso completamente, reprodução daquilo que o pensamento visa e sem o que ele mesmo não poderia ser; aquilo que não é pensamento é condição lógico-imanente do pensamento. A cópula, o "é", sempre contém já propriamente, segundo o modelo do juízo existencial, objetividade. Com isso, caem por terra também todas as esperanças inerentes à necessidade de segurança de possuir na lógica formal algo pura e simplesmente incondicionado, o fundamento seguro da filosofia.

sujeito. Apesar de, nele, o sujeito não ir além de si mesmo, ele não sacrifica a ideia de alteridade. Sem ela, o conhecimento se degeneraria em tautologia; o conhecido seria o próprio conhecimento. Isso irritaria manifestamente a meditação kantiana mais do que a assimetria de que a coisa em si é a causa desconhecida dos fenômenos, apesar de a causalidade enquanto categoria ser atribuída ao sujeito na *Crítica da razão pura*. Se a construção da subjetividade transcendental foi o esforço grandiosamente paradoxal e falível de se apoderar do objeto em seu polo oposto, também se pode dizer que só por meio de sua crítica se poderia realizar aquilo que a dialética idealista positiva não fez senão proclamar. Dessa forma, como a ontologia recusa criticamente ao sujeito o papel estritamente constitutivo, tem-se necessidade de um momento ontológico, sem que, contudo, o sujeito seja substituído pelo objeto por assim dizer em uma segunda imediatidade. O primado do objeto só é alcançável em uma reflexão subjetiva e em uma reflexão subjetiva sobre o sujeito. Decerto é possível explicar esse estado de coisas dificilmente conciliável com as regras da lógica corrente e discrepante em sua expressão abstrata, dizendo que seria em verdade necessário escrever uma pré-história do sujeito, tal como ela foi esboçada na *Dialética do Esclarecimento*, mas não uma pré-história do objeto. Uma tal pré-história já trataria sempre de objetos. Se em contrapartida argumentássemos que não haveria nenhum conhecimento sobre o objeto se não houvesse um sujeito cognoscente, então não seguiria daí nenhum privilégio ontológico da consciência. Toda afirmação de que a subjetividade "é" de um modo ou de outro já inclui uma objetividade que o sujeito não pretende fundar senão em virtude de seu ser absoluto. É somente porque o sujeito é por sua vez mediado, ou seja, porque ele não é o elemento radicalmente outro em relação ao objeto que apenas o legitima, que ele é capaz de apreender a objetividade em geral. É antes enquanto constitutiva que a mediação subjetiva se mostra como um bloco em face da objetividade; a mediação subjetiva não absorve aquilo que essa objetividade essencialmente é, ente. Geneticamente, a consciência autonomizada, a suma conceitual daquilo que é ativo nas performances do conhecimento, é derivada da energia libidinal do ser genérico homem. Por outro lado, sua essência não é indiferente a isso; de maneira alguma ela define, como em Husserl, a "esfera das origens absolutas". A consciência é função do sujeito vivo, e seu conceito é formado segundo sua imagem. Isso não pode ser exorcizado de seu sentido. A objeção de que o momento empírico da subjetividade seria confundido aí com o momento transcendental ou essencial é fraca. Sem qualquer relação com uma consciência empírica, com a consciência do eu vivo, não haveria nenhuma consciência transcendental, puramente espiritual. Meditações análogas sobre a gênese dos objetos seriam nulas. A mediação do objeto significa que ele não pode ser estática e dogmaticamente hipostasiado, mas só pode ser conhecido em sua imbricação com a subjetividade; a mediação do sujeito significa que ele não seria literalmente nada sem o momento da objetividade. Um indício do primado do objeto é a impotência do espírito em todos os seus juízos, assim como até hoje na organização da realidade. O negativo que se exprime no fato de, com a identificação, o espírito não ter sucesso na reconciliação, de seu primado fracassar, torna-se o motor de seu próprio desencantamento. Ele é verdadeiro e aparência: verdadeiro porque nada escapa à dominação que ele trouxe à sua forma pura; não-verdadeiro porque, em sua confusão com o domínio, ele não é de maneira alguma o espírito pelo qual ele se toma e se dá. Com isso, o esclarecimento transcende sua autocompreensão tradicional. Ele não é mais desmitologização apenas enquanto *reductio ad hominem*, mas também inversamente enquanto *reductio hominis*,* enquanto intelecção do engodo do sujeito que se estiliza como absoluto. O sujeito é a figura tardia do mito, e, no entanto, ao mesmo tempo a figura mais similar à sua forma mais antiga.

O primado do objeto enquanto algo que é mediado por si mesmo não rompe a dialética do sujeito e do objeto. Assim como a mediação, a imediatidade também não se encontra para além da dialética. Segundo a tradição da teoria do conhecimento, o imediato se insere no sujeito, mas ele se insere aí como aquilo que lhe é dado ou como sua afecção. Em verdade, na medida em que é autônomo e espontâneo, o sujeito deve exercer um poder formador sobre o imediato; nenhum sujeito, porém, o possui como o imediatamente dado que está aí pura e simplesmente. É esse também o elemento fundamental sobre o qual repousava a doutrina da subjetividade — a doutrina do "meu próprio", do conteúdo do sujeito como aquilo que ele possui —, porquanto algo objetivo resiste na figura daquilo que é dado, por assim dizer a advertência fatídica da objetividade no sujeito. Por isso, o princípio do eu foi criticado por Hume em nome da identidade imediata, um princípio que gostaria de se afirmar como independente ante o imediato. No entanto, a imediatidade não pode ser fixada segundo o modo como conviria à teoria do conhecimento afeita ao ser-conclusivo. Nela, o imediatamente dado e as formas igualmente dadas de maneira pura e simples são talhadas uma para a outra de maneira complementar. Com certeza, a imediatidade coloca um freio na idolatria da dedução, mas é por sua vez algo abstraído do objeto, material tosco do processo de produção no qual a teoria do conhecimento teria seu modelo. Em sua forma pobre e cega, o dado não é a objetividade, mas apenas o valor limite do qual o sujeito, preso na própria esfera de seu encantamento, não se assenhora totalmente, depois de ter confiscado o objeto concreto. Nesse sentido, apesar de toda redução sensualista das coisas, o empirismo observou algo do primado do objeto: desde Locke, ele insistiu que não existe nenhum conteúdo da consciência que não provenha dos sentidos, que não seja "dado". Apesar de tudo, a crítica ao

* Em latim no original: redução ao homem e redução do homem. (N.T.)

realismo ingênuo do empirismo como um todo, um realismo que culmina com a supressão da coisa em Hume, permaneceu incessantemente, em virtude do caráter de facticidade da imediatidade ao qual ele se liga e do ceticismo em relação ao sujeito como criador, "realista" de uma maneira rudimentar. Mas no momento em que o pensamento se liberta da suposição do primado do sujeito, também cai por terra o direito da teoria empírica do conhecimento de transferir para o interior da imediatidade dos dados, por meio de uma redução subjetiva, uma espécie de mínimo do objeto enquanto determinação residual. Uma tal construção não é outra coisa senão um compromisso entre o dogma do primado do sujeito e a sua irrealizabilidade; o dado sensível nu, despido de suas determinações, é produto daquele processo de abstração com o qual a teoria do conhecimento no sentido kantiano contrasta; quanto mais o dado é purificado de suas formas, tanto mais definhado e abstrato ele acaba também por se tornar. O resíduo do objeto enquanto dado que resta após a subtração do aporte subjetivo é uma ilusão da *prima philosophia*. A afirmação de que as determinações pelas quais o objeto se torna concreto são meramente impostas a ele só é válida para uma crença inabalável no primado da subjetividade. Suas formas não são, contudo, como é o caso de acordo com a doutrina kantiana, algo derradeiro para o conhecimento; o conhecimento é capaz de quebrá-las no desdobramento de sua experiência. Se a filosofia, fatalmente cindida das ciências da natureza, consegue efetivamente apelar para a física sem um curto-circuito, isso se dá em um tal contexto. Seu desenvolvimento desde Einstein explodiu com consistência teórica a prisão da intuição e a prisão do caráter a priori de espaço, tempo e causalidade. A experiência subjetiva — segundo o princípio newtoniano da observação — fala, com a possibilidade de uma tal ruptura, a favor do primado do objeto e contra a onipotência dessa experiência. Em um espírito involutariamente dialético, ela volta a observação subjetiva contra a doutrina dos constituintes subjetivos. O objeto é mais do que a pura facticidade; o fato de essa facticidade não poder ser eliminada impede ao mesmo tempo que nos satisfaçamos com seu conceito abstrato e com seu decote, os dados sensoriais protocolados. A ideia de um objeto concreto é própria à crítica de uma categorização subjetiva extrínseca e de seu correlato, a ficção de algo fático desprovido de determinações. Nada no mundo é produzido a partir da conjunção de facticidade e conceito, como se esses fossem por assim dizer adicionados. A força demonstrativa do exemplo kantiano dos cem vales pensados cuja realidade não advém como uma propriedade suplementar é conforme ao dualismo forma–conteúdo da própria *Crítica da razão pura* e possui uma força que vai muito além dela; a bem dizer, isso desmente a diferença entre multiplicidade e unidade feita pela tradição da filosofia desde Platão. Nem o conceito, nem a sua facticidade são aditamentos ao seu complemento. A pressuposição exageradamente idealista de Hegel de que o conceito poderia se entregar sem reservas e de maneira pura ao objeto, à coisa mesma, porque essa coisa se revela no processo como aquilo que ela já é em si, sujeito, levanta contra o idealismo algo verdadeiro sobre os modos de comportamento pensante do sujeito: ele deve realmente "considerar" o objeto porque ele não cria o objeto, e a máxima do conhecimento é se manter fiel a ele. A passividade postulada do sujeito é medida pela determinação objetiva do objeto. Mas ela carece de uma reflexão subjetiva mais tenaz do que as identificações que a consciência já realiza por assim dizer de maneira automática e inconsciente segundo a doutrina kantiana. O fato de a atividade do espírito, com maior razão a atividade que Kant atribui ao problema da constituição, ser algo diverso desse automatismo ao qual ele a assimila é o que há de específico à experiência espiritual descoberta pelos idealistas e certamente castrada de modo imediato. Aquilo que a coisa mesma pode significar não está presente positiva e imediatamente; aquele que o quer conhecer precisa pensar mais e não menos do que o ponto de referência da síntese do múltiplo que, no âmbito mais profundo, não é absolutamente um pensamento. Nesse caso, a coisa mesma não é de maneira alguma um produto do pensamento; ela é muito mais o não-idêntico que atravessa a identidade. Uma tal não-identidade não é nenhuma "ideia", mas algo encoberto. O sujeito da experiência trabalha em seu desaparecimento. A verdade seria o ocaso do sujeito. Esse ocaso não é senão simulado pela subtração no método científico de tudo aquilo que há de específico para a subjetividade, *ad maiorem gloriam** do sujeito objetivado e transformado em método.

Para uma filosofia que possui alguma pretensão, a ideia de um primado do objeto é suspeito: a má vontade em relação a ela foi, desde Fichte, institucionalizada. O asseguramento mil vezes repetido e modulado do contrário quer aplacar a suspeita lancinante de que o heterônomo é mais poderoso do que a autonomia que, já segundo a doutrina kantiana, não deve poder ser submetida a essa supremacia. Um tal subjetivismo filosófico acompanha ideologicamente a emancipação do eu burguês enquanto a sua fundamentação. Ele retira sua força tenaz de uma oposição mal dirigida contra aquilo que se acha estabelecido: contra a sua coisidade. Na medida em que a filosofia relativiza ou volatiza essa coisidade, ela acredita estar acima da supremacia das mercadorias e de sua forma subjetiva de reflexão, da consciência reificada. Em Fichte, esse impulso é tão evidente quanto o ímpeto de dominação universal. Ele foi anti-ideológico porquanto trouxe à tona o ser-em-si do mundo, que é ratificado pela consciência convencional, não-refletida, como algo meramente produzido, que só se conserva com dificuldade. Apesar do primado do objeto, a coisidade do mundo também é uma aparência. Ela leva os sujeitos a, equivocadamente, atribuírem a relação social de sua produção às coisas em si. Isso foi desenvolvido por Marx

* Em latim no original: pela glória maior. (N.T.)

no capítulo sobre o fetichismo, verdadeiro pedaço da herança da filosofia clássica alemã. Até mesmo o seu motivo sistemático sobrevive aí: o caráter de fetiche da mercadoria não é imputado a uma consciência que erra subjetivamente, mas é deduzido objetivamente a partir do a priori social, do processo de troca. Em Marx já se exprime a diferença entre o primado do objeto enquanto algo que é produzido criticamente e sua caricatura no interior daquilo que está estabelecido, sua distorção provocada pelo caráter de mercadoria. A troca tem, enquanto antecedente, uma objetividade real, e é ao mesmo tempo objetivamente não-verdadeira, ela enfrenta seu princípio, o princípio da igualdade; por isso, ela cria necessariamente uma consciência falsa, o ídolo do mercado. Não é senão de uma maneira sardônica que aquilo que pertence naturalmente à sociedade de troca é uma lei natural; o predomínio da economia não é nenhuma invariante. Para se consolar, o pensamento facilmente se imagina como possuidor da pedra filosofal junto à dissolução da reificação, do caráter de mercadoria. Mas a própria reificação é a forma de reflexão da falsa objetividade; centrar a teoria em torno dela, uma figura da consciência, torna a teoria crítica aceitável de maneira idealista para a consciência dominante e para o inconsciente coletivo. É por isso que os escritos de juventude de Marx, em contraposição a *O Capital*, desfrutam atualmente de uma predileção, sobretudo entre teólogos. Não sem ironia, constata-se que os funcionários brutais e primitivos que há mais de quarenta anos acusaram Lukács de heresia por causa do capítulo sobre a reificação em seu importante livro *História e consciência de classe* pressentiram o elemento idealista de sua concepção. Não se pode reduzir a dialética nem à reificação, nem a qualquer outra categoria isolada, por mais polêmica que ela seja. Por outro lado, o lamento sobre a reificação evita mais do que denuncia aquilo que produz o sofrimento dos homens. O mal está nas relações que condenam os homens à impotência e à apatia, e que, no entanto, teriam de ser alteradas por eles; e não primariamente nos homens e no modo como as relações aparecem para eles. Ante a possibilidade da catástrofe total, a reificação é um epifenômeno; e isso exatamente do mesmo modo que a alienação corporificada por ela e o estado de consciência subjetivo que lhe corresponde. A reificação é reproduzida pelo temor; a consciência, reificada na sociedade já constituída, não é o seu constituinte. Aquele para o qual a coisidade é tomada pelo mal radical, aquele que gostaria de dinamizar tudo o que é e transformá-lo em atualidade pura, tende à hostilidade contra o diverso, contra o estranho [*Fremd*] cujo nome não ressoa em vão na alienação [*Entfremdung*];* essa não-identidade na qual não apenas a consciência, mas uma humanidade reconciliada precisaria ser libertada. A dinâmica absoluta, porém, seria aquela atividade absoluta que se satisfaz violentamente consigo mesma e que abusa do

* O termo em alemão signfica literalmente tornar estranho, estrangeiro, outro. (N.T.)

não-idêntico para seus próprios fins ocasionais. Palavras demasiado humanas e irrefletidas servem para igualar novamente ao homem aquilo que não é como ele. As coisas se enrijecem como os fragmentos daquilo que foi subjugado; salvá-las significa o amor pelas coisas. Não se pode excluir da dialética do que está estabelecido aquilo que a consciência experimenta como estranho enquanto coisal: negativamente a compulsão e a heteronomia, mas também a figura deformada daquilo que seria preciso amar e que o encanto, a endogamia da consciência não permite que amemos. Para além do romantismo que se experimentou como mal do século, como sofrimento com a alienação, levanta-se a expressão de Eichendorff: "bela estrangeiridade". A disposição reconciliada não anexaria o estranho a um imperialismo filosófico, mas encontraria sua felicidade no fato de o estranho e o diverso permanecerem na proximidade por nós conferida, para além do heterogêneo tanto quanto do próprio. A acusação incansável de reificação priva-se da possibilidade daquela dialética, e é isso que acusa a construção histórico-filosófica que porta essa acusação. Os tempos plenos de sentido a cujo retorno o primeiro Lukács aspirava foram o produto da reificação, de uma instituição desumana, tanto quanto os tempos burgueses aos quais unicamente ele atribui a reificação. As caracterizações contemporâneas das cidades medievais costumam dar a impressão de que uma execução tinha lugar expressamente para o divertimento do povo. Se a harmonia entre o sujeito e o objeto pôde vigorar outrora, essa harmonia foi produzida pela pressão e se mostra como frágil, assim como a mais recente. A transfiguração de condições passadas serve a uma renúncia posterior e supérflua que se experimenta como incontornável; somente como perdidas elas conquistam seu brilho. Na era do indivíduo desagregado e do coletivo regressivo, o culto das fases pré-subjetivas chega a si mesmo no horror. Com o desencadeamento das ciências da natureza, a reificação e a consciência reificada atualizaram o potencial de um mundo sem falta; aquilo que é coisalmente desumanizado já era antes a condição da humanidade;[13] essa condição se conjuga ao menos com as configurações coisais da consciência, apesar de a indiferença pelas coisas que são avaliadas como puro meio e reduzidas ao sujeito ter contribuído para nivelar a humanidade. No elemento coisal, esses dois pontos estão entrelaçados, o não-idêntico do objeto e a submissão do homem às relações de produção dominantes, à sua própria interconexão funcional desconhecida para eles mesmos. Em suas parcas exposições sobre a constituição de uma sociedade livre, o Marx maduro alterou sua relação com a divisão do trabalho, com o fundamento da reificação.[14] Ele distingue o estado de liberdade da imediatidade primitiva. No momento da planificação, do qual ele esperava uma produção voltada para os viventes em vez de para o lucro, e, em certo sentido, a restituição da imediatidade, conserva-se o coisalmente estranho; a mediação também, até o interior do projeto de realização daquilo que não é senão pensado pela filosofia. Não obstante, o fato de a dialética não ser possível sem o momento do que é coisalmente fixo e se reduzir a uma doutrina inofensiva sobre a transformação não deve ser atribuído nem ao hábito filosófico, nem unicamente à compulsão social que se dá a conhecer à consciência em uma tal fixidez. Cabe à filosofia pensar aquilo que é diverso do pensamento e que o transforma pela primeira vez em pensamento, apesar de o seu demônio persuadi-lo de que isso não deve ser.

Por meio da passagem para o primado do objeto, a dialética torna-se materialista. O objeto, a expressão positiva do não-idêntico, é uma máscara terminológica. No objeto, elaborado e transformado em objeto do conhecimento, o elemento corporal é antecipadamente espiritualizado através de sua tradução para a teoria do conhecimento e reduzido segundo o modo como, por fim, a fenomenologia husserliana o prescreve em geral metodologicamente. Se as categorias do sujeito e do objeto — indissolúveis, pela crítica do conhecimento — apresentam-se nela como falsas, como não posicionadas puramente uma em face da outra, então isso também significa que, por aquilo que é objetivo no objeto, ou seja, aquilo que não pode ser espiritualizado nele, nós compreendemos o objeto sob o ponto de vista da análise estabelecida subjetivamente, para a qual o primado do sujeito parece inquestionável. Considerado de fora, aquilo que na reflexão sobre o espírito se apresenta especificamente como não-espiritual, como objeto, torna-se matéria. A categoria da não-identidade obedece ainda ao critério da identidade. Emancipados de um tal critério, os momentos não-idênticos mostram-se como materiais ou fundidos inseparavelmente com o material. A sensação, dificuldade central de toda teoria do conhecimento, só é reinterpretada como um fato da consciência por essa teoria, e isso em contradição com a sua própria constituição plena que deve ser, contudo, a fonte de direito do conhecimento. Não há nenhuma sensação sem o momento somático. Desse modo, seu conceito é velado em relação àquilo que ele supostamente subsume; e isso em favor da exigência de uma conexão autárquica de todos os estágios do conhecimento. Apesar de, segundo o princípio da estilização cognitiva, a sensação pertencer à consciência, sua fenomenologia, sem prevenção e de acordo com a regra cognitiva, precisaria descrevê-la como algo que não emerge na consciência. Toda sensação também é em si sentimento corporal. Esse sentimento não "acompanha" nem mesmo a sensação. Esse acompanhamento pressuporia o *chorismos* da sensação em relação ao elemento corporal; mas o *chorismos* não lhe é dado senão pela intenção noológica, em sentido estrito pela abstração. O timbre linguístico de palavras como "sensível", "sensorial" e mesmo "sensação" revela o quão pouco os estados de coisas designados com elas se mostram como aquilo pelo que a teoria do conhecimento os trata, puros momentos do conhecimento. Sem a *physis** que a teoria do conhecimento autárquica gostaria de edificar unicamente sobre a sensação, a reconstrução imanente e subjetiva do mundo das coisas não teria a base de sua hierarquia, justamente a sensação. Enquanto momento não puramente cognitivo do conhecimento, o momento somático é irredutível. Com isso, a exigência subjetiva torna-se caduca mesmo lá onde precisamente o empirismo radical a tinha conservado. O fato de as performances cognitivas do sujeito do conhecimento serem somáticas segundo o seu próprio sentido não afeta apenas a relação de fundação de sujeito e objeto, mas também a dignidade do corporal. No polo ôntico do conhecimento subjetivo, o corporal se destaca como o seu cerne. Isso destrona a ideia diretriz da teoria do conhecimento de constituir o corpo como a lei da conexão entre sensações e atos, ou seja, espiritualmente; as sensações já são em si aquilo que a sistemática gostaria de apresentar como a sua formação por meio da consciência. A filosofia tradicional enfeitiçou o que lhe é heterogêneo por meio do corte de suas categorias. Nem o sujeito, nem o objeto são, segundo a terminologia hegeliana, simples "posicionados". Só isso explica completamente por que o antagonismo que a filosofia reveste com as palavras "sujeito" e "objeto" não pode ser interpretado como um estado de coisas originário. Senão, o espírito se tornaria o simplesmente outro em relação ao corpo, em contradição com aquilo que nele mesmo se mostra como imanentemente somático; o antagonismo, no entanto, não pode ser eliminado apenas por meio do espírito, porque isso o espiritualizaria virtualmente uma vez mais. Nele também se manifesta aquilo que teria o primado ante o sujeito e que se lhe subtrai, ou seja, a irreconciliação da época do mundo com o sujeito, por assim dizer a figura invertida do primado da objetividade.

A crítica idealista ao materialismo gosta de se servir, na medida em que procede de maneira imanente e não simplesmente faz sermões, da doutrina daquilo que é imediatamente dado. Tal como todos os juízos sobre o mundo das coisas, os fatos da consciência também devem fundar o conceito de matéria. Se quiséssemos, de acordo com o hábito do materialismo vulgar, equiparar o espiritual aos processos cerebrais, então — contrapor-se-ia de um ponto de vista idealista — as percepções sensíveis originais precisariam ser percepções dos processos cerebrais, não, por exemplo, percepções das cores. A consistência lógica incontestável de uma tal refutação retira sua força do caráter grosseiramente arbitrário daquilo contra o que ela polemiza. A redução a processos de consciência deixa-se conduzir pelo ideal do conhecimento científico, pela necessidade de provar metodologicamente sem falhas a validade das proposições científicas. A verificação que por sua vez está na base da problemática filosófica torna-se seu princípio-diretriz, a ciência

* Do grego: natureza. (N.T.)

estando, por assim dizer, ontologizada, como se os critérios da validade dos juízos, o curso de sua comprovação, fossem sem mais idênticos aos estados de coisas dos quais, porém, eles tratam de maneira retroativa, como já constituídos, segundo as normas de sua evidência subjetiva. O controle dos juízos científicos precisa acontecer de múltiplas formas, na medida em que tornamos claro para nós, passo a passo, como se chega cada vez a um juízo. Por meio disso, esse controle é acentuado subjetivamente: que erros foram cometidos pelo sujeito cognoscente ao emitir seu juízo — por exemplo, um juízo que contradiz outras proposições da mesma disciplina? Isso esclarece, porém, o fato de uma tal questão posterior não coincidir com o próprio estado de coisas julgado e com sua fundamentação objetiva. Quando alguém erra no cálculo e nós lhe mostramos o erro, isso não implica que o exemplo do cálculo ou as regras matemáticas que são aí aplicadas podem ser reduzidas ao cálculo, por mais que eles também necessitem de atos subjetivos como momentos de sua objetividade. Essa distinção possui consequências consideráveis para o conceito de uma lógica transcendental, constitutiva. O próprio Kant repete o erro pelo qual ele acusava seus predecessores racionalistas: uma anfibolia dos conceitos da reflexão. No curso tomado pelo sujeito cognoscente junto ao juízo, ele fez a reflexão passar pela fundamentação objetiva do juízo. Com isso, a *Crítica da razão pura* mostrou-se efetivamente como teoria da ciência. Instaurar essa anfibolia como princípio filosófico para, por fim, extrair dela uma metafísica foi com certeza o ato equivocado mais fatídico da história da filosofia moderna. Esse ato precisa ser compreendido, por sua vez, em termos de história da filosofia. Depois da destruição da ordem tomista, que apresentava a objetividade como querida por Deus, essa objetividade pareceu entrar em colapso. Ao mesmo tempo, contudo, em face da simples opinião, a objetividade científica assumiu uma dimensão desmensurada e, com ela, a autoconfiança de seu órgão, a *ratio*. Era possível resolver a contradição, deixando-se atrair por uma *ratio* que reinterpretava a objetividade e a transformava em constituinte a partir do instrumento, da instância de revisão reflexiva, ontologicamente como o foi expressamente o racionalismo da escola de Wolff. Nessa medida, o criticismo kantiano também permaneceu prisioneiro do pensamento pré-crítico, e, com ele, toda a doutrina da constituição subjetiva; isso se tornou evidente junto aos idealistas pós-kantianos. A hipóstase do meio, hoje já um costume óbvio entre os homens, estava teoricamente implícita na assim chamada revolução copernicana. Não é à toa que essa revolução se mostra em Kant como uma metáfora que, segundo a tendência de conteúdo, exprime o contrário do que essa revolução significa na astronomia. A lógica discursiva tradicional, que dirige a argumentação corrente contra o materialismo, precisaria criticar o procedimento como *petitio principii*.* A anterioridade da consciência que deve por sua

* Em latim no original: petição de princípio. (N.T.)

vez legitimar a ciência, tal como ela é pressuposta no começo da *Crítica da razão pura*, é deduzida a partir dos critérios do modo de procedimento que confirmam ou refutam os juízos segundo as regras do jogo científico. Um tal círculo lógico é um indício do falso ponto de partida. Este dissimula a não existência de fatos puros e em si da consciência, considerados como algo primeiro absoluto e indubitável: essa foi a experiência fundamental das gerações do *Jugendstil* e do neorromantismo, que se exasperaram contra a representação dominante da factualidade rigorosa do psíquico. Posteriormente, sob o ditame do controle da validade e a partir da necessidade de classificação, os fatos da consciência passaram a ser distintos de suas transições limítrofes sutis que contradizem o seu elemento supostamente fixo, sobretudo das transições para as suas inervações corporais. Está plenamente de acordo com isso o fato de nenhum sujeito daquilo que é imediatamente dado, nenhum eu, ser possível independentemente do mundo transubjetivo. Aquele para o qual algo é dado pertence a priori à mesma esfera daquilo que lhe é dado. Isso condena a tese do a priori subjetivo. O materialismo não se confunde com o dogma pelo qual o acusam seus astutos adversários; mostra-se muito mais como a dissolução daquilo que ele por sua vez trouxe à tona como dogmático; daí advém o seu direito na filosofia crítica. Quando Kant construiu na "fundamentação" a liberdade como liberdade em relação à sensação, homenageou involuntariamente aquilo que ele queria refutar. Assim como não se pode salvar a hierarquia idealista dos dados, também não se pode salvar a cisão absoluta entre corpo e espírito, uma cisão que já conflui sub-repticiamente para o primado do espírito. Os dois entraram historicamente em oposição recíproca na esteira do desenvolvimento da racionalidade e do princípio do eu; no entanto, nenhum deles é sem o outro. A lógica da não-contradição pode muito bem denunciar essa situação, mas esta lhe impõe um limite. A fenomenologia dos fatos da consciência obriga a ultrapassar aquilo por meio do que esses fatos foram definidos enquanto tais.

Marx tinha acentuado a sua formulação do materialismo histórico contra o materialismo metafísico vulgar. Com isso, ele o introduziu na problemática filosófica, apesar de o materialismo vulgar, permanecendo aquém da filosofia, ter continuado a gesticular dogmaticamente. Desde então, o materialismo não é mais uma posição contrária a ser assumida por meio de uma resolução, mas a suma conceitual da crítica ao idealismo e à realidade pela qual o idealismo opta na medida em que a deforma. A formulação horkheimeriana da "teoria crítica" não quer tornar o materialismo aceitável, mas sim trazer à autoconsciência junto a ele a razão pela qual ele não se distingue menos das explicações diletantes do mundo que da "teoria tradicional" da ciência. Enquanto dialética, a teoria precisa — como em grande parte a teoria marxista — ser imanente, mesmo que ela negue por fim toda a esfera na qual ele se movimenta. Isso a diferencia de uma teoria meramente trazida de fora e, como a filosofia descobriu prontamente, de uma sociologia do saber impotente em relação a essa teoria. Essa sociologia do saber fracassa ante a filosofia, tomando por conteúdo de verdade a sua função social e o seu condicionamento pelos interesses, uma vez que não adentra na própria crítica desse conteúdo e se comporta indiferentemente em relação a ele. Ela também fracassa ante o conceito de ideologia, a partir do qual ela cozinha sua abundante sopa popular. Pois o conceito de ideologia só é plenamente significativo em relação à verdade ou à não-verdade daquilo a que se aplica; não se pode falar de aparência socialmente necessária senão em vista daquilo que não seria nenhuma aparência e que certamente possuiria na aparência o seu signo. Cabe à crítica da ideologia proferir juízos sobre a parcela do sujeito e do objeto, assim como sobre a sua dinâmica. Ela desmente a falsa objetividade, o fetichismo dos conceitos, pela redução ao sujeito social; a falsa subjetividade, a pretensão por vezes velada até a invisibilidade de que o que é seja espírito, por meio da demonstração do engodo de sua inessência parasitária, assim como de sua hostilidade imanente ao espírito. Em contrapartida, o todo do conceito indistintamente total de ideologia termina no nada. No momento em que não se diferencia de nenhuma consciência correta, ele não serve mais para a crítica de uma consciência falsa. Na ideia de uma verdade objetiva, a dialética materialista torna-se necessariamente filosófica, apesar e em virtude de toda crítica à filosofia feita por ela. A sociologia do saber, por outro lado, nega tanto a estrutura objetiva da sociedade quanto a ideia de uma verdade objetiva e de seu conhecimento. Para ela, exatamente como para o modelo da economia positivista à qual Pareto pertencia como seu fundador, a sociedade não é outra coisa senão o valor mediano dos modos de reação individuais. Ela reconecta a doutrina da ideologia a uma doutrina subjetiva dos ídolos, à moda das primeiras doutrinas burguesas; trata-se aí certamente de um artifício de advogado que procura se desembaraçar com a filosofia como um todo da dialética materialista. O espírito *tel quel* é localizado de maneira classificatória. Uma tal redução das assim chamadas formas de consciência é certamente compatível com a apologética filosófica. Sem ser perturbada, a sociologia do saber conserva a via de escape de pretender que a verdade ou a não-verdade daquele que é filosoficamente erudito não tenha nada em comum com condições sociais; o relativismo e a divisão do trabalho são complementares. O Scheler tardio explorou isso de maneira inescrupulosa com a sua teoria dos dois mundos. Filosoficamente, não se pode passar às categorias sociais senão por meio da decifração do conteúdo filosófico das categorias filosóficas.

Como se sabe, o capítulo hegeliano sobre o senhor e o escravo desenvolve, a partir da relação de trabalho, a gênese da autoconsciência, e, em verdade, na adaptação do eu à finalidade determinada por ele, assim como ao material heterogêneo. Precisamente aí, só muito dificilmente se consegue dissimular a origem do eu no não-eu. Essa origem é buscada no processo real da vida, nas leis de sobrevivência da espécie, de seu abastecimento com meios de subsistência. É em vão que Hegel em seguida hipostasia o espírito. Para conseguir de algum modo fazer isso, precisa insuflá-lo até que ele se transforme em um todo, apesar de o espírito possuir, segundo o seu conceito, a sua *differentia specifica* no fato de ser sujeito e, portanto, não a totalidade: uma tal imputação sub-reptícia não cede a nenhum esforço do conceito dialético. O espírito que deve ser totalidade é um contrassenso, similiar aos partidos conjugados no singular que surgiram no século XX, que não toleram nenhum outro partido ao seu lado e cujos nomes ressoam ironicamente nos Estados totalitários como alegorias da violência imediata do particular. Se eliminarmos toda diferença em relação a esse outro do espírito enquanto totalidade, então o espírito se torna, pela segunda vez, o nada como o qual, no começo da lógica dialética, o puro ser devia se revelar: o espírito se desfaria e se transformaria em mero ente. O Hegel da *Fenomenologia do espírito* quase não teria hesitado em designar o conceito de espírito como algo em si mediatizado, como espírito tanto quanto não-espírito; mas ele não tirou daí a consequência de rejeitar a corrente da identidade absoluta. Não obstante, se naquilo que ele mesmo é o espírito necessita do que ele não é, então o trabalho não se mostra mais como o que os apologetas da filosofia especializada repetem enquanto a sua sabedoria derradeira: uma μετάβασις εἰς ἄλλο γένος. Não se perdeu a intelecção de que a atividade do espírito realiza-se como trabalho através dos indivíduos tanto quanto através de seus meios e de que em sua realização ele rebaixa os indivíduos à sua função. O conceito idealista do espírito explora a passagem para o trabalho social: ele consegue facilmente transfigurar em algo em-si a atividade genérica que absorve os agentes singulares, abstraindo-se deles. A isso responde polemicamente a simpatia do materialismo pelo nominalismo. Filosoficamente, porém, ela era estreita demais; a afirmação de que somente o individual e os indivíduos são o verdadeiramente real era irreconciliável com a teoria marxista da lei de troca (formada a partir da escola de Hegel) que se realiza no capitalismo sobre a cabeça dos homens. A mediação dialética do universal e do particular não autoriza a teoria que opta pelo particular a, de maneira ultrarrápida, tratar o universal como uma bola de sabão. Pois nesse caso a teoria não poderia apreender nem o predomínio pernicioso do universal naquilo que se acha estabelecido, nem a ideia de uma situação que, conduzindo os indivíduos ao que lhes é próprio, privaria o universal de sua má particularidade. Mas também não se pode nem mesmo representar um sujeito transcendental sem sociedade, sem os indivíduos que ela integra para o melhor e para o pior; nesse ponto, fracassa o conceito do sujeito transcendental. Mesmo a universalidade kantiana quer ser uma universalidade para todos, a saber, para todos os seres dotados de razão, e os seres dotados de razão são a priori socializados. A tentativa scheleriana de sem mais banir o materialismo para o lado do nominalismo foi uma manobra tática. Em primeiro lugar, não sem o auxílio de uma carência inegável de reflexão filosófica, o materialismo é denegrido como subalterno, e, em seguida, seu caráter subalterno é brilhantemente superado. A dialética materialista que odiava tanto a visão de mundo tosca que preferia se aliar à ciência transforma-se ela mesma em seu declínio, como meio de dominação política. Ela contesta o que Brecht exigia dela de uma maneira suicida, a simplificação com fins táticos. Ela continua sendo dialética segundo a sua própria essência, filosofia e antifilosofia. A sentença segundo a qual a consciência dependeria do ser não era uma metafísica invertida; ao contrário, ela foi antes aguçada contra a impostura do espírito de que ele é em si, para além do processo conjunto no qual se acha como momento. Mesmo as suas condições, contudo, não são em si. O termo "ser" em Marx e em Heidegger significa coisas totalmente diversas, apesar de não permanecer sem qualquer ponto em comum: na doutrina ontológica do caráter a priori do ser em relação ao pensamento, à sua transcendência, o eco materialista ressoa a uma distância extrema. A doutrina do ser torna-se ideológica ao sub-repticiamente espiritualizar o momento materialista no pensamento por meio de sua transposição em pura funcionalidade para além de todo ente e ao exorcismar aquilo que o conceito materialista de ser possui de crítica à falsa consciência. A palavra que queria dizer a verdade contra a ideologia transforma-se no que há de mais não-verdadeiro; o desmentido da idealidade transforma-se em proclamação de uma esfera ideal.

A passagem da filosofia do espírito para o seu outro é exigida de maneira imanente pela determinação do espírito enquanto atividade. Desde Kant, o idealismo não consegue escapar dessa determinação — Hegel tampouco. Por meio da atividade, porém, o espírito participa da gênese que irrita o idealismo como algo que o contamina. Tal como os filósofos repetem, o espírito enquanto atividade é um devir; mas ele não é, por isso, aquilo a que eles atribuem um valor ainda maior: χωρίς da história. De acordo com o seu simples conceito, sua atividade é intratemporal, histórica; devir tanto quanto algo que veio a ser no qual o devir se acumula. De maneira similar ao tempo cuja representação mais genérica carece de algo temporal, nenhuma atividade é sem substrato, sem algo ativo e sem aquilo sobre o que ela é exercida. Na ideia da atividade absoluta dissimula-se apenas aquilo que deve agir aí; a pura νόησις νοήσεως* é a crença envergonhada e neutralizada em metafísica no Deus criador. A doutrina idealista do absoluto gostaria de absorver a transcendência teológica enquanto processo, levá-la a uma imanência que não tolera nada absoluto, nada independente das condições ônticas. A maior discrepância do idealismo talvez seja o fato de ele,

* Em grego no original: conhecimento do conhecimento. (N.T.)

por um lado, precisar realizar ao extremo a secularização para não se ver vítima da tradição, e de por outro, contudo, só poder expressar o seu fantasma do absoluto, a totalidade, em categorias teológicas. Arrancadas da religião, elas se tornam inconsistentes e não se locupletam nessa "experiência da consciência" à qual são agora remetidas. A atividade do espírito, uma vez humanizada, não pode ser atribuída a ninguém mais e a nada mais senão ao vivente. Isso faz com que o conceito que ultrapassa ao máximo todo naturalismo, o conceito de subjetividade enquanto unidade sintética da apercepção, seja impregnado pelo momento natural. É somente na medida em que esse momento também é por sua vez não-eu que o eu se comporta em relação ao não-eu, "faz" algo, e isso mesmo se o fazer fosse pensamento. Em uma segunda reflexão, o pensar quebra a supremacia do pensar sobre o seu outro porque ele já é sempre outro em si. Por isso, não cabe ao abstrato supremo de toda atividade, à função transcendental, nenhum primado em relação às gêneses fáticas. Entre o momento da realidade nela e a atividade dos sujeitos reais não se abre nenhum abismo ontológico; e, com isso, nenhum abismo ontológico entre o espírito e o trabalho. Com certeza, porém, o trabalho, confecção de algo representado que faticamente ainda não estava aí, não se esgota no que é aí; não se pode nivelar o espírito ao ser-aí, assim como não se pode nivelar o ser-aí ao espírito. No entanto, o momento do não-ser no espírito está tão entrelaçado com o ser-aí que lhe extrair daí de maneira acurada seria o mesmo que objetivá-lo e falsificá-lo. A controvérsia sobre a prioridade do espírito ou do corpo procede de maneira pré-dialética. Ela continua arrastando consigo a pergunta sobre algo primeiro. De modo quase *hilozoísta*, ela conduz a uma ἀρχή, ontológica segundo sua forma, por mais que a própria resposta possa soar materialista em termos de conteúdo. Os dois, corpo e espírito, são abstrações de sua experiência; sua diferença radical é algo posto. Essa diferença reflete a "autoconsciência" historicamente conquistada do espírito e o seu desprendimento daquilo que ele nega por causa de sua própria identidade. Todo espiritual é impulso corporal modificado e uma tal modificação, a transformação qualitativa naquilo que não é meramente. Segundo a compreensão de Schelling,* ímpeto é a forma preliminar do espírito.

Os pretensos fatos fundamentais da consciência não são apenas meros fatos como esses. Na dimensão do prazer e do desprazer, algo corporal se investe

* "Assim, o ser também é perfeitamente indiferente em relação ao ente. Mas quanto mais íntima e em si encantadora é essa serenidade, tanto mais cedo precisa ser produzido na eternidade, sem sua intervenção e sem que ela o saiba, um anseio silencioso para chegar a si mesma, para encontrar e gozar de si mesma, um ímpeto para o tornar-se consciente, do qual ela não se torna uma vez mais ela mesma consciente." (Schelling, *Die Weltalter*, Munique, 1946, p.136.) "E assim vemos a natureza, desde o nível mais baixo possível, segundo o que ela possui de mais intrínseco e velado, cobiçando e sempre ascendendo e continuando a progredir em sua busca, até que por fim ela atrai para si e se apropria do que há de mais elevadamente essencial, o propriamente espiritual." (Ibid, p.140.)

deles. Toda dor e toda negatividade, motor do pensamento dialético, se mostram como a figura multiplamente mediatizada, e por vezes irreconhecível, do elemento físico, assim como toda felicidade visa ao preenchimento sensível e conquista nesse preenchimento sua objetividade. Se tolhemos da felicidade todos os aspectos desse tipo, então ela não se mostra mais como felicidade. Nos dados subjetivamente sensoriais, essa dimensão, por sua vez aquilo que contradiz o espírito no espírito, é enfraquecida e por assim dizer transformada em sua imagem teórico-cognitiva, de modo algum tão diversa da estranha teoria de Hume, de acordo com a qual as representações, *ideas* — os fatos da consciência com função intencional —, devem ser pálidos reflexos das impressões. É cômodo criticar essa teoria como sendo sub-repticiamente naturalista de uma forma ingênua. Mas nela vibra uma última vez o momento somático em meio à teoria do conhecimento, até ele ser completamente expulso. No conhecimento, ele sobrevive como a inquietude que coloca o conhecimento em movimento e que se reproduz de modo não-atenuado em seu progresso; a consciência infeliz não é nenhuma veleidade cega do espírito, mas lhe é inerente, a única dignidade autêntica que ele recebeu na separação do corpo vivo. Ela o lembra, negativamente, de seu aspecto corpóreo; por si só, o fato de ele ser capaz disso já lhe confere alguma esperança. O mais mínimo rastro de sofrimento sem sentido no mundo experimentado infringe um desmentido a toda a filosofia da identidade que gostaria de desviar a consciência da experiência: "Enquanto ainda houver um mendigo, ainda haverá mito";[15] é por isso que a filosofia da identidade é, enquanto pensamento, mitologia. O momento corporal anuncia ao conhecimento que o sofrimento não deve ser, que ele deve mudar. "A dor diz: pereça."* Por isso, o especificamente materialista converge com aquilo que é crítico, com a práxis socialmente transformadora. A supressão do sofrimento ou a sua atenuação até um certo grau que não pode ser antecipado teoricamente e ao qual não se pode ordenar nenhum limite não depende do indivíduo singular, mas apenas da espécie à qual ele ainda pertence mesmo lá onde se liberta dela subjetivamente e é impelido objetivamente para a solidão absoluta de um objeto indefeso. Todas as atividades da espécie remetem à sua perpetuação física, por mais que os homens o desconheçam, se autonomizem organizacionalmente e não continuem a se ocupar com isso senão de modo ocasional. Até mesmo as iniciativas que a sociedade toma para se destruir são, enquanto autoconservação desencadeada, absurdas. Ao mesmo tempo, elas são ações inconscientes para si mesmas contra o sofrimento. Limitadas certamente em seu próprio elemento, sua particularidade total se volta contra o sofrimento. Confrontada com essas iniciativas, a

* A expressão refere-se ao capítulo "Os sete selos", de *Assim falou Zaratustra*, de Nietzsche. Ela também foi utilizada por Mahler no IV andamento de sua Sinfonia n.3. (N.T.)

finalidade, que sozinha torna a sociedade aquilo que ela é, exige que ela seja organizada de um modo que se tornou necessariamente impossível pelas relações de produção no Ocidente e no Oriente, mas que seria possível imediatamente segundo as forças produtivas aqui e agora. Uma tal organização teria o seu *telos* na negação do sofrimento físico ainda do último de seus membros e nas formas de reflexão intrínsecas a esse sofrimento. Ela é o interesse de todos e não é paulatinamente realizável senão por uma solidariedade transparente para ela mesma e para todo vivente.

Entrementes, o materialismo promoveu a satisfação de seu próprio aviltamento para aqueles que queriam a sua não-realização. A minoridade que se mostrou como causa disso não é, tal como pensava Kant, culpa da própria humanidade. Nesse ínterim, ao menos, ela passou a ser reproduzida de maneira totalmente planejada pelos detentores do poder. O espírito objetivo que eles governam, porque necessitam de sua sujeição, adapta-se sob medida à consciência aprisionada há milênios. O materialismo que alcançou o poder político não prescreveu menos uma tal prática para si do que o mundo que ele quis um dia transformar; ele continua a subjugar a consciência, ao invés de concebê-la e, por sua vez, transformá-la. Sob o pretexto gasto de uma ditadura do proletariado há muito administrado que dura há quase cinquenta anos, o funcionamento maquinal terrorista do Estado se entrincheira em instituições estáveis, insulto à teoria que essas instituções têm na boca. Elas acorrentam seus súditos a seus interesses mais imediatos e os obrigam a se manterem limitados. A depravação da teoria, contudo, não teria sido possível sem uma base apócrifa nela. Na medida em que os funcionários maltratam de maneira sumária e exterior a cultura que monopolizam, eles gostariam de grosseiramente dar a impressão de serem superiores à cultura, apesar de não fazerem outra coisa senão auxiliar a regressão universal. Aquilo que, na expectativa de uma revolução imediatamente iminente, gostaria de liquidar a filosofia também já ficara, outrora, impaciente por realizar a exigência da filosofia, aquém dela. No elemento apócrifo do materialismo revela-se o apócrifo da grande filosofia, o não-verdadeiro junto à soberania do espírito que despreza o materialismo dominante de maneira tão cínica quanto antes a sociedade burguesa o fazia, sub-repticiamente. O idealisticamente sublime é a marca do apócrifo; os textos de Kafka e de Brecht iluminam de modo nu e cru essa relação. Aquilo que há de inferior no materialismo é o que há de inferior e irrefletido na situação dominante. Aquilo que ficou para trás por culpa da espiritualização como princípio do fracasso também é o pior ante o mais elevado que é humilhado pela presença persistente do inferior. Aquilo que o materialismo possui de estreiteza e de barbárie eterniza essa extraterritorialidade do quarto Estado em relação à cultura, uma extraterritorialidade que não se restringe mais entrementes a esse Estado, mas se estendeu sobre a própria cultura. O materialismo transforma-se em recaída na barbárie que ele deveria evitar; trabalhar contra isso não é uma das tarefas mais indiferentes de uma teoria crítica. Senão, o antigo não-verdadeiro se perpetuaria de modo tanto mais grave quanto mais os coeficientes de atrito fossem reduzidos. Depois de as coisas terem se passado com a revolução como outrora com o retorno do messias, o que cresce é o subalterno. A teoria materialista não se tornou apenas esteticamente defeituosa em face ao sublime minado da consciência burguesa, mas ela se torna também não-verdadeira. Isso é teoricamente determinável. A dialética está nas coisas, mas ela não existiria sem a consciência que as reflete; tão pouco quanto ela se deixa dissolver na consciência. Em uma matéria total, indiferenciada, pura e simplesmente una, não haveria nenhuma dialética. A dialética materialista oficial saltou por decreto por sobre a teoria do conhecimento. A vingança a mantém no nível da teoria do conhecimento: na doutrina do reflexo. O pensamento não é um reflexo da coisa — somente uma mitologia materialista ao estilo de Epicuro o transforma em algo assim, uma mitologia que imagina que a matéria emite pequenas imagens —, mas ele vai à coisa mesma. A intenção iluminista do pensamento, a desmitologização, elimina o caráter imagético da consciência. Aquilo que se vincula à imagem permanece miticamente cativo, culto aos ídolos. A quintessência das imagens chega a se constituir em trincheira ante a realidade. A teoria do reflexo nega a espontaneidade do sujeito, um mobilizador da dialética objetiva das forças produtivas e das relações de produção. Se o sujeito é reduzido a um espelhamento obtuso do objeto que sempre perde necessariamente o objeto que só se abre ao excedente subjetivo no pensamento, então resulta daí a calma intelectual inquieta de uma administração integral. Somente uma consciência infatigavelmente reificada pretende ou faz com que os outros creiam que ela possui fotografias da objetividade. Sua ilusão transforma-se em imediatidade dogmática. Quando Lênin, ao invés de entrar na teoria do conhecimento, afirma contra ela, em uma reiteração compulsiva, o ser-em-si dos objetos do conhecimento, ele quer colocar em evidência a conspiração do positivismo com os *powers that be*. Fazendo isso, sua necessidade política volta-se contra a meta teórica do conhecimento. A argumentação transcendente liquida o problema a partir de uma pretensão de poder, e isso para o pior: aquilo que é criticado e no que não penetramos permanece ileso tal como é, e, enquanto algo que não foi absolutamente tocado, pode mesmo ressurgir à vontade uma vez mais em constelações alteradas de poder. A declaração verbal de Brecht de que não se precisaria mais de uma crítica à filosofia da imanência depois do livro sobre o empiriocriticismo era uma declaração de vista curta. A teoria materialista deve satisfazer desejos filosóficos, se é que ela não deve sucumbir ao mesmo provincianismo que deforma a arte dos Estados do Leste. O objeto da teoria não é nada imediato cujo dejeto ela pudesse arrastar consigo para casa, o conhecimento não possui, tal como a polícia de Estado, um álbum de seus objetos. A teoria pensa muito mais esses objetos em sua mediação: de outro modo, ela se contentaria com a descrição de fachada. O critério estendido e já problemático em sua posição original, o critério da intuição sensível, não pode ser, como Brecht afinal reconheceu, aplicado àquilo que é radicalmente mediado, à sociedade; escapa a esse critério aquilo que se introduziu no objeto como a lei de seu movimento e que é necessariamente encoberto pela forma ideológica do fenômeno. Marx, que, por repugnância ante as disputas acadêmicas, extravasou sua raiva nas categorias epistemológicas como na loja de porcelanas do ditado popular, sobrecarregou de maneira demasiada certas expressões, como reflexo. A sua suposta supremacia é paga ao preço do momento crítico subjetivo. Na ênfase colocada sobre esse momento vive ao lado da ideologia uma parte da hostilidade à ideologia; aquilo que é impedido é a inserção sub-reptícia da afirmação de que o produzido e as relações de produção sejam imediatas. Nenhuma teoria tem o direito de, em nome de uma modéstia agitadora, se colocar de modo estúpido contra o estado de conhecimento objetivamente alcançado. Ela precisa refleti-lo e levá-lo adiante. A unidade entre teoria e prática não foi pensada como concessão à fraqueza do pensamento que é um produto disforme da sociedade repressiva. Na figura da máquina registradora à qual esse pensamento gostaria de se igualar e em honra da qual ele gostaria ao máximo de se eliminar, a consciência declara a sua falência ante uma realidade que não está dada intuitivamente no estágio atual, mas sim de maneira funcional e em si abstrata. O pensamento especular seria desprovido de reflexão, uma contradição não-dialética; sem reflexão não há teoria. Uma consciência que inserisse entre ela e aquilo que ela pensa um terceiro elemento, as imagens, reproduziria sem perceber o idealismo; um corpo de representações substituiria o objeto do conhecimento, e o arbítrio de tais representações é o arbítrio daqueles que decretam. A nostalgia materialista de conceber o objeto quer o contrário: só sem imagens seria possível pensar o objeto plenamente. Uma tal ausência de imagens converge com a interdição teológica às imagens. O materialismo a seculariza na medida em que não permite que se pinte a utopia positivamente; esse é o teor de sua negatividade. Ele está de acordo com a teologia lá onde é maximamente materialista. Sua nostalgia seria a ressurreição da carne; para o idealismo, para o reino do espírito absoluto, essa nostalgia é totalmente estranha. O ponto de fuga do materialismo histórico seria a sua própria suspensão, a liberação do espírito do primado das necessidades materiais no estado de sua realização. É somente com o ímpeto corporal apaziguado que o espírito se reconciliaria e se tornaria aquilo que há muito ele não faz senão prometer, uma vez que sob o encanto das condições materiais ele recusa a satisfação das necessidades materiais.

PARTE III MODELOS

1. LIBERDADE

Para a metacrítica da razão prática

Outrora, por meio do esclarecimento, o discurso sobre "falsos problemas" procurou impedir que, da autoridade inquestionada dos dogmas, fossem derivadas considerações cuja decisão seria impossível precisamente para o pensamento ao qual cabiam essas considerações. Isso transparece no uso pejorativo da palavra "escolástica". Há muito, porém, os falsos problemas não são mais aqueles que escarnecem do juízo e do interesse racional, mas antes aqueles que empregam conceitos não definidos de maneira clara. Um tabu semântico asfixia as questões objetivas como se elas não passassem de questões de significado; a consideração prévia degenera-se em uma proibição à consideração. As regras de jogo de um método moldado simplesmente segundo as regras correntes das ciências exatas regulam aquilo sobre o que é permitido refletir, como se isto fosse o mais urgente; os modos e os meios de procedimento aprovados conquistam a primazia sobre o que precisa ser conhecido, as metas. Desqualificam-se as experiências que resistem ao signo ligado a elas de maneira inequívoca. A culpa pelas dificuldades por elas suscitadas é atribuída apenas a uma nomenclatura vaga, pré-científica. — Saber se a vontade é livre é tão relevante quanto os termos são avessos ao desejo de indicar de maneira totalmente clara e direta aquilo a que visam. Na medida em que justiça e punição, assim como, por fim, a possibilidade daquilo que toda a tradição filosófica denominou moral ou ética, dependem da resposta a essa questão, a necessidade intelectual não renuncia à questão ingênua como se ela fosse um falso problema. O asseio autojustificado do pensamento não lhe oferece senão uma mísera satisfação substitutiva. Não obstante, a crítica semântica não pode ser ignorada de modo negligente. A urgência de uma questão não pode impor nenhuma resposta, uma vez que não se pode alcançar nenhuma resposta verdadeira; menos ainda é possível que a necessidade falível, ou mesmo a necessidade desesperada, indique a direção para a resposta. Seria preciso refletir sobre os objetos em questão não de modo a proferir um juízo sobre eles como algo que é ou que não é, mas antes incluindo em sua própria definição tanto a impossibilidade de fixá-los como coisas quanto a obrigação de pensá-los. No capítulo sobre as antinomias na *Crítica da razão pura* e em grandes partes da *Crítica da razão prática*, tentou-se fazer isso, com ou sem uma intenção expressa. Com certeza, Kant não evitou totalmente, nesse caso, o uso dogmático que ele censurou, tal como Hume, nos outros conceitos tradicionais. Ele resolveu dicotomicamente o conflito entre facticidade — "natureza" — e aquilo que é necessário ao pensamento — o mundo inteligível. No entanto, se não podemos nos referir à vontade ou à liberdade como a um ente, isso não exclui de modo algum inteiramente, segundo a analogia com a simples teoria do conhecimento pré-dialética, que estímulos ou experiências particulares possam ser sintetizados em conceitos, aos quais não corresponde nenhum substrato naturalista, mas que remetem de maneira similar esses estímulos ou experiências a um denominador comum tal como, por comparação, o objeto kantiano o faz com seus fenômenos. Segundo esse modelo, a vontade seria a unidade normativa de todos os impulsos que se revelam ao mesmo tempo como espontâneos e racionalmente determinados, em contraposição à causalidade natural, em cujo quadro eles com certeza permanecem: não há nenhuma sequência de atos de vontade fora do nexo causal. "Liberdade" seria a palavra para designar a possibilidade desses impulsos. Mas a ágil solução gnoseológica não é suficiente. A pergunta sobre se a vontade é livre ou não impõe um ou/ou tão conclusivo quanto questionável, para além do qual transcorre indiferentemente o conceito de vontade compreendido como a unidade normativa de seus impulsos. E sobretudo, junto à formação conceitual orientada pelo modelo de uma filosofia subjetiva da imanência, a estrutura monadológica da vontade e da liberdade é tacitamente pressuposta. Essa estrutura é contradita pela coisa mais simples: por intermédio daquilo que a psicologia analítica chama a "prova de realidade", inúmeros fatores da realidade exterior, sobretudo da realidade social, entram nas decisões assinaladas pela vontade e pela liberdade; se o conceito do racional na vontade quer efetivamente dizer algo, então esse conceito se refere justamente a essa realidade, por mais obstinadamente que Kant o tenha contestado. Em face das decisões de fato nas quais é possível perguntar por liberdade ou ausência de liberdade, o que confere elegância e autarquia à definição daqueles conceitos na filosofia da imanência é, em verdade, uma abstração. O que ela deixa subsistir do psíquico é parco ante a complexidade real de interior e exterior. Nesse resíduo empobrecido, quimicamente puro, não se consegue discernir aquilo que pode ser predicado da liberdade ou de seu contrário. Expresso de maneira ao mesmo tempo mais rigorosa e mais kantiana, o sujeito empírico que toma tais decisões — e somente um sujeito empírico pode tomá-las, o "eu penso" transcendentalmente puro não seria capaz de nenhum impulso — é ele mesmo momento do mundo "exterior" espaciotemporal e não tem nenhuma prioridade ontológica em face dele. Por isso, fracassa a tentativa de localizar nele a pergunta sobre a liberdade da vontade. Essa tentativa traça a linha entre o inteligível e o empírico em meio à empiria. Tudo isso é verdadeiro na tese sobre o "falso problema". No momento em que a pergunta sobre a liberdade da vontade se reduz à pergunta sobre a decisão de cada particular, em que esses particulares são destacados de seu contexto e o indivíduo separado da sociedade, a sociedade cede à ilusão de um puro ser-em-si absoluto: uma experiência subjetiva restrita usurpa a dignidade do que é maximamente certo. O substrato da alternativa tem algo de fictício. O sujeito que é pretensamente em si é mediado nele mesmo por aquilo do que ele se separa: a conexão de todos os sujeitos. Por meio da mediação, ele mesmo se torna aquilo que, segundo a sua consciência da liberdade, ele não quer ser: heterônomo. Mesmo quando a não-liberdade é positivamente reconhecida, procura-se por suas condições — como condições de uma causalidade psíquica imanentemente fechada — no indivíduo separado, que essencialmente não é nada de separado nesse sentido. Se o particular já não encontra em si nenhum estado de coisas "liberdade", então o teorema da determinação também não pode de maneira alguma dissipar simplesmente *post festum* o sentimento ingênuo do arbítrio; a teoria do determinismo psicológico só foi desenvolvida em uma fase posterior.

Desde o século XVII, a grande filosofia tinha definido a liberdade como o seu interesse mais específico; e isso sob o mandato implícito da classe burguesa para fundamentá-la de modo evidente. Não obstante, esse interesse é em si antagônico. Ele se opõe à antiga repressão e favorece a nova, que se esconde no próprio princípio racional. O que é procurado é uma fórmula comum para a liberdade e a repressão: a liberdade é concedida à racionalidade que a restringe e afasta da empiria na qual as pessoas não a querem ver de maneira alguma realizada. Essa dicotomia também se refere à cientificização progressiva. A classe burguesa alia-se à ciência, na medida em que a ciência fomenta a produção, mas se vê obrigada a temê-la no momento em que ela coloca em dúvida a crença na existência de sua liberdade já resignada a ser interioridade. Isso se esconde realmente por detrás da doutrina das antinomias. Já em Kant, e, em seguida, nos idealistas, se contrapõe a ideia de liberdade à pesquisa científica especializada, sobretudo à pesquisa psicológica. Os objetos dessa pesquisa são banidos por Kant para o reino da não-liberdade; a ciência positiva deve ter seu lugar sob a égide da especulação — em Kant: na doutrina dos *noumenos*. Com o enfraquecimento da força especulativa e o desenvolvimento correlato das ciências particulares, essa contraposição se acentuou ao extremo. As ciências particulares pagaram por isso com a sua estreiteza, a filosofia com um vazio desprovido de obrigatoriedade. Quanto mais as ciências particulares se apossaram do conteúdo da filosofia — a psicologia, por exemplo, da gênese do caráter, sobre a qual mesmo Kant ainda fazia conjecturas fantásticas —, tanto mais os filosofemas sobre a liberdade da vontade foram definhando de maneira constrangedora e se transformando em meras declamações. Se as ciências particulares procuram cada vez mais legalidade; se elas são impelidas por meio daí, antes de toda reflexão, para tomarem o partido do determinismo, então na filosofia, em contrapartida, acumulam-se de modo crescente concepções pré-científicas e apologéticas da liberdade. Em Kant é a antinomia, e em Hegel, a dialética da liberdade, que constitui um momento filosófico essencial; segundo eles, ao menos a filosofia acadêmica devotou-se ao ídolo de um alto reino acima da empiria. Exalta-se a liberdade inteligível dos indivíduos, para que se possa manter os indivíduos empíricos como responsáveis sem qualquer impedimento, para que eles sejam melhor mantidos no cabresto com a perspectiva de uma punição metafisicamente justificada. A aliança entre uma doutrina da liberdade e uma prática repressiva afasta a filosofia cada vez mais da compreensão genuína da liberdade e da não-liberdade dos viventes. Esta se aproxima, anacronicamente, daquele discurso insípido e edificante que Hegel diagnosticou como a miséria da filosofia. Não obstante, como as ciências particulares — de maneira paradigmática a ciência do direito penal — não estão à altura da pergunta sobre a liberdade e precisam admitir sua própria incompetência, elas buscam auxílio precisamente junto à filosofia que, em função de sua oposição simplista e abstrata ao cientificismo, não está em condições de prestar um tal auxílio. Apesar de a ciência esperar da filosofia a decisão sobre aquilo que para ela mesma é insolúvel, ela só recebe da filosofia conselhos ideológicos. Por esses conselhos é que se orientam, então, os diversos cientistas ao seu gosto e, como precisamos recear, segundo a sua própria estrutura pulsional psicológica. A relação com o complexo de liberdade e determinismo é entregue ao arbítrio da irracionalidade, oscilando entre constatações particulares mais ou menos empíricas e generalidades dogmáticas. Por fim, a posição adotada em face desse complexo torna-se dependente da convicção política ou do poder agora reconhecido. As reflexões sobre liberdade e determinismo soam arcaicas, como se viessem dos primórdios da burguesia revolucionária. Mas não se deve aceitar como uma fatalidade o fato de a liberdade envelhecer sem ser realizada; a resistência explica tal fatalidade. A ideia da liberdade também perdeu efetivamente a sua força sobre os homens, porque ela foi concebida desde o início de maneira tão abstrata e subjetiva que a tendência social objetiva pôde soterrá-la sem esforço sob si mesma.

A indiferença em relação à liberdade, ao seu conceito assim como à coisa mesma, é produzida pela integração da sociedade que se apresenta aos sujeitos como se fosse algo irresistível. O seu interesse em que cuidem deles paralisou o interesse por uma liberdade que eles temem não ser outra coisa senão ausência de proteção. Tal como o apelo por liberdade, sua mera nomeação já soa como retórica. A isto se adequa um nominalismo intransigente. O fato de, segundo um cânone lógico, ele relegar as antinomias objetivas ao âmbito dos falsos problemas tem, por sua vez, uma função social: cobrir contradições por meio de denegação. Atendo-se aos dados ou às suas heranças contemporâneas, as proposições protocolares, desonera-se a consciência daquilo que contradiz o mundo exterior. De acordo com as regras de tal ideologia, só poderíamos descrever e classificar os modos de comportamento dos homens em diversas situações, mas não poderíamos falar de vontade ou de liberdade; isso seria fetichismo conceitual. Todas as determinações do eu precisariam ser, como o behaviorismo de fato planejava, simplesmente retraduzidas nos modos de reação e nas reações particulares, que teriam, então, se consolidado. Não se leva em conta que o que é consolidado traz à tona novas qualidades ante os reflexos dos quais ele pode ter surgido. Os positivistas obedecem inconscientemente ao dogma do primado do elemento primeiro, cultivado por seus inimigos mortais metafísicos: "O que há de mais velho é o que merece ser mais venerado, mas aquilo pelo que juramos é o mais elevadamente honrado".[1] Em Aristóteles, é o mito; o quc sobrevive dele nos antimitólogos declarados é a concepção de que tudo aquilo que é pode ser reduzido àquilo que um dia foi. Em seu método quantificador que procede do mesmo ao mesmo há tão pouco espaço para o outro em formação quanto no sortilégio do destino. Não obstante, aquilo que nos homens, a partir de seus reflexos e contra eles, se objetivou, o caráter ou a vontade, o órgão potencial da liberdade, também mina essa liberdade. Pois ele incorpora o princípio dominante ao qual os homens progressivamente se submetem. Desde o início, a identidade do si-mesmo e a autoalienação acompanham uma a outra; por isso, o conceito de autoalienação é bem pouco romântico. Condição da liberdade, a identidade é ao mesmo tempo imediatamente o princípio do determinismo. A vontade não existe senão na medida em que os homens se objetivam em caracteres. É assim que eles se transformam em algo extrínseco a eles mesmos — o que quer que isso possa significar —, segundo o modelo do mundo exterior das coisas, submetido à causalidade. — De resto, o conceito positivista de "reação", puramente descritivo segundo a sua intenção, pressupõe incomparavelmente mais do que reconhece: uma dependência passiva em relação à situação a cada vez dada. O que é escamoteado a priori é a ação recíproca entre o sujeito e o objeto — a espontaneidade já seria excluída pelo método —, em ressonância com a ideologia da adaptação que, a serviço do curso do mundo, subtrai uma vez mais teoricamente dos homens esse momento da espontaneidade. Se nos restringíssemos às reações passivas, então permaneceríamos, segundo a terminologia da filosofia mais antiga, junto à receptividade: nenhum pensamento seria possível. Se a vontade só existe por meio da consciência, então só há consciência, correlativamente, onde há vontade. A autoconservação, por sua parte, exige em sua história mais do que o reflexo condicionado, e com isso prepara aquilo que, por fim, a ultrapassa. Fazendo isso, ela se apoia supostamente no indivíduo biológico que prescreve a forma a seus reflexos; dificilmente os reflexos existiriam sem todo e qualquer momento de unidade. Essa unidade se fortalece como o "si" da conservação de si; a liberdade se abre para ele como a sua diferença em relação aos reflexos, uma diferença engendrada.

Seria muito difícil fundamentar teoricamente uma sociedade organizada sem pensar de maneira alguma na liberdade. Por outro lado, a sociedade organizada restringe uma vez mais a liberdade. Esses dois pontos poderiam ser mostrados a partir da construção hobbesiana do contrato social. Em contraposição ao determinista Hobbes, um determinismo faticamente universal sancionaria o *bellum omnium contra omnes*;* todos os critérios de ação desapareceriam, se todas as ações fossem igualmente predeterminadas e cegas. A perspectiva de algo extremo é dilacerada, quanto mais não seja por haver um paralogismo no fato de se exigir a liberdade em virtude da possibilidade da convivência: para que não haja o horror, a liberdade precisa existir. Mas é muito mais o horror que existe, porque ainda não há nenhuma liberdade. A reflexão sobre a questão da vontade e da liberdade não suprime a questão, mas a restabelece em termos da filosofia da história: por que as teses "a vontade é livre" e "a vontade não é livre" tornaram-se uma antinomia? Kant não deixou de considerar o fato de aquela reflexão ter surgido historicamente, e fundou expressamente a pretensão revolucionária da própria filosofia moral sobre o seu atraso: "Via-se o homem ligado às leis por meio de seu dever, mas não se percebia que ele não está submetido senão à sua própria legislação, que, não obstante, é universal, e que ele não é obrigado a agir senão segundo sua própria vontade, que, porém, de acordo com a finalidade da natureza, é universalmente legisladora."[2] Nunca lhe ocorreu, contudo, se perguntar se a própria liberdade, para ele uma ideia eterna, não poderia ser essencialmente histórica; não apenas enquanto conceito, mas segundo o conteúdo da experiência. O conceito de liberdade e a coisa mesma chamada liberdade faltaram a épocas inteiras, a sociedades inteiras. Atribuir a liberdade a elas como um em-si objetivo, mesmo que estivesse inteiramente encoberta para os homens, estaria em contradição com o princípio kantiano do transcendental que deve estar fundado na consciência subjetiva e seria insustentável se essa consciência, a suposta consciência em geral, se afastasse totalmente de qualquer vivente. Daí se deriva certamente o esforço obstinado de Kant por demonstrar a consciência moral como algo que se encontra presente por toda parte, mesmo no mal radical. De outro modo, para as fases e sociedades nas quais não há nenhuma liberdade, ele teria se visto diante da necessidade de recusar tanto o caráter do ser dotado de razão quanto o caráter de humanidade; só muito dificilmente os dis-

* Em latim no original: a luta de todos contra todos. (N.T.)

cípulos de Rousseau o teriam aceitado. É anacrônico falar de liberdade, de liberdade real assim como de liberdade reivindicada, antes de o indivíduo se formar no sentido que era autoevidente para Kant, no sentido moderno, que não tem em vista simplesmente o ser individual biológico, mas o ser individual que não é constituído enquanto unidade senão pela sua autorreflexão,[3] a autoconsciência hegeliana. Por outro lado, a liberdade, cuja realização irrestrita só é possível sob as condições sociais da abundância ilimitada de bens, poderia desaparecer totalmente, talvez mesmo sem deixar qualquer vestígio. O mal não está no fato de homens livres poderem agir de maneira radicalmente má, tal como se age de maneira má para além de toda medida representada por Kant, mas no fato de ainda não haver nenhum mundo no qual os homens livres, como transparece por um instante em Brecht, não precisariam mais ser maus. Por conseguinte, o mal seria a própria não-liberdade dos homens: é dela que provém tudo aquilo que acontece de mal. A sociedade determina os indivíduos, mesmo segundo a sua gênese imanente, para aquilo que eles são; sua liberdade ou não-liberdade não é o dado primário com o qual, sob o véu do *principium individuationis*, ela aparece. De fato, mesmo a intelecção de sua dependência é obstaculizada para a consciência subjetiva por meio do eu, tal como Schopenhauer o explicitou por meio do mito do véu de Maia. O princípio de individuação, a lei da particularização, à qual a universalidade da razão está ligada nos indivíduos, fecha-se tendencialmente contra os contextos que os abarcam, reforçando, com isso, a confiança lisonjeira na autarquia do sujeito. Seu modelo é contrastado sob o nome de liberdade com tudo aquilo que restringe a individualidade. O *principium individuationis*, contudo, não é de maneira alguma o elemento metafisicamente derradeiro e imutável, e, por isso, também não o é a liberdade; a liberdade é muito mais um fator em um duplo sentido: ela não é isolável, mas acha-se entretecida; e por enquanto ela não passa de um instante de espontaneidade, de um ponto nodal histórico, encoberto pelas condições atuais. Assim como não impera a independência do indivíduo que é acentuada de maneira desmedida pela ideologia liberal, não se pode negar a sua separação extremamente real em relação à sociedade, uma separação que essa ideologia interpreta equivocadamente. Por vezes, o indivíduo se contrapôs à sociedade como um ser autônomo ainda que particular, um ser capaz de perseguir com racionalidade os seus próprios interesses. Nessa fase e para além dela, a questão sobre a liberdade era a questão genuína de saber se a sociedade permite ao indivíduo ser tão livre quanto ela lhe promete; e, com isso, a questão de saber se ela mesma o é. O indivíduo extrapola temporariamente a conexão cega da sociedade, mas ajuda então propriamente, em seu isolamento privado de aberturas, a reproduzir essa conexão. — A tese da não-liberdade não anuncia menos a experiência histórica da não-conciliação entre interior e exterior: os homens não são livres porque são escravos do exterior e eles mesmos também são, por sua vez, isso que lhes é exterior. Somente junto àquilo que se acha separado dele e que se mostra como necessário para ele o sujeito conquista, segundo o conhecimento adquirido na *Fenomenologia* hegeliana, os conceitos de liberdade e de não-liberdade que ele reconecta, então, com a sua própria estrutura monadológica. A consciência pré-filosófica está aquém da alternativa; para o sujeito que age de maneira ingênua e que se coloca contra o mundo circundante, o seu próprio condicionamento é impenetrável. Para dominá-lo, a consciência precisa torná-lo transparente. O caráter soberano do pensamento que, em virtude de sua liberdade, se volta para si como para seu sujeito produz também o conceito de não-liberdade. Não há nenhuma simples contradição entre esses dois conceitos, mas uma interpenetração entre eles. A consciência não apreende isto por meio de um ímpeto teórico ao conhecimento. A soberania que domina a natureza e a forma social dessa soberania, a dominação sobre os homens, lhe sugere o oposto, a ideia de liberdade. Aquele que está no vértice da hierarquia, não visivelmente dependente, era o seu arquétipo histórico. Com o conceito abstrato e universal de um para além da natureza, a liberdade é espiritualizada e transformada na liberdade ante o reino da causalidade. Com isto, porém, ela se transforma em autoilusão. Expresso em termos psicológicos, o interesse do sujeito na tese de que ele seria livre é narcisista, tão desmedido quanto tudo o que é narcista. Mesmo na argumentação kantiana que, contudo, situa categoricamente a esfera da liberdade acima da psicologia, ressoa o narcisismo. De acordo com a *Fundamentação da metafísica dos costumes*, todo homem, mesmo o "pior celerado", desejaria, "se lhe apresentassem exemplos de probidade de intenções, de perseverança na observação de boas máximas, de simpatia e de boa vontade geral", estar de posse de uma tal disposição de espírito. Ele não poderia esperar daí "nenhuma satisfação de seus desejos", "nenhum estado de satisfação de qualquer uma de suas inclinações reais ou quiçá imagináveis", "mas apenas um valor interior maior de sua pessoa... No entanto, ele acredita ser essa pessoa melhor quando se transpõe para o ponto de vista de um membro do mundo inteligível, ao que lhe compele involuntariamente a ideia de liberdade, i.e., a ideia da independência em relação às causas determinantes do mundo sensível".[4] Kant não poupa nenhum esforço para fundamentar essa expectativa de um valor interior maior da pessoa, uma expectativa que motivou a tese da liberdade, com essa objetividade da lei moral à qual, porém, a consciência só ascende com base nessa expectativa. Não obstante, ele não pode fazer com que esqueçamos o fato de o "uso prático da razão humana comum",[5] em vista da liberdade, estar associado à necessidade de elevação de si, ao "valor" da pessoa. Essa consciência imediata, contudo, "o conhecimento racional comum ético", ponto de partida metodológico da *Fundamentação* kantiana, não experimenta menos o interesse de negar essa liberdade que ela reclama. Quanto mais liberdade o sujeito e a comunidade dos sujeitos se atribuem, tanto maior é a responsabilidade do sujeito; e diante dessa responsabilidade ele decai em uma vida burguesa cuja prática nunca concede ao sujeito a autonomia integral que ela lhe imputa teoricamente. É por isso que ele precisa se sentir culpado. Os sujeitos se conscientizam dos limites de sua liberdade por pertencerem eles mesmos à natureza, mas sobretudo por sua impotência em face da sociedade autonomizada em relação a eles. A universalidade do conceito de liberdade, no entanto, do qual também participam os oprimidos, volta-se bruscamente contra a dominação como modelo de liberdade. Em reação a isso, os privilegiados da liberdade alegram-se com o fato de os outros ainda não estarem maduros para a liberdade. Eles racionalizam essa alegria de maneira persuasiva com a causalidade natural. Os sujeitos não estão fundidos apenas com a sua própria corporeidade. Ao contrário, mesmo no elemento psíquico meticulosamente cindido do próprio mundo corporal pela reflexão vigora uma conformidade geral à lei. A consciência desse fato aumentou proporcionalmente com a definição da alma como uma unidade. Não obstante, assim como não há uma autoconsciência imediatamente evidente da liberdade, também não existe uma autoconsciência da não-liberdade; essa autoconsciência já sempre necessita ou bem de uma retroprojeção daquilo que é percebido na sociedade sobre o sujeito — a mais antiga é a assim chamada psicologia platônica —, ou bem da ciência psicológica enquanto uma ciência objetivante, nas mãos da qual a vida psíquica por ela descoberta se transforma em uma coisa entre coisas e se submete à causalidade que atribuímos como predicado ao mundo das coisas.

A consciência nascente da liberdade alimenta-se da lembrança do impulso arcaico, que ainda não é dirigido por nenhum eu fixo. Quanto mais o eu doma esse impulso, tanto mais questionável se torna para ele a liberdade primitiva enquanto uma liberdade caótica. Sem a anamnese do impulso indômito e pré-egoico que é banido mais tarde para a zona da sujeição à natureza sem liberdade, não poderia ser criada a ideia de liberdade que, contudo, culmina ela mesma no fortalecimento do eu. No conceito filosófico que eleva ao máximo a liberdade, enquanto modo de comportamento, sobre a existência empírica, ou seja, no conceito de espontaneidade, ressoa o eco daquilo que o eu da filosofia idealista, devendo controlar até a aniquilação, toma como prova de sua liberdade. Para a apologia de sua forma invertida, a sociedade encoraja os indivíduos a hipostasiarem sua própria indivualidade e, com isso, sua liberdade. Até onde alcança uma tal aparência persistente, a consciência não é instruída sobre o momento de sua não-liberdade senão em estados patogênicos como as neuroses compulsivas. Essas neuroses impõem à consciência que ela aja na esfera da própria imanência segundo leis que ela experimenta como "estranhas ao eu"; recusa da liberdade em seu reino natural. Metapsicologicamente, o sofrimento característico das neuroses também tem o aspecto de que elas destróem a imagem cômoda de ser livre no interior e não livre no exterior, sem que se abra para o sujeito em seu estado patológico a verdade, que esse estado lhe comunica e que ele não pode conciliar nem com sua pulsão, nem com seu interesse racional. Todo conteúdo veritativo das neuroses está no fato de elas demonstrarem ao eu em si a sua não-liberdade com base no que é estranho ao eu, com base no sentimento do "mas este não sou eu"; e isso lá onde se interrompe seu domínio sobre a natureza interior. Aquilo que cai sob a unidade do que a teoria do conhecimento tradicional denominava a autoconsciência pessoal — ela mesma cheia de compulsões, porquanto essa unidade se impõe sobre todos os seus momentos sob a forma de uma legalidade —, isso aparece como livre para o eu que se recolhe em si porque ele deduz a ideia de liberdade do modelo de sua própria dominação; primeiramente, da dominação sobre os homens e as coisas, e, então, interiorizada, da dominação sobre o conjunto de seu conteúdo concreto do qual ele dispõe na medida em que o pensa. Não se trata apenas de uma autoilusão da imediatidade que se insufla até se tomar por absoluta. É somente na medida em que alguém enquanto um eu não age de maneira meramente reativa que o seu agir pode chegar a ser denominado livre. Não obstante, aquilo que não é domado pelo eu enquanto o princípio de toda determinação, aquilo que, tal como na filosofia moral kantiana, parece desprovido de liberdade para o eu e que até hoje foi de fato desprovido de liberdade, também seria igualmente livre. Por intermédio do progresso da autoexperiência, a liberdade se torna, enquanto um dado, problemática para essa experiência, e, contudo, como o interesse do sujeito não renuncia a ela, ela é sublimada e transformada em ideia. É isto que verifica metapsicologicamente a teoria psicanalítica do recalcamento. De acordo com ela, de uma maneira dialeticamente suficiente, a instância recalcadora, o mecanismo compulsivo, é idêntica ao eu, ao órgão da liberdade. A introspecção não descobre em si nem a liberdade, nem a não-liberdade como algo positivo. Ela concebe as duas coisas em relação com algo extramental: a liberdade como a contraimagem polêmica do sofrimento sob a compulsão social, a não-liberdade como a própria imagem desse sofrimento. Assim como o sujeito não é a "esfera das origens absolutas" pela qual ele se faz passar na filosofia, as determinações graças às quais ele se atribui o seu caráter soberano também não podem jamais prescindir daquilo que, segundo a sua própria autocompreensão, não pode existir sem elas. Só se pode julgar aquilo que é decisivo no eu, sua independência e sua autonomia, em relação à sua alteridade, em relação ao seu não-eu. A existência ou a não-existência da autonomia depende de seu opositor e de sua contradição, do objeto que concede ou recusa autonomia ao sujeito; desvinculada disso, a autonomia é fictícia.

Os *experimenta crucis** da introspecção testemunham o quão pouco a consciência pode decidir sobre a liberdade por meio do recurso à sua experiência de si. Não é à toa que a mais popular de tais experiências é imputada a um asno. Kant ainda segue o seu esquema em meio à tentativa de demonstrar a liberdade por meio da resolução — digna de figurar em uma peça de Beckett — de se levantar da cadeira. Para poder decidir de maneira concludente, por assim dizer empírica, sobre se a vontade seria livre ou não, as situações precisam ser rigorosamente depuradas de seu teor empírico; é preciso construir experiências de pensamento cujas condições deixem entrever o menor número possível de fatores determinantes. Todos os paradigmas não tão *clownescos* contêm, para o sujeito que se decide, fundamentos racionais que poderiam ser marcados como fatores determinantes; o princípio segundo o qual eles deveriam decidir é condenado pelas *experimenta* à trivialidade, e isso desvaloriza a decisão. Situações puras de um estilo buridânico não deveriam fundamentalmente se apresentar, a não ser que elas fossem pensadas ou produzidas em favor da demonstração da liberdade. Admitindo que se pudesse descobrir situações análogas, isso seria irrelevante para a vida de qualquer homem e, por isso, ἀδιάφορον** para a liberdade. Alguns *experimenta crucis* kantianos são evidentemente de uma pretensão mais elevada. Ele as introduz como provas empíricas do direito de "inserir a liberdade na ciência", pois "a experiência também confirma essa ordem dos conceitos em nós";[6] por mais que apelar para provas empíricas com vistas a uma coisa que, segundo sua própria teoria, se situa pura e simplesmente para além do empírico devesse deixá-lo de sobreaviso, uma vez que, por meio daí, o conteúdo objetivo crítico seria situado naquela esfera à qual por princípio ele se subtrai. O seu exemplo também não é, por fim, logicamente consistente: "Suponhamos que alguém afirme, ao falar de sua inclinação luxuriosa, que ela lhe é totalmente irresistível quando se apresentam o objeto amado e a ocasião propícia: será que, caso fosse erigido em frente à casa onde ele encontra essa ocasião um patíbulo para enforcá-lo assim que ele tivesse satisfeito sua luxúria, ele não subjugaria, nesse caso, sua inclinação? Não se precisa pensar muito para saber qual seria a sua resposta. Mas perguntemos a ele se, caso seu príncipe lhe ordenasse, sob a ameaça da mesma pena de morte imediata, que ele apresentasse um falso testemunho contra um homem honesto que o príncipe gostaria de arruinar com aparentes pretextos, se, neste caso, por maior que fosse o seu amor à vida, ele consideraria possível vencer de qualquer modo esse amor. Ele talvez não ouse assegurar se o faria ou não; mas concordará sem hesitação que isso seria possível para ele. Portanto, ele julga que é capaz de fazer uma coisa porque tem cons-

* Em latim no original: experiências cruciais. (N.T.)

** Em grego no original: indiferente. (N.T.)

ciência de que deve fazê-lo e reconhece em si a liberdade que lhe teria permanecido desconhecida sem a lei moral."[7] É de se supor que o homem acusado por Kant de uma "inclinação luxuriosa" estaria com certeza tão disposto a conceder que seria capaz de um tal ato, quanto o homem chantageado pelo tirano que Kant denomina respeitosamente seu príncipe; isso seria certamente a verdade se todos os dois dissessem, tendo consciência do peso da autoconservação em tais decisões, que não sabem como se comportariam na situação real. Um momento psicológico como a "pulsão egóica" e o medo da morte se mostrariam incontestavelmente de maneira diversa na situação aguda e no experimento improvável de pensamento que neutraliza esses momentos e os transforma em representações ponderáveis de maneira desprovida de afeto. Não se pode profetizar de ninguém, nem mesmo do mais íntegro dos homens, como ele se comportaria diante da tortura; essa situação que, nesse ínterim, não é mais de modo algum fictício designa um limite daquilo que, para Kant, é óbvio. Seu exemplo não permite, como ele esperava, a legitimação do conceito de liberdade segundo o seu uso prático, mas, na melhor das hipóteses, um dar de ombros. O exemplo do trapaceiro não serve para muito mais do que isso: "Aquele que perdeu no jogo pode certamente se irritar consigo mesmo e com a sua falta de inteligência. No entanto, se se conscientiza de ter trapaceado no jogo (ainda que tenha ganhado com isso), ele precisa desprezar a si mesmo, desde que se compare com a lei moral. Essa lei precisa ser, com isso, algo diverso do princípio da própria bem-aventurança. Pois para que alguém seja obrigado a dizer a si mesmo 'sou um indigno, por mais que tenha enchido meu bolso' é preciso haver um outro critério de julgamento, diferente daquele que é preciso para aprovar a si mesmo e dizer 'sou um homem prudente, pois aumentei meu tesouro'."[8] É uma questão crassamente empírica saber se um trapaceiro se despreza ou não — mesmo supondo que ele reflita sobre a lei moral. De maneira infantil, como se fosse um eleito, ele pode se sentir acima de todo dever civil; ele também pode ficar rindo maliciosamente por dentro pelo golpe de sucesso, de tal modo que o seu narcisismo o proteja como uma couraça contra o suposto desprezo de si; e ele pode seguir igualmente um código moral aprovado por seus iguais. O *pathos* com o qual ele precisaria maldizer-se como um infame baseia-se no reconhecimento da lei moral kantiana, uma lei que Kant pretende fundamentar por meio desse exemplo. No grupo de todos aqueles que são cobertos, por exemplo, pelo conceito de *moral insanity*, a lei moral está suspensa, por mais que eles não tenham de forma alguma perdido a razão; eles só poderiam ser classificados como insanos de maneira metafórica. Proposições sobre o *mundus intelligibilis** que procuram uma confirmação junto ao mundo empírico precisam admitir critérios empíricos,

* Em latim no original: mundo inteligível. (N.T.)

e esses critérios refutam uma tal confirmação, de acordo com aquela aversão do pensamento especulativo ao assim chamado exemplo* como algo inferior — uma aversão para a qual não faltam testemunhos em Kant: "Essa é também a única grande utilidade dos exemplos, o fato de eles aguçarem a faculdade de julgar. Pois no que concerne à correção e à precisão da compreensão intelectual, eles lhe trazem antes em geral alguns prejuízos, porque só muito raramente preenchem de maneira adequada a condição da regra (enquanto *casus in terminis*) e, além disso, com frequência enfraquecem o esforço do entendimento por compreender em toda a sua suficiência as regras em geral e independentemente das circunstâncias particulares da experiência, de modo que acabamos por nos habituar a utilizá-las mais como fórmulas do que como princípios. Assim, os exemplos são as andadeiras da faculdade de julgar das quais aquele a quem falta um talento natural para essa faculdade jamais pode prescindir."[9] Se Kant, contrariamente à sua própria compreensão, apesar disso não desdenha dos exemplos na *Crítica da razão pura*, então ele levanta a suspeita de que necessitaria desses exemplos porque a relação entre a lei moral formal e a existência, e, com isso, a possibilidade do imperativo, não poderia ser demonstrada de outra forma senão por meio de uma assunção empírica sub-reptícia; sua filosofia vinga-se dele, na medida em que os exemplos se transformam em fumaça. O contrassenso dos experimentos morais poderia consistir fundamentalmente no fato de eles acoplarem elementos incompatíveis — de eles se engajarem no cálculo daquilo que, por sua parte, implode o âmbito do calculável.**

Apesar de tudo isto, os experimentos morais mostram um fator que pode ser chamado suplementar, correspondendo à sua experiência vaga. As decisões

---

* O termo "exemplo" em alemão significa literalmente aquilo que está junto (*Bei-*) ao decurso do jogo (*spiel*) e pode ser entendido, assim, a partir de um tom de fundo pejorativo. Pela presença da preposição *bei-* (junto a, em), ele pode designar alguma coisa acessória que se estabelece em anexo; pela presença do substantivo *Spiel* (jogo, brincadeira), ele pode fazer alusão a algo desprovido de seriedade. (N.T.)

** Os experimentos de pensamento kantianos não são desprovidos de analogia com a ética existencialista. Kant, que sabia muito bem que a boa vontade tem por terreno a continuidade de uma vida e não o ato isolado, aguça no experimento — para que esse demonstre o que deve — a boa vontade na decisão entre duas alternativas. Quase não há mais essa continuidade; é por isso que, em uma espécie de regressão ao século XVIII, Sartre se restringe unicamente à decisão. Todavia, na medida em que a autonomia deve ser demonstrada junto à situação alternativa, ela é heterônoma em relação a todo conteúdo. Kant viu-se diante da necessidade de oferecer um déspota em um de seus exemplos referentes às situações de decisão; de maneira análoga, os exemplos sartrianos são frequentemente oriundos do fascismo; em verdade, como denúncia do fascismo, não como *condition humaine*. Livre só seria quem não precisasse se curvar a nenhuma alternativa, e no existir há um vestígio da liberdade de se recusar a todas elas. Liberdade significa crítica e transformação das situações, não a sua confirmação por meio da decisão em meio à sua estrutura de constrangimento. Quando Brecht fez seguir à sua primeira peça, coletivista e didática, *Aquele que diz sim*, depois de uma discussão com alunos, *Aquele que diz não*, o dissidente, ele contribuiu, contra o seu credo oficial, para a admissão dessa ideia.

do sujeito não são consonantes com a cadeia causal, um salto brusco acontece. Esse elemento suplementar, fático, no qual a consciência se aliena, não é interpretado uma vez mais pela tradição filosófica senão como consciência. Essa consciência deve intervir como se a intervenção do espírito puro fosse de algum modo imaginável. Pelo bem da causa, constrói-se o que se precisaria demonstrar: somente a reflexão do sujeito seria capaz de, se não quebrar a causalidade natural, ao menos mudar a sua direção, acrescentando outras séries de motivações. A autoexperiência do momento de liberdade está ligada à consciência; o sujeito só se sabe livre na medida em que sua ação se aparece idêntica a ele mesmo, e isso só se dá no caso das ações conscientes. É nelas somente que, de maneira penosa e efêmera, a subjetividade ergue a cabeça. Mas a insistência nessa experiência se restringe em sentido racionalista. Nessa medida, em virtude de sua concepção da razão prática enquanto a razão verdadeiramente "pura", a saber, soberana em relação a toda matéria, Kant permanece preso à escola que a crítica da razão teórica invertera. A consciência, a intelecção racional, não é simplesmente idêntica à ação livre, ela não pode ser diretamente equiparada à vontade. A vontade é para ele a quinta-essência da liberdade, a "faculdade" de agir livremente é a unidade característica de todos os atos que são representados como livres. Quanto às categorias que, "no campo do suprassensível", se acham em uma "ligação necessária" com o "fundamento de determinação da vontade pura", ele ensina que "elas não possuem jamais articulação senão com seres inteligentes e junto a esses apenas em vista da relação entre a razão e a vontade, por conseguinte apenas em vista da relação prática".[10] Por meio da vontade, a razão se realizaria, sem que nenhuma matéria, independentemente de sua constituição, jamais a limitasse. Para esse ponto deveriam convergir as formulações disperas em meio aos escritos de filosofia moral de Kant. Na *Fundamentação da metafísica dos costumes*, a vontade é "pensada como uma faculdade de determinar-se a agir segundo a representação de certas leis".[11]* De acordo com uma passagem posterior do mesmo escrito, a vontade é "uma espécie de causalidade dos seres vivos enquanto eles são racionais, e a liberdade seria aquela propriedade dessa causalidade por meio da qual ela pode atuar independentemente de causas estranhas que a determinem".[12] O oxímoro "causalidade por meio da liberdade" que aparece na tese da terceira antinomia e é explicitado na *Fundamentação da metafísica dos costumes* só é plausível graças à abstração que reduz a vontade à razão. De fato, a liberdade torna-se para Kant uma propriedade da causalidade dos sujeitos viventes porque ela se acha para além das causas estranhas que a determinam e se concentra nessa necessidade que coincide com a

---

* A "representação de certas leis" refere-se ao conceito da razão pura que Kant definide enquanto "a faculdade do conhecimento a partir de princípios".

razão. Mesmo a concepção da vontade como "faculdade dos fins"[13] na *Crítica da razão prática*, apesar de sua orientação pelo conceito objetivo de fim, interpreta a vontade como razão teórica, uma vez que os fins "são sempre razões determinantes da faculdade de desejar segundo princípios".[14] Entre os princípios, porém, só se concebem as leis da razão, às quais se atribui tacitamente a capacidade de dirigir a faculdade de desejar que pertence, por sua vez, ao mundo sensível. Enquanto puro λόγος, a vontade torna-se uma terra de ninguém entre sujeito e objeto, antinômica de um modo diverso do que tinha sido visado pela crítica da razão. — Todavia, no começo da autorreflexão do sujeito moderno em seu caminho de emancipação, em Hamlet, a divergência entre compreensão e ação é paradigmaticamente apresentada. Quanto mais o sujeito se torna um ser-por-si e se distancia de uma consonância sem fissuras com a ordem previamente dada, tanto menos coincidem ação e consciência. Segundo as regras de jogo racionalistas, é próprio do elemento suplementar um aspecto irracional. Esse aspecto desmente o dualismo cartesiano entre *res extensa* e *res cogitans** que, como se se tratasse de alguma coisa mental, anexa o elemento suplementar à *res cogitans*, sem qualquer consideração daquilo que o diferencia do pensamento. O elemento suplementar é impulso, resto de uma fase na qual o dualismo entre extra e intramental ainda não tinha se consolidado inteiramente; ele não pode nem ser conscientemente descartado, nem se mostrar como um elemento ontologicamente derradeiro. Isso também tangencia o conceito de vontade, que tem por conteúdo os assim chamados fatos da consciência, os quais ao mesmo tempo, de maneira puramente descritiva, não são apenas tais fatos; eis o que se esconde na passagem da vontade para a prática. O impulso, ao mesmo tempo intramental e somático, impele para além da esfera da consciência, uma esfera à qual, porém, ele pertence. Com o impulso, a liberdade penetra na experiência; isto anima seu conceito de liberdade entendido como o conceito de um estado que não seria nem natureza cega, nem natureza reprimida. O fantasma da liberdade — que não deixa a razão se estiolar em face da presença de nenhuma prova de interdependência causal — é o fantasma de uma reconciliação entre espírito e natureza. Esse fantasma não é tão estranho à razão quanto parece sob o aspecto da equiparação kantiana da razão com a vontade; ele não cai do céu. Para a reflexão filosófica, ele aparece como algo pura e simplesmente diverso, porque a vontade reduzida à razão pura prática é uma abstração. O elemento suplementar é o nome dado àquilo que foi exterminado por essa abstração; sem ele, a vontade não teria nenhuma realidade. Esse elemento suplementar surge subitamente entre os polos daquilo que se deu há muito tempo e quase se tornou incognoscível e daquilo que um dia poderia ser. A verdadeira prática, a quinta-essência das

* Em latim no original: coisa extensa e coisa pensante. (N.T.)

ações que satisfariam a ideia de liberdade, necessita, em verdade, da plena consciência teórica. O decisionismo que elimina a razão na passagem para a ação entrega-a ao automatismo da dominação: a liberdade irrefletida que ele pretende possuir torna-se escrava da não-liberdade total. O império hitlerista, unindo o decisionismo e o darwinismo social, prolongamento afirmativo da causalidade natural, foi instrutivo quanto a esse ponto. A prática também necessita, porém, de algo diverso, que não se esgote na consciência, algo corpóreo, mediado com respeito à razão e diverso dela qualitativamente. Estes dois momentos não são experimentados de maneira alguma como separados; não obstante, a análise filosófica dispôs o fenômeno de tal modo que, depois disso, na linguagem da filosofia, não podemos exprimi-lo senão dando a impressão de adicionar uma outra coisa à racionalidade. Ao fazer valer a razão como o único motor da prática, Kant permaneceu preso a esse elemento esvaecidamente teórico contra o qual ele inventou, por compensação, o primado da razão prática. Disso se ressente toda a sua filosofia moral. Aquilo que, na ação, se diferencia da consciência pura — a qual em Kant impele à ação —, aquilo que eclode repentinamente, é a espontaneidade que Kant transplantou igualmente para a consciência pura, porque de outro modo a função constitutiva do "eu penso" teria sido ameaçada. A memória daquilo que foi excluído só sobrevive nele na dupla significação da espontaneidade interpretada de maneira intramental. Ela por um lado é uma capacidade da consciência: pensamento; por outro lado, é inconsciente e involuntária, a batida do coração da *res cogitans* para além dela. A própria consciência pura — "a lógica" — é algo que veio a ser e algo válido no qual sua gênese sucumbiu. Ela tem essa gênese no momento escamoteado pela doutrina kantiana, no momento da negação da vontade que, de acordo com Kant, seria consciência pura. A lógica é uma prática isolada em relação a si mesma. O comportamento contemplativo, correlato subjetivo da lógica, é um comportamento que não quer nada. Inversamente, todo ato da vontade rompe o mecanismo autárquico da lógica; isso faz com que teoria e prática entrem em oposição. Kant inverte o modo como as coisas se dão. Por mais que o ulterior possa ser cada vez mais sublimado com o crescimento da consciência e por mais que essa seja mesmo a condição necessária para a formação do conceito de vontade enquanto algo substancial e coerente — se a forma de reação motora fosse totalmente liquidada, se a mão não se movesse mais, não haveria nenhuma vontade. O que os grandes filósofos racionalistas entendem por vontade já era uma negação da vontade, sem que eles jamais tenham prestado contas sobre isso, e o Schopenhauer do quarto livro* não estava errado ao se sentir kantiano. O fato

* Trata-se do quarto livro de *O mundo como vontade e representação*, segundo ponto de vista: "Chegando a conhecer a si mesma, a vontade de viver se afirma e depois se nega." (N.T.)

de não haver nenhuma consciência sem vontade se desvanece para os idealistas em uma identidade total: como se a vontade não fosse outra coisa senão consciência. No conceito mais profundo da teoria do conhecimento transcendental, no conceito de imaginação produtiva, o rastro da vontade emigra para o interior da pura função intelectiva. Uma vez feito isso, a espontaneidade é curiosamente atribuída à vontade. A razão não se desenvolveu apenas geneticamente a partir da energia pulsional da qual se mostra como uma diferenciação: sem essa vontade que se manifesta no arbítrio inerente a cada ato de pensamento e que fornece sozinha o fundamento de diferenciação desses atos ante os momentos passivos, "receptivos" do sujeito, não haveria nenhum pensamento em sentido próprio. O idealismo, contudo, se devotou ao contrário e não pode reconhecê-lo sob pena de morte; isso explica tanto a inversão quanto a sua proximidade com o estado de coisas verdadeiro.

De acordo com a figura concreta da não-liberdade, a liberdade só pode ser apreendida em uma negação determinada. Positivamente, ela se torna um "como se". É isso literalmente que se apresenta na *Fundamentação da metafísica dos costumes*: "Digo então: todo ser que não pode agir senão sob a ideia de liberdade é por isso mesmo realmente livre do ponto de vista prático; isto é, valem para ele todas as leis que estão indissoluvelmente ligadas com a liberdade, exatamente como se a sua vontade também fosse declarada livre em si mesma e por razões válidas em vista da filosofia teórica."[15] O aspecto aporético dessa ficção, à qual talvez o "digo então" tenha conferido uma tal ênfase subjetiva justamente por causa de sua fraqueza, é iluminado por uma nota de pé de página na qual Kant se desculpa por "admitir, como suficiente para nosso escopo, a liberdade somente sob a forma da ideia que os seres racionais estabelecem como fundamento de suas ações", "a fim de não ter a necessidade de empenhar-me em demonstrar a liberdade também segundo o seu ponto de vista teórico".[16] Mas ele tem em vista seres que não podem agir senão a partir dessa ideia, ou seja, homens reais; e são esses homens que, de acordo com a *Crítica da razão pura*, são visados pelo "ponto de vista teórico" que inscreve a causalidade em sua tábua das categorias. É necessário um esforço desproporcional de Kant para atribuir a liberdade a homens empíricos, como se a vontade desses homens tivesse sido demonstrada como livre mesmo na filosofia teórica (naquela da natureza); pois se a lei moral lhes fosse pura e simplesmente incomensurável, então a filosofia moral não teria nenhum sentido. Ela gostaria muito de se desembaraçar do fato de a terceira antinomia reprovar na mesma medida as duas respostas possíveis como transgressões de seus limites, terminando com um "passo". Apesar de Kant anunciar rigorosamente na filosofia prática o *chorismos* entre o que é e o que deve ser, ele é obrigado a empreender mediações. Sua ideia de liberdade torna-se paradoxal: ela é incorporada à causalidade do mundo dos fenômenos que é incompatível com o seu conceito kantiano. Com a inocência magnífica à qual mesmo os paralogismos kantianos devem o seu primado sobre todas as astúcias, Kant exprime esse fato na proposição sobre os seres que não poderiam agir senão a partir da ideia de liberdade, seres cuja consciência subjetiva está presa a essa ideia. Sua liberdade tem por base a sua ausência de liberdade, o não poder agir de outro modo, e, ao mesmo tempo, uma consciência empírica que poderia se enganar por *amour propre* quanto à sua liberdade como quanto a um número incontável de outras coisas de sua própria vida psíquica; o ser da liberdade seria confiado à casualidade da existência espaciotemporal. Se a liberdade é estabelecida positivamente, como um dado ou algo inevitável em meio ao dado, ela se transforma imediatamente na não-liberdade. Mas a paradoxia da doutrina kantiana da liberdade corresponde rigorosamente à sua localização na realidade. A ênfase social na liberdade como um existente segue lado a lado com uma repressão não-atenuada e, no domínio da psicologia, com traços coercitivos. Essa repressão e esses traços são comuns à filosofia moral kantiana em si antagonística e a uma prática criminológica na qual a doutrina dogmática da liberdade da vontade se alia com a necessidade de punir severamente, sem levar em conta as condições empíricas. Todos os conceitos que, na *Crítica da razão prática*, em honra da liberdade, devem preencher o abismo entre o imperativo e os homens são repressivos: lei, obrigação, respeito, dever. Uma causalidade derivada da liberdade corrompe a liberdade e a transforma em obediência. Kant, tal como os idealistas depois dele, não pode suportar a liberdade sem coerção; sua concepção não-velada já prepara para ele esse temor ante a anarquia que inspira mais tarde a consciência burguesa à liquidação de sua própria liberdade. Inumeráveis formulações da *Crítica da razão prática* permitem que reconheçamos isto, por meio do tom talvez ainda um pouco mais do que por meio do conteúdo: "O respeito à lei é, então, a consciência de uma livre submissão da vontade à lei, ligada, contudo, com uma coerção inevitável que é exercida sobre todas as inclinações, mas apenas por meio da própria razão."[17] Aquilo que Kant transformou em a priori, conferindo-lhe uma majestade terrificante, os analistas o reportam a condições psicológicas. Na medida em que explica de maneira causal aquilo que no idealismo rebaixa a liberdade a uma coerção inevitável, a ciência determinista auxilia objetivamente a liberdade: ela é um fragmento de sua dialética.

O idealismo alemão desenvolvido está de acordo nesse ponto com uma canção recolhida no mesmo período em *Des Knaben Wunderhorn*:* os pensamen-

---

* Coletânea de textos populares alemães em três volumes, organizada por Clemens Brentano e Ludwig Achim von Arnim entre 1805 e 1808. (N.T.)

tos são livres. Como, segundo sua doutrina, tudo o que é deve ser pensamento, i.e., pensamento do absoluto, tudo o que é deve ser livre. Mas isso não procura senão apaziguar a consciência do fato de que os pensamentos não são de maneira alguma livres. Poder-se-ia comprovar a sua não-liberdade mesmo antes de todo controle social, de toda adaptação às relações de dominação, em sua forma pura, na consistência lógica, a existência de uma coerção em face daquilo que é pensado tanto quanto em face daquele que pensa e que só se apropria do pensado por meio da concentração. Estrangula-se aquilo que não se integra à execução do juízo; o pensamento exerce de antemão essa violência que a filosofia refletiu no conceito de necessidade. Por meio de uma identificação, a filosofia e a sociedade se intermediam de maneira maximamente profunda no interior dessa necessidade. A regulamentação hoje universal do pensamento científico traz à tona essa relação antiquíssima nos modos de procedimento e nas formas de organização. Sem o momento coercitivo, porém, o pensamento não poderia existir de maneira alguma. A contradição entre liberdade e pensamento não pode ser eliminada nem pelo pensamento, nem para o pensamento, mas exige sua autorreflexão. Os filósofos especulativos de Leibniz a Schopenhauer com razão concentraram os seus esforços na causalidade. Ela é a cruz do racionalismo nesse sentido mais amplo que compreende ainda a metafísica schopenhaueriana, porquanto ela se sabe sobre um solo kantiano. A normatividade das formas puras do pensamento, a *causa cognoscendi*, é projetada sobre os objetos como *causa efficiens*. A causalidade supõe o princípio lógico-formal, mais propriamente a ausência de contradições, o princípio da identidade nua e crua, enquanto regra do conhecimento material de objetos, ainda que o desenvolvimento tenha transcorrido historicamente de maneira inversa. Daí a equivocidade presente na palavra *ratio*: razão e fundamento. É isso que a causalidade tem de expiar: segundo a intelecção humeniana, ela não pode se reportar a nada sensivelmente imediato. Nessa medida, ela está inserida no idealismo como um resto dogmático, uma vez que sem a causalidade ele não poderia exercer o domínio desejado sobre o ente. Privado da coerção à identidade, o pensamento talvez pudesse renunciar à causalidade que é modelada segundo essa coerção. Esta hipostasia a forma como critério obrigatório para um conteúdo que não apresenta essa forma por si: uma reflexão metacrítica teria de acolher o empirismo. Em contrapartida, toda a filosofia kantiana se acha sob o signo da unidade. Apesar dos fortes acentos sobre o elemento material que não é derivado das formas puras, isso lhe confere o seu caráter de sistema: Kant não esperava do sistema menos do que os seus sucessores. A unidade dominante, porém, é o mesmo conceito da razão, e, por fim, a unidade lógica da pura ausência de contradições. Nada é acrescentado a essa lógica na doutrina kantiana da prática. A distinção sugerida terminologicamente entre a razão pura teórica e a razão pura prática, assim como entre uma razão lógico-formal e uma lógico-transcendental e, finalmente, a diferença da doutrina das ideias em sentido mais restrito, essas não são diferenças no interior da razão em si, mas somente em vista de seu uso, que ou não tem nada em comum com objetos, ou se refere pura e simplesmente à possibilidade de objetos, ou ainda, como a razão prática, cria seus objetos, as ações livres, a partir de si mesmo. A doutrina hegeliana, segundo a qual a lógica e a metafísica são o mesmo, está já embrionariamente em Kant, sem se tornar, contudo, temática. Para Kant, a objetividade da razão enquanto tal, quinta-essência da validade lógico-formal, se transforma em refúgio da ontologia, ferida mortalmente pela crítica em todos os âmbitos materiais. Isso não instaura apenas a unidade das três críticas: enquanto esse momento de unidade, a razão adquire justamente esse caráter duplo que mais tarde se tornou uma das motivações da dialética. Para ele, a razão é por um lado distinta do pensamento, a pura figura da subjetividade; por outro lado, como quinta-essência da validade objetiva, ela é arquétipo de toda objetividade. Seu caráter duplo permite à filosofia kantiana tanto quanto aos idealistas alemães seu ponto de virada: proclamar a objetividade da verdade e de todo conteúdo, uma objetividade esvaziada de maneira nominalista pela subjetividade, em nome da mesma subjetividade que aniquila essa objetividade. Na razão, esses dois componentes já se mostram como uma coisa só; mas tudo aquilo que se tem de alguma forma em vista como objetividade, tudo aquilo que se opõe à subjetividade, desaparece abstratamente no sujeito, por mais que Kant ainda se oponha a isso. A duplicidade estrutural do conceito de razão, porém, também contamina o conceito de vontade. Ainda que a vontade, em nome da espontaneidade, em nome daquilo que não pode ser de modo algum objetivado no sujeito, não deva ser outra coisa senão sujeito, ela se transforma, fixa e idêntica a si mesma como a razão, objetivada, em uma faculdade hipotética, mas fática em meio ao mundo empírico-fático e, assim, em algo comensurável com esse mundo. É somente graças à sua natureza ôntica a priori, à natureza de algo subsistente do tipo de uma propriedade, que podemos emitir sem contrassenso o julgamento sobre ela: o julgamento de que ela cria seus objetos, os atos. Ela pertence ao mundo no qual atua. O fato de isso poder ser confirmado é a recompensa pela instalação da razão pura enquanto conceito indiferenciado. Quem paga por isso é a vontade da qual são excluídos como heterônomos todos os impulsos que se recusam à objetivação.

Não pode pesar demais uma objeção levantada contra Kant de modo imanente ao seu sistema, a objeção de que a subdivisão da razão segundo os seus objetos a torna, contrariamente à doutrina da autonomia, dependente daquilo que ela não deve ser dependente, do elemento extrarracional. Nessa discrepância, vem à tona, apesar das intenções kantianas, aquilo de que ele teria gostado de fugir: o fato de a razão ser reenviada interiomente para o seu não-idêntico.

Só que Kant não vai tão longe: a doutrina da unidade da razão em todas as suas pretensas áreas de aplicação supõe uma separação sólida entre a razão e o seu campo de aplicação. Na medida, contudo, em que a razão se relaciona necessariamente com um tal campo para ser uma razão, ela também é, em contraposição à sua teoria, determinada por ele. A constituição dos objetos intervém qualitativamente em juízos sobre aquilo que tem de ser praticamente feito de maneira diversa do que nos princípios teóricos kantianos. A razão diferencia-se em si segundo os seus objetos; não se pode, extrinsecamente, com diversos graus de validade, aplicar sempre a mesma razão aos diversos âmbitos de objeto. Isso também se comunica à doutrina da vontade. Ela não é χωρίς* de seu material, da sociedade. Se ela o fosse, então o imperativo categórico cometeria um crime contra si mesmo; considerados como não sendo nada além de seu material, os outros homens só seriam utilizados pelo sujeito autônomo como meio, não também como fins. Esse é o contrassenso da construção monadológica da moral. O comportamento moral, evidentemente mais concreto do que um comportamento meramente teórico, torna-se mais formal do que este em consequência da doutrina de que a razão prática é independente de tudo "aquilo que lhe é estrangeiro", de todo objeto. Com certeza, o formalismo da ética kantiana não é apenas essa coisa condenável que, desde Scheler, vem sendo estigmatizada pela filosofia escolar reacionária alemã. Apesar de não fornecer nenhuma casuística positiva daquilo que se precisaria fazer, ele interdita humanamente o abuso de diferenças qualitativas de conteúdo em favor do privilégio e da ideologia. Ele estipula a norma de direito universal; nessa medida, apesar de e por causa mesmo de sua abstração, continua vivendo um certo conteúdo, a ideia de igualdade. A crítica alemã de que o formalismo kantiano seria por demais racionalista conheceu a sua cor sangrenta na prática fascista que tornava dependente da aparência cega, do pertencimento ou não-pertencimento a uma raça designada, quem deveria ser assassinado. O caráter de aparência de uma tal concretude — o fato de homens serem subsumidos a conceitos arbitrários por meio de uma abstração plenificada e serem tratados de acordo com isso — não apaga a mancha que desde então macula a palavra "concreto". Assim, porém, não se anula a crítica à moralidade abstrata. Não mais do que a ética supostamente material dos valores, ela também não é suficiente em face da ausência persistente de conciliação entre o particular e o universal. Elevada ao nível de um princípio, o recurso a uma ou à outra se mostra como injustiça em relação ao oposto. A eliminação da prática da razão prática kantiana, ou seja, o seu racionalismo, e a sua desobjetivação estão ligadas; é somente no momento em que é desobjetivada que a razão prática se transforma nesse elemento absolutamente

* Em grego no original: separada. (N.T.)

soberano que deve poder atuar na empiria sem a considerar — e sem considerar o salto entre o agir e o fazer. A doutrina da razão pura prática prepara a retradução da espontaneidade na contemplação que se realizou efetivamente mais tarde na história da burguesia e que culminou na apatia política, um fato extremamente político. A aparência da objetividade em si da razão prática é instaurada pela sua subjetividade plenificada; não se consegue mais ver como ela, para além do abismo ontológico, deve intervir e alcançar de algum modo o ente. É aí que se encontra a raiz do irracional mesmo na lei moral kantiana, daquilo para o que Kant escolheu a expressão "dado", negando toda transparência racional: o irracional impede o progresso da reflexão. Como a liberdade desemboca em Kant, mesmo no domínio prático, na invariância de uma razão sempre igual a si mesma, ela perde isso que na linguagem usual distingue razão e vontade. Por força de sua racionalidade total, a vontade se torna irracional. A crítica da razão prática movimenta-se em um nexo de ofuscação. Para ela, o espírito já serve como um sucedâneo da ação que não deve ser aí nada além do mero espírito. Isso sabota a liberdade: seu suporte kantiano, a razão, coincide com a lei pura. Em Kant, a liberdade necessitaria do heterônomo. Sem algo contingente segundo o critério da razão pura, haveria tão pouca liberdade quanto sem o juízo racional. A cisão absoluta entre liberdade e contingência é tão arbitrária quanto a cisão absoluta entre liberdade e racionalidade. De acordo com um critério não-dialético de normatividade, sempre aparece na liberdade algo contingente; ela exige uma reflexão que se eleve acima das categorias particulares da lei e da contingência.

O conceito moderno de razão era o conceito da indiferença. Nele equilibram-se o pensamento subjetivo reduzido à forma pura — e por meio disso objetivado potencialmente, arrancado do eu — e a validade das formas lógicas despidas daquilo que as constitui enquanto tal, formas que não seriam por sua vez representáveis sem o pensamento subjetivo. Em Kant, participam de uma tal objetividade as manifestações da vontade, os atos; é por isso que eles também se chamam objetos.* Sua objetividade, calcada no modelo da razão, ignora a *differentia specifica* entre o ato e o objeto. De maneira análoga, a vontade, conceito superior ou momento da unidade dos atos, é objetivada. O que lhe acontece teoricamente por meio daí não é, contudo, totalmente privado de um certo

* "Por um conceito da razão prática compreendo a representação de um objeto enquanto um efeito possível por meio da liberdade. Portanto, ser um objeto do conhecimento prático enquanto tal não designa senão a ligação da vontade com a ação por meio da qual ele ou o seu contrário foi feito, e o julgamento sobre se algo é ou não um objeto da razão pura prática é apenas a diferença da possibilidade ou impossibilidade de querer aquela ação, por meio do que, se tivéssemos a capacidade para tanto, um certo objeto viria a ser." (Kant, *Kritik der praktischen Vernunft* [*Crítica da razão prática*], *Werke* V, Akademie-Ausgabe, p.57.)

conteúdo veritativo, apesar de toda contradição flagrante. Em face dos impulsos singulares, a vontade é de fato efetivamente autônoma, de maneira quase coisal; e isso tanto quanto o princípio unificador do eu alcança alguma autonomia ante os seus fenômenos enquanto "seus". Pode-se falar de uma vontade autônoma e, nessa medida, também objetiva, assim como de um eu forte ou, segundo a terminologia mais antiga, de um caráter; mesmo fora da construção kantiana, a vontade é esse elemento intermediário entre a natureza e o *mundus intelligibilis* que Benjamin contrapôs ao destino.[18] A objetivação dos impulsos singulares em uma vontade que os sintetiza e determina é a sua sublimação, o desvio bem-sucedido, deslocador, durável da finalidade pulsional primária. Em Kant, a racionalidade da vontade transcreve fielmente essa objetivação. Por meio dela, a vontade se transforma em algo diverso de seu "material", os estímulos difusos. Destacar em um homem sua vontade significa trazer à luz o momento da unidade de seus atos, e isso implica a subordinação desses atos à razão. No título italiano do *Don Giovanni*, o libertino se chama *Il dissoluto*, o dissoluto; a língua opta pela moral como a unidade da pessoa segundo a lei racional abstrata. A doutrina moral kantiana atribui à totalidade do sujeito o predomínio sobre os momentos a partir dos quais apenas essa totalidade tem sua vida, mas que não seriam vontade fora de uma tal totalidade. Essa descoberta foi progressiva: ela impediu que se continuasse julgando de maneira casuística os estímulos particulares; ela também prepara internamente o fim da ideia de justiça da obra. Isso contribui para a liberdade. O sujeito torna-se moral por si mesmo, ele não pode ser avaliado segundo um elemento interna e externamente particular, um elemento que lhe é estranho. Por meio do estabelecimento da unidade racional da vontade enquanto instância moral única, o sujeito conquista proteção contra a violência perpetrada contra ele por uma sociedade hierárquica que — como ainda em Dante — julga suas ações, sem que sua lei tenha sido assimilada por sua própria consciência. Os próprios atos tornam-se de valor incerto; nenhum ato isolado é absolutamente bom ou mau, seu critério é a "boa vontade", seu princípio unificador. A interiorização da sociedade como um todo substitui os reflexos de uma ordem de castas cuja estrutura explode tanto mais o que há de universal nos homens quanto mais rígida ela se mostra. O exílio da moral na sóbria unidade da razão era o sublime com tons burgueses de Kant, apesar de toda a falsa consciência que continha a objetivação da vontade.

De acordo com Kant, a afirmação da liberdade tanto quanto da não-liberdade termina em contradições. Por isso, a controvérsia deve ser infrutífera. Sob a hipóstase de critérios científico-metodológicos, é dado por evidente que teoremas incapazes de serem protegidos contra a possibilidade de sua oposição contraditória têm de ser descartados pelo pensamento racional. Desde Hegel, isso não é mais sustentável. A contradição pode ser uma contradição na coisa, ela não pode ser imputada a priori ao método. A urgência do interesse na liberdade sugere uma tal contraditoriedade objetiva. No que Kant demonstrou a necessidade das antinomias, ele também recusou o recurso à ideia do falso problema. No entanto, ele se curvou rapidamente à lógica da não-contradição.* Não falta inteiramente a consciência desse fato à dialética transcendental. Com certeza, a dialética kantiana é apresentada segundo o modelo aristotélico como uma dialética de conclusões necessárias. Mas ela desenvolve a cada vez a tese e a antítese de maneira em si isenta de contradições. Nessa medida, ela não resolve de maneira alguma confortavelmente a antitética, mas quer demonstrar sua inevitabilidade. Ela só poderia ser "resolvida" por meio de uma reflexão de um nível mais elevado, enquanto hipóstase da razão lógica face àquilo de cujo ser-em-si ela não conheceria nada e que, por isso, ela não conseguiria julgar positivamente. O fato de a contradição ser incontornável para a razão prova que ela escapa à razão e à "lógica". Em termos de conteúdo, isso confere ao portador da razão, ao sujeito, a possibilidade de ser as duas coisas, livre e não-livre. Kant aplaca a contradição, com os meios de uma lógica não-dialética, por meio da distinção entre o sujeito puro e o sujeito empírico, uma distinção que se abstrai da mediação dos dois conceitos. O sujeito deve ser não-livre porquanto também ele, objeto de si mesmo, é submetido à síntese normativa por meio das categorias. Para poder agir no mundo empírico, o sujeito não pode ser de fato concebido de outra forma senão enquanto "fenômeno". Kant não o nega de modo algum constantemente. A crítica especulativa deixa, é isso que nos ensina a obra sobre a razão prática em consonância com a obra sobre a razão pura, "os objetos da experiência enquanto tal, e dentre eles mesmo nosso próprio sujeito, serem considerados apenas como fenômeno".[19] A síntese, a mediação não pode ser subtraída por nada sobre o que se julga positivamente. Momento da unidade do pensamento, ela abarca sob si tudo aquilo que é pensado e o define como necessário. Também não seria tocado o discurso sobre o eu forte enquanto uma identidade fixa, condição da liberdade. Ele não teria nenhum poder sobre

* "Pois aquilo que nos impele necessariamente para além dos limites da experiência e de todo fenômeno é o incondicionado que a razão exige nas coisas em si mesmas, necessariamente e com todo direito, em relação a tudo aquilo que é condicionado, a fim de levar por meio daí a série de condições ao seu acabamento. Admitindo que nosso conhecimento experimental se regula a partir dos objetos enquanto coisas em si mesmas, descobre-se que o incondicionado não pode ser de modo algum pensado sem contradição; ao contrário, se admitirmos que nossa representação das coisas, tal como elas nos são dadas, não se orienta por essas coisas enquanto coisas em si, mas que esses objetos se orientam muito mais enquanto fenômenos segundo nosso modo de representação, a contradição desaparece; e se, consequentemente, o incondicionado não precisa ser encontrado nas coisas na medida em que as conhecemos (na medida em que elas nos são dadas), mas inversamente nelas mesmas, na medida em que não as conhecemos, enquanto coisas em si mesmas, assim se mostra que aquilo que assumimos de início apenas a título de experimento é bem fundado." (Kant, *Kritik der praktischen Vernunft* [*Crítica da razão prática*], *Werke* III, Akademie-Ausgabe, p.13s.)

o *chorismos*. Em termos kantianos, a objetivação do caráter só seria localizável no âmbito do *constitutum*, não no âmbito do *constituens*.* De outro modo, Kant cometeria o mesmo paralogismo pelo qual acusa os racionalistas. O sujeito, porém, seria livre, na medida em que ele posiciona sua própria identidade, o fundamento de sua normatividade; dito em termos kantianos: na medida em que ele a "constitui". Fazer do *constituens* o sujeito transcendental e do *constitutum* o sujeito empírico não elimina a contradição, pois não há nada transcendental senão individualizado na unidade da consciência, ou seja, como momento do sujeito empírico. Necessita-se do não-idêntico irredutível que delimita ao mesmo tempo a normatividade. Sem esse não-idêntico, não haveria nem identidade, nem uma lei imanente da subjetividade. Essa não é uma lei senão para o não-idêntico; senão ela é tautologia. O princípio identificador do sujeito é ele mesmo o princípio interiorizado da sociedade. Por isso, nos sujeitos reais que existem socialmente, a não liberdade tem até hoje o primado ante a liberdade. No interior da realidade moldada segundo o princípio da identidade não há nenhuma liberdade dada positivamente. Onde, sob o encantamento universal, os homens parecem liberados neles mesmos do princípio de identidade e, com isso, dos determinantes intelectivos, eles não se acham para além, mas aquém do ser-determinado: enquanto esquizofrenia, a liberdade subjetiva é um elemento destrutivo que só integra efetivamente os homens ao encantamento da natureza.

Uma vontade sem impulsos corporais que continuam a viver atenuados na imaginação não seria vontade alguma; ao mesmo tempo, contudo, ela se erige como uma unidade centralizadora dos impulsos, como a instância que os doma e potencialmente os nega. Isso impõe uma determinação dialética da vontade. Ela é a força da consciência graças à qual essa consciência abandona o seu próprio âmbito de circulação e altera, assim, aquilo que está meramente aí; essa transformação da consciência é resistência. Incontestavelmente, a lembrança disso acompanhou de modo constante a doutrina transcendental e racional da moral; é o que podemos ver na asserção kantiana da lei moral como um dado independente da consciência filosófica. Sua tese é heterônoma e autoritária, mas tem seu momento veritativo no fato de que ela restringe o puro caráter racional da lei moral. Se a razão una fosse tomada rigorosamente, então ela não poderia ser nenhuma outra razão senão a razão não encurtada, filosófica. Esse tema culmina na fórmula fichtiana da autoevidência do moral. Enquanto má consciência da racionalidade da vontade, contudo, sua irracionalidade é reprimida e falseada. Se a vontade deve ser algum dia autoevidente, dispensada da reflexão racional, então o autoevidente oferece refúgio para tudo aquilo que permanece não elucidado e para a repressão. A autoevidência é a marca distin-

* Em latim no original: constituído e constituinte. (N.T.)

tiva do civilizatório: bom seria o uno, imutável, idêntico. O que não se coaduna com isso, toda a herança do momento pré-lógico da natureza, transforma-se imediatamente no mal, de maneira tão abstrata quanto o princípio de seu contrário. O mal burguês é a pós-existência do mais antigo, assujeitado, mas não totalmente. Assim como a sua contrapartida violenta, o mal também não é, contudo, incondicionado. É somente a consciência que pode decidir a cada vez sobre isso, a consciência que reflete os momentos de maneira tão ampla e consequente quanto eles são alcançáveis para ela. Não há propriamente nenhuma outra instância para a prática correta e para o próprio bem senão o estado maximamente desenvolvido da teoria. Uma ideia do bem que deve guiar a vontade, sem que penetrem nela completamente as determinações concretas da razão, obedece sem perceber à consciência reificada, ao que é aprovado socialmente. A vontade arrancada à razão e declarada como finalidade de si mesma, a vontade cujo triunfo foi reivindicado pelos nacional-socialistas em uma de suas convenções partidárias, está pronta para o crime tanto quanto todos os ideais que se insurgem contra a razão. A autoevidência da boa vontade é se agarrar a uma miragem, sedimento histórico do poder, ao qual a vontade teria de resistir. Em contraposição ao seu fariseísmo, o momento irracional da vontade condena de maneira principial todo o moral à falibilidade. Não existe segurança moral; pressupô-la seria já imoral, desoneração falsa do indivíduo em relação àquilo que poderia de algum modo receber o nome de eticidade. Quanto mais impiedosamente a sociedade se traveste de forma objetiva e antagonística até o cerne dessa situação, tanto menos se pode garantir qualquer decisão moral individual como uma decisão correta. O que quer que o singular ou o grupo empreendam contra a totalidade da qual eles são parte é contaminado pelo mal relativo a essa totalidade; e não menos quem não faz nada. No que diz respeito a isso, o pecado original se secularizou. O sujeito individual, que se arroga como moralmente seguro, fracassa e torna-se cúmplice porque, prisioneiro da ordem, quase não consegue fazer nada quanto às condições que apelam à natureza moral e gritam pela sua transformação. Para designar uma tal decadência não da moral, mas do moral, a engenhosa língua alemã do pós-guerra fabricou o termo *Uberforderung* [exigência excessiva], por sua vez um instrumento apologético. Todas as determinações pensáveis do moral, até a mais formal, da unidade da autoconsciência enquanto razão, são extraídas dessa matéria em relação à qual precisamente a filosofia moral queria se manter imaculada. Hoje, a moral transformou-se na heteronomia por ela detestada e tende a se suprimir. Sem recurso a um material, nenhum dever poderia ser derivado da razão; mas se a razão precisa reconhecer um dia seu material *in abstracto* como condição de sua possibilidade, ela não pode impedir a meditação sobre o material específico; senão, justamente isso a tornaria heterônoma. Se olharmos para trás, a positividade daquilo que é moral, a infalibilidade que os idealistas subjetivos lhe atestavam, desvela-se como função de uma sociedade ainda relativamente fechada ou ao menos como função da aparência assumida por essa sociedade para a consciência nela circunscrita. Talvez seja isso que Benjamin tinha em vista com as condições e os limites da humanidade. O primado da razão prática sobre a teoria exigido pela doutrina kantiana e fichtiana, a bem dizer um primado de fato da razão sobre a razão, só vale para as fases tradicionalistas cujo horizonte intelectual não suporta nem mesmo as dúvidas que os idealistas tinham a ilusão de dissolver.

Marx acolheu de Kant e do idealismo alemão a tese do primado da razão prática e a aguçou até a exigência de transformar o mundo, ao invés de simplesmente interpretá-lo. Com isso, ele subescreveu o programa do domínio absoluto da natureza, um programa burguês desde a origem. Impõe-se aqui o modelo real do princípio de identidade que é combatido enquanto tal pelo materialismo dialético, o esforço por igualar ao sujeito aquilo que lhe é desigual. Mas, na medida em que Marx vira para fora o real imanente ao conceito, ele prepara uma reviravolta. O *telos* dessa prática de acordo com ele remível era a supressão de seu primado na forma que tinha predominado na sociedade burguesa. A contemplação seria possível sem ser desumana, desde que as forças produtivas fossem a tal ponto desencadeadas que os homens não fossem mais absorvidos por uma prática para a qual eles são compelidos pela indigência e que se automatiza em seguida neles. O que há de ruim na contemplação até hoje, naquela contemplação que, tal como Aristóteles desenvolveu pela primeira vez enquanto o *summum bonum*,* se contenta em ficar aquém da prática, é o fato de, justamente por meio de sua indiferença em relação à transformação do mundo, ela ter se transformado em peça da prática limitada: de ela ter se transformado em método e em instrumento. A redução possível do trabalho a uma quantidade mínima precisaria afetar radicalmente o conceito de prática. O que caberia a uma humanidade liberada por meio da prática seria diverso de uma prática que se eleva ideologicamente e faz os sujeitos se engajarem deste ou daquele modo. Um reflexo disso abate-se hoje sobre a contemplação. A objeção corrente, extrapolada das teses sobre Feuerbach, de acordo com a qual a felicidade do espírito se acha interditada pelo crescimento da infelicidade oriunda da demografia explosiva dos países pobres, segundo as catástrofes passadas e iminentes, não tem contra si apenas o fato de na maioria das vezes fazer da impotência uma virtude. Com certeza não se pode mais gozar verdadeiramente do espírito porque uma felicidade que tivesse de se dar conta de sua própria nulidade, do tempo que lhe foi concedido por empréstimo, não seria felicidade alguma. A felicidade também é minada subjetivamente, mesmo onde ainda se faz sentir. Muitas coisas falam

* Em latim no original: o bem supremo. (N.T.)

a favor do fato de também não ser em si uma bênção um conhecimento cuja relação possível com uma prática transformadora é paralisada ao menos temporariamente. A prática é adiada e não pode esperar; a teoria também adoece disso. No entanto, quem não consegue fazer nada sem que, mesmo quando quer o melhor, a ação ameace se voltar para o que há de ruim, vê-se preso ao pensamento; essa é a sua justificação e a justificação da felicidade do espírito. Seu horizonte não precisa ser de maneira alguma o horizonte de uma relação transparente com uma prática ulteriormente possível. Um pensamento protelado sobre a prática tem sempre algo de inadequado, mesmo se ele a adia por uma compulsão nua e crua. Não obstante, ao submetermos o pensamento ao *cui bono*,* tudo é facilmente degradado. Assim como o pensamento, caso seja advertido contra o utopismo, não pode prever aqui e agora aquilo que caberá e será atribuído um dia a uma prática melhor, a prática também não pode jamais, de acordo com o seu próprio conceito, ser absorvida no conhecimento. Sem um visto prático, o pensamento deveria se abater sobre a fachada das coisas, mover-se até onde seja possível. Uma realidade que se fecha à teoria tradicional, mesmo à melhor até aqui, reclama-a em virtude do encanto que a envolve; ela vê o sujeito com olhos tão estranhos que esse sujeito, lembrando-se de seu descaso, não pode se poupar o esforço por responder. O que há de desesperador no bloqueio da prática da qual tudo dependeria confere paradoxalmente a pausa de respiração ao pensamento; não utilizar essa pausa seria um delito no plano prático. Ironicamente, o pensamento se aproveita hoje do fato de não se poder absolutizar seu próprio conceito: enquanto comportamento, permanece um fragmento da prática, por mais velada que ela possa ser para si mesma. Todavia, quem contrasta a felicidade literal e sensível enquanto um bem maior com a felicidade interdita do pensamento não percebe que, ao final do processo de sublimação histórica, a felicidade sensível isolada possui algo de tão regressivo quanto a relação das crianças com a comida, uma relação que é chocante para os adultos. Não se assemelhar às crianças nesse ponto é uma parte da liberdade.

Segundo os resultados da *Analítica transcendental*, a terceira antinomia seria talhada antecipadamente: "Quem vos incumbiu de imaginar um estado pura e simplesmente primeiro do mundo, e, por consequência, um começo absoluto da série dos fenômenos que transcorrem sucessivamente, e de impor com isso limites à natureza ilimitada, a fim de procurar um ponto de repouso à vossa imaginação?"[20] Não obstante, Kant não se contenta com a constatação sumária de que a antinomia é um erro evitável do uso da razão e desenvolve essa anti-

* Em latim no original: em favor de quem. (N.T.)

nomia exatamente como os outros. O idealismo transcendental kantiano contém a proibição anti-idealista de postular uma identidade absoluta. A teoria do conhecimento não deveria se portar como se o teor "infinito" e inabarcável da experiência pudesse ser alcançado em si a partir de determinações positivas da razão em si. Quem comete esse erro cai na contradição insuportável para o *common sense*. Kant, porém, continua sondando esse elemento plausível. Uma razão que procede tal como Kant critica é obrigada, segundo o seu próprio sentido e em favor de seu ideal de conhecimento impassível de ser bloqueado, a ir além do que lhe seria permitido, como que sob uma tentação natural e irresistível. Sussura-se à razão que a totalidade do ente converge de qualquer modo com ela. Por outro lado, a necessidade por assim dizer alheia ao sistema tem o seu elemento autêntico na progressão infinita da razão na busca de suas condições: a ideia do absoluto, sem a qual a verdade não poderia ser pensada, em oposição ao conhecimento enquanto mera *adeaquatio rei atque cogitationis*.* O fato de a progressão, e, com isso, a antinomia, serem incondicionalmente necessárias para a mesma razão que, contudo, precisa reprimir tais excessos enquanto razão crítica na *Analítica transcendental* atesta, com uma autocrítica involuntária, a contradição existente entre o criticismo e a sua própria razão enquanto o órgão de uma verdade enfática. Kant insiste na necessidade da contradição e, ao mesmo tempo, cobre uma tal brecha, explicando essa necessidade oriunda da natureza, escamoteada para a sua honra mais elevada, simplesmente a partir de um uso falso e corrigível dos conceitos. — Assim como se fala na tese da terceira antinomia de uma "causalidade pela liberdade", também se fala de "necessidade"[21] para explicar a liberdade. Portanto, por mais inequivocamente que sua intenção seja anunciada, sua própria teoria prática da liberdade não pode ser simplesmente a-causal ou anticausal. Ele modifica ou amplia o conceito de causalidade, na medida em que não o diferencia explicitamente do conceito aplicado na antítese. Seu teorema já contém algo contraditório antes de toda paradoxia do infinito. Enquanto teoria da validade do conhecimento científico, a *Crítica da razão pura* não pode tratar seus temas senão sob o conceito de lei, incluindo nesse conceito aquilo que deveria ter escapado à normatividade.

Extremamente formal, a célebre definição kantiana da causalidade é: tudo o que acontece pressupõe um estado anterior "ao qual ele segue inexoravelmente segundo uma regra".[22] Em termos históricos, essa definição é dirigida contra a escola leibniziana; contra a interpretação enquanto algo em si da sucessão dos estados a partir de uma necessidade interior. Por outro lado, ela se diferencia de Hume: sem a submissão do pensamento a regras — àquilo que Hume atribuía à convenção, a algo contingente —, uma experiência coerente não seria

* Em latim no original: adequação das coisas aos pensamentos. (N.T.)

possível; no entanto, no lugar em que se encontra, Hume precisa falar em termos causais para tornar plausível aquilo que ele torna indiferente até se mostrar como convenção. Em Kant, em contrapartida, a causalidade transforma-se em uma função da razão subjetiva, e, com isso, a representação que podemos fazer dela se torna cada vez mais diminuta. A representação se dissolve como um fragmento de mitologia. A causalidade avizinha-se do princípio da razão enquanto tal, mesmo do pensamento segundo regras. Os juízos sobre conexões causais transformam-se em tautologia: a razão constata nelas aquilo que produz enquanto faculdade das leis. O fato de prescrever suas leis ou muito mais sua lei à natureza não significa mais do que a subsunção à unidade da razão. A razão transpõe essa unidade, seu próprio princípio de identidade, para os objetos e a faz passar em seguida por seu conhecimento. No momento em que a causalidade é tão fundamentalmente desencantada quanto por meio do tabu sobre a determinação interna dos objetos, ela também se desintegra em si mesma. Com relação à condenação humeniana, a salvação kantiana não tem por vantagem senão o fato de considerar como inato à razão, por assim dizer como a necessidade de sua natureza, senão como uma contingência antropológica, aquilo que Hume elimara. A causalidade não deve surgir nos objetos e em sua relação. Ela deve surgir simplesmente na compulsão subjetiva do pensamento. Kant também toma por dogmático que um estado possa ter em comum com o estado subsequente algo essencial, específico. Todavia, segundo a concepção kantiana, poderiam se produzir normatividades das sucessões que não lembrassem em nada uma relação causal. Em termos virtuais, a relação mútua dos objetos penetrados pela interioridade transforma-se em algo extrínseco para o teorema da causalidade. Desconsidera-se aquilo que há de mais simples no enunciado de que algo é a causa de algo diverso. A causalidade que se fecha rigorosamente contra o interior dos objetos não é outra coisa senão seu invólucro. A *reductio ad hominem** no conceito de lei conquista um valor maior lá onde a lei não diz mais nada sobre os objetos; a ampliação da causalidade até o conceito puro da razão nega os objetos. A causalidade kantiana é uma causalidade sem causa. No que ele cura essa causalidade do preconceito naturalista, ela se dissolve entre suas mãos. O fato de a consciência não poder realmente escapar à causalidade, porquanto a causalidade é a sua forma inata, responde certamente à fraqueza de Hume. Ao afirmar, porém, que o sujeito precisa pensar de modo causal, Kant também segue na análise dos constituintes, segundo o sentido literal da palavra "precisar", o princípio causal ao qual ele deveria primeiro submeter os constituídos. Como a constituição da causalidade pela razão pura — que deve ser por seu lado a liberdade — já se acha submetida à causalidade, a liberdade é de antemão

* Em latim no original: a redução ao homem, ao indivíduo singular. (N.T.)

tão comprometida que ela não tem quase um outro lugar para além da subordinação da consciência à lei. Na construção de toda a antitética, liberdade e causalidade entrecruzam-se. Uma vez que a liberdade equivale em Kant a uma ação segundo a razão, ela também é conforme à lei: mesmo as ações livres "seguem regras". A partir daí surgiu a hipoteca insuportável da filosofia pós-kantiana, o fato de não haver nenhuma liberdade sem lei; ela não consistiria senão na identificação com essa lei. Para além do idealismo alemão e com uma consequência política imprevisível, foi Engels* que continou acolhendo essa herança: essa é a origem teórica da falsa reconciliação.

Juntamente com o caráter coercitivo da teoria do conhecimento, também se tornaria caduca essa pretensão à totalidade que mobiliza a causalidade até o ponto em que ela coincide com o princípio da subjetividade. Em termos de conteúdo, aquilo que no idealismo só pode aparecer paradoxalmente enquanto liberdade tornar-se-ia então esse momento que transcende a fixação do curso do mundo e a sua transformação em destino. Se a causalidade fosse buscada como uma determinação das coisas mesmas — por mais mediada subjetivamente que ela fosse —, então se abriria em uma tal especificação, em oposição ao uno indiferenciado de uma subjetividade pura, a perspectiva da liberdade. Ela seria considerada como aquilo que difere da coerção. Nesse caso, a coerção não seria mais louvada como se se tratasse de um ato do sujeito, sua totalidade não seria mais afirmada. Ela perderia essa violência a priori que foi extrapolada a partir da coerção real. Quanto mais objetiva é a causalidade, tanto maior é a possibilidade da liberdade; é efetivamente por isso que, quem quer a liberdade, precisa insistir na necessidade. Kant, em contrapartida, exige a liberdade e a impede. A justificação da tese da terceira antinomia, da tese da espontaneidade absoluta da causa, secularização do ato livre da criação divina, é de estilo cartesiano; ela precisa viger para que possa satisfazer ao método. A completude do

* "Hegel foi o primeiro a representar a relação entre liberdade e necessidade corretamente. Para ele, a liberdade é a intelecção da necessidade. 'A necessidade só é cega enquanto não é concebida.' A liberdade não reside na independência sonhada das leis da natureza, mas no conhecimento dessas leis e na possibilidade que esse conhecimento dá de colocá-las em obra segundo um plano com vistas a fins determinados. Isso é válido com relação tanto às leis da natureza exterior, quanto àquelas leis que regulam a existência corporal e espiritual do próprio homem — duas classes de leis que, na melhor das hipóteses, só podemos cindir uma da outra na representação, mas não na realidade. Por isso, a liberdade da vontade não significa outra coisa senão a capacidade de poder decidir com conhecimento objetivo. Portanto, quanto mais livre o julgamento de um homem se acha em relação a uma questão determinada, tanto maior será a necessidade com a qual o conteúdo desse julgamento será determinado; por outro lado, a insegurança baseada na ignorância que escolhe de maneira aparentemente arbitrária entre muitas possibilidades diversas e contraditórias demonstra justamente por meio daí a sua não-liberdade, o seu ser-dominado pelos objetos que ela devia justamente dominar. Assim, a liberdade consiste no domínio sobre nós mesmos e sobre a natureza exterior, um domínio fundado no conhecimento das necessidades da natureza; com isso, ela é um produto do desenvolvimento histórico." (Karl Marx e Friedrich Engels, *Werke*, vol.20, Berlim, 1962, p.106.)

conhecimento se estabelece como um critério epistemológico; sem liberdade, parece, "mesmo no curso da natureza, a série sucessiva dos fenômenos jamais seria completa no lado das causas".[23] A totalidade do conhecimento que aí é equiparada tacitamente com a verdade seria a identidade entre sujeito e objeto. Kant a restringe enquanto crítico do conhecimento e a ensina enquanto teórico da verdade. Um conhecimento que dispusesse de uma série tão completa quanto, de acordo com Kant, não podemos representar senão sob a hipóstase de um ato originário de absoluta liberdade, e que, portanto, não deixasse mais de fora nada daquilo que é dado aos sentidos, seria um conhecimento que não encontraria diante de si nada que lhe fosse diverso. A crítica de uma tal identidade tocaria a apoteose ontológico-positiva do conceito causal subjetivo, assim como a demonstração kantiana da necessidade da liberdade, à qual, de todo modo, segundo a pura forma, se atém algo contraditório. O fato de precisar haver liberdade é a *iniuria** mais extrema do sujeito autônomo fundador do direito. O conteúdo de sua própria liberdade — da identidade que anexou tudo aquilo que não é mais idêntico — equivale à necessidade, à lei, ao domínio absoluto. É com isso que se entusiasma o *pathos* kantiano. Ele constrói mesmo a liberdade como um caso especial de causalidade. O que lhe importa são as "leis constantes". Sua repugnância burguesa exasperada ante a anarquia não é menor que sua aversão burguesa autoconsciente contra a tutela. Com isso também a sociedade penetra até o cerne de suas reflexões mais formais. O elemento formal em si, que por um lado libera o indivíduo das determinações sufocantes daquilo que veio a ser assim e não de outra forma e que, por outro lado, não oferece ao ente nada em contrapartida, o elemento formal que não se apoia em outra coisa senão no domínio elevado ao nível de princípio puro, é algo burguês. Na origem da *Metafísica dos costumes* kantiana dissimula-se a posterior dicotomia sociológica de Comte entre as leis do progresso e as leis da ordem, inclusive a parcialidade em favor das leis da ordem; com base em sua normatividade, a ordem deve manter sob controle o progresso. É esse tom maior que ressoa na proposição oriunda da prova kantiana da antítese: "A liberdade (independência) em relação às leis da natureza é em verdade uma libertação da compulsão, mas também do fio condutor de todas as regras."[24] Esse fio condutor deveria se "romper" sob a ação da "causalidade incondicionada", quer dizer: do ato livre da criação; lá onde Kant, na antítese, critica cientificamente o ato livre, ele o trata como "cego",[25] tal como ele faz normalmente com o fato bruto. Que Kant pense de maneira apressada a liberdade como lei revela que ele, assim como a sua classe até aqui, também não a leva rigorosamente a sério. Antes mesmo de temer o proletariado industrial, essa classe associou, por exemplo, na economia de Smith, o preço do indivíduo

* Em latim no original: injustiça. (N.T.)

emancipado com a apologia de uma ordem na qual a *invisible hand* cuidava por um lado tanto do mendigo como do rei, enquanto, por outro, o livre concorrente do *fair play* — feudal — devia continuar se empenhando nela. O poeta que popularizou Kant não falsificou o seu mestre de filosofia ao chamar a ordem de "filha abençoada do céu" no mesmo poema que gravou em nossa memória a afirmação de que, quando os povos mesmos se libertam, não é possível que o bem-estar prospere. Nenhum dos dois queria saber nada sobre o fato de o caos que se encontrava diante dos olhos dessa geração por meio dos horrores relativamente modestos da Revolução Francesa — eles se indignaram menos com as atrocidades relativas aos Chouans —, aborto de uma repressão cujos traços sobreviveram naqueles que se revoltaram contra ela. Tão aliviado quanto todos os outros gênios alemães que, tão logo Robespierre lhes deu o pretexto, apressaram-se em difamar a revolução que inicialmente tinham precisado louvar, Kant elogia na prova da antítese a "conformidade às leis" em detrimento da "ausência de leis" e chega mesmo a falar da "ilusão da liberdade".[26] Empresta-se às leis o epíteto enaltecedor "constantes", um epíteto que elas devem erguer acima do fantasma apavorante da anarquia, sem que venha à luz a suspeita de que elas são justamente o antigo mal da não-liberdade. A predominância do conceito de lei em Kant, porém, mostra-se no fato de ele invocar essa predominância na condução da prova da tese tanto quanto da antítese, enquanto a sua unidade supostamente superior.

Toda a seção sobre a antitética da razão pura argumenta, como se sabe, *e contrario*;* na tese, ele procede de tal modo que a antítese é reconhecida culpada desse uso transcendente da causalidade, um uso que viola de antemão a doutrina das categorias; na antítese, a categoria da causalidade ultrapassaria os limites da possibilidade da experiência. Aquilo que é negligenciado aí em termos de conteúdo é o fato de o cientificismo consequente se precaver contra um tal emprego metafísico da categoria da causalidade. Para escapar da consequência agnóstica do cientificismo com a qual a doutrina da razão teórica inegavelmente simpatiza, Kant constrói uma antítese que não corresponde de maneira alguma à posição cientificista: a liberdade é conquistada por meio da destruição de um espantalho fabricado sob medida. A única coisa que é demonstrada é que a causalidade não pode ser considerada como positivamente dada até o infinito — o que, segundo o teor da *Crítica da razão pura*, é uma tautologia contra a qual os positivistas seriam os últimos a ter alguma coisa a objetar. Não obstante, não segue de maneira alguma daí, nem mesmo na conexão argumentativa da tese, que a cadeia causal se quebraria com a suposição de uma liberdade cuja realização não se faria de maneira menos positiva do que a liberdade dessa cadeia. O

* Em latim no original: a partir de contradições. (N.T.)

paralogismo é de uma amplitude inabarcável porque ele permite reinterpretar positivamente o *non liquet*.* A liberdade positiva é um conceito aporético, inventado para conservar o ser-em-si de algo espiritual ante o nominalismo e a cientificização. Em uma passagem central da *Crítica da razão prática*, Kant reconhece o que está em questão nessa obra, a saber, precisamente o resgate de um resíduo: "Na medida em que essa lei diz respeito, porém, inevitavelmente, a toda causalidade das coisas, porquanto a sua existência é determinável no tempo, a liberdade, se esse fosse o modo segundo o qual tivéssemos de representar também a existência das coisas em si, precisaria ser rejeitada como um conceito nulo e impossível. Por conseguinte, se ainda quisermos salvá-la, não resta nenhum outro caminho senão atribuir a existência de uma coisa, porquanto ela é determinável no tempo, consequentemente também a causalidade segundo a lei da necessidade natural, meramente ao fenômeno, e a liberdade a esse ser mesmo, como coisa em si mesma."[27] A construção da liberdade se confessa inspirada por aquilo que mais tarde, nas *Afinidades eletivas*, foi chamado de "desejo de salvar", ainda que, relegado ao nível de uma propriedade do sujeito intratemporal, esse desejo se descubra como "nulo e impossível". É a essência aporética da construção e não a possibilidade abstrata da antítese no infinito que fala contra a doutrina positiva da liberdade. De maneira apodítica, a crítica da razão impede que se fale de um sujeito para além de espaço e tempo como um objeto do conhecimento. É assim que ainda argumenta, a princípio, mesmo a filosofia moral: "Até mesmo o homem, de acordo com o conhecimento que ele possui de si por meio da sensação interna, não pode se arrogar conhecer a si mesmo tal como é em si."[28] O prefácio da *Crítica da razão prática* repete isso, referindo-se à *Crítica da razão pura*.[29] O fato de, como Kant estipula, ser preciso, "contudo, estabelecer as coisas em si mesmas como fundamento dos objetos da experiência"[30] soa por conseguinte como algo crassamente dogmático. Não obstante, não é de maneira alguma apenas a pergunta sobre a possibilidade de conhecer aquilo que o sujeito é em si e por si que é aporética. Nessa aporia também recai toda determinação pensável, "noumenal" em sentido kantiano, do sujeito. De acordo com a doutrina kantiana, para poder tomar parte na liberdade, esse sujeito noumenal precisaria ser extratemporal, "enquanto inteligência pura, em sua existência não determinável segundo o tempo".[31] O desejo de salvar transforma tanto esse noumenal em uma existência — porque de outro modo não se poderia predicar simplesmente nada dele —, quanto ele não deve ser temporalmente determinável. A existência, no entanto, enquanto algo simplesmente dado, ainda não desvanecida em ideia pura, é intratemporal segundo o seu próprio conceito. Na *Crítica da razão pura*: na dedução dos conceitos puros do entendimento, assim

* Em latim no original: não está claro. (N.T.)

como no capítulo sobre o esquematismo,* a unidade do sujeito se transforma em uma pura forma do tempo. Ela integra os fatos da consciência como pertencendo à mesma pessoa. Não há nenhuma síntese sem a relação recíproca intratemporal dos momentos sintetizados; essa relação seria a condição até mesmo das operações lógicas mais formais e de sua validade. De acordo com isso, porém, também não poderia ser atribuída atemporalidade a um sujeito absoluto, se é que é preciso pensar ao menos alguma coisa sob o termo "sujeito". A rigor, um tal sujeito seria, muito mais, tempo absoluto. Não podemos conceber como a liberdade, por princípio atributo de um agir temporal e atualizado unicamente de maneira temporal, deveria poder ser predita de algo radicalmente atemporal; também não podemos conceber como é que algo de tal modo atemporal conseguiria atuar sobre o mundo espaço-temporal sem se tornar ele mesmo temporal e se perder no reino kantiano da causalidade. O conceito-de-coisa-em-si emerge como um *deus ex machina*. Velado e indeterminado, ele marca uma posição vazia do pensamento; é somente a sua indeterminação que permite apelarmos para ele a partir de uma necessidade de esclarecimento. A única coisa que Kant quer admitir do termo coisa-em-si é que ela "afete" o sujeito. Com isso, contudo, ela já se oporia inteiramente ao sujeito e só poderia ser identificada com o sujeito moral enquanto algo igualmente em-si por meio de uma especulação insustentável que não é desenvolvida por Kant em lugar algum. A crítica do conhecimento de Kant impede que se traga a liberdade à existência; ele procura escapar dessa dificuldade, evocando uma esfera de existência que seria em verdade excluída dessa crítica, mas também de todo juízo que indicasse o que ela é. Sua tentativa de concretizar a doutrina da liberdade, de atribuir liberdade aos sujeitos viventes, fica presa em afirmações paradoxais: "Podemos mesmo conceder que, se nos fosse possível penetrar no modo de pensamento de um homem, tal como ele se mostra por meio das ações interiores tanto quanto exteriores, de uma maneira tão profunda que pudéssemos conhecer cada um de seus impulsos, mesmo o menor deles, ao mesmo tempo em que todas as ações exteriores agissem sobre eles, seria possível calcular com certeza o comportamento de um homem em

---

* "De onde se segue que o esquematismo do entendimento, por meio da síntese transcendental da imaginação, não conflui para nenhum outro ponto senão para a unidade de todo o elemento múltiplo da intuição no sentido interno e assim indiretamente para a unidade da apercepção enquanto função que corresponde ao sentido interno (a uma receptividade). Portanto, os esquemas dos conceitos puros do entendimento são as condições verdadeiras e únicas de criar para esses conceitos uma ligação com os objetos, e, por conseguinte, uma significação. Com isso, as categorias não poderiam ter nenhum outro uso senão o uso possível empírico, uma vez que elas servem simplesmente para submeter, por meio de princípios de uma unidade necessária a priori (em virtude da unificação necessária de toda consciência em uma apercepção originária), os fenômenos às regras gerais da síntese e para torná-los próprios à formação de uma ligação integral em uma experiência." (Kant, *Kritik der reinen Vernunft* [*Crítica da razão pura*], op.cit., p.138.)

vista do futuro, tal como um eclipse da lua ou do sol, e, simultaneamente, sustentar que o homem é livre."[32] O fato de Kant, mesmo na *Crítica da razão prática*, não prescindir de palavras como "impulso" é relevante em termos de conteúdo. A tentativa de tornar a liberdade tão compreensível quanto é requerido por uma doutrina da liberdade conduz inevitavelmente, por meio de suas metáforas, a representações oriundas do mundo empírico. "Impulso" é um conceito mecânico-causal. Todavia, se mesmo a premissa fosse válida, a conclusão se tornaria um *nonsense*. Ela só continuaria servindo para incluir ainda metafisicamente na causalidade total, por uma conexão mítica do destino, o indivíduo que já estava empiricamente incluído nessa causalidade, em nome da liberdade imputando-lhe como culpa aquilo que, em uma determinação totalmente dada, não seria culpa alguma. Por meio de sua culpabilidade, a determinação do indivíduo seria reforçada até penetrar no ponto mais íntimo de sua subjetividade. No que concerne a uma tal construção da liberdade, já não resta mais nada além de intimidar autoritariamente, sob o abandono da razão na qual a liberdade deve se basear, aquele que procurava em vão pensá-la. A razão, por sua vez, não é para Kant outra coisa senão a faculdade legisladora. Por isso, ele precisa representar desde o início a liberdade como "um tipo particular de causalidade".[33] Posicionando-a, ele a retira.

De fato, a construção aporética da liberdade não se baseia no plano noumenal, mas sim no fenomenal. É lá que se pode observar esse caráter dado da lei moral que permite a Kant acreditar, apesar de tudo, que a liberdade está garantida como algo existente. Não obstante, o dado é, tal como a palavra o alude, coerção nua e crua, exercida no espaço e no tempo. Para Kant, liberdade significa o mesmo que a razão pura prática, produtora ela mesma de seus objetos; essa razão prática não tem para ele nada a ver "com os objetos para conhecê-los, mas com a sua própria capacidade de realizá-los (de acordo com o conhecimento desses objetos)".[34] Implícita aqui, a autonomia absoluta da vontade seria o mesmo que o domínio absoluto sobre a natureza interna. Kant proclama: "Ser consequente é a obrigação maior de um filósofo e, contudo, é isso que observamos o mais raramente."[35] Entretanto, isso não supõe apenas a lógica formal da consequência pura como a instância moral suprema. Ao contrário, supõe ao mesmo tempo a subordinação de todo estímulo à unidade lógica, o primado dessa unidade sobre o difuso da natureza, sim, sobre toda a pluralidade do não-idêntico; no círculo fechado da lógica, a diversidade aparece sempre como inconsequente. Apesar da dissolução da terceira antinomia, a filosofia moral kantiana permanece antinômica: de acordo com a sua concepção conjunta, ela só consegue representar o conceito de liberdade como repressão. Em Kant, todas as concretizações da moral portam traços repressivos. Seu caráter abstrato é de conteúdo porque ela alija do sujeito aquilo que não corresponde ao seu conceito puro. Daí, o "rigorismo" kantiano. Não se argumenta contra o princípio hedonista porque ele é em si mau, mas porque ele é heterônomo ao sujeito puro: "O prazer que provém da representação da existência de uma coisa, na medida em que ela deve ser um princípio determinante do desejo dessa coisa, não se funda na receptividade do sujeito porque ele depende da existência de um objeto; por conseguinte, ela pertence ao sentido (sentimento) e não ao entendimento que exprime uma ligação da representação com um objeto segundo conceitos, mas não uma relação com o sujeito segundo sentimentos."[36] Mas a honra que Kant rende à liberdade, ao querer purificá-la de tudo aquilo que a estorva, condena ao mesmo tempo a pessoa, por princípio, à não-liberdade. Ela não consegue experimentar uma tal liberdade extremamente tensa senão como a limitação de seus próprios impulsos. Se, contudo, em muitas passagens, como na extraordinária segunda observação do segundo teorema dos princípios da razão prática, Kant tinha alguma complacência com a felicidade, seu humanismo violava a norma da consequência. Ainda lhe parecia que não era possível viver sem uma tal inflexão para a lei moral. O puro princípio racional da personalidade precisaria convergir com o princípio da autoconservação da pessoa, com a totalidade de seu "interesse", uma totalidade que compreende a felicidade. Kant assume uma atitude tão ambivalente em face da felicidade quanto o espírito burguês como um todo que gostaria de garantir ao indivíduo *the pursuit of happiness* e que a interdita por causa de uma moral do trabalho. Uma tal reflexão sociológica não é inserida de fora no apriorismo kantiano como um adendo. Pode ser que o fato de termos dotados de um conteúdo social sempre aparecerem uma vez mais na *Fundamentação da metafísica dos costumes* e na *Crítica da razão prática* seja incompatível com a intenção apriorística. No entanto, sem uma tal *metabasis*, Kant precisaria emudecer ante a pergunta sobre a compatibilidade da lei moral com os homens empíricos. Ele capitularia ante a heteronomia logo que reconhecesse a autonomia como irrealizável. Se quiséssemos desapropriar esses termos dotados de um conteúdo social de seu sentido simples em nome da coerência sistemática e sublimá-los transformando-os em ideias, então não desprezaríamos apenas o seu sentido literal. Com uma violência muito maior do que a que permitiria à intenção kantiana fazer alguma coisa quanto a isso, a verdadeira origem das categorias morais anuncia-se neles. Se na célebre variante do imperativo categórico oriunda da *Fundamentação* se diz "Aja de tal modo que tu venhas a tratar sempre ao mesmo tempo a humanidade tanto em tua pessoa quanto na pessoa de qualquer outro como um fim, jamais simplesmente como um meio",[37] então é bem possível que a "humanidade", o potencial humano nos homens, não seja entendido senão como uma ideia regulativa; a humanidade, o princípio do ser-humano, de maneira alguma a soma de todos os homens, ainda não foi realizada. Não obstante, não se pode descartar o conteúdo fático que se liga à palavra "humanidade": todo indivíduo precisa ser levado em conta como representante do gênero humano socializado, não como uma mera função do processo de troca. A diferença acentuada por Kant de maneira decisiva entre meio e fim é uma diferença social entre os sujeitos considerados enquanto a mercadoria "força de trabalho" da qual se extrai valor econômico e os homens que, mesmo como tais mercadorias, ainda permanecem os sujeitos em virtude dos quais toda a máquina é posta em funcionamento — uma máquina que se esquece deles e só os satisfaz de modo periférico. Sem essa perspectiva, a variante do imperativo perder-se-ia no vazio. De acordo com a observação de Horkheimer, a expressão "jamais simplesmente" é uma daquelas locuções marcadas por uma sublime sobriedade nas quais Kant, para não arruinar à utopia a chance de sua realização, insere concomitantemente a empiria ainda em sua forma abjeta, na forma da espoliação, como condição do progresso em direção ao melhor; e isso na medida em que ele, como na filosofia da história, a desdobra sob o conceito do antagonismo. Lá nos deparamos com a seguinte formulação: "O meio do qual a natureza se serve para levar a termo o desenvolvimento de todas as suas disposições é o antagonismo dessas disposições na sociedade, uma vez que esse antagonismo se torna por fim a causa de uma ordem normativa da sociedade. Compreendo aqui por antagonismo a sociabilidade insociável dos homens, i.e., a sua inclinação para entrar em sociedade que está, contudo, associada com uma resistência geral que ameaça cindir constantemente essa sociedade. A disposição para tanto reside manifestamente na natureza humana. O homem tem uma tendência para se sociabilizar porque, em um tal estado, ele se sente mais como homem, i.e., ele sente que pode desenvolver melhor suas disposições naturais. No entanto, ele também tem uma grande inclinação para se singularizar (isolar), porque também encontra em si, ao mesmo tempo, a propriedade insociável de querer dirigir tudo simplesmente segundo o seu sentido. Com isso, ele espera encontrar resistências vindas de todos os lados, assim como sabe por si mesmo que está inclinado por sua parte à resistência aos outros. É essa resistência, então, que desperta todas as forças do homem, que o leva a superar sua inclinação à preguiça e, impelido pela ambição, pela ânsia de dominação e de riqueza, alcançar um lugar entre seus companheiros que ele não consegue tolerar, mas dos quais ele não pode se desprender."[38] Apesar de toda ética da reflexão, o "princípio da humanidade enquanto fim em si mesmo"[39] não é nada meramente interior, mas uma indicação para a realização de um conceito do homem que, enquanto princípio social, ainda que interiorizado, não tem seu lugar senão em cada indivíduo. Kant precisa ter observado o sentido duplo da palavra "humanidade", enquanto ideia do ser-humano e da suma conceitual de todos os homens. Com perspicácia dialética, mesmo que jogando com as palavras, ele introduziu esse duplo sentido na teoria. Por conseguinte, sua terminologia continua oscilando entre expressões ônticas e expressões ligadas à ideia. Os sujeitos humanos viventes são tão certamente os "seres racionais"[40] quanto "o reino universal dos fins em si mesmos",[41] que deve ser idêntico aos seres racionais, transcende em Kant esses seres. Ele não gostaria nem de conceder a ideia de humanidade à sociedade estabelecida, nem de deixá-la se volatilizar até se transformar em fantasma. Em sua ambivalência ante a felicidade, a tensão intensifica-se até a ruptura. Por um lado, ele a defende no conceito de ser digno de felicidade; por outro lado, ele a difama como heterônoma, por exemplo, lá onde ele toma até mesmo a "bem aventurança universal"[42] como imprópria para a lei da vontade. A que ponto Kant estava, apesar do caráter categórico do imperativo, pouco disposto a ontologizar esse imperativo sem qualquer exceção é confirmado pelo passo que sustenta "que... o conceito do bem e do mal não deve ser determinado antes da lei moral (para a qual, ao que parece, ele deveria ser colocado como fundamento), mas apenas (como também acontece aqui) depois dessa lei e por meio dela".[43] Bem e mal não são realidades em si de uma hierarquia espiritual e moral, mas algo posicionado pela razão; é de uma maneira tão profunda quanto essa que o nominalismo penetra no rigorismo kantiano. Não obstante, na medida em que fixa as categorias morais na razão autoconservadora, elas não são mais completamente incompatíveis com essa felicidade, à qual Kant as havia oposto de modo tão rígido. As modificações de sua posição em relação à felicidade no curso da *Crítica da razão prática* nao são concessões negligentes à tradição da ética dos bens; elas são muito mais, antes de Hegel, o modelo de um movimento do conceito. A universalidade moral passa, quer se queira ou não, para a sociedade. De modo formal, isso é afirmado na primeira observação ao quarto teorema da razão prática: "Portanto, a mera forma de uma lei que restringe a matéria precisa ser ao mesmo tempo um fundamento para acrescentar essa matéria à vontade, mas não para a pressupor. A matéria poderia ser, por exemplo, minha própria felicidade. Essa matéria, caso eu a atribua a cada um (como tenho afinal o direito de fazer para os seres finitos), só pode se tornar uma lei prática objetiva se compreendo aí a felicidade dos outros. Assim, a lei que ordena favorecer a felicidade dos outros não provém da pressuposição de que essa lei é um objeto do arbítrio de cada um, mas simplesmente do fato de a forma da universalidade, condição necessária à razão para dar a uma máxima do amor-próprio o valor objetivo de uma lei, se tornar o fundamento determinante da vontade; e, portanto, o objeto (a felicidade dos outros) não era o fundamento determinante da vontade pura, mas apenas a simples forma legal pela qual eu limitava minha máxima fundada na inclinação, a fim de alcançar para ela a universalidade de uma lei e com isso torná-la conforme à razão pura prática. É dessa limitação, e não da adição de um impulso exterior, que poderia resultar, então, o conceito da obrigatoriedade de ampliar a máxima de meu amor-próprio também até a felicidade dos outros."[44] A doutrina da independência absoluta da lei moral em relação ao ser empírico e até mesmo ao princípio do prazer é suspensa, na medida em que a formulação radical, universal do imperativo incorpora o pensamento voltado para os viventes.

Ao lado disso, a ética kantiana, frágil em si, guarda seu aspecto repressivo. Esse aspecto triunfa de maneira não-atenuada na necessidade de punição.* Não é da obra tardia, mas da *Crítica da razão prática* que provêm as frases seguintes: "Assim, se apresentarmos àquele que, de resto, é um homem honesto (ou mesmo que se coloca apenas dessa vez em pensamento na posição de um homem honesto) a lei moral pela qual ele reconhece a indignidade de um mentiroso, sua razão prática abandona imediatamente (no juízo sobre aquilo que deveria ser feito com ele) a utilidade e unifica-se com aquilo que conserva o respeito por sua própria pessoa (a veracidade). A utilidade, então, depois de ser separada e purificada de toda ligação com a razão (que está totalmente do lado do dever), é pesada por todos os homens a fim de continuar se ligando à razão em outros casos, porém não naqueles em que ela poderia ser oposta à lei moral, que não é nunca abandonada pela razão, mas com a qual ela se unifica da maneira mais íntima possível."[45] Em seu desprezo pela compaixão, a *Crítica da razão pura* concorda com o "endurece-te a ti mesmo" do antípoda Nietzsche: "Mesmo esse sentimento de compaixão e de meiga simpatia, se ele precede a reflexão sobre o que é o dever e se transforma em fundamento de determinação, torna-se importuno para as pessoas bem-intencionadas, confundindo suas máximas refletidas e produzindo o desejo de se verem livres delas e de serem submetidas à razão legisladora."[46] Por vezes, a heteronomia imputada à constituição interna da autonomia se enfurece contra essa mesma razão que deveria ser a origem da liberdade. Nesse caso, Kant coloca-se do lado da antítese da terceira antinomia: "No entanto, lá onde cessa uma determinação segundo as leis da natureza, também cessa toda explicação e não resta mais nada senão ficar na defensiva, i.e., rejeitar as objeções daqueles que pretendem ter inserido mais profundamente o olhar na essência das coisas, e, por isso, declaram acidamente a liberdade como impossível."[47] O obscurantismo entrecruza-se com o culto à razão enquanto aquilo que domina absolutamente. A coerção que, de acordo com Kant, parte do imperativo categórico contradiz a liberdade que deveria ser sintetizada nele como a sua determinação suprema. Exatamente por isso, o imperativo despro-

* De acordo com o teor da *Crítica da razão pura*, ainda é possível encontrar aí a intenção contrária: "Quanto mais a legislação e o governo fossem erigidos de maneira consonante com essa ideia, tanto mais raras se tornariam com certeza as punições e, nesse caso, é então totalmente racional afirmar (como Platão o fez) que, se a legislação estivesse plenamente de acordo com essas ideias, não seria mais necessário nenhuma punição." (Kant, *Kritik der reinen Vernunft* [*Crítica da razão pura*], op.cit., p.248.)

vido de todo elemento empírico é apresentado como um "factum"[48] que não carece de nenhuma prova por meio da razão, apesar do *chorismos* entre facticidade e ideia. O caráter antinômico da doutrina kantiana da liberdade acirra-se aí pelo fato de a lei moral ser considerada por ela como imediatamente racional e não-racional; racional porque ela se reduz à razão pura lógica; não-racional porque ela precisa ser aceita em seu modo de ser dado e não pode ser analisada mais amplamente; toda tentativa de empreender uma tal análise é um anátema. Esse caráter antinômico não precisa pesar sobre o filósofo: a pura lógica consecutiva, complacente em vista da autoconservação sem autorreflexão, é em si obnubilada, é irracional. Em Kant, o modo execrável de falar do arrazoamento inflado, um modo de falar que repercute no "raciocinar" hegeliano e que difama a razão sem um fundamento diferenciador pertinente, e a sua hipóstase para além de toda finalidade racional são compatíveis, apesar de sua gritante contradição. A *ratio* transforma-se em autoridade irracional.

Essa contradição remonta à contradição objetiva entre a experiência da consciência de si e a relação dessa consciência com a totalidade. O indivíduo sente-se livre, na medida em que se contrapôs à sociedade, e pode, ainda que, em termos não-relacionais, de modo muito menor do que ele acredita, intervir contra ela ou contra os outros indivíduos. Sua liberdade é primariamente a liberdade de alguém que persegue seus próprios fins, que não são absorvidos sem mediação pelos fins sociais; nessa medida, eles coincidem com o princípio de individuação. Uma liberdade desse tipo destacou-se da sociedade primitiva; no interior de uma sociedade cada vez mais racional, ela conquistou realidade própria. Ao mesmo tempo, contudo, não menos do que a individualidade em geral, ela permaneceu uma ilusão em meio à sociedade burguesa. A crítica à liberdade da vontade como a que é feita no determinismo é designada como crítica a essa ilusão. Para além das cabeças dos indivíduos formalmente livres, a lei valorativa se impõe. Eles são desprovidos de liberdade, de acordo com a intelecção de Marx, enquanto os seus executores involuntários, e, em verdade, de modo tanto mais fundamental, quanto mais crescem os antagonismos sociais junto aos quais se formou pela primeira vez a representação da liberdade. O processo de autonomização do indivíduo, função da sociedade de troca, culmina com a sua supressão por meio da integração. Aquilo que é produzido pela liberdade converte-se em não-liberdade. Enquanto o sujeito burguês que persegue uma atividade econômica, o indivíduo era livre, uma vez que a autonomia era fomentada pelo sistema econômico para que ele funcionasse. Com isso, sua autonomia já é negada em termos potenciais na origem. A liberdade na qual insistia era, como Hegel percebeu pela primeira vez, também algo negativo, escárnio quanto à liberdade verdadeira; expressão da contingência do destino social de cada indivíduo singular. A necessidade real na liberdade que tinha de se afirmar e, como queria a ideologia ultraliberal, impõe-se à força, era a máscara da necessidade social total que obriga o indivíduo à *ruggedness* com a qual ele sobrevive. Mesmo conceitos que são tão abstratos que parecem se aproximar da invariância testemunham com isso o seu caráter histórico. Assim dá-se também com o conceito de vida. Por mais que a vida continue se reproduzindo sob as condições da não-liberdade, seu conceito pressupõe, segundo o seu próprio sentido, a possibilidade daquilo que ainda não está fechado, a possibilidade da experiência aberta, que se reduziu a tal ponto que a palavra "vida" já soa como um consolo vazio. Não menos do que a liberdade do indivíduo burguês, porém, a necessidade de sua ação também é uma caricatura. Ela não é, como o conceito de lei o promete, transparente, mas toca cada indivíduo como acaso, prosseguimento do destino mítico. A vida guarda esse caráter negativo, um aspecto que serviu de título para uma peça para piano a quatro mãos de Schubert: *Lebensstürme*.* Na anarquia da produção de mercadorias manifesta-se a natureza indômita da sociedade, tal como ressoa concomitantemente na palavra "vida", categoria biológica para um ser essencialmente social. Se o processo de produção e de reprodução da sociedade fosse transparente para os sujeitos e determinado por eles, então esses sujeitos também não seriam mais jogados de um lado para o outro passivamente pelas tempestades sombrias da vida. Com isso, desapareceria aquilo que, assim entendido, significa a vida, juntamente com toda a aura fatal com a qual o *Jugendstil* tinha envolvido essa palavra na era industrial, para a justificação da má irracionalidade. Por vezes, a perecibilidade desse consolo pressupõe sua sombra amistosa: hoje, a literatura do adultério característica do século XIX é já maculatura, exceção feita às suas maiores produções que trazem à tona os arquétipos históricos dessa época. Assim como nenhum diretor de teatro ousou encenar o *Gyges* de Hebbel para um público cujas senhoras não podiam abdicar de seus biquinis — o medo daquilo que é anacrônico em termos materiais, a falta de distância estética, possui ao mesmo tempo algo de bárbaro —, quando a humanidade se desenvolver, isso se produzirá para quase tudo aquilo que ainda é tomado hoje pela vida e que não faz outra coisa senão nos iludir quanto ao pouco de vida que de fato possui. Até esse momento, a normatividade vigente é contrária ao singular e aos seus interesses. Sob as condições de uma economia burguesa, não há como alterar nada aí; nessa economia, a pergunta sobre a liberdade ou não-liberdade da vontade não pode ser respondida. Essa questão é por seu lado moldada para a sociedade burguesa: a categoria em verdade histórica do indivíduo exime de maneira falsa essa questão da dinâmica social e trata todos os indivíduos a cada vez como um fenômeno originário. Obedecendo à ideologia da sociedade individualista, a liberdade inte-

* Ao pé da letra "Tempestades da vida". (N.T.)

riorizou-se de maneira pérfida; é isso que impede toda resposta concludente à ideologia. Se a tese da liberdade da vontade sobrecarrega os indivíduos dependentes com uma injustiça social e os humilha incessantemente com exigências diante das quais eles precisam fracassar, a tese da não-liberdade em contrapartida prolonga metafisicamente a predominância do dado, declara-se como imutável e anima o singular, se é que ele já não se acha preparado sem mais para tanto, a adaptar-se, uma vez que não lhe resta outra coisa a fazer. O determinismo age como se a desumanização, o caráter de mercadoria da força de trabalho que é desenvolvido até a totalidade, fosse a essência humana pura e simplesmente, sem levar em consideração o fato de o caráter de mercadoria encontrar seus limites na força de trabalho que não possui apenas valor de troca, mas também um valor de uso. Se a liberdade da vontade é pura e simplesmente negada, então os homens são reduzidos sem restrição à forma padronizada do caráter de mercadoria de seu trabalho no interior do capitalismo avançado. O determinismo apriorista não é menos falso do que a doutrina da liberdade da vontade que abstrai, em meio à sociedade pautada pela mercadoria, dessa sociedade. O próprio indivíduo constitui um momento dessa sociedade; e é a ele que se atribui a pura espontaneidade que é desapropriada pela sociedade. O sujeito só precisa formular a alternativa que lhe é incontornável entre a liberdade e a não-liberdade da vontade para que esteja perdido. Toda tese drástica é falsa. No ponto mais íntimo, a tese do determinismo e a tese da liberdade da vontade coincidem. As duas proclamam a identidade. Por meio da redução à espontaneidade pura, os sujeitos empíricos são submetidos à mesma lei que, enquanto categoria da causalidade, se expande até o determinismo. Talvez os homens também fossem liberados da vontade; com certeza, é somente em uma sociedade livre que os indivíduos seriam livres. Com a repressão exterior, provavelmente depois de longos períodos e sob a ameaça permanente do retrocesso, desapareceria a repressão interior. Se a tradição filosófica, no espírito da opressão, confunde liberdade e responsabilidade, a liberdade se transforma na participação destemida e ativa de cada indivíduo em um todo que não cristalizaria mais institucionalmente a participação, mas no qual essa participação teria consequências reais. A antinomia entre a determinação do indivíduo e a responsabilidade social que lhe é contraditória não é nenhuma utilização falsa dos conceitos, mas é real: a figura moral da irreconciliação entre o universal e o particular. Mesmo Hitler e seus monstros são, de acordo com todas as intelecções psicológicas, escravos de sua primeira infância, produtos de uma mutilação, e, não obstante, não é possível absolver os poucos que foram pegos, se é que o crime hediondo não deve se repetir ao infinito, um crime que se justifica no inconsciente das massas pelo fato de que nenhum raio caiu do céu — essa é uma contradição que não se conseguiria aplainar por meio de construções auxiliares como a necessidade utilitária que se opõe à necessidade racional. O indivíduo só encontra a humanidade no momento em que toda a esfera da individuação, incluindo aí o seu aspecto moral, é percebido como epifenômeno. Por vezes, a sociedade como um todo, sobressaindo ao desespero de seu estado, defende, contra os indivíduos, aquela liberdade que protesta em nome da não-liberdade daqueles. Por outro lado, na era da opressão social universal, é somente nos traços do indivíduo massacrado e violado que sobrevive a imagem da liberdade contra a sociedade. Onde essa liberdade se refugia em cada época histórica, ela não pode ser decretada de uma vez por todas. A liberdade torna-se concreta nas figuras alternantes da repressão: na resistência a ela. Há tanta liberdade da vontade quanto há a vontade de os homens se libertarem. A própria liberdade, contudo, está tão enredada com a não-liberdade que ela não é meramente inibida por esta, mas a contém como condição de seu próprio conceito. Não mais do que qualquer outro conceito individual, esse conceito da liberdade não pode ser isolado como algo absoluto. Sem a unidade e a coerção da razão, algo similar à liberdade jamais poderia ter sido nem mesmo pensado, para não falar de ele poder ter existido; isso é documentado pela filosofia. Não se dispõe de nenhum modelo de liberdade para além do fato de a consciência interferir tanto na constituição conjunta da sociedade, quanto, por meio disso, na compleição do indivíduo. Desse modo, isso não é inteiramente quimérico porque a consciência, energia pulsional derivada, também é ela mesma impulso, mesmo um momento daquilo em que ela interfere. Se não houvesse essa afinidade que Kant nega convulsivamente, também não haveria a ideia de liberdade em virtude da qual ele se recusa a aceitar a afinidade.

Entretanto, também parece que se passa o mesmo com o contrário da ideia de liberdade, com o conceito de causalidade; de acordo com a tendência universal para a falsa suspensão dos antagonismos que consiste no fato de o universal liquidar de cima o particular pela identificação. Não se trata de produzir um curto-circuito na questão, recorrendo à crise da causalidade nas ciências naturais. Lá, a crise não vale expressamente senão para o âmbito microscópico; por outro lado, em Kant, as formulações da causalidade, ao menos as formulações da *Crítica da razão pura*, são tão amplas que provavelmente abrem espaço até mesmo para a conformidade às leis meramente estatísticas. As ciências naturais que, mesmo em relação à causalidade, se satisfazem com definições operacionais, imanentes aos seus modos de procedimento, e a filosofia, que não pode passar sem a prestação de contas da causalidade, se é que ela quer mais do que repetir de maneira abstrativa uma metodologia científico-natural, são miseravelmente separadas, e apenas a carência não é suficiente para juntá-las. A crise da causalidade, contudo, também se torna visível naquilo que a experiência filosófica ainda alcança: na sociedade contemporânea. Kant aceitava como o método inquestionado da razão reconduzir todo estado à "sua" causa. As ciências, porém, das quais a filosofia na maioria das vezes mais se distancia quanto mais procura se recomendar como a sua porta-voz, operam menos com a corrente causal do que com redes causais. Mas isso é mais do que uma concessão feita *en passant* à plurivocidade empírica das relações causais. Mesmo Kant precisou reconhecer como essencial à própria categoria, segundo a sua linguagem como algo a priori, a consciência de todas as séries causais que se entrecruzam em cada fenômeno — ao invés da suposição de que a causalidade determina inequivocamente o fenômeno na ordem linear do tempo: nenhum acontecimento singular e excluído dessa pluralidade. A infinitude daquilo que é entrelaçado e se entrecruza torna impossível de maneira principial, e de modo algum apenas praticamente, a formação de correntes causais inequívocas, tais como elas são estipuladas pela tese e a antítese da terceira antinomia. Já as interrogações históricas menos sutis que, para Kant, permaneciam ainda no processo finito, envolvem, como que horizontalmente, essa infinitude positiva para a qual a crítica se volta no capítulo sobre as antinomias. Kant abstrai disso como se, à moda provinciana, transpusesse relações abarcáveis com o olhar para todos os objetos possíveis. Não há nenhum caminho que conduza de seu modelo até as determinações causais realizadas. Na medida em que ele trata da relação causal simplesmente como um princípio, passa ao largo, com o seu pensamento, do entretecimento principial. Esse descaso é condicionado pela transferência da causalidade para o sujeito transcendental. Como pura forma da legalidade, a causalidade reduz-se à unidimensionalidade. A assunção da mal-afamada "ação recíproca" na tábua das categorias é a tentativa ulterior de remediar essa falha e atesta já bem cedo a aurora de uma crise da causalidade. Assim como o esquema da causalidade imitava, tal como não passou desapercebido pela escola durkheimiana, a simples relação de geração, a sua explicação também necessitava da causalidade. É próprio dessa causalidade um aspecto feudal, se não, como em Anaximandro e Heráclito, um aspecto que reflete o estado arcaico do direito de vingança. O processo de desmitologização tem a causalidade, a herdeira do espírito atuante nas coisas, tanto reprimida quanto, em nome da lei, fortalecida. Se a causalidade é a unidade propriamente dita na multiplicidade, a unidade que levou Schopenhauer a preferi-la às outras categorias, então durante toda a era burguesa houve tanta causalidade quanto sistema. Quanto mais inequívocas eram as relações, tanto mais facilmente era possível falar de causalidade na história. A Alemanha hitlerista provocou de maneira mais precisa a Segunda Guerra Mundial do que a Alemanha de Guilherme, a Primeira. Mas a tendência se inverte. Por fim, há um grau de sistema — o slogan social é: integração — que, como interdependência universal de todos os momentos, torna ultrapassado e fora de moda falar de causalidade; é em vão que se busca aquilo que deve ter sido a causa em uma sociedade monolítica. Não há mais senão essa sociedade como causa. A causalidade retraiu-se, por assim dizer, para a totalidade; em meio ao seu sistema, ela se torna indiscernível. Quanto mais o seu conceito, sob o imperativo científico, se dissolve em abstração, menos o entrelaçamento extremamente condensado da sociedade universalmente socializada permite ao mesmo tempo reconduzir com evidência um estado a um outro particular. Cada um desses estados encontra-se em uma interdependência tanto horizontal quanto vertical em relação a todos os outros, tinge a todos, assim como é tingida por todos. A doutrina na qual o esclarecimento acabou por utilizar a causalidade como arma política decisiva, a doutrina marxista da superestrutura e da infraestrutura, permanece inocentemente quase aquém de um Estado no qual tanto os aparatos de produção, de distribuição e dominação, quanto as relações e ideologias sociais e econômicas estão inextrincavelmente ligados uns aos outros, e no qual os homens vivos se tornaram parte da ideologia. Quando a doutrina não é mais acrescentada ao ente como algo justificador ou complementar, mas se converte na ilusão de que aquilo que é, é inevitavelmente, e com isso é legítimo, essa crítica, que opera com a relação causal inequívoca entre superestrutura e infraestrutura, erra o alvo. Na sociedade total, tudo está igualmente próximo do centro; essa sociedade é tão perscrutável, sua apologia é tão puída, que aqueles que descobrem seu segredo morrem. Para cada administração industrial e para cada aeroporto, a crítica poderia mostrar em que medida a infraestrutura se tornou sua própria superestrutura. Para tanto, a crítica necessita por um lado da fisionomia do estado conjunto, e, por outro lado, da análise das transformações estruturais econômicas; ela não precisa mais, contudo, deduzir uma ideologia que não está mais de maneira alguma presente de modo autônomo e com uma pretensão própria de verdade a partir de suas condições causais. O fato de a validade da causalidade se decompor correlativamente ao declínio da possibilidade da liberdade é um sintoma da transformação de uma sociedade racional em seus meios nessa sociedade abertamente irracional que ela já era há muito tempo, de forma latente, segundo os seus fins. A filosofia leibniziana e a kantiana pressentiram, por meio da cisão da causa final em relação à causalidade fenomenalmente vigente em sentido mais restrito e da tentativa de unificação dos dois, algo dessa divergência, sem alcançar suas raízes na antinomia dos meios e dos fins da sociedade burguesa. Mas o desaparecimento da causalidade de modo algum anuncia hoje o reino da liberdade. Na ação recíproca total, a antiga dependência reproduz-se de maneira ampliada. Com sua teia complicadíssima, ela impede a penetração racional madura e à mão que o pensamento causal gostaria de promover, a serviço do progresso. A própria causalidade só tem sentido em um horizonte de liberdade. Ela parecia protegida contra o empirismo porque, sem a sua suposição, um conhecimento organizado cientificamente não parecia possível; o idealismo não possuía nenhum argumento mais forte. Todavia, o esforço kantiano por elevar a causalidade enquanto necessidade subjetiva do pensamento ao nível da condição constitutiva da objetividade também não se mostrou mais convincente do que a negação empirista dessa causalidade. O próprio Kant precisou já se distanciar dessa suposição de uma conexão interna dos fenômenos, sem a qual a causalidade se transforma em uma relação se-então à qual escapa justamente essa normatividade enfática — "caráter a priori" — que a doutrina da essência subjetivo-categorial da causalidade quer conservar; o desenvolvimento científico realizou em seguida o potencial da doutrina kantiana. Mesmo a fundamentação da causalidade por meio de sua autoexperiência imediata na motivação não passa de um expediente. Entrementes, a psicologia mostrou materialmente que essa autoexperiência não apenas pode, mas deve nos enganar.

Se a causalidade enquanto princípio subjetivo de pensamento estivesse marcada pelo contrassenso e, contudo, não pudesse haver conhecimento sem ela, então seria preciso procurar na causalidade um momento que não fosse ele mesmo pensamento. É preciso aprender com a causalidade aquilo que a identidade perpetrou contra o não-idêntico. A consciência da causalidade, enquanto a consciência da normatividade, é consciência desse ato; enquanto crítica ao conhecimento, ela também é a consciência da ilusão subjetiva inerente à identificação. Uma causalidade refletida aponta para a ideia de liberdade enquanto possibilidade da não-identidade. Visto objetivamente, de maneira provocativamente antikantiana, a causalidade seria uma relação entre as coisas em si, na medida e somente na medida em que essas coisas estão submetidas ao princípio de identidade. Objetiva e subjetivamente, a causalidade é o encanto da natureza dominada. Ela tem seu *fundamentum in re** na identidade que, enquanto princípio do espírito, não é senão o reflexo da dominação real da natureza. Na reflexão sobre a causalidade, a razão, que encontra essa causalidade na natureza por toda parte em que domina essa natureza, também se conscientiza de sua própria naturalidade indômita como princípio do encantamento. Em uma tal autoconsciência, o esclarecimento progressivo afasta-se do retorno à mitologia que ele se prescrevera irrefletidamente. Esse esclarecimento subtrai sua onipotência ao esquema de sua redução, ao esquema "isso é o homem", na medida em que o homem reconhece a si mesmo como sendo aquilo que ele reduz insaciavelmente. Não obstante, a causalidade não é outra coisa senão a natureza indômita do homem, a qual ele faz prosseguir como domínio da natureza. Se o sujeito chega a conhecer algum dia o momento de sua igualdade com a natureza, então ele não precisa mais igualar a natureza a si mesmo. Esse é o conteúdo veritativo secreto e invertido do idealismo. Pois quanto mais fundamentalmente

* Em latim no original: fundamento objetivo. (N.T.)

o sujeito, segundo o hábito idealista, iguala a natureza a si mesmo, tanto mais ele se distancia de toda igualdade com ela. A afinidade é o ápice de uma dialética do Esclarecimento. Essa recai na ofuscação, na execução aconceitual, logo que quebra completamente a afinidade. Sem essa afinidade, não há nenhuma verdade: foi isso que o idealismo caricaturou em termos de uma filosofia da identidade. A consciência sabe tanto de seu outro quanto lhe é similar, não na medida em que se cancela juntamente com essa similaridade. A objetividade definida como resíduo após a retirada do sujeito não é senão uma macaquice. Ela é o esquema inconsciente de si mesmo, ao qual o sujeito subsume o seu outro. Quanto menos o sujeito tolera a afinidade com as coisas, tanto mais ele identifica sem hesitações. Mas mesmo a afinidade não é uma determinação ontológica particular positiva. Se ela se tornasse intuição, verdade conhecida imediata e intuitivamente, então ela seria triturada pela dialética do Esclarecimento como um retrocesso, como um mito requentado; em consonância com a mitologia que se reproduz a partir da razão pura: com a dominação. A afinidade não é nenhum resto que o conhecimento reteve em suas mãos depois da eliminação dos esquemas de identificação do aparato categorial. Ao contrário, ela é muito mais a negação determinada desses esquemas. Em uma tal crítica, a causalidade é refletida. Nela, o pensamento imita o encanto das coisas, um encanto imposto às coisas pelo pensamento; e isso no limiar de uma simpatia que poderia produzir o desaparecimento desse encanto. A subjetividade da causalidade possui uma afinidade seletiva com os objetos enquanto pressentimento daquilo com que eles se depararam por conta do sujeito.

A transformação kantiana da lei moral em um fato retira sua força sugestiva da possibilidade que Kant possui de indicar uma doação similar no interior da esfera da pessoa empírica. Essa é uma vantagem para a mediação do inteligível com o empírico, por mais problemática que essa mediação possa ser. A fenomenologia da consciência empírica e mesmo a psicologia deparam-se justamente com essa consciência moral que, na doutrina kantiana, é a voz da lei moral. As descrições de seu modo de agir, sobretudo as descrições da "coerção", não são quimeras. Os traços coercitivos inseridos por Kant em sua doutrina da liberdade foram recolhidos na coerção real oriunda da consciência moral. A irresistibilidade empírica da consciência psicologicamente existente, do supereu, lhe garante, contra o seu princípio transcendental, a facticidade da lei moral que, mesmo segundo Kant, enquanto fundamentação da moral autônoma, precisaria ser igualmente desqualificada por ela como pulsão heterônoma. O fato de Kant não tolerar nenhuma crítica à consciência moral coloca-o em conflito com a própria intelecção de que no mundo fenomenal todas as motivações são relativas ao eu empírico, psicológico. Por isso ele afastou da filosofia moral o momento genético e o substituiu pela construção do caráter inteligível que o sujeito entrega com certeza inicialmente a si mesmo.* Todavia, a exigência genético-temporal, apesar de tudo uma vez mais empírica, desse "inicialmente" não pode ser resgatada. Aquilo que se sabe sobre a gênese do caráter é incompatível com a afirmação de um tal ato original de criação moral. Em Kant, o eu que deve realizá-lo não é nada imediato, mas é ele mesmo também algo mediatizado, algo que emergiu, em termos psicanalíticos: uma ramificação da energia libidinal difusa. Não é apenas todo conteúdo específico da lei moral que está ligado constitutivamente à existência fática, mas também a sua forma supostamente pura, imperativa. Ela pressupõe tanto a interiorização da repressão, quanto o fato de a instância fixa do eu, que se mantém idêntica a si mesma, já ser desenvolvida, uma instância que é absolutizada por Kant como condição necessária da eticidade. Toda interpretação kantiana que tenha atacado seu formalismo e ousado colocar em evidência em termos de conteúdo a relatividade empírica da moral, uma relatividade alijada com o auxílio desse formalismo, sempre se mostra como de vista curta. Mesmo em sua abstração mais extrema, a lei é algo que veio a ser; o lado doloroso de sua abstração é o conteúdo sedimentado, dominação trazida até sua forma padronizada, a forma da identidade. A psicologia recuperou concretamente aquilo que ela não sabia no tempo de Kant e com o que, portanto, não havia razão para se preocupar especificamente: a gênese empírica daquilo que, sem ser analisado, Kant glorificava como inteligível de modo atemporal. Em seus tempos heróicos, a escola freudiana, nesse ponto em consonância com o outro Kant, iluminista, exigia a crítica intransigente do supereu como um elemento estranho ao eu, como um elemento verdadeiramente heterônomo. Ela percebeu aí a interiorização cega e inconsciente da coerção social. Em *Psicanálise*, de Sandor Ferenczi, com uma prudência que precisa ser explicada a partir do medo das consequências sociais, é dito "que uma análise real de caráter deve, ao menos provisoriamente, romper com todo tipo de supereu, ou seja, também com o tipo de supereu dos analistas. Por fim, o paciente precisa se desembaraçar de toda vinculação emocional, na medida em que essa

---

* "Portanto, quando julgamos as ações livres, em relação à sua causalidade, não podemos senão remontar à causa inteligível, mas não para além dela; podemos reconhecer que essa causa é livre, i.e., determinada independentemente da sensibilidade, e, desse modo, que ela pode ser a condição, incondicionada em termos sensíveis, dos fenômenos. Mas por que o caráter inteligível entrega precisamente esses fenômenos e esse caráter empírico sob circunstâncias dadas? Responder a essa questão é algo que ultrapassa a tal ponto toda capacidade de nossa razão que vai além até mesmo de todo direito que ela possui de colocar questões; como se perguntássemos: a partir de onde o objeto transcendental de nossa intuição sensível exterior só entrega justamente uma intuição no espaço e não uma outra qualquer?" (Kant, *Kritik der reinen Vernunft* [*Crítica da razão pura*], op.cit., p.376s.)

vinculação vai além da razão e de suas próprias tendências libidinais. Somente esse tipo de desconstrução do supereu em geral pode levar a uma cura radical; sucessos que não consistem senão na substituição de um supereu por outro ainda precisam ser designados como sucessos da transferência; eles não fazem justiça nem mesmo à meta final da terapia: livrar-se também da transferência."[49] A razão, fundamento da consciência moral em Kant, deve refutar aqui a consciência, dissolvendo-a. Pois o domínio irrefletido da razão, o domínio do eu sobre o isso, é idêntico ao princípio repressivo que a psicanálise, cuja crítica emudece ante o princípio de realidade do eu, relegava à vigência inconsciente do eu. A separação entre o eu e o supereu sobre a qual repousa a topologia psicanalítica é dúbia; do ponto de vista genético, os dois conduzem igualmente à interiorização da imagem do pai. É por isso que as teorias analíticas sobre o supereu logo se estiolam, por maior que seja a audácia com a qual se dá o seu ponto de partida: de outro modo, elas também precisariam atacar o eu que tanto mimam. Ferenczi restringe imediatamente a sua crítica: "sua luta" dirige-se "apenas contra a parte do supereu que se tornou inconsciente e que é com isso ininfluenciável".[50] Mas isso não é suficiente: a irresistibilidade que Kant constatou na coerção oriunda da consciência moral consiste, tal como os tabus arcaicos, em um tal tornar-se inconsciente; se se pudesse representar um estado de atualidade racional universal, então nenhum supereu chegaria a se formar. Tentativas de — como já acontecia em Ferenczi e, de modo completo, no revisionismo psicanalítico, que também subscreve, entre outras ideias saudáveis, a ideia de um supereu saudável — dividir o supereu em um supereu consciente e um pré-consciente são inúteis. A objetivação e a autonomização por meio das quais a consciência moral se transforma em uma instância são constitutivamente um esquecimento e, nessa medida, estranhas ao eu. Concordando, Ferenczi acentua que "o homem normal também continua guardando em seu âmbito pré-consciente uma soma de modelos positivos e negativos".[51] Mas se há um conceito heterônomo em sentido rigorosamente kantiano, ou, falando em termos psicanalíticos, se há um conceito com uma vinculação libidinal, então esse conceito é o conceito de modelo. Esse conceito é um correlato do "homem normal" respeitado por Ferenczi, do homem que se entrega ativa ou passivamente a toda repressão social e que a psicanálise atribui, de maneira acrítica, em uma crença fatídica na divisão do trabalho, à sociedade estabelecida. O quão intensamente a psicanálise se aproxima dessa repressão que ainda hoje desfigura todas as doutrinas da liberdade ao frear, por um conformismo social, a crítica ao supereu inaugurada por ela, isso é algo que se mostra da maneira mais clara possível em uma passagem de Ferenczi: "Enquanto esse supereu, de maneira comedida, cuida para que as pessoas se sintam como burgueses civilizados e ajam enquanto tais, ele se mostra como uma instituição útil na qual não se precisa tocar. No entanto, excessos patológicos da formação-do-supereu ...”[52] O medo dos excessos é a marca distintiva desse modo de vida burguês civilizado que não pode abdicar a preço algum do supereu juntamente com as suas irracionalidades. Tal como o pequeno burguês o faz em relação aos limites entre aquilo que ele protege como o seu sentimento nacional natural e o nacionalismo, também a psicanálise que chegou rápido demais à razão silencia sobre o modo como se pode diferenciar subjetivamente, segundo critérios psicológicos, entre o supereu normal e o supereu patológico. O único critério de distinção é o efeito social ante o qual, *quaestiones iuris*, a psicanálise se declara como incompetente. Reflexões sobre o supereu estão, como Ferenczi diz, de qualquer modo em contradição com as suas próprias proposições, de maneira verdadeiramente “metalógica”. A crítica do supereu precisou se tornar a crítica à sociedade que ele produz; se ela se emudece diante disso, então ela consente com a norma social dominante. Aconselhar o supereu em virtude de sua utilidade ou incondicionalidade social, por mais que não advenha a ele mesmo, enquanto um mecanismo de coerção, aquela validade objetiva que ele requisita no campo de ação da motivação psicológica, é algo que repete e solidifica no interior da psicanálise as irracionalidades que ela buscava intensamente “eliminar”.

Não obstante, o que vem acontecendo em épocas mais recentes é uma exteriorização do supereu em vista de uma adaptação incondicional, mas não de sua suspensão em um todo mais racional. Os rastros efêmeros da liberdade, mensageiros da possibilidade da vida empírica, são tendencialmente mais raros; a liberdade torna-se um valor limite. Ela não ousa mais nem mesmo se apresentar propriamente como uma ideologia complementar; enquanto técnicos da propaganda, os detentores do poder, que ao mesmo tempo passaram a administrar com mãos de ferro a ideologia, manifestamente não acreditam muito na força de atração da liberdade. Essa força é esquecida. A não-liberdade plenifica-se em uma totalidade invisível que não tolera mais nenhuma exterioridade a partir da qual pudesse ser visualizada e quebrada. O mundo tal como ele é torna-se a única ideologia e os homens, os seus elementos. Também nesse caso vigora uma justiça dialética: essa se pronuncia sobre o indivíduo, protótipo e agente de uma sociedade particularista e não-livre. A liberdade pela qual precisaríamos esperar em virtude dela mesma não poderia ser a nossa própria liberdade, mas teria de ser a liberdade do todo. A crítica ao indivíduo leva tão para além as categorias da liberdade quanto essas categorias são criadas segundo a imagem do indivíduo não-livre. A contradição que não deixa nenhuma liberdade da vontade, e, por isso, nenhuma moral, ser proclamada para a esfera do indivíduo, por mais que não se possa salvaguardar sem a moral nem mesmo a vida da espécie, não pode ser aplacada pela concessão dos assim chamados valores. Como são postas de maneira heterônoma, as novas tábuas valorativas nietzschianas seriam o contrário da liberdade. Mas a liberdade não é obrigada a permanecer nem onde surgiu, nem o que era. Ao contrário, na interiorização da coerção social que culmina na consciência moral, com a resistência à instância social, uma resistência que mensura criticamente essa instância em função de seu próprio princípio, amadurece um potencial que estaria isento de coerção. A crítica à consciência moral visa à salvação de um tal potencial. No entanto, ela não o faz no âmbito psicológico, mas no interior da objetividade de uma vida reconciliada característica dos homens livres. Se a moral kantiana converge por fim, aparentemente contra a sua exigência rigorosa por autonomia, com a ética dos bens, então a cisão impassível de ser superada por meio de uma síntese conceitual entre o ideal social e o ideal subjetivo da razão autoconservadora afirma seu direito à verdade. A objeção de que, na objetividade da lei moral, a razão subjetiva não faria outra coisa senão se arrogar como absoluta seria subalterna. Kant exprime, apesar de o fazer de modo falho e distorcido, aquilo que com razão teria de ser exigido socialmente. Uma tal objetividade não pode mais ser traduzida nem para a esfera subjetiva, nem para a esfera da psicologia, nem para a esfera da racionalidade, mas continua existindo, para o bem e para o mal, separadamente em relação a elas; e isso até que o interesse particular e o interesse universal coincidam realmente. A consciência é a pedra de escândalo da sociedade desprovida de liberdade. O arcano de sua filosofia permaneceu necessariamente velado para Kant: o fato de o sujeito, para poder constituir a objetividade ou se objetivar na ação, tal como Kant confiava que era possível, sempre precisar ser também por sua parte algo objetivo. No sujeito transcendental, na razão pura que se interpreta como objetiva, vemos crescer o primado do objeto, um primado sem o qual, enquanto momento, mesmo as performances kantianas objetivadoras próprias ao sujeito não existiriam. O conceito kantiano de subjetividade tem em seu cerne traços impessoais. Até mesmo a personalidade do sujeito, que é para o sujeito o imediato, aquilo que há de mais próximo e de mais certo, é algo mediatizado. Não há nenhuma consciência do eu sem sociedade, assim como não há nenhuma sociedade para além de seus indivíduos. Os postulados da razão prática que transcendem o sujeito, Deus, liberdade e imortalidade, implicam uma crítica ao imperativo categórico, à razão pura subjetiva. Sem esses postulados, o imperativo não poderia ser pensado de maneira alguma, por maior que seja a veemência com que Kant afirma o contrário; sem esperança não há nenhum bem.

A tendência nominalista induz equivocadamente o pensamento, que não pode abdicar da proteção da moral em face da violência imediata que irrompe por toda parte, a fixar a moral na pessoa como em um bem indestrutível. A liberdade que não surgiria senão na instituição de uma sociedade livre é buscada lá onde a instituição da sociedade existente o recusa, nos respectivos indivíduos singulares que necessitariam dela, mas que não a garantem a partir de sua própria constituição. A reflexão sobre a sociedade tanto quanto a reflexão sobre a própria pessoa estão ausentes no personalismo ético. No momento em que é completamente arrancada ao universal, a pessoa também não consegue mais constituir nenhum universal; esse provém então sub-repticiamente das formas estabelecidas de dominação. No período pré-fascista, o personalismo e o falatório relativo à noção de interdependência não conviviam mal um com o outro. A pessoa enquanto algo absoluto nega a universalidade que deve ser recolhida a partir dela e alcança para o arbítrio o seu precário título de direito. Seu carisma é tomado de empréstimo à irresistibilidade do universal, por mais que, desorientada em relação à sua legitimidade, a pessoa se volte sobre si mesma em detrimento do pensamento. Seu princípio, o princípio da unidade inabalável tal como esse é constituído pela sua ipseidade, repete obstinadamente a dominação. A pessoa é o nó atado historicamente que deveria ser desatado pela liberdade, ao invés de ser eternizado; ela é o antigo encanto do universal, entrincheirado agora no particular. A moral que podemos retirar da pessoa permanece contingente como a existência imediata. De uma maneira diversa do discurso kantiano que concerne à personalidade, a pessoa se tornou uma tautologia para aqueles que já não possuem mais absolutamente nada além do "isso aqui" aconceitual de seu ser-aí. A transcendência que algumas neo-ontologias esperam da pessoa não faz outra coisa senão superestimar sua consciência. Essa consciência, contudo, não existiria sem esse universal que o recurso à pessoa como fundamento ético gostaria de excluir. É por isso que o conceito de pessoa, assim como as suas variantes, por exemplo, a relação eu-tu, assumiram o tom oleoso de uma teologia na qual não se acredita. Do mesmo modo que o conceito de um homem justo não pode ser antecipado, ele também não pode ser igualado à pessoa, essa duplicata santificada de sua própria autoconservação. Segundo o ponto de vista da história da filosofia, esse conceito implica por um lado o sujeito que se objetiva no caráter, e, por outro lado, a decadência desse sujeito. A perfeita fraqueza do eu, a passagem dos sujeitos para um comportamento passivo e atomista, similar aos reflexos, é ao mesmo tempo a condenação merecida pela pessoa na qual o princípio econômico da apropriação tornou-se antropológico. Aquilo que precisaria ser pensado nos homens como o seu caráter inteligível não é o elemento pessoal neles, mas aquilo por meio do que eles se distinguem de seu ser-aí. Na pessoa, esse caráter distintivo aparece necessariamente como não-idêntico. Todo estímulo humano contradiz a unidade daquele que ele mobiliza; cada impulso para o melhor não se mostra apenas como, dito em termos kantianos, razão, mas antes também como estupidez. Os homens só são humanos quando não agem como pessoas, nem, com maior razão, se posicionam como tais; o elemento difuso da natureza, o elemento no qual os homens não são pessoas, é similar aos traços de um ser inteligível, desse si próprio que estaria redimido do eu; a arte contemporânea incorpora radicalmente algo disso. O sujeito é mentira porque, em virtude da incondicionalidade da própria dominação, ele nega as determinações objetivas de si mesmo; só seria sujeito aquilo que se desprendesse dessa mentira e que, por sua própria força, estabelecida graças à identidade, se desembaraçasse do revestimento dessa identidade. A inessência ideológica da pessoa é criticável em termos imanentes. O elemento substancial que, segundo essa ideologia, emprestaria à pessoa a sua dignidade, não existe. Os homens, sem nenhuma exceção, ainda não são de maneira alguma eles mesmos. Com toda a razão, poder-se-ia pensar com o conceito de si próprio a sua possibilidade, e essa possibilidade se opõe de modo polêmico à realidade do si próprio. É exatamente por isso que o discurso sobre a alienação do eu é insustentável. Apesar de seus melhores dias hegelianos e marxistas,* ou mesmo por causa deles, esse discurso se tornou apologético porque dá a entender, com facetas paternais, que o homem seria separado de um ser-em-si que ele sempre foi, por mais que ele nunca tenha sido, e que, por consequência, recorrendo às suas ἀρχαί, ele não pode esperar nada que se submeta a uma autoridade, àquilo que justamente lhe é estranho. O fato de esse conceito não figurar mais em *O Capital* de Marx não é apenas condicionado pela temática econômica da obra, mas possui um sentido filosófico. — A *Dialética negativa* não se detém nem diante do fechamento da existência, da mesmidade sólida do eu, nem tampouco diante de sua antítese não menos cristalizada: o papel que é utilizado pela sociologia subjetiva contemporânea como uma panacéia universal, como a derradeira determinação da sociabilização, de maneira análoga à existência da ipseidade em alguns ontólogos. O conceito de papel sanciona hoje a despersonalização falsa e perversa: a não-liberdade, que não toma o lugar da autonomia penosa e conquistada como que por tempo determinado senão em virtude da adaptação plena, está abaixo e não acima da liberdade. A miséria da divisão do trabalho é hipostasiada no conceito de papel como se se tratasse de uma virtude. Com esse papel, o eu prescreve uma vez mais a si mesmo aquilo a que a sociedade o condena. O eu liberto, não mais aprisionado em sua identidade, também não estaria mais condenado a se submeter a papéis. Se o tempo de trabalho fosse radicalmente encurtado, o que restaria socialmente da divisão do trabalho perderia o poder apavorante de formar inteiramente os seres individuais. A rigidez coisal do si próprio, a sua prontidão para entrar em ação e a sua disponibilidade para o desempenho dos papéis sociais desejados são cúmplices.

* "Essa 'alienação', para permanecer compreensível aos filósofos, só pode ser naturalmente suspendida sob dois pressupostos práticos." (Karl Marx e Friedrich Engels, *Die deutsche Ideologie* [*A ideologia alemã*], Berlim, 1960, p.31.)

Mesmo no âmbito moral, a identidade não pode ser negada abstratamente, mas precisa ser conservada na resistência, se é que ela deve se transformar um dia em seu outro. O Estado atual é destrutivo: perda da identidade por causa da identidade abstrata, da autoconservação nua e crua.

A natureza ambivalente do eu encontrou na ontologia existencial a sua sedimentação. O recurso ao ser-aí tanto quanto o projeto da autenticidade contra o "impessoal" transfiguram a ideia do eu forte, em si mesmo fechado e "decidido", transformando-a em metafísica; *Ser e tempo* funcionou como um manifesto do personalismo. Na medida, porém, em que Heidegger interpreta a subjetividade como uma modulação de ser previamente ordenada ao pensamento, o personalismo converteu-se imediatamente em seu contrário. O fato de se escolherem expressões impessoais tais como "ser-aí" e "existência" para o sujeito indica isso no nível linguístico. Em um tal uso, retorna sem que se perceba o predomínio caro ao idealismo alemão, pleno de obséquios em relação ao Estado, da identidade para além de seu próprio portador, para além do sujeito. É na despersonalização, na desvalorização burguesa do indivíduo singular no mesmo momento glorificado, que se baseia já a diferença entre a subjetividade enquanto o princípio universal do eu individuado — de acordo com a terminologia de Schelling da egoidade — e o próprio eu individuado. A essência da subjetividade enquanto ser-aí, tematizada em *Ser e tempo*, equivale àquilo que resta da pessoa quando ela não é mais pessoa alguma. Os motivos para tanto não são de modo algum desprezíveis. Aquilo que é comensurável ao domínio conceitual universal da pessoa, a sua consciência individual, é sempre também uma ilusão, algo entrelaçado com aquela objetividade transubjetiva que deve ser fundada no puro sujeito segundo a doutrina idealista tanto quanto a ontológica. Tudo aquilo que o eu consegue experimentar introspectivamente como eu também é não-eu, a egoidade absoluta não é experimentável; é daí que provém a dificuldade constatada por Schopenhauer de perceber a si mesmo. O derradeiro não possui nada de derradeiro. A versão objetiva do idealismo absoluto de Hegel, do equivalente da subjetividade absoluta, leva isso em conta. No entanto, quanto mais fundamentalmente o indivíduo perde aquilo que se designou um dia a sua autoconsciência, tanto mais se intensifica a despersonalização. O fato de a morte em Heidegger transformar-se na essência do ser-aí codifica a nulidade do mero ser por si mesmo.* Não obstante, a sinistra decisão pela despersonalização curva-se regressivamente a uma fatalidade sentida como inexorável, ao invés de conduzir para além da pessoa por meio da ideia de que ela alcançaria

* Pouco depois da publicação da obra central de Heidegger, já era possível comprovar, a partir do conceito kierkegaardiano de existência, a sua implicação ontológico-objetiva e a conversão da interioridade desprovida de objetos em uma objetividade negativa. (Cf. Theodor W. Adorno, *Kierkegaard: Konstruktion des Ästhetischen*, Frankfurt am Main, 1962, p.87s.)

o seu próprio destino. A impessoalidade heideggeriana é instituída linguisticamente; ela é muito facilmente adquirida pela simples omissão daquilo por meio do que apenas o sujeito se torna sujeito. Com seu pensamento, Heidegger passa ao largo do nó do sujeito. Sem isso, a perspectiva da despersonalização não se abriria à diluição abstrata do ser-aí em sua possibilidade pura, mas unicamente à análise dos sujeitos intramundanos que são aí. A análise heideggeriana do ser-aí se interrompe diante dessa análise; é por isso que seus existenciais impessoais podem ser tão facilmente aplicados às pessoas. Sua microanálise é insuportável para um pensamento autoritário: na ipseidade, ela encontraria o princípio de toda dominação. Em contrapartida, pode-se falar sem hesitação do ser-aí em geral como se se tratasse de um impessoal, como se ele fosse ao mesmo tempo algo sobre-humano e humano. Com efeito, enquanto conexão funcional objetivamente antecedente, a constituição conjunta dos homens viventes movimenta-se em direção ao impessoal no sentido do anonimato. A linguagem heideggeriana queixa-se disso, exatamente como reflete de modo afirmativo esse estado de coisas como suprapessoal. O horror da despersonalização não seria tocado senão pela intelecção do caráter coisal da própria pessoa, pela intelecção dos limites da egoidade que foram impostos pela igualdade do si próprio com a autoconservação. Em Heidegger, a impessoalidade ontológica permanece sempre a ontologização da pessoa, sem que essa seja algum dia alcançada. O conhecimento daquilo em que se transformou a consciência ao preço do que ela tinha de vivente exerce uma força retroativa: a egoidade sempre foi a esse ponto coisal. No cerne do sujeito moram as condições objetivas que ele precisa se dispor a negar por causa da incondicionalidade de sua dominação e que perfazem o caráter próprio a essa dominação. O sujeito precisaria se desfazer delas. A pressuposição de sua identidade é o fim da coerção à identidade. É isso que aparece na ontologia existencial, só que de modo deformado. No entanto, nada que não penetre na zona da despersonalização e em sua dialética continua sendo aqui intelectualmente relevante; a esquizofrenia é a verdade histórico-filosófica sobre o sujeito. Em Heidegger, essa zona por ele deflorada transforma-se sub-repticiamente na alegoria do mundo administrado, e, de modo complementar, na determinação desesperadamente consolidada da subjetividade. Aquilo que ele reserva à história da filosofia sob o nome de destruição só encontraria seu objeto na crítica a essa subjetividade. A doutrina do isso que é característica do Freud antimetafísico está mais próxima da crítica ao sujeito do que a metafísica heideggeriana que não quer ser metafísica alguma. Se o papel, heteronomia prescrita pela autonomia, é a forma objetiva mais recente da consciência infeliz, então não há, inversamente, nenhuma felicidade senão quando o si próprio não é ele mesmo. Caso o sujeito recaia de maneira esquizofrênica, sob a pressão desmedida que pesa sobre ele, no estado de dissociação e de ambivalência do qual ele se subtraiu historicamente, então a dissolução do sujeito é ao mesmo tempo a imagem efêmera e condenada de um sujeito possível. Se sua liberdade outrora pôs um fim ao mito, o sujeito se livraria assim de si mesmo enquanto o mito derradeiro. A utopia seria, sem sacrifício algum, a não-identidade.

Ao lado do temor de perder uma vez mais a aba penosamente costurada do *mundus intelligibilis*, também se exprime no fervor kantiano contra a psicologia a intelecção autêntica de que as categorias morais do indivíduo são mais do que apenas individuais. Aquilo que é manifesto nessas categorias enquanto o universal segundo o modelo do conceito kantiano de lei é secretamente algo social. Entre as funções certamente incertas do conceito de humanidade na *Crítica da razão pura*, não é de modo algum insignificante a representada pelo fato de a razão pura ser considerada como universal para todos os seres racionais: um ponto de indiferença da filosofia kantiana. Se o conceito de universalidade fosse extraído da pluralidade dos sujeitos e, em seguida, autonomizado na objetividade lógica da razão na qual todos os sujeitos individuais, e, ao que parece, a subjetividade enquanto tal, desapareceriam, Kant poderia, sobre a aresta estreita entre o absolutismo lógico e a validade universal empírica, retornar àquele ente que, no sistema, tinha sido anteriormente banido pela lógica consecutiva. Nesse ponto, a filosofia moral antipsicológica converge com as descobertas psicológicas posteriores. No que a psicologia desvela o supereu como norma social interiorizada, ela quebra suas barreiras monadológicas. Essas barreiras, por sua vez, são socialmente produzidas. A consciência moral retira sua objetividade em relação aos homens da objetividade da sociedade na qual e por meio da qual eles vivem, e que alcança até o cerne de sua individuação. Os momentos antagônicos encontram-se em uma tal objetividade inseparavelmente entrelaçados: a coerção heterônoma e a ideia de uma solidariedade que ultrapassa os interesses particulares divergentes. Aquilo que reproduz na consciência moral a monstruosidade obstinadamente insistente e repressiva da sociedade é o contrário da liberdade e deve ser desmistificado pela apresentação de sua própria determinação. Em contrapartida, a norma universal que é apropriada de maneira inconsciente pela consciência moral presta testemunho sobre aquilo que, na sociedade, enquanto o princípio de sua totalidade, ultrapassa a particularidade. Esse é o seu momento veritativo. Recusa-se uma resposta conclusiva à pergunta sobre o justo e o injusto da consciência moral porque o justo e o injusto são absolutamente inerentes à consciência moral e porque nenhum juízo abstrato poderia isolá-los: é só em sua figura repressiva que se forma a figura solidária da consciência que suspende essa figura repressiva. É essencial à filosofia moral que haja tanto menos diferença entre o indivíduo e a sociedade quanto mais eles estejam reconciliados. Na exigência estabelecida pelo indivíduo que não é satisfeita socialmente, o caráter ruim da universalidade se declarou.

Esse é o conteúdo veritativo supraindividual da crítica à moral. Todavia, o indivíduo que, culpado por necessidade, transforma-se em algo derradeiro e absoluto, decai por sua vez nesse caso na ilusão da sociedade individualista, desconhecendo-se a si mesmo; Hegel compreendeu muito bem isso uma vez mais, e, em verdade, o mais acuradamente lá onde favorece o abuso reacionário. A sociedade que, em sua exigência universal, age injustamente em relação ao indivíduo, também tem razão contra ele, na medida em que, no indivíduo, o princípio social da autoafirmação irrefletida, ele mesmo o mal universal, é hipostasiado. A sociedade o mensura gota a gota. A sentença kantiana tardia de que a liberdade de cada homem só deveria ser restrita na medida em que trouxesse um dano para a liberdade de um outro* codifica um Estado reconciliado que não se elevaria apenas acima do mal universal, do mecanismo de coerção da sociedade, mas também acima do indivíduo calcificado no qual esse mecanismo de coerção se repete microcosmicamente. A questão acerca da liberdade não exige um sim ou não, mas uma teoria que se alce tanto acima da sociedade estabelecida quanto da individualidade estabelecida. Ao invés de sancionar a instância interiorizada e cristalizada do supereu, essa teoria leva a termo a dialética entre o ser individual e o gênero. O rigorismo do supereu é simplesmente um reflexo em face daquilo que é impedido pelo Estado antagonista. O sujeito só seria liberto se fosse reconciliado com o não-eu, e, com isso, ele também se encontraria acima da liberdade, porquanto a liberdade está entretecida com a sua contraparte, a repressão. O quanto de agressão reside até aqui na liberdade é algo que fica visível sempre que os homens agem como homens livres no interior da não-liberdade universal. Não obstante, em um Estado de liberdade, nem o indivíduo poderia proteger convulsivamente a antiga particularidade — a individualidade é o produto tanto da pressão quanto do centro de força que resiste a essa pressão —, nem esse Estado se compatibilizaria com o conceito atual de coletividade. O fato de o coletivismo, enquanto subordinação do singular à sociedade, ser imediatamente recomendado nos países que hoje monopolizam o nome "socialismo" condena esse seu socialismo a mentiras e consolida o antagonismo. O enfraquecimento do eu por meio de uma sociedade socializada que incansavelmente impele os homens a se reunir e que, em sentido próprio tanto quanto em sentido figurado, torna-os incapazes de existir sozinhos, não se manifesta menos nas queixas contra o isolamento do que na frieza verdadeiramente insuportável difundida sobre tudo, paralelamente à expansão da relação de troca que é prolongada no regime autoritário das pretensas democracias populares que não

* "É justa toda ação cujas máximas podem servir de base para a conciliação da liberdade do arbítrio de cada um com a liberdade de todos segundo uma lei universal." (Kant, *Metaphysik der Sitten: Einleitung in die Rechtslehre* [*Metafísica dos costumes:Introdução à doutrina do direito*], §C, *Werke* VI, Akademie-Ausgabe, p.230.)

levam em conta as necessidades dos sujeitos. Acreditar que, em uma associação de homens livres, esses homens precisam constantemente se amotinar é constitutivo da esfera de representações dos desfiles, das marchas militares e dos discursos oficiais de líderes políticos. Tudo isso não floresce senão enquanto a sociedade procura como que cimentar juntos de maneira irracional aqueles que são obrigados a ser seus membros; objetivamente, isso é inútil. O coletivismo e o individualismo completam-se mutuamente na falsidade. Contra os dois, vem protestando a filosofia especulativa da história desde Fichte na doutrina do Estado de pecado absoluto, e, mais tarde, na doutrinda da perda de sentido. A modernidade é equiparada a um mundo desprovido de forma, enquanto Rousseau, o precursor da animosidade retrospectiva contra seu próprio tempo, a inflamava no último grande estilo: sua aversão voltava-se contra um excesso de forma, contra a desnaturação da sociedade. Seria o momento de denunciar a imagem do mundo vazio de sentido que, de um emblema da nostalgia, degenerou-se na palavra de ordem dos enfurecidos da ordem. Em lugar algum na Terra a sociedade atual é aberta como o certificam seus apologetas científicos; em lugar algum, tampouco, ela é desprovida de forma. A crença em uma tal deformação emergiu das desertificações das cidades e dos campos por meio da indústria que se expandiu sem qualquer planejamento, de uma falta de racionalidade, não de seu excesso desmedido. Quem reporta a deformação a processos metafísicos, em vez de a relações da produção material, produz virtualmente ideologias. Com a transformação dessas relações, poder-se-ia atenuar a imagem da violência pela qual o mundo — violentado pelos homens — se apresenta aos homens. O mal em si não seria absolutamente o fato de as vinculações supraindividuais desaparecerem — elas não desapareceram de maneira alguma; as obras de arte verdadeiramente emancipadas do século XX também não são afinal piores do que todas aquelas que tiveram sucesso nos estilos dos quais a modernidade se desvinculou com razão. Como no espelho, inverte-se a experiência de que se espera dos homens, dado o estado da consciência e das forças materiais produtivas, que eles sejam livres, que eles também esperem isso de si mesmos; e, contudo, eles não são livres, apesar de, no estado de sua não-liberdade radical, não restar nenhum padrão de pensamento, de comportamento, e, para empregar o termo mais vergonhoso, de "valor", que, enquanto seres não-livres, eles gostariam de possuir. O lamento sobre a falta de vinculação tem por substância a constituição de uma sociedade que dá a ilusão de liberdade, sem a realizar. A liberdade só existe, de maneira suficientemente esvaecida, na superestrutura; seu fracasso perenizante incita a nostalgia a se desviar para a não-liberdade. É provável que a pergunta sobre o sentido da existência como um todo seja expressão desse fracasso.

Obscuro é o horizonte de um Estado de liberdade no qual não se necessitaria mais de nenhuma repressão e de nenhuma moral porque a pulsão não precisaria mais se manifestar de modo destrutivo. As questões morais são colocadas de maneira vinculadora, não em uma paródia repulsiva, na repressão sexual, mas em sentenças tais como: não se deve torturar; não deve haver campos de concentração, por mais que na África e na Ásia tudo isso continue a existir e não seja reprimido senão porque a humanidade civilizadora é como sempre desumana em relação àqueles que são estigmatizados por ela de maneira ignominiosa como não-civilizados. Mas, se um filósofo moral se apoderasse dessas sentenças e festejasse o fato de ter finalmente pegado no pulo os críticos da moral, pois esses também citam os valores anunciados por eles com satisfação, a conclusão definitiva seria falsa. Essas sentenças são verdadeiras enquanto impulsos, logo que se anuncia que em algum lugar se faz uso da tortura. Elas não devem ser racionalizadas; enquanto princípios abstratos, elas cairiam imediatamente na má infinitude de sua dedução e de sua validade. A crítica à moral volta-se contra a transposição da lógica consecutiva para o comportamento dos homens; a lógica consecutiva rigorosa é nesse caso órgão da não-liberdade. O impulso, o temor físico nu e cru e o sentimento de solidariedade com os corpos torturáveis, para usar uma expressão de Brecht, o impulso que é imanente ao comportamento moral seria negado por meio da aspiração à racionalização intransigente; o mais urgente se tornaria uma vez mais contemplativo, escárnio em relação à própria urgência. A diferença entre teoria e prática envolve teoricamente o fato de não se poder nem identificar puramente a prática com a teoria, nem colocá-la χωρίς em relação a ela. As duas não podem ser coladas uma à outra em uma síntese. Aquilo que não é separado só existe nos extremos, na emoção espontânea que, impaciente com o argumento, não quer tolerar que o horror se perpetue, e, em uma consciência teórica que não se deixa aterrorizar por nenhum comando e que percebe a razão pela qual, apesar de tudo, o horror se perpetua a perder de vista. Em face da impotência real de todos os indivíduos, essa contradição é o único palco da moral hoje. A consciência reagirá espontaneamente na medida em que reconhece o mal sem se satisfazer com esse conhecimento. A incompatibilidade de todo juízo universalmente moral com a determinação psicológica que, contudo, não se dispensa de julgar que isso é o mal, não emerge de uma falta de correção dedutiva do pensamento, mas de um antagonismo objetivo. Fritz Bauer* observou que os mesmos tipos que exigem, com uma miríade de argumentos perniciosos, a liberação dos algozes de Auschwitz são simpáticos à reintrodução da pena de morte. É nesse ponto que se concentra o Estado mais recente da dialética moral: a liberação seria uma injustiça nua e crua, a justa expiação seria contaminada pelo princípio da violência assassina, sendo que

* Fritz Bauer (1903-1968): juiz alemão com um papel importante no assim chamado processo de Auschwitz. (N.T.)

a humanidade não seria outra coisa senão uma resistência a essa violência. A afirmação de Benjamin de que a aplicação da pena de morte pode ser moral, mas nunca a sua legitimação, profetiza essa dialética. Se tivéssemos fuzilado sumariamente os encarregados da tortura juntamente com os seus mandantes e os seus protetores extremamente poderosos, isso teria sido mais moral do que abrir um processo para alguns deles. O fato de eles terem conseguido fugir e se manter escondidos por vinte anos altera qualitativamente a justiça que deixou outrora de ser feita em relação a eles. No momento em que se mobiliza uma máquina judicial com o seu código de instrução penal, com as batas e os defensores plenos de compreensão, a justiça, de todo modo incapaz de aplicar qualquer sanção que fizesse jus ao crime cometido, é já falsificada, comprometida pelo mesmo princípio segundo o qual os assassinos um dia agiram. Os fascistas são espertos o suficiente para explorar uma tal insanidade objetiva com a sua racionalidade diabolicamente louca. O fundamento histórico da aporia é o fato de, na Alemanha, a revolução contra os fascistas ter fracassado ou, muito mais, o fato de não ter havido em 1944 nenhum movimento revolucionário de massas. A contradição presente entre ensinar um determinismo empírico e condenar, apesar disso, os monstros normais — de acordo com isso, talvez devêssemos deixá-los livres — não tem como ser apagada por nenhuma lógica superior. A justiça teoricamente refletida não poderia temer essa contradição. Se ela não auxilia nem mesmo a contradição a se tornar consciente de si mesma, então ela acaba por incentivar, enquanto algo político, o prosseguimento dos métodos de tortura pelos quais espera sem mais o inconsciente coletivo e por cuja racionalização ele aguarda; até um certo ponto, em todo caso, isso concorda com a teoria da intimidação. Em uma ruptura confessa entre uma racionalidade do direito que concede pela última vez aos culpados a honra de uma liberdade que eles não merecem e a intelecção de sua não-liberdade real, a crítica ao pensamento lógico-consecutivo da identidade se torna moral.

Entre a existência e a lei moral, Kant estabelece uma mediação pela construção do caráter inteligível. Essa construção apoia-se sobre a tese de que "a lei moral demonstra a sua realidade"[53] — como se aquilo que está dado, aquilo que está presente, estivesse já por isso legitimado. Se Kant diz que "o princípio de determinação dessa causalidade pode ser estabelecido mesmo fora do mundo sensível na liberdade enquanto propriedade de um ser inteligível",[54] o ser inteligível se torna por meio do conceito de propriedade algo completamente representado de maneira positiva na vida do indivíduo, algo "real". No interior da axiomática da ausência de contradição, contudo, isso é contrário à doutrina do inteligível como um para-além do mundo sensível. De maneira franca, Kant lembra imediatamente: "Em contrapartida, segundo o objeto, o bem moral é algo suprassensível para o qual não se pode encontrar nenhuma correspondência em uma intuição sensível" — com toda certeza, portanto, nenhuma "propriedade" — "e a faculdade de julgar a partir de leis da razão pura prática parece, por isso, estar submetida a dificuldades particulares que se fundam no fato de uma lei da liberdade dever ser aplicada a ações como dados que acontecem no mundo sensível e, assim, pertencem como tais à natureza."[55] Essa passagem não é apenas dirigida contra a ontologia do bem e do mal enquanto bens em si, uma ontologia que é criticada de maneira logicamente consistente na *Crítica da razão prática*, mas também contra a faculdade subjetiva que lhe está associada e que, subtraída aos fenômenos, garante essa ontologia: o caráter de um ser pura e simplesmente supranatural. Se Kant, para salvar a liberdade, introduz a doutrina do caráter inteligível, uma doutrina por toda parte exposta e que se opõe à experiência, por mais que seja concebida como mediação à empiria, um dos motivos mais fortes em termos objetivos foi o fato de a vontade não poder ser deduzida enquanto ente a partir dos fenômenos, nem tampouco definida por meio de sua síntese conceitual, mas precisar ser pressuposta como condição desses fenômenos, com todos os inconvenientes de um realismo ingênuo da interioridade que ele, em outras hipóstases do elemento anímico, destruiu no capítulo sobre os paralogismos. A demonstração de que o caráter não é nem absorvido na natureza, nem absolutamente transcendente em relação a ela, tal como implica com certeza dialeticamente o seu conceito, deve promover uma mediação precária. Motivações, porém, sem as quais não existiria nenhuma mediação como tal, possuem seu momento psicológico, enquanto as motivações da vontade humana, segundo Kant "jamais podem ser outra coisa senão a lei moral".[56] Isso revela o caráter antinômico de toda resposta possível. Essa resposta é elaborada de maneira grosseira por Kant: "Pois saber como uma lei pode ser por si e imediatamente um princípio de determinação da vontade (o que, porém, se mostra como o caráter essencial de toda moralidade) é um problema insolúvel para a razão humana e idêntico com aquele que consiste em saber como é possível uma vontade livre. Portanto, não teremos de indicar a priori o princípio a partir do qual a lei moral fornece em si um impulso, mas aquilo que esse impulso produz (ou melhor dizendo, precisa produzir) no ânimo na medida que se mostra como um tal impulso."[57] A especulação kantiana emudece onde ela teria de começar e se resigna com uma mera descrição de conexões imanentes de influência que ele, caso não estivesse subjugado por seu propósito, só muito dificilmente teria hesitado em denominar uma fantasmagoria: um elemento empírico conquista ardilosamente uma autoridade supraempírica por meio do poder afetivo que exerce. Trata-se de uma "existência inteligível"[58], de uma existência sem o tempo que, de acordo com Kant, constitui concomitantemente o existente, sem que a *contradiction in adjecto* o espante, sem que ele a articulasse dialeticamente, ou mesmo dissesse o que poderia ser afinal pensado com essa existência. É no discurso sobre "a espontaneidade do sujeito enquanto coisa em si mesma"[59] que ele ousa ir mais longe. Segundo a crítica da razão, não se poderia falar positivamente dessa espontaneidade, tampouco das causas transcendentais dos fenômenos do sentido externo; e isso por mais que, sem o caráter inteligível, a ação moral na empiria, o exercício de uma influência sobre essa empiria, e, consequentemente, a moral não sejam possíveis. Kant precisa se ocupar desesperadamente com aquilo que é impedido pelas grandes linhas do sistema. Por vezes vem à sua cabeça que, em face do automatismo causal da natureza física tanto quanto psíquica, a razão consegue intervir, instaurando um novo nexo. Se, na filosofia moral constituída, Kant acaba por não pensar mais o reino inteligível, secularizado na razão pura prática, como algo absolutamente diverso, então, em face desse influxo constatável da razão, esse não é de maneira alguma o milagre que parece ser, considerando a relação abstrata que estabelecem entre si as teses kantianas fundamentais. O fato de a razão ser diversa da natureza e, no entanto, um de seus momentos diz respeito à história prévia da razão, uma história que se tornou sua determinação imanente. Ela é natural como a força psíquica desviada para finalidades de autoconservação. Todavia, uma vez cindida da natureza e contrastada com ela, a razão também se transforma em seu outro. Emergindo da natureza de modo efêmero, a razão é ao mesmo tempo idêntica e não-idêntica à natureza, dialética segundo seu próprio conceito. Não obstante, quanto mais desenfreadamente a razão se transforma no interior dessa dialética no contrário absoluto da natureza e esquece a natureza nela mesma, tanto mais ela regride, como uma autoconservação que retorna ao estado selvagem, à natureza; a razão só seria supranatural como a sua reflexão. Nenhuma habilidade interpretativa conseguiria afastar as contradições imanentes às determinações do caráter inteligível. Kant não diz nada nem sobre o que é esse caráter inteligível, nem sobre como ele atua por si mesmo no caráter empírico; sobre se ele não deve ser nada além do ato puro de seu posicionamento ou se continua existindo ao lado do caráter empírico, uma afirmação que soa em verdade artificial, mas não é desprovida de plausibilidade para a experiência de si mesmo. Ele se satisfaz com a descrição do modo como essa atuação aparece na empiria. Se o caráter inteligível é representado tal como a palavra convida, como inteiramente χωρίς, então realmente é tão impossível falar sobre ele quanto sobre a coisa em si com a qual Kant equipara, de modo deveras críptico, em uma analogia extremamente formal, o caráter inteligível; e isso sem nem mesmo esclarecer se ele é "uma" coisa em si, uma em cada pessoa, a causa desconhecida dos fenômenos do sentido interno, ou, como ele vez por outra diz, "a" coisa em si, idêntica a todas as pessoas, o eu absoluto de Fichte. No que um tal sujeito radicalmente cindido exercesse sua ação, ele se tornaria um momento do mundo fenomenal e se veria submetido às suas determinações, ou seja, à causalidade. Lógico tradicional, Kant jamais poderia admitir que o mesmo conceito fosse e não fosse submetido à causalidade.* Mas se o caráter inteligível não fosse mais χωρίς, então ele não seria mais inteligível. Ao contrário, no sentido do dualismo kantiano, ele seria contaminado pelo *mundus sensibilis* e não se contradiria menos. Onde Kant se sente comprometido com a exposição mais precisa da doutrina do caráter inteligível, ele se vê por um lado obrigado a fundar esse caráter em uma ação no tempo, nesse elemento empírico que ele pura e simplesmente não deve ser; por outro lado, a negligenciar a psicologia na qual ele se enreda: "Há casos em que certos homens mostram desde a infância, mesmo recebendo uma educação que tenha sido benéfica para outros, uma maldade deveras precoce, e em que eles avançam de tal modo até a idade adulta que são tomados por celerados inatos e totalmente incorrigíveis no que concerne ao seu modo de pensar; e, no entanto, nós os julgamos por aquilo que fazem e deixam de fazer, nós reprovamos igualmente seus crimes como culpa, ou melhor, elas mesmas (as crianças) consideram essas repreensões totalmente fundadas, como se, a despeito da constituição natural desesperada do caráter que lhes é atribuído, eles permanecessem tão responsáveis quanto qualquer outro homem. Isso não poderia acontecer se não pressupuséssemos que tudo aquilo que provém de seu arbítrio (como sem dúvida alguma é o caso de toda ação realizada deliberadamente) tem por base uma causalidade livre que exprime desde a mais tenra infância seu caráter em seus fenômenos (as ações).

* É cômodo objetar ao conceito do inteligível que seria proibido mencionar positivamente causas desconhecidas dos fenômenos mesmo que apenas em uma abstração extrema. Não se poderia operar com um conceito sobre o qual não se poderia dizer simplesmente nada: ele seria idêntico ao nada, seu próprio conteúdo também seria nada. Com isso, o idealismo alemão tinha em suas mãos um de seus argumentos mais eficazes contra Kant, sem que ele tenha se mantido por mais tempo junto à ideia kantiano-leibniziana do conceito limite. No entanto, seria preciso apresentar algumas reservas à crítica plausível de Fichte e Hegel contra Kant. Ela segue por sua vez a lógica tradicional que interdita como vão que falemos daquilo que não pode ser reduzido a conteúdos objetivos que constituiriam a substância desse conceito. Em sua rebelião contra Kant, os idealistas esqueceram rápido demais o princípio que eles seguiram se opondo a ele: o fato de a coerência do pensamento obrigar a construção de conceitos que não possuem nenhum representante em um dado positivamente determinável. Em favor da especulação, eles denunciavam Kant como especulador, tornando-se assim culpados do mesmo positivismo pelo qual eles o acusavam. No presumido erro da apologia kantiana da coisa em si, um erro que a lógica consecutiva pôde demonstrar de modo tão triunfal desde Maimon, sobrevive em Kant a lembrança de um momento que se rebela contra a lógica da consequência, a não-identidade. É por isso que Kant, que não desconhecia certamente a coerência de seus críticos, protestou contra eles e preferiu se deixar convencer pelo dogmatismo a absolutizar a identidade, de cujo sentido próprio, como Hegel o reconheceu muito rapidamente, é ineliminável a relação com algo não-idêntico. A construção de uma coisa em si e do caráter inteligível é a construção de algo não-idêntico como a condição de possibilidade da identificação, mas também a construção daquilo que escapa à identificação categorial.

Esses fenômenos, por causa da uniformidade do comportamento, fazem-nos conhecer uma conexão natural, que, contudo, não torna necessária a constituição pérfida da vontade, mas que se mostra muito mais como a consequência dos princípios maus aceitos de maneira livre e imutáveis, princípios que não o tornam senão ainda mais perverso e digno de punição."[60] Kant não ventila a hipótese de o veredicto moral sobre psicopatas poder se equivocar. A pretensa causalidade livre é transposta para a tenra infância, de maneira totalmente adequada, aliás, à gênese do supereu. Não obstante, é absurdo atribuir essa autonomia, ligada à razão plenamente desenvolvida, a bebês cuja razão está em vias de se formar. Na medida em que a responsabilidade moral da ação singular do adulto precisa remontar ao seu passado imemorial nebuloso, um julgamento penal imoralmente pedagógico é pronunciado em nome da maioridade contra aqueles que são menores. Os processos que decidem, nos primeiros anos de vida, sobre a formação do eu e do supereu, ou, como no paradigma kantiano, sobre o seu fracasso, não podem evidentemente, por causa de seu caráter ancião, ser aprisionados, assim como não se pode atribuir ao seu teor extremamente empírico aquela pureza que a doutrina kantiana da lei moral exige. Em seu entusiasmo pela culpabilidade de homens pérfidos, Kant abandona o âmbito inteligível unicamente para semear o mal no âmbito empírico.

Apesar do silêncio ascético de sua teoria, é possível fazer algumas conjecturas sobre aquilo que Kant pensava com o conceito do caráter inteligível: a unidade da pessoa, equivalente da unidade da consciência de si na teoria do conhecimento. Por detrás dos bastidores do sistema kantiano, esperava-se que o conceito supremo da filosofia prática coincidisse com o conceito supremo da filosofia teórica, com o princípio do eu que tanto funda teoricamente a unidade quanto controla e integra praticamente as pulsões. A unidade da pessoa é o lugar da doutrina do inteligível. Segundo a arquitetura do dualismo forma–conteúdo corrente em Kant, a unidade pertence às formas: em uma dialética involuntária, só explicitada por Hegel, o princípio da particularização mostra-se como algo universal. Em honra da universalidade, Kant diferencia terminologicamente a personalidade da pessoa. Para ele, a personalidade seria "a liberdade e a independência em relação ao mecanismo de toda a natureza, considerada ao mesmo tempo, porém, como faculdade de um ser que está submetido a leis puras práticas peculiares, dadas justamente por sua própria razão, de modo que a pessoa, enquanto pertencente ao mundo sensível, está submetida à sua própria personalidade, na medida em que pertence ao mesmo tempo ao mundo inteligível".[61] A pessoa, o sujeito concebido como ser singular empírico e natural, deve se submeter à personalidade, ao sujeito concebido como razão pura, tal como transparece no sufixo "-dade", no índice de algo conceitualmente universal. Aquilo que é visado por Kant com o caráter inteligível poderia se aproximar bastante, na linguagem mais antiga, da personalidade que "pertence ao mundo inteligível". A unidade da autoconsciência não pressupõe apenas geneticamente conteúdos de consciência fático-psicológicos, mas também segundo a sua própria possibilidade pura; essa unidade designa uma zona de indiferença da razão pura e da experiência espaciotemporal. A crítica humeniana ao eu passou ao largo da compreensão de que os fatos da consciência não estariam presentes se não se determinassem no interior de uma consciência particular e não de uma outra consciência qualquer. Kant corrige Hume. No entanto, ele também negligencia a reciprocidade: em sua crítica a Hume, a personalidade é cristalizada como um princípio que se acha para além da pessoa singular, para além de seu, como o seu enquadramento. Kant concebe a unidade de consciência independentemente de toda experiência. Uma tal independência existe em alguma medida ante os fatos de consciência particulares e alternantes, mas não radicalmente ante toda presença de conteúdos fáticos de consciência. O platonismo de Kant — no *Fédon*, a alma era algo similar às ideias — repete, à custa de seu conteúdo, no nível da teoria do conhecimento, a afirmação eminentemente burguesa da unidade pessoal em si, uma unidade que, por fim, sob o nome de personalidade, não deixaria subsistir senão o homem forte. A realização formal da integração, que não é a priori de modo algum formal, mas material, a dominação sedimentada da natureza interior, usurpa a posição hierárquica do bem. Quanto mais se tem personalidade, é isso que se sugere, tanto melhor se é; sem levar em conta a questionabilidade do ser-si-mesmo. Os grandes romances do século XVIII ainda assumiam uma postura desconfiada em relação a isso. O *Tom Jones* de Fielding, a criança encontrada, dotada de um "caráter passional" em sentido psicológico, representa os homens que ainda não foram mutilados pela convenção e se torna ao mesmo tempo cômico. O último eco disso são os *Rinocerontes* de Ionesco: o único que resiste à padronização animal e, nessa medida, conserva um eu forte não possui, segundo o veredicto da vida, alcoólatra e sem sucesso profissional, nenhum eu tão forte assim. Apesar do exemplo da criança pequena radicalmente má, seria preciso perguntar se em Kant um caráter inteligível mau seria pensável; se ele não procura o mal no fato de a unidade formal ter fracassado. Onde essa unidade não se apresenta, certamente não se poderia falar de maneira alguma, segundo ele, tal como acontece no caso dos animais, de bem, nem tampouco de mal; Kant deve ter imaginado o caráter inteligível muito antes como o eu forte que controla racionalmente todas as suas emoções, tal como se ensinou em toda a tradição do racionalismo moderno, em particular no racionalismo de Espinoza e Leibniz, que, ao menos nesse ponto, concordam.* A grande filosofia se enrijece contra a ideia de um

* Quanto à relação entre a doutrina da vontade kantiana e a doutrina de Leibniz e Espinoza, cf. Johann Eduard Erdmann, *Geschichte der neueren Philosophie* [*História da filosofia moderna*], reimpressão, Stuttgart, 1932, em particular o vol.IV, p.128ss.

homem que não é moldado segundo o princípio de realidade, que não está calcificado em si. Na estratégia do pensamento, isso dá a Kant a vantagem de poder realizar a tese da liberdade paralelamente à causalidade onipresente. Pois a unidade da pessoa não é meramente o a priori formal, mas, contra a sua vontade, e em favor de seu *demonstrandum*, momento de todo conteúdo particular do sujeito. Todas as emoções do sujeito são emoções "do" sujeito, assim como o sujeito é a totalidade de suas emoções, e, assim, qualitativamente diferente delas. Na região extremamente formal da consciência de si, essas duas coisas se confundem. Podemos predicar indiferenciadamente dessa região todas as coisas que não são completamente absorvidas umas nas outras: o conteúdo fático e a mediação, o princípio de sua conexão. É por meio da mais extrema abstração que se faz justiça, no conceito indiferente da personalidade, estabelecido como um tabu de acordo com o modo de argumentação da lógica tradicional, ao estado de coisas tanto mais real de que no mundo antagonístico os sujeitos singulares também são em si antagonistas, livres e não-livres. Na noite própria à indiferença, uma luz parca cai sobre a liberdade como a personalidade em si, uma interioridade protestante e uma realidade ainda subtraída a si mesma. O sujeito é, segundo a sentença de Schiller, justificado por meio daquilo que ele é, não por meio daquilo que faz, exatamente como outrora o luterano era justificado pela crença, não por suas obras. A irracionalidade involuntária do caráter inteligível kantiano, sua indeterminabilidade imposta pelo sistema, seculariza tacitamente a doutrina teológica explícita da irracionalidade da escolha da graça. Conservada em meio ao progresso do Esclarecimento, essa doutrina é cada vez mais opressiva. Se Deus foi impelido um dia pela ética kantiana para o papel por assim dizer servil do postulado da razão prática — isso também se acha prefigurado em Leibniz e até mesmo em Descartes —, então é difícil pensar com o caráter inteligível, com esse irracional ser-assim, algo diverso do mesmo destino cego contra o qual a ideia de liberdade levantara uma objeção. O conceito do caráter inteligível oscila constantemente entre a natureza e a liberdade.[62] Quanto mais intransigentemente o ser-assim absoluto do sujeito é equiparado à sua subjetividade, tanto mais impenetrável se torna seu conceito. Aquilo que parecia outrora a escolha da graça a partir de um decreto divino quase não pode mais ser pensado como uma escolha da graça a partir de uma razão objetiva que precisaria, contudo, apelar para a razão subjetiva. O puro ser-em-si do homem, privado de todo conteúdo empírico, um ser-em-si que não é procurado senão em sua própria racionalidade, não admite nenhum juízo racional sobre por que ele tem sucesso aqui e fracassa lá. A instância, porém, na qual se consolida o caráter inteligível, a razão pura, é ela mesma algo que vem a ser, e, nessa medida, também algo condicionado, ela não é nenhum condicionante absoluto. O fato de ela se posicionar fora do tempo como algo absoluto — uma antecipação do mesmo Fichte que Kant combatia — é muito mais irracional que a doutrina da criação. Isso contribuiu para a ligação da ideia de liberdade com a não-liberdade real. Irredutivelmente presente, o caráter inteligível duplica de maneira conceitual essa segunda natureza com a qual a sociedade marca sem mais o caráter de todos os seus membros. Traduzida em juízos sobre os homens reais, a ética kantiana não oferece como critério senão: o modo como alguém efetivamente é, ou seja, a sua não-liberdade. Aquela sentença schilleriana pretendia certamente anunciar antes de tudo a aversão provocada pela submissão de todas as relações humanas ao princípio de troca, a avaliação de uma ação em relação à outra. Opondo dignidade e preço, a filosofia moral kantiana introduz o mesmo motivo. Em uma sociedade justa, contudo, a troca não seria apenas suprimida, mas realizada: ninguém teria uma parte do produto de seu trabalho extorquida. Assim como a ação isolada não pode ser avaliada, não haveria um bem que não se exteriorizasse em ações. A meditação absoluta, privada de uma intervenção específica, degradar-se-ia em uma indiferença absoluta, em algo desumano. Nos dois, tanto em Kant quanto em Schiller, encontra-se objetivamente o prelúdio do conceito vergonhoso de uma nobreza indeterminada que as elites, assim se autodenominando, puderam então mais tarde atribuir a si mesmas de modo arbitrário como uma propriedade. Na filosofia moral kantiana esconde-se uma tendência para a autossabotagem. Para ela, a totalidade do homem torna-se indiferenciável da eleição preestabelecida. O fato de não se poder mais perguntar casuisticamente pelo direito ou pela ausência de direito de uma ação também possui algo de sinistro: a competência judicativa converte-se nas coerções da sociedade empírica que o ἀγαθόν* kantiano queria transcender. As categorias do nobre e do vulgar estão, como todas as categorias da doutrina burguesa da liberdade, entremeadas com relações familiares e naturais. Na sociedade burguesa tardia, irrompe uma vez mais sua natureza indômita enquanto biologismo, e, por fim, como teoria das raças. A reconciliação entre a moral e a natureza, visada pelo filósofo Schiller contra Kant, e, secretamente, em ressonância com ele, não é de modo algum, na sociedade estabelecida, tão humana e inocente quanto ela acredita ser. A natureza, uma vez dotada de sentido, instala-se no lugar dessa possibilidade para a qual tendia a construção do caráter inteligível. Na *kalokagathia*** de Goethe, não há como não reconhecer a inversão por fim assassina. Já uma carta de Kant, na qual o que está em questão é o seu retrato feito por um pintor judeu, se serve de uma tese antissemita odiosa que se tornou popular por meio do nacional-

* Em grego no original: o bem. (N.T.)

** Junção de dois termos gregos: kalós (belo) e agathós (bem). A *kalokagathia* seria algo como a bela bondade. (N.T.)

socialista Paul Schultze-Naumburg.* A liberdade é realmente limitada pela sociedade; e isso não apenas de fora, mas também em si mesma. Logo que a liberdade faz uso de si mesma, amplia-se a não-liberdade; o agente estatal do melhor é sempre também cúmplice do pior. Mesmo onde os homens se sentem maximamente livres da sociedade, na força de seu eu, eles são ao mesmo tempo os seus agentes: o princípio do eu lhes é inculcado pela sociedade e é ela que presta honrarias a esse princípio, por mais que o reprima. Ou bem a ética kantiana ainda não se deu conta dessa complicação, ou bem ela se coloca acima dela.

Se quiséssemos ousar emprestar ao X kantiano próprio ao caráter inteligível o seu conteúdo verdadeiro que se afirma contra a indeterminação total do conceito aporético, então esse conteúdo seria a consciência historicamente mais desenvolvida que se iluminaria pontualmente e rapidamente se extinguiria, a consciência na qual habita o impulso de fazer o que é correto. Ele é a antecipação concreta e intermitente da possibilidade, que não é nem alheia aos homens nem idêntica a eles. Os homens não são apenas os substratos da psicologia. Pois eles não se esgotam na dominação objetivante da natureza, reprojetada sobre si a partir da natureza exterior. Eles só são coisas em si na medida em que as coisas não são senão algo produzido por eles; nessa medida, o mundo dos fenômenos é verdadeiramente uma aparência. Por isso, a vontade pura da *Fundamentação da metafísica dos costumes* kantiana não é de modo algum tão distinta do caráter inteligível. O verso de Karl Kraus "O que o mundo fez de nós" reflete melancolicamente sobre isso; aquele que imagina possuí-lo o falseia. Isso se exprime de maneira negativa na dor do sujeito pelo fato de todos os homens terem sido atrofiados naquilo que eles se tornaram, em sua realidade efetiva. O que seria diverso, a essência não mais falsificada, recusa-se a uma linguagem que porta o estigma do ente: a teologia falou outrora do nome místico. A cisão entre o caráter inteligível e o caráter empírico, porém, é experimentada no bloco ancestral que se coloca diante da vontade pura, do elemento suplementar: precauções extrínsecas de todos os tipos imagináveis, múltiplos interesses subalternos irracionais dos sujeitos de uma sociedade falsa; e, em geral, o princípio do próprio interesse particular que prescreve a todos os indivíduos sem exceção, na sociedade tal como ela é, suas ações, e se mostra como a morte de todos. O bloco prolonga-se para o interior das aspirações limitadas do eu, e, em seguida, até as

* "O mais íntimo agradecimento, meu muito estimado e amado amigo, pela publicação de suas reflexões benevolentes para comigo, que chegaram até minhas mãos juntamente com o seu belo presente, um dia depois de meu aniversário! O retrato feito pelo senhor Loewe, um pintor judeu, sem meu consentimento, deve, como dizem meus amigos, ter mesmo um certo grau de semelhança comigo. No entanto, um bom conhecedor de pintura diria à primeira vista: um judeu sempre acaba pintando uma vez mais um judeu, como se pode ver pelo perfil do nariz. Mas, quanto a isso, não é preciso dizer mais nada." (In *Kants Briefwechsel*, vol.II, 1789-1794, Berlim, 1900, p.33.)

neuroses. Como se sabe, essas neuroses absorvem uma quantidade descomunal da força humana disponível e impedem, seguindo a linha da menor resistência, com a astúcia do inconsciente, essa justiça que necessariamente contradiz uma autoconservação parcial. Nesse caso, as coisas ficam tanto mais simples para o desenvolvimento das neuroses e elas conseguem se racionalizar tanto melhor, uma vez que, em um Estado de liberdade, o princípio da autoconservação deveria alcançar sua meta tanto quanto os interesses dos outros que ele lesa a priori. As neuroses são pilares da sociedade; elas frustram melhores possibilidades dos homens e, assim, aquilo que é objetivamente melhor e que eles poderiam realizar. Os instintos que impeliriam para além do Estado falso tendem a se acumular uma vez mais no narcisismo que se satisfaz nesse Estado falso. Isso é uma charneira no mecanismo do mal: uma fraqueza que, se possível, crê-se como força. Por fim, o caráter inteligível seria a vontade racional paralisada. Em contrapartida, aquilo que é considerado nele como o mais elevado, mais sublime, não maculado pela baixeza, é essencialmente a sua própria indigência, a incapacidade de transformar aquilo que rebaixa; fracasso que se estiliza como fim em si mesmo. Não obstante, não há nada melhor entre os homens do que esse caráter inteligível; a possibilidade de ser um outro do que se é, por mais que todos estejam aprisionados em seus si próprios e, com isso, ainda isolados de seu si próprio. A falha gritante da doutrina kantiana, o lado fugidio e abstrato do caráter inteligível, também possui algo da verdade da interdição às imagens que a filosofia pós-kantiana, Marx inclusive, estendeu a todos os conceitos do domínio positivo. Enquanto possibilidade do sujeito, o caráter inteligível é, tal como a liberdade, algo que vem a ser, não um ente. Ele seria traído logo que fosse incorporado ao ente por meio de uma descrição, mesmo que extremamente cuidadosa. Em um Estado justo, tal como no *teologumenon* judaico, não haveria senão uma diferença muito pequena em relação ao que há hoje, mas não há como representar a mais mínima realidade tal como ela seria então. Apesar disso, só se pode falar do caráter inteligível na medida em que ele nao paira abstratamente sobre o ente, mas desponta sempre uma vez mais de modo real em sua conexão culpada e atualizado por ela. A contradição entre liberdade e determinismo não é, como a autocompreensão da crítica à razão gostaria, uma contradição entre as posições teóricas do dogmatismo e do ceticismo, mas uma contradição no interior da experiência de si mesmo do sujeito, ora livre, ora não-livre. Sob o aspecto da liberdade, os sujeitos não são identicos a si mesmos porque o sujeito ainda não é sujeito algum, e, em verdade, justamente em virtude de sua instauração enquanto sujeito: o si próprio é o inumano. A liberdade e o caráter inteligível são aparentados com a identidade e a não-identidade, sem se deixar inscrever clara e distintamente de um lado ou de outro. Segundo o modelo kantiano, os sujeitos são livres na medida em que são conscientes de si, idênticos a si mesmos; e, em uma tal identidade, eles são uma vez mais não-livres, na medida em que são submetidos à coerção dessa identidade e a perpetuam. Eles são não-livres como não-idênticos, como natureza difusa, e, no entanto, livres como tais porque, nas emoções que se abatem sobre eles — a não-identidade do sujeito consigo mesmo não é nada além disso —, eles também se livram do caráter coercitivo da identidade. A personalidade é a caricatura da liberdade. A aporia tem por fundamento o fato de que a verdade, para além da coerção à identidade, não seria o seu outro puro e simples, mas seria, sim, mediado por ela. Na sociedade socializada, todos os indivíduos são incapazes do elemento moral que é exigido socialmente e que só existiria realmente em uma sociedade liberta. A moral social não seria outra coisa senão pôr um fim na má infinitude, na troca odiosa que consiste em pagar sempre com a mesma moeda. Entrementes, não parece restar mais nada da moral para o indivíduo além daquilo pelo que a teoria moral kantiana, que concede aos animais inclinação, mas não respeito,[63] não tem senão desprezo: procurar viver de tal modo que se possa acreditar ter sido um bom animal.

2. ESPÍRITO DO MUNDO E HISTÓRIA NATURAL

Digressão sobre Hegel

Aquilo contra o que, adoecido de sua saúde, o entendimento humano se volta de maneira extremamente sensível, a saber, a predominância de um elemento objetivo sobre os indivíduos singulares, em sua convivência tanto quanto em sua consciência, pode ser experimentado cotidianamente de modo grosseiro. Reprime-se essa predominância como uma especulação infundada, a fim de que os indivíduos possam conservar, ante a suspeita de que as coisas não seriam assim e de que eles viveriam sob o poder da fatalidade, a ilusão lisonjeira de que suas representações entrementes padronizadas seriam a verdade incondicionada no duplo sentido da palavra.* Em uma época que ficou tão aliviada ao se ver livre do sistema do idealismo quanto da doutrina objetiva dos valores na economia, só se tornam efetivamente atuais os teoremas com os quais o espírito afirma não poder empreender coisa alguma, um espírito que busca a sua própria segurança e a segurança do conhecimento no ente presente enquanto a soma plenamente ordenada dos fatos particulares imediatos das instituições sociais ou da constituição subjetiva de seus membros. Para a experiência não-domesticada, o espírito objetivo e por fim absoluto de Hegel e a lei valorativa de Marx que se impõe sem a consciência dos homens são mais evidentes do que os fatos manipulados pelo funcionamento positivista das ciências que hoje se prolonga até o cerne da consciência ingênua pré-científica; em nome da fama mais elevada da objetividade do conhecimento, esse funcionamento desacostuma os homens em relação à experiência da objetividade real à qual eles também estão submetidos em si mesmos. Se os homens pensantes fossem capazes e estivessem prontos para uma tal experiência, ela acabaria por abalar a crença na própria facticidade; ela acabaria por obrigá-los a ir tão além dos fatos que estes perderiam o seu primado irrefletido em relação aos universais que representam um nada para o nominalismo triunfante, um adendo passível de ser subtraído

* Tanto no sentido de irrestrito, quanto no sentido de independentemente de todas as condições. (N.T.)

do pesquisador. Aquela sentença oriunda das considerações iniciais da *Lógica* hegeliana segundo a qual não há nada no mundo que não seja tanto mediatizado quanto imediato não encontra em lugar algum uma sobrevivência mais precisa do que nos fatos sobre os quais se abate a historiografia. Com certeza seria tolo tentar contestar com argúcias epistemológicas o fato de, no fascismo hitlerista, quando a polícia de Estado toca a campainha de alguém em situação irregular às seis horas da manhã, essa ocorrência ser mais imediata para o indivíduo com quem ela se passa do que as maquinações precedentes do poder e a instalação do aparato do Estado com todas as suas ramificações administrativas; ou mesmo mais imediata do que a tendência histórica que, por sua vez, implodiu a continuidade da República de Weimar e que não se manifestou senão em uma conexão conceitual, só obrigatória na teoria desenvolvida. Não obstante, o *factum brutum** da investida oficial com a qual o fascismo se abate sobre o indivíduo depende de todos aqueles momentos que estão mais distantes para a vítima e que são momentaneamente indiferentes. Só o mais miserável eruditismo poderia, a título da exatidão científica, se impedir de ver que a Revolução Francesa, por mais abruptamente que alguns de seus fatos tenham acontecido, inseriu-se na tendência conjunta de emancipação da burguesia. Ela não teria sido possível, nem teria tido sucesso se a burguesia já não tivesse ocupado em 1789 os postos-chave da produção econômica e sobrepujado o feudalismo tanto quanto o seu vértice absolutista por vezes aliado com o interesse burguês. O chocante imperativo nietzschiano segundo o qual "é preciso alijar aquilo que cai" codifica ulteriormente uma máxima burguesa. É provável que todas as revoluções burguesas tenham sido previamente decididas por meio da prosperidade histórica da classe e que tenham experimentado uma inserção da ostentação que, no domínio artístico, manifesta-se exteriomente na utilização do cenário clássico. Todavia, só muito dificilmente essa tendência à ruptura histórica teria se realizado sem a aguda má gestão absolutista da economia e sem a crise financeira na qual fracassaram os reformadores fisiocratas sob o reinado de Luís XVI. A penúria característica ao menos das massas parisienses pode ter desencadeado o movimento. No entanto, em outros países, onde ela não era tão intensa, o processo burguês de emancipação aconteceu sem revolução e sem tocar inicialmente na forma de dominação mais ou menos absolutista. A distinção infantil entre causa mais profunda e ocasião mais extrínseca tem a seu favor o fato de indicar grosseiramente ao menos o dualismo entre imediatidade e mediação: as ocasiões são o imediato e as assim chamadas causas mais profundas são o elemento mediador, sobrepujante, que incorpora os detalhes. Mesmo no passado mais recente era possível depreender a predominância da tendência para os próprios fatos.

* Em latim no original: fato bruto. (N.T.)

Atos especificamente militares como os bombardeios à Alemanha funcionaram como *slum clearing*, integrados ulteriormente àquela transformação das cidades que não se observa mais apenas na América do Norte, mas também por toda a terra. Ou: o fortalecimento da família nas situações de estado de emergência dos refugiados interrompeu em verdade temporariamente a tendência de evolução antifamiliar, mas com certeza não a inclinação do tempo; o número de divórcios e de famílias desagregadas de início continou aumentando mesmo na Alemanha. Até mesmo os assaltos dos conquistadores ao antigo México e Peru, que devem ter sido experimentados lá como invasões vindas de um outro planeta, contribuíram de maneira sangrenta, irracional para os astecas e incas, para a propagação da sociedade racional burguesa até à concepção do *one world*, que reside teleologicamente no princípio dessa sociedade. Uma tal preponderância da inclinação do tempo nos fatos dos quais essa inclinação necessita constantemente acaba por condenar a distinção ancestral entre causa e ocasião ao nível de uma puerilidade; toda a distinção, não apenas a ocasião, é extrínseca porque a causa é concreta na ocasião. Se o desgoverno palaciano mostrou-se como uma alavanca dos levantes parisienses, esse desgoverno ainda era função da totalidade, daquilo que havia de historicamente ultrapassado na economia de "distribuição" absolutista em relação à economia do lucro capitalista. Os próprios momentos que são contrários ao todo histórico e que, como no caso da Revolução Francesa, certamente o fomentam efetivamente, só conquistam no todo o seu valor conjuntural. Até mesmo aquilo que fica para trás nas forças produtivas de uma classe não é absoluto, mas relativo unicamente ao progresso dos outros momentos. A construção filosófica da história necessita do conhecimento de tudo isso. Exatamente por essa razão, tal como acontece já em Marx e Hegel, a filosofia da história se aproxima da historiografia, assim como a historiografia, enquanto intelecção daquilo que é encoberto pela facticidade, não é mais possível senão enquanto filosofia.

Mesmo sob esse aspecto, a dialética não é um modo de jogo pautado por visões de mundo, uma posição filosófica a ser escolhida entre outras em um cardápio de modelos. Assim como a crítica dos conceitos filosóficos supostamente primeiros impele à dialética, ela é requerida por uma exigência que vem de baixo. É somente quando é remetida de maneira brutal a um conceito estreito de si mesma que a experiência exclui de si o conceito enfático enquanto um momento autônomo, ainda que mediatizado. Se é possível objetar a Hegel que, ao deificar aquilo que é, o idealismo absoluto se transformou justamente naquele positivismo que ele atacava enquanto filosofia da reflexão, então, em contrapartida, a dialética hoje requerida não se contentaria em ser apenas uma acusação da consciência dominante, mas, colocando-se à sua altura, ela seria o positivismo levado a si mesmo, e, por meio disso, o positivismo que nega a si mesmo. A exigência filosófica de descer até o detalhe, exigência que não é dirigida por nenhuma filosofia vinda de cima, nem por nenhuma intenção infiltrada nela, constituía já um aspecto de Hegel. O único ponto é que a realização dessa exigência em Hegel se enredou em uma tautologia: o seu modo de descer até o detalhe traz à tona como que com hora marcada o espírito que tinha sido posto desde o começo como algo total e absoluto. A essa tautologia opôs-se o intuito do Benjamin metafísico, desenvolvido no prefácio à *Origem do drama barroco alemão*, de salvar a indução. A sua sentença de que a menor célula da realidade intuída pesa tanto quanto o resto do mundo é um testemunho precoce da autoconsciência do estado atual da experiência; esse testemunho é tanto mais autêntico uma vez que se formou fora do território dos assim chamados grandes problemas da filosofia, dos quais um conceito transformado de dialética precisa desconfiar. O primado da totalidade sobre o fenômeno tem de ser apreendido no fenômeno sobre o qual reina aquilo que a tradição considera como o espírito do mundo; ele não pode ser assumido como algo divino dessa tradição platonista no sentido mais amplo do termo. O espírito do mundo é, mas ele não é nenhum espírito do mundo, ele não é nenhum espírito. Ele é antes precisamente o negativo que Hegel retirava dele e atribuía àqueles que precisavam lhe obedecer prontamente e cuja derrota duplica o veredicto de que sua diferença em relação à objetividade é o não-verdadeiro e o ruim. O espírito do mundo torna-se algo autônomo ante as ações individuais a partir das quais o movimento real conjunto da sociedade tanto quanto os assim chamados desenvolvimentos espirituais se sintetizam; assim como ante os sujeitos vivos dessas ações. Para além das cabeças e nessa medida antecipadamente, ele é antagonista. O conceito reflexivo "espírito do mundo" desinteressa-se pelo vivente de cujo todo, em relação ao qual ele expressa o primado, ele necessita tanto quanto eles só podem existir graças a esse todo. Francamente nominalista, uma tal hipóstase era visada com o termo marxista "mistificado". Mesmo segundo essa teoria, a mistificação desmontada não seria apenas ideologia. Ela é ao mesmo tempo a consciência desfigurada da supremacia real do todo. Ela se apropria em pensamento da supremacia turva e irresistível do universal, ela se apropria do mito perenizante. A hipóstase filosófica ainda tem o seu conteúdo experimental nas relações heterônomas em que as relações inter-humanas se tornaram invisíveis. Aquilo que há de irracional no conceito de espírito do mundo é imputado à irracionalidade do curso do mundo. Apesar disso, o espírito do mundo permanece fetichista. Até hoje, a história não teve nenhum sujeito global, como quer que esse possa vir a ser construído. Seu substrato é a conexão funcional dos sujeitos individuais reais: "A história não faz nada, ela 'não possui nenhuma riqueza descomunal', ela 'não luta nenhuma batalha'! É muito mais o homem, o homem vivo e real que faz tudo isso, que possui e combate; não é de modo algum a 'história' que necessita do homem como meio para alcançar seus fins — como se ela fosse uma pessoa à parte. Ao contrário, ela não é outra coisa senão a atividade do homem que persegue seus fins."[1] Todavia, a história é dotada com essas qualidades porque por milênios a lei do movimento da sociedade foi abstraída de seus sujeitos individuais. Assim como ela os rebaixou em termos reais e os transformou em meros executores, em meros participantes da riqueza e da luta social, de maneira não menos real ela também não seria nada sem eles e sem as suas espontaneidades. Marx não cansou de acentuar sempre esse aspecto antinominalista, sem lhe conceder certamente uma consequência filosófica: "É somente porquanto o capitalista se mostra como capital personificado que ele possui um valor histórico e aquele direito histórico à existência... É somente como personificação do capital que o capitalista é respeitável. Enquanto tal, ele compartilha com os monopolizadores o impulso absoluto para o enriquecimento. No entanto, aquilo que junto a esses monopolizadores parece uma mania individual é no capitalista o efeito do mecanismo social no qual ele é apenas uma engrenagem. Além disso, o desenvolvimento da produção capitalista torna necessária uma elevação constante do capital aplicado em um empreendimento industrial, e a concorrência impõe a cada capitalista individual as leis imanentes do modo de produção capitalista enquanto uma lei coercitiva exterior. Ela o obriga a expandir constantemente seu capital, a fim de conservá-lo, e ele só consegue expandi-lo por meio da acumulação progressiva."[2]

No conceito de espírito do mundo, o princípio da onipotência divina foi secularizado e transformado em princípio unificador, o plano do mundo em inexorabilidade daquilo que aconteceu. O espírito do mundo é venerado como a divindade, que é despida de sua personalidade e de todos os seus atributos ligados à providência e à graça. Com isso, realiza-se um momento da dialética do Esclarecimento: o espírito desencantado e conservado assume os traços do mito, regredindo até o arrepio de horror ante aquilo que é superpotente e desprovido de qualidade. Essa é a natureza do sentimento de ser tocado pelo espírito do mundo ou de apreender seu rumor. Isso se transforma em decadência no destino. Assim como a imanência do destino, o espírito do mundo é embebido em sofrimento e em falibilidade. Sua negatividade é banalizada como um acidente por meio da instalação da imanência total no nível do essencial. Todavia, experimentar o espírito do mundo como um todo significa experimentar sua negatividade. Foi isso que anunciou a crítica schopenhaueriana do otimismo oficial. Mas ela permaneceu tão obsessiva quanto a teodicéia hegeliana do aquém. O fato de a humanidade só viver na interpenetração total, talvez apenas graças a ela, não é contradito pela dúvida schopenhaueriana quanto a se a vontade de vida precisa ou não ser afirmada. Mas com certeza, sobre aquilo que o espírito do mundo trazia consigo residia por vezes o brilho de uma felicidade que se lançava muito para além da infelicidade individual: por exemplo, na relação entre a capacidade intelectual de um indivíduo e a situação histórica. Se o espírito individual não é "influenciado" pelo universal, como quer a cisão vulgar entre o indivíduo e o universal, mas mediatizado em si pela objetividade, então essa objetividade não pode continuar sendo sempre apenas hostil ao sujeito; a constelação altera-se na dinâmica histórica. Nas fases em que o espírito do mundo, a totalidade, se obscurece, mesmo as pessoas notoriamente dotadas não conseguem se tornar o que são; em fases favoráveis, tal como o período durante e logo após a Revolução Francesa, indivíduos medianos foram elevados muito acima de si mesmos. E mesmo com o declínio particular do indivíduo que está de acordo com o espírito do mundo justamente porque está à frente de seu tempo associa-se por vezes a consciência daquilo que não foi em vão. É irresistível na música do jovem Beethoven a expressão da possibilidade de que tudo poderia vir um dia a ficar bem. A reconciliação com a objetividade, por mais frágil que possa ser, transcende o sempre igual. Os instantes nos quais um particular se liberta, sem restringir já uma vez mais algum outro por meio da própria particularidade, são antecipações da ausência mesma de entraves; um tal consolo resplandece desde a mais antiga burguesia até a sua época tardia. A filosofia da história hegeliana não foi, senão em uma medida bastante diminuta, independente do fato de nela, já se afastando, ressoar o badalar do sino de uma época em que a realização da liberdade burguesa era movida por um tal sopro que chegava a ultrapassar a si mesma e a abrir a perspectiva de uma reconciliação do todo na qual a sua violência se aniquilaria.

As pessoas adorariam associar os períodos de concordância com o espírito do mundo, de uma felicidade mais substancial do que a felicidade individual, com o desencadeamento das forças produtivas, por mais que o peso do espírito do mundo ameace esmagar os homens assim que se torne flagrante o conflito entre as suas forças e as formas sociais sob as quais eles existem. Mas mesmo esse esquema é simplista demais: o discurso sobre a ascensão da burguesia é um frágil colosso. O desdobramento e o desencadeamento das forças produtivas não são coisas tão contraditórias que seria preciso articulá-los com fases alternadas. Ao contrário, eles são verdadeiramente dialéticos. O desencadeamento das forças produtivas, ato do espírito que domina a natureza, possui uma afinidade com a dominação violenta sobre a natureza. Essa dominação pode retroceder temporariamente, mas não pode ser abstraída pelo pensamento do conceito de força produtiva e, por fim, do conceito de força produtiva desencadeada; na mera palavra ressoa uma ameaça. Em *O Capital*, deparamo-nos com a seguinte passagem: "Enquanto fanático da exploração do valor, ele [o valor de troca] impõe sem escrúpulos à humanidade a produção pela produção."[3] Essa frase se volta contra a fetichização do processo de produção na sociedade de troca; para além disso, porém, ela ataca o tabu hoje universal que interdita toda dúvida em relação à produção como finalidade de si mesma. Por vezes, as forças produtivas técnicas não são quase obstruídas socialmente, mas trabalham em relações de produção fixas sem muita influência sobre essas relações. Logo que o desencadeamento das forças produtivas se separa do suporte das ligações inter-humanas, ele não se torna menos fetichista do que as ordens sociais; mesmo esse desencadeamento é apenas um momento da dialética, não a sua fórmula mágica. Em tais fases, o espírito do mundo, totalidade dos particulares, pode se converter naquilo que ele soterra sob si. Salvo um engano completo, essa é marca distintiva da época atual. Em contrapartida, em períodos em que os viventes necessitam do progresso das forças produtivas ou ao menos não são visivelmente ameaçados por esse progresso, prepondera com certeza o sentimento da concordância com o espírito do mundo, apesar da contracorrente cheia do pressentimento de que tudo não passa de um cessar fogo; e isso mesmo com a tentação para o espírito subjetivo de, sob a pressão dos negócios, passar rápido demais para o lado do espírito objetivo, tal como aconteceu com Hegel. Em tudo isso, o espírito subjetivo também permanece uma categoria histórica, algo que surgiu, que se altera e é virtualmente perecível. O espírito popular ainda não individualizado das sociedades primitivas que, sob a pressão das sociedades civilizadas, se reproduz nessas sociedades é planificado e solto pelo coletivismo pós-individual; dessa forma, manifesta-se o excesso de poder tanto quanto o puro engodo do espírito objetivo.

Se a filosofia fosse, tal como proclama a fenomenologia hegeliana, a ciência da experiência da consciência, então ela não poderia, como Hegel fez cada vez mais, expelir soberanamente, enquanto algo irreconciliavelmente ruim, a experiência individual do universal que se impõe, entregando-se assim à apologia do poder a partir de um observatório pretensamente superior. A evocação constrangedora do fato de que, por exemplo, em agremiações, apesar da boa vontade subjetiva dos membros, a mediocridade se impõe, traz à tona a preponderância do universal com uma evidência cuja vergonha não é compensada por nenhum apelo ao espírito do mundo. A opinião do grupo é dominante; por meio da adaptação à maioria do grupo ou aos seus membros mais influentes, com frequência graças à opinião normativa mais abrangente que vigora para além do grupo, por vezes graças àquilo que é aprovado pelos membros da agremiação. O espírito objetivo da classe estende-se nos participantes muito além de sua inteligência individual. Sua voz é o eco desse espírito objetivo, apesar de eles mesmos, por mais que possam ser subjetivamente defensores da liberdade, não pressentirem nada quanto a isso; intrigas só se acrescentam aí em posições críticas, como criminalidade manifesta. O grêmio é o microcosmo do grupo de seus associados, e, por fim, da totalidade; isso configura previamente as decisões. Tais observações presentes para todos assemelham-se ironicamente àquelas observações da sociologia formal de estilo simmeliano. Não obstante, elas não possuem o seu conteúdo na socialização pura e simples, em categorias vazias tais como a categoria do grupo. Elas são muito mais — algo sobre o que a sociologia formal, de acordo com a sua definição, só reflete a contragosto — reflexo de um conteúdo social; sua invariância é simplesmente a memória do quão pouco a violência do universal se alterou na história, do quanto essa história ainda continua sendo sempre pré-história. O espírito formal do grupo é o movimento reflexo ante a dominação material. A sociologia formal conquista o seu direito à existência junto à formalização dos mecanismos sociais, equivalente da dominação progressiva por meio da e graças à *ratio*. Isso corresponde ao fato de as decisões daqueles grêmios, por mais dotados de conteúdo que possam ser segundo sua essência, serem tomadas na maioria das vezes sob pontos de vista jurídico-formais. Ante a relação de classe, a formalização não é nada neutro. Isso se reproduz por meio de abstração, hierarquia lógica dos níveis de universalidade, e, em verdade, mesmo lá onde as relações de dominação são levadas a se camuflar por detrás de procedimentos democráticos.

Depois da *Fenomenologia* e da *Lógica*, foi sobretudo na *Filosofia do Direito* que Hegel cultuou ao máximo o curso do mundo. O meio no qual o mal, em virtude de sua objetividade, alcança um ganho de causa e conquista para si a aparência do bem é em grande medida o meio da legalidade; esse meio protege em verdade positivamente a reprodução da vida, mas, em suas formas existentes, graças ao princípio destruidor da violência, traz à tona sem atenuação o seu poder destrutivo. Apesar de a sociedade, como no caso do Terceiro Reich, ter se tornado, sem razão, presa do puro arbítrio, o direito na sociedade conserva o terror, pronto a recorrer a ele a qualquer momento com o auxílio do regulamento disponível. Hegel forneceu a ideologia do direito positivo porque havia urgência máxima dessa ideologia na sociedade já visivelmente antagonista. O direito é o fenômeno primordial de uma racionalidade irracional. Nele, o princípio formal da equivalência transforma-se em norma e insere todos os homens sob o mesmo molde. Uma tal igualdade, na qual perecem as diferenças, favorece sub-repticiamente a desigualdade; um mito que sobrevive em meio a uma humanidade que só aparentemente é desmitologizada. As normas jurídicas excluem o que não é coberto por elas, toda experiência não pré-formada do específico em virtude da sistemática sem quebras, e elevam então a racionalidade instrumental a uma segunda realidade *sui generis*. O conjunto do campo jurídico é um campo de definições. Sua sistemática ordena que não se insira nesse campo nada que se subtraia à sua esfera fechada, *quod non est in actis*.* Esse enclave, ideológico em

* Em latim no original: que não exista nos atos. (N.T.)

si mesmo, exerce por meio das sanções do direito enquanto instância social de controle uma violência real que atinge sua plenitude no mundo administrado. Nas ditaduras, ele passa imediatamente para o uso dessa violência; de maneira mediatizada, ela sempre esteve presente. O fato de o indivíduo ser tão facilmente vítima de injustiças quando o antagonismo de interesses o impele para a esfera jurídica não é, como Hegel gostaria de convencê-lo, culpa sua, no sentido de que ele seria cego demais para reconhecer o seu próprio interesse na norma jurídica objetiva e em suas garantias; isso é muito mais culpa dos elementos constituintes da própria esfera do Direito. Todavia, permanece objetivamente verdadeira a descrição que Hegel esboça como uma barreira supostamente subjetiva: "O fato de o direito e de a eticidade, de o mundo efetivamente real do direito e da vida ética, poderem ser apreendidos pelo pensamento e de, por meio do pensamento, eles se entregarem à forma da racionalidade, a saber, universalidade e determinação, isso — a lei — é precisamente aquilo que o sentimento largado aos seus caprichos, aquela consciência moral que situa o direito no interior da convicção subjetiva, considera com razão como o seu pior inimigo. A forma do direito como um dever e como uma lei é sentida por ele como uma letra morta e fria e como um grilhão; pois o sentimento não se reconhece no direito assim compreendido, e, por conseguinte, não se reconhece nele como livre porque a lei é a razão da coisa e porque a razão não permite ao sentimento se exaltar em sua própria particularidade."[4] O fato de a consciência moral subjetiva considerar "com razão" a eticidade objetiva como o seu pior inimigo foi uma espécie de lapso filosófico que se inseriu sob a pena hegeliana. Assim, ele deixa escapar o que nega no mesmo momento. Se a consciência moral individual considera de fato o "mundo efetivamente real do direito e da vida ética" como hostil porque não se reconhece nesse mundo, então não se deveria passar por aí protestando. Pois a dialética hegeliana diz que as coisas não podem ser de maneira alguma diferentes, que não há como se reconhecer aí. Com isso, ele concede que a reconciliação cuja demonstração constitui o conteúdo de sua filosofia não teve lugar. Se a ordem jurídica não fosse objetivamente estranha e extrínseca ao sujeito, então o antagonismo inevitável para Hegel poderia ser aplacado por meio de uma intelecção melhor; no entanto, Hegel experimentou de modo por demais fundamental a impossibilidade disso para alimentar uma tal esperança. Daí, o paradoxo de ele ter ao mesmo tempo ensinado e desautorizado a reconciliação da consciência com a norma jurídica.

Se toda teoria positiva do direito natural desenvolvida materialmente leva a antinomias, a ideia do direito natural contém apesar de tudo criticamente a não-verdade do direito positivo. Isso se mostra hoje como a consciência reificada que foi retraduzida para a realidade e aí ampliou seu domínio. Já segundo a mera forma, antes de todo conteúdo de classes e de toda justiça de classes, o direito positivo exprime a dominação, a diferença aberta dos interesses particulares e o todo no qual eles se reúnem abstratamente. O sistema dos conceitos autoproduzidos que impele a jurisprudência amadurecida para diante do processo vital da sociedade decide-se antecipadamente, por meio da subsunção de todos os indivíduos às categorias, em favor da ordem a partir da qual se constrói por imitação o sistema classificatório. Para a sua glória imperecível, Aristóteles, na teoria da ἐπιείχεια, da equidade, formulou essa crítica à norma jurídica abstrata. Quanto mais coerentemente, porém, os sistemas jurídicos são elaborados, tanto mais eles se tornam incapazes de absorver aquilo que tem sua essência na recusa à absorção. O sistema jurídico racional consegue regularmente rebaixar a pretensão de equidade que constituía o corretivo da injustiça no interior do direito ao nível do protecionismo, de um privilégio desigual. A tendência para tanto é universal, segue lado a lado com o processo econômico que reduz os interesses particulares ao denominador comum de uma totalidade que permanece negativa porque, em virtude de sua abstração constitutiva, distancia-se dos interesses particulares, a partir dos quais, porém, ao mesmo tempo se compõe. A universalidade que reproduz a conservação da vida a coloca concomitantemente em risco, em um nível cada vez mais ameaçador. A violência do universal que se realiza não é, como Hegel pensava, idêntica à essência dos indivíduos em si, mas sempre também contrária a ela. Os indivíduos não são apenas máscaras de teatro em uma esfera econômica supostamente à parte, agentes do valor. Nos próprios indivíduos exprime-se o fato de o todo, incluindo aí os indivíduos, só se conservar por meio do antagonismo. Inumeráveis vezes, mesmo os homens conscientes e capazes de uma crítica do universal são impelidos por motivos incontornáveis da autoconservação a ações e atitudes que ajudam o universal a se afirmar de maneira cega, por mais que por sua consciência eles se oponham a ele. É só porque eles precisam tomar sobre si o que lhes é estranho para sobreviver que surge a aparência daquela reconciliação que a filosofia hegeliana, incorruptível em seu reconhecimento da preeminência do universal, transfigurou em ideia corrompendo-se. Aquilo que reluz como se estivesse acima dos antagonismos equivale ao enredamento universal. O universal cuida para que o particular submetido a ele não seja melhor do que ele mesmo. Esse é o cerne de toda identidade produzida até hoje.

Visualizar a preponderância do universal lesa psicologicamente o narcisismo de todos os indivíduos e da sociedade democraticamente organizada até um nível insuportável. A descoberta da ipseidade como não-existente, como uma ilusão, transformaria facilmente o desespero objetivo de todos em desespero subjetivo e lhes roubaria a crença que a sociedade individualista lhes inculca: a crença de que eles, os indivíduos, são o substancial. Com isso, a fim de se satisfazer de algum modo sob as formas existentes, o interesse particular deveria se tornar algo primário; é necessário que o indivíduo confunda aquilo que para ele é imediato com a πρώτη οὐσία.* Uma tal ilusão subjetiva é causada objetivamente: é somente graças ao princípio da autoconservação individual, com toda a sua estreiteza, que o todo funciona. Ele obriga cada indivíduo a olhar unicamente para si, prejudica sua intelecção da objetividade e, assim, se transforma pela primeira vez efetivamente no mal. A consciência nominalista reflete um todo que continua a viver em virtude da particularidade e de sua obstinação; literalmente ideologia, aparência socialmente necessária. O princípio universal é o princípio da singularização. Esse princípio acredita ser algo indubitavelmente certo e é obnubilado porque não se dá conta, sob o preço de sua existência, do quanto é algo mediatizado. Por isso a difusão popular do nominalismo filosófico. Cada existência individual deve ter o primado ante o seu conceito; o espírito, a consciência dos indivíduos, não deve existir senão nos indivíduos, mas não o supraindividual que se sintetiza neles e por meio do qual apenas eles podem pensar. De maneira encarniçada, as mônadas fecham-se para a sua real dependência genérica tanto quanto para o aspecto coletivo de todas as suas formas e conteúdos de consciência — formas que são elas mesmas aquele universal negado pelo nominalismo; e conteúdos, uma vez que os indivíduos não se deparam com nenhuma experiência, e mesmo com nenhuma assim chamada matéria da consciência, que não seja pré-digerida e fornecida pelo universal.

Em face da reflexão própria à crítica ao conhecimento sobre o universal na consciência individual, tem razão aquela consciência que não se deixa consolar ante o mal, o pecado e a morte com base em um apelo ao universal. Em Hegel, é isso que nos lembra a doutrina do restabelecimento universal do imediato, uma doutrina aparentemente paradoxal em comparação com a doutrina da mediação universal, mas que, contudo, está associada a ela de maneira grandiosa. No entanto, o nominalismo difundido enquanto consciência pré-científica que comanda hoje uma vez mais a partir daí a ciência, o nominalismo que faz profissão a partir de sua ingenuidade — no instrumental positivista não falta o orgulho quanto ao fato de as pessoas serem ingênuas e a categoria da "linguagem cotidiana" é um eco disso —, não se preocupa com os coeficientes históricos na relação do universal com o particular. O primado verdadeiro do particular só poderia ser ele mesmo alcançado a partir da transformação do universal. Instalar esse primado pura e simplesmente como existente é uma ideologia complementar. Ela encobre o quanto o particular se tornou função do universal, o que, segundo a sua forma, ele nunca tinha deixado de ser. Aquilo a que o nominalismo se agarra como se fosse a sua propriedade mais segura não é senão uma

* Em grego no original: substância primeira. (N.T.)

utopia — daí o seu ódio ao pensamento utópico, ao pensamento da diferença daquilo que existe. O funcionamento científico cria a ilusão de que o espírito objetivo estabelecido por mecanismos de dominação extremamente reais e que ao mesmo tempo organiza até os conteúdos de consciência de seu exército de reserva não é senão o resultado da soma de suas reações subjetivas. Essas reações, porém, há muito tempo não passam de produtos secundários dessa universalidade que celebra habilmente os homens, a fim de poder se dissimular melhor por trás deles e melhor retê-los em andadeiras. O próprio espírito do mundo colocou em marcha uma representação subjetivisticamente obstinada da ciência, uma representação que visa antes a um sistema autárquico, empírico-racional, do que à concepção de uma sociedade que é em si objetiva e que dita as suas leis de cima. A rebelião outrora criticamente esclarecida contra a coisa-em-si transformou-se em sabotagem do conhecimento, apesar de sobreviverem mesmo na conceptualização científica mais deformada rastos da coisa mesma não menos deformada. A recusa kantiana no capítulo sobre a anfibolia de reconhecer o interior das coisas é a *ultima ratio** do programa baconiano. Esse programa tinha como índice histórico de sua verdade a rejeição dos dogmas escolásticos. Esse motivo inverte-se, contudo, no momento em que aquilo que ele interdita ao conhecimento se torna a sua condição epistemológica e real; no momento em que o sujeito cognoscente precisa refletir sobre si como momento do universal a ser conhecido, sem, porém, se igualar completamente a esse. É um contrassenso impedir-lhe de conhecer por dentro aquilo em que ele mesmo mora e em que ele tem muito de sua própria interioridade; nessa medida, o idealismo hegeliano foi mais realista que o de Kant. Quando a conceptualização científica entra em conflito com o seu ideal de facticidade tanto quanto com o seu ideal de uma razão simples, de uma razão da qual ela se arvora como o seu executor antiespeculativo, seu aparelho se transforma em irrazão. O método reprime autoritariamente aquilo que caberia a ela conhecer. É impossível sustentar o ideal positivista do conhecimento, o ideal dos modelos em si consistentes e isentos de contradições, logicamente irrefutáveis, por causa da contradição imanente daquilo que precisa ser conhecido, por causa dos antagonismos do objeto. Esses são os antagonismos do universal e do particular na sociedade, e eles são negados pelo método antes de todo conteúdo.

A experiência dessa objetividade preordenada ao indivíduo e à sua consciência é a experiência da unidade da sociedade totalmente socializada. A ideia filosófica da identidade absoluta possui um parentesco direto com essa experiência,

* Em latim no original: fundamento último. (N.T.)

na medida em que ela não tolera nada fora de si mesma. Porquanto a elevação da unidade ao nível da filosofia aconteceu de maneira falaciosa à custa do múltiplo, o seu primado, considerado pela tradição filosófica vitoriosa desde os eleatas como o *summum bonun*,* é em verdade outra coisa: um *ens realissimum*.** Algo da transcendência que os filósofos celebram na unidade como ideia realmente lhe pertence. Por um lado, a sociedade burguesa desenvolvida — e já o mais antigo pensamento da unidade era urbano, burguês de maneira rudimentar — compõe-se a partir de incontáveis espontaneidades particulares dos indivíduos que perseguem a sua autoconservação e nela se acham remetidos uns aos outros. Por outro lado, não reina de maneira alguma entre a unidade e os indivíduos esse equilíbrio que os teoremas justificadores tomam por estabelecidos. A não-identidade entre a unidade e o múltiplo, contudo, assume a forma de um primado do uno, enquanto identidade do sistema que não deixa escapar nada. Sem as espontaneidades individuais, a unidade não teria surgido, e, enquanto sua síntese, ela seria algo secundário; o nominalismo bem o recorda. Porém, na medida em que, por meio das necessidades de autoconservação dos muitos ou simplesmente em virtude das relações irracionais de dominação que utilizam abusivamente essas necessidades como pretexto, a unidade se tece cada vez mais espessamente, essa unidade abarca todos os indivíduos, sob a pena de aniquilação, integra-os — para usar o termo de Spencer —, absorve-os em sua legalidade, mesmo contra o seu interesse particular evidente. Foi isso que preparou paulatinamente o fim para a diferenciação progressiva da qual Spencer ainda podia ter a ilusão de que ela acompanharia necessariamente a integração. Enquanto, de maneira inalterada, o todo uno só se forma por causa das particularidades que eles compreendem sob si, eles continuam se formando sem levar essas particularidades em consideração acima delas. Aquilo que se realiza por meio do particular e do múltiplo é algo que cabe ao múltiplo, e, ao mesmo tempo, não cabe: ele possui cada vez menos o controle sobre isso. Sua suma conceitual é ao mesmo tempo o seu outro; a dialética hegeliana desvia propositalmente o olhar dessa dialética. Na medida em que os indivíduos se apercebem de algum modo do primado da unidade sobre eles, esse primado se reflete para eles como o ser-em-si do universal com o qual eles se deparam efetivamente: o universal se lhes impõe até o ponto mais íntimo, ainda quando eles o impõem a si mesmos. A sentença ἦθος ἀνθρώπῳ δαίμων*** (o modo de ser, enquanto tal sempre moldado pelo universal, é para o homem destino) tem mais verdade do que a sentença oriunda de um determinismo caracterológico; o universal por meio

* Em latim no original: bem supremo. (N.T.)

** Em latim no original: o ente maximamente real. (N.T.)

*** Trata-se do fragmento 120 de Heráclito. Na tradução alemã proposta por Bruno Snell e bastante similar ao entendimento de Adorno: "O modo próprio de ser do homem é o daimon." (N.T.)

do qual cada indivíduo se determina efetivamente como unidade de sua particularização é derivado daquilo que lhe é exterior e, por isso, se mostra como tão heterônomo para o indivíduo quanto só o foi antes aquilo que lhes era supostamente imposto por demônios. A ideologia do ser-em-si da ideia é tão poderosa porque ela é a verdade, mas ela é a verdade negativa; ela se torna ideologia por meio de sua reformulação afirmativa. Uma vez instruídos sobre a supremacia do universal, os homens não têm praticamente outra opção senão transfigurá-lo em espírito, enquanto o ser superior que eles devem apaziguar. A coerção transforma-se para eles em sentido. Não sem toda razão: pois o universal abstrato do todo que exerce a coerção é aparentado com a universalidade do pensamento, com o espírito. Isso permite por sua vez ao espírito em seu substrato se reprojetar sobre essa universalidade, como se ele fosse realizado nela e tivesse por si a sua prórpria realidade efetiva. No espírito, a consonância do universal tornou-se sujeito e a universalidade só se afirma na sociedade por meio do espírito, pela operação abstrativa que ele leva a termo de maneira extremamente real. Os dois convergem na troca, em algo ao mesmo tempo subjetivamente pensado e objetivamente válido, no qual, contudo, a objetividade do universal e a determinação concreta dos sujeitos particulares se opõem mutuamente de modo irreconciliável justamente por terem se tornado comensuráveis. Na expressão "espírito do mundo", o espírito é meramente afirmado e hipostasiado como aquilo que ele desde sempre já era em si; como reconheceu Durkheim, que foi exatamente por isso acusado de metafísico, nele a sociedade adora a si mesma, adora a sua coerção enquanto onipotência. Por meio do espírito do mundo, a sociedade pode se achar ratificada porque possui efetivamente todos os atributos que adora no espírito. Sua veneração mítica não é nenhuma mera mitologia conceitual: ela é um gesto de gratidão pelo fato de, nas fases históricas mais desenvolvidas, todos os indivíduos só viverem por meio dessa unidade social que não era redutível a eles e que, com o passar do tempo, está se tornando cada vez mais o seu destino fatídico. Se as suas existências, sem que eles se deem conta, hoje lhes são outorgadas literalmente pelos grandes monopólios e poderes, então chega a seu termo aquilo que o conceito enfático de sociedade já tinha em si desde sempre teleologicamente. A ideologia autonomizou o espírito do mundo porque esse já estava virtualmente autonomizado. No entanto, o culto das categorias do espírito, por exemplo, o culto da categoria extremamente formal da grandeza, aceita mesmo por Nietzsche, não intensifica na consciência senão sua diferença em relação a todos os indivíduos, como se essa diferença fosse ontológica; daí se deriva o antagonismo e o desastre previsível.

Não é de hoje que a razão do espírito do mundo se mostra como a irrazão em face da razão potencial, em face do interesse comum dos sujeitos individuais associados do qual ela difere. As pessoas inscreveram no passivo de Hegel e de todos aqueles que aprenderam com ele uma μετάβασις εἰς ἄλλο γένος, a equiparação de categorias de um lado lógicas e de outro lado histórico-filosóficas e sociais; essa equiparação seria aquele ápice do idealismo especulativo que precisaria cair por terra diante da impossibilidade de construção da empiria. Justamente essa construção, contudo, fazia jus à realidade. A alternância da história tanto quanto o princípio de equivalência das relações sociais entre sujeitos individuais, um princípio que progrediu até se transformar na totalidade, transcorre segundo a logicidade que Hegel supostamente inseriu nela interpretativamente. A questão é que essa logicidade, o primado do universal na dialética do universal e do particular, é um *index falsi*.* Assim como a liberdade e a individualidade, tudo aquilo que Hegel identifica com o universal também não se mostra como essa identidade. Na totalidade do universal expressa-se o seu próprio fracasso. Aquilo que não tolera nada particular trai com isso a si mesmo como algo que domina particularmente. A razão universal autoimpositiva já é uma razão restrita. Ela não é mera unidade no interior da multiplicidade, mas, enquanto posição ante a realidade, algo cunhado, unidade acima de algo. Com isso, porém, segundo a pura forma, algo antagonista. A unidade é a cisão. A irracionalidade da *ratio* particularmente realizada no interior da totalidade social não é extrínseca à *ratio*, não é somente provocada por sua aplicação. Ela é muito mais imanente a essa *ratio*. Medida a partir de uma razão plena, a razão vigente já se revela em si, segundo o seu princípio, como polarizada, e, nessa medida, como irracional. O esclarecimento subjaz verdadeiramente à dialética; essa tem lugar em seu próprio conceito. Assim como qualquer outra categoria, também não se pode hipostasiar a *ratio*. Foi em sua figura ao mesmo tempo universal e antagônica que se deu intelectualmente a passagem do interesse autoconservador dos indivíduos para a espécie. Essa passagem obedece a uma lógica que foi seguida pela grande filosofia burguesa nos vértices históricos que foram Hobbes e Kant: sem a cessão do interesse pela autoconservação para a espécie representada na maioria das vezes no pensamento burguês pelo Estado, o indivíduo não conseguiria conservar a si mesmo em relações sociais mais desenvolvidas. Por meio dessa transferência necessária para os indivíduos, contudo, a racionalidade universal entra quase inevitavelmente em contradição com os homens particulares que ela precisa negar para se tornar universal e aos quais ela pretende servir, sem que se trate aí simplesmente de uma pretensão. Na universalidade da *ratio*, que ratifica a indigência de todo elemento particular, a sua dependência em relação ao todo desdobra-se por força do processo de abstração sobre o qual ela repousa a sua contradição com o particular. A razão que tudo domina e que se instaura sobre um outro também encurta necessariamente a si mesma. O princípio da iden-

* Em latim no original: um índice de falsidade. (N.T.)

tidade absoluta é em si contraditório. Ele perpetua a não-identidade enquanto oprimida e degradada. Um rastro desse fato está imerso no esforço hegeliano por absorver a não-identidade por meio da filosofia da identidade, sim, a identidade por meio da não-identidade. Contudo, ele desfigura o estado de coisas na medida em que afirma o idêntico, admite o não-idêntico como certamente necessário e desconhece a negatividade do universal. Falta-lhe uma simpatia pela utopia do particular, soterrada sob o universal, pela não-identidade que só seria se a razão realizada deixasse entrar em si a razão particular do universal. Hegel deveria ter respeitado, ao invés de ter censurado e repreendido, a consciência da injustiça implicada pelo conceito do universal, e exatamente pela universalidade da injustiça. Se, no começo da época moderna, o *condottiere* Franz von Sickingen, mortalmente ferido, encontrou para o seu destino as palavras "Nada é sem uma causa", ele expressou com a força da época duas coisas: a necessidade do curso social do mundo que o condenou ao perecimento e a negatividade do princípio de um curso do mundo que transcorre de acordo com a necessidade. Esse curso é totalmente incompatível com a felicidade mesmo do todo. O conteúdo de experiência do que é dito é mais do que a trivialidade da validade universal do princípio de causalidade. Nisso que aconteceu com ele, a consciência da pessoa individual pressente a interdependência universal. Seu destino aparentemente isolado reflete o todo. Aquilo que outrora era indicado pelo nome mitológico do destino não é menos mítico enquanto algo desmitologizado do que uma secular "lógica das coisas". Figura de sua particularização, ela é marcada a ferro no indivíduo. Foi isso que motivou objetivamente a construção hegeliana do espírito do mundo. Por um lado, ela leva em conta a emancipação do sujeito. Ele precisa ser inicialmente retirado da universalidade, para percebê-la em si e para ele. Por outro lado, a conexão das ações sociais dos indivíduos precisa ser amarrada em uma totalidade sem lacunas que determina previamente o indivíduo de um modo como ele nunca tinha sido determinado na época feudal.

O conceito da história universal — cuja validade inspira a filosofia hegeliana de maneira similar à inspiração da filosofia kantiana pelas ciências matemáticas da natureza — tornou-se tanto mais problemático quanto mais o mundo uniformizado se aproximou de um processo conjunto. De um lado, a ciência histórica, progredindo de modo positivista, desintegrou a concepção da totalidade e de uma continuidade sem interrupções. Em relação à ciência histórica, a construção filosófica tinha a vantagem duvidosa de um menor conhecimento dos detalhes, algo que ela se dispunha facilmente a imaginar como uma distância soberana; com certeza, ela também tinha menos medo de dizer algo essencial que só ganha contornos à distância. De outro lado, a filosofia avançada precisava preservar o acordo entre a história universal e a ideologia[5] e manter a vida deslocada como descontínua. O próprio Hegel tinha concebido a história universal uniforme meramente por força de suas contradições. Com a reformulação materialista da dialética, o acento mais forte caiu sobre a intelecção da descontinuidade daquilo que não era mantido coeso por nenhuma unidade consoladora do espírito e do conceito. Todavia, a descontinuidade e a história universal precisam ser pensadas juntas. Riscar essa história universal como resíduo de uma crença metafísica confirmaria intelectualmente a mera facticidade enquanto a única coisa a ser conhecida e por isso aceita, do mesmo modo que a soberania, que subordinava os fatos à marcha triunfal do espírito uno, a ratificara antes como expressão dessa história. A história universal precisa ser construída e negada. Depois das catástrofes passadas e em face das catástrofes futuras, a afirmação de um plano do mundo dirigido para o melhor, um plano que se manifesta na história e que a sintetiza, seria cínica. No entanto, não se precisa negar com isso a unidade que solda as fases e os momentos descontínuos, caoticamente estilhaçados, da história, uma unidade que, a partir da dominação da natureza, se transforma em domínio sobre os homens e, por fim, em domínio sobre a natureza interior. Não há nenhuma história universal que conduza do selvagem à humanidade, mas há certamente uma que conduz da atiradeira até a bomba atômica. Essa história termina com a ameaça total da humanidade organizada contra os homens organizados, na suma conceitual da descontinuidade. Por meio daí, Hegel é verificado até o horror e colocado de cabeça para baixo. Se ele transfigurava a totalidade do sofrimento histórico na positividade do absoluto se autorrealizando, o uno e o todo que até hoje, com pausas para a respiração, não pararam de avançar seriam, teleologicamente, o sofrimento absoluto. A história é a unidade de continuidade e descontinuidade. A sociedade não se mantém viva apesar de seu antagonismo, mas graças a ele; os interesses ligados ao lucro, e, com isso, a relação de classes, são objetivamente o motor do processo de produção do qual depende a vida de todos, e seu primado tem o seu ponto de fuga na morte de todos. Isso também implica o elemento reconciliador no irreconciliável; na medida em que só é permitido ao homem viver, sem ele não haveria nem mesmo a possibilidade de uma vida transformada. O que criou historicamente essa possibilidade pode igualmente destruí-la. Seria preciso definir o espírito do mundo, objeto digno de definição, como catástrofe permanente. Sob o jugo universal do princípio de identidade, aquilo que não imerge na identidade e que se subtrai à racionalidade planificante no reino dos meios torna-se algo angustiante, revanche pela desgraça que aconteceu com o não-idêntico por meio da identidade. Quase não haveria outra forma de interpretar a história sem a transformar, como que por encanto, em ideia.

Não é vão especular sobre se o antagonismo na origem da sociedade humana, um fragmento de história natural prolongada, foi herdado sob a forma do princípio *homo homini lupus** ou se só veio a ser θέσει; e sobre se, caso já tivesse surgido, ele se seguiria das necessidades de sobrevivência da espécie e não seria como que contingente, oriundo de atos arcaicos arbitrários ligados à tomada do poder. Com isso, a construção da história universal certamente se desfaria. O historicamente universal, a lógica das coisas que se aglomera na necessidade da tendência conjunta, fundar-se-ia em algo fortuito que lhe seria extrínseco; ele nao precisaria ter surgido. Não apenas Hegel, mas também Marx e Engels, em parte alguma tão idealistas quanto na relação com a totalidade, teriam rejeitado a dúvida quanto à inevitabilidade da totalidade. Eles veriam aí, apesar de essa dúvida se impor a todo intento de transformar o mundo, um ataque mortal ao seu próprio sistema, ao invés de ao sistema dominante. Desconfiado em relação a toda antropologia, Marx em verdade tomou cuidado para não transpor o antagonismo para o interior da essência do homem ou para a pré-história, que foi antes esboçada segundo o *topos* da época de ouro. No entanto, ele insistiu de maneira tenaz quanto à sua necessidade histórica. A economia teria o primado ante o domínio que não poderia ser deduzido senão economicamente. É difícil aplacar a controvérsia com fatos; estes se perdem na penumbra da pré-história. Mas o interesse que ela despertou foi tampouco um interesse em fatos históricos quanto outrora o interesse pelo contrato social que já Hobbes e Locke consideravam como algo que dificilmente teria sido realmente executado.** O que estava em questão era a divinização da história, mesmo junto aos hegelianos ateístas Marx e Engels. O primado da economia deve fundamentar com consistência histórica o final feliz como algo imanente à economia; o processo econômico geraria as relações políticas de dominação e as inverteria até transformá-las em liberação compulsiva da coerção econômica. Por sua parte, porém, a intransigência da doutrina, sobretudo em Engels, era precisamente política. Ele e Marx queriam a revolução como uma revolução das relações econômicas na sociedade como um todo, na camada fundamental de sua autoconservação, não como transformação das regras de jogo da dominação, como transformação de sua forma política. A ponta da lança era dirigida contra os anarquistas. O que mobilizou Marx e Engels a traduzir, por assim dizer, o pecado original da humanidade, sua pré-história, na economia política, apesar de o conceito de economia política, articulado com a totalidade da relação de troca, ser ele mesmo

* Em latim no original: o homem é o lobo do homem. (N.T.)

** O contrato social imaginário era tão bem-vindo para a primeira época do pensamento burguês porque ele colocava à sua base a racionalidade burguesa, a relação de troca, enquanto a priori jurídico-formal; no entanto, ele era tão imaginário quanto a própria *ratio* burguesa na sociedade real e opaca.

algo tardio, foi a expectativa da revolução imediatamente iminente. Como eles queriam a revolução para o dia seguinte, era de máxima relevância para eles bater as correntes pelas quais eles precisavam temer ser vencidos, tal como outrora Espártaco ou as revoltas campesinas. Eles eram inimigos da utopia em nome de sua realização. A sua *imago** da revolução forjou a imagem do mundo primitivo; o peso preponderante das contradições econômicas no capitalismo parecia exigir a sua derivação a partir da objetividade acumulada por aquele que desde tempos imemoriais foi o mais forte. Eles não podiam prever o que viria à tona em seguida com o fracasso da revolução, mesmo lá onde ela teve sucesso: o fato de a economia planificada, que os dois certamente não tinham confundido com o capitalismo de Estado, permitir que a dominação perdure; há um potencial que prolonga para além de sua fase específica o traço antagonista desenvolvido por Marx e Engels de uma economia colocada em relevo contra a mera política. A persistência da dominação após a queda do objeto principal da crítica da economia política deixa triunfar sem esforço a ideologia que deduz a dominação seja a partir das formas supostamente incondicionais de organização social, por exemplo a centralização, seja a partir das formas da consciência que se retira por abstração do processo real — da *ratio* — e que então profetiza para a dominação, com uma compreensão aberta ou com lágrimas de crocodilo, um futuro infinito enquanto existir qualquer sociedade organizada. Em contrapartida mantém a sua força a crítica à política fetichizada e transformada em algo que é em si, ou ao espírito inflado de orgulho com a sua particularidade. No entanto, a ideia da totalidade histórica enquanto ideia de uma necessidade econômica calculável foi tocada pelos eventos do século XX. Somente se tudo pudesse ter sido diverso; somente se a totalidade (aparência socialmente necessária enquanto hipóstase do universal extraído dos homens individuais) fosse quebrada em sua exigência de absolutidade, a consciência social crítica conservaria a liberdade de pensar que um dia as coisas poderiam ser diferentes. A teoria só consegue movimentar o enorme peso da necessidade histórica se esta é reconhecida como aparência que se tornou realidade e a determinação histórica, como metafisicamente contingente. Um tal reconhecimento é impelido pela metafísica da história. À catástrofe que se prepara corresponde antes a suposição de uma catástrofe irracional nos começos. Hoje, a possibilidade malograda do diverso concentrou-se na possibilidade de, apesar de tudo, a catástrofe.

Para Hegel, entretanto, sobretudo para o Hegel da filosofia da história e da filosofia do direito, a objetividade histórica tal como ela um dia foi é elevada à

* Em latim no original: imagem. (N.T.)

transcendência: "Essa substância universal não é o elemento mundano; o elemento mundano contrapõe-se a ela de maneira impotente. Nenhum indivíduo pode ir além dessa substância; um indivíduo pode certamente se diferenciar de outros indivíduos singulares, mas não do espírito do povo."[6] Assim, o contrário do "mundano", a identidade prometida de maneira não-idêntica ao ente particular, é "supramundana". Mesmo uma tal ideologia tem o seu grão de verdade: enquanto a humanidade continuar sendo esfacelada em nações, o crítico do próprio espírito do povo também estará amarrado àquilo que lhe é incomensurável. Em um passado bem recente, a constelação entre Karl Kraus e Viena foi o mais importante modelo citado, ainda que na maior parte das vezes apenas de modo difamatório. Em Hegel, porém, isso não se dá tão dialeticamente como sempre quando ele encontra qualquer elemento que o perturba. O indivíduo, ele prossegue, "pode ter mais espírito do que muitos outros, mas não pode exceder o espírito do povo. Ter espírito não é outra coisa senão ter consciência do espírito do povo e saber se guiar por ele".[7] Com rancor — esse rancor não tem como não deixar de ser escutado no modo como ele usa a expressão "ter espírito" —, Hegel descreve essa relação de modo muito aquém de sua própria concepção. "Guiar-se por ele" seria literalmente uma mera adaptação. Como que impelido por uma compulsão à confissão, ele decifra a identidade por ele ensinada como afirmativa como uma quebra que se perpetua e postula a subordinação do mais fraco ao mais poderoso. Certos eufemismos, tais como aquele presente na filosofia da história, de acordo com o qual no curso da história universal "indivíduos particulares foram feridos",[8] aproximam-se involuntariamente da consciência da irreconciliação; e a fanfarra de que "no dever o indivíduo se libera e alcança a liberdade substancial",[9] aliás um patrimônio de pensamento de todo o idealismo alemão, já não tem mais como ser diferenciado de sua paródia na cena do médico no *Woyzek* de Buchner. Hegel coloca na boca da filosofia a afirmação de que "nenhuma violência vai além do poder do Bem, de Deus, nem é capaz de impedi-lo de se impor; [de] que Deus tem razão, [de] que a história universal não representa outra coisa senão o plano da providência. Deus governa o mundo; o conteúdo de seu governo, a realização integral de seu plano, é a história universal; compreender esse plano é tarefa da filosofia da história universal e seu pressuposto é que o ideal se realiza, que a única coisa que possui realidade efetiva é aquilo que é coerente com a ideia".[10] O espírito do mundo parece ter estado maliciosamente em obra quando Hegel, como que coroando seu sermão edificante, para usar uma expressão de Arnold Schönberg, macaqueou antecipadamente Heidegger: "Pois a razão é a apreensão da obra divina."[11] O pensamento onipotente precisa abdicar e, enquanto mera apreensão, se acomodar. Hegel mobiliza representações gregas que se acham aquém da experiência da individualidade para dourar a heteronomia do universal substancial. Em tais passagens, ele salta por sobre toda a dialética histórica e proclama sem hesitação a forma antiga da eticidade, que foi ela mesma em primeiro lugar a forma da filosofia grega oficial e em seguida a forma dos ginásios alemães, como a verdadeira: "Pois a eticidade do Estado não é a eticidade moral, refletida, na qual vigora a convicção pessoal; essa convicção é mais acessível ao mundo moderno, enquanto a convicção verdadeira e antiga se enraíza no fato de cada um ater-se ao seu dever."[12] O espírito objetivo vinga-se de Hegel. Orador oficial da causa espartana, ele antecipa em cem anos o jargão da autenticidade com a expressão "ater-se ao seu dever". Ele se rebaixa a dispensar um consolo decorativo às vítimas, sem tocar na substancialidade da situação em relação à qual eles são vítimas. O que se esconde como um fantasma por trás de suas explicações já tinha sido antes dinheiro miúdo do patrimônio burguês de Schiller. Em *Die Glocke* [*O sino*], Schiller não se contenta em fazer com que o pai de família pegue o cajado do viajante lá mesmo onde suas posses se queimaram, um cajado que é ao mesmo tempo de mendicância, mas lhe ordena além disso pegar alegremente esse cajado; e à nação, que de outro modo não é digna de nada, ele impõe que ela empenhe alegremente o que possui de derradeiro em sua honra. O terror do bom humor interioriza a *contrainte sociale*. Um tal exagero não é nenhum luxo poético; a pedagogia social do idealista deve exagerar porque, sem a realização adicional e irracional da identificação, seria por demais flagrante que o universal rouba do particular aquilo que lhe promete. Hegel associa o poder do universal ao conceito estético-formal da grandeza: "Os grandes homens de um povo são aqueles que dirigem o povo de acordo com o espírito universal. Portanto, as individualidades desaparecem para nós e não têm valor aos nossos olhos senão quando realizam aquilo que o espírito do povo quer."[13] O desaparecimento das individualidades decretado por um movimento do punho, algo negativo que a filosofia se arroga conhecer como algo positivo sem que ele realmente se modifique, é o equivalente da quebra constante. A violência do espírito do mundo sabota o que Hegel em seguida celebra no indivíduo: "O fato de ele estar de acordo com a sua substância é algo que ele deve a si mesmo."[14] Todavia, essa formulação expeditiva toca em algo sério. O espírito mundano seria "o espírito do mundo tal como ele se explicita na consciência humana; os homens comportam-se em relação a esse espírito como os indivíduos em relação ao todo que é a sua substância."[15] Isso liquida a intuição burguesa do indivíduo, o nominalismo vulgar. Aquilo que se agarra a si mesmo como algo imediatamente certo e substancial transforma-se, justamente por meio daí, em agente do universal, a identidade se torna uma representação ilusória. Nisso, Hegel reencontra Schopenhauer; em relação a Schopenhauer, porém, ele tinha a vantagem de ter compreendido que a dialética da individuação e do universal não pode ser resolvida com a negação abstrata do individual. No entanto, continua sendo preciso objetar não apenas contra Schopenhauer, mas também contra o próprio Hegel, que o indivíduo, manifestação necessária da essência, da tendência objetiva, tem por sua parte razão contra elas na medida em que as confronta com o seu caráter extrínseco e com a sua falibilidade. É isso que está implicado na doutrina hegeliana da substancialidade que o indivíduo deve a si mesmo. Não obstante, ao invés de desenvolvê-la, ele permanece junto a uma oposição abstrata entre o universal e o particular, uma oposição que seria necessariamente insuportável para o seu próprio método.*

A intelecção própria à *Lógica* hegeliana, a intelecção da unidade do particular e do universal que por vezes assume para ele o valor de identidade, encontra-se em contraposição a uma tal cisão do substancial e da individualidade não menos do que à consciência retida na imediatidade: "A particularidade, porém, é essa relação imanente não por transferência, mas enquanto universalidade em si e por si mesma; ela é totalidade nela mesma e determinidade simples, essencialmente princípio. Ela não possui nenhuma outra determinidade além daquela que é estabelecida pelo próprio universal e que resulta consequentemente dele. O particular é o próprio universal, mas ele é a sua diferença ou a sua relação com um outro, a sua aparência voltada para o exterior; mas não há nenhum outro do qual o particular seria diverso, mas apenas o próprio universal. O universal determina-se: assim, ele mesmo é o particular; a determinidade é uma diferença; ele só é diferente dele mesmo."[16] De acordo com isso, o particular seria imediatamente o universal porque ele não encontra cada uma das determinações de sua particularidade senão por meio do universal; sem o universal, conclui Hegel de um modo que sempre se repete, o particular não é nada. A história moderna do espírito — e não apenas ela — foi um trabalho de Sísifo apologético que procurou eliminar por meio do pensamento o negativo do universal. Em Kant, o espírito ainda se lembra disso em face da necessidade:

* Entre os positivistas, foi Emile Durkheim que, com sua doutrina do espírito coletivo, manteve a decisão hegeliana pelo universal, ultrapassando-a, se é que isso é possível, na medida em que seu esquema não deixa mais lugar algum para uma dialética do universal e do particular, nem mesmo *in abstracto*. Na sociologia das religiões primitivas, ele reconheceu em termos de conteúdo que aquilo que é reclamado pelo particular, a propriedade, lhe é trazido pelo universal. Ele designou assim a impostura do particular, que é mera *mimesis* do universal, como a violência que constitui justamente o particular enquanto tal: "O luto (que se manifesta durante algumas cerimônias) não é um movimento natural da sensibilidade privada, abalada por uma perda cruel; é um dever imposto pelo grupo. As pessoas se lamentam não apenas porque estão tristes, mas porque são compelidas a se lamentar. É uma atitude ritual que somos obrigados a adotar por respeito ao costume, mas que, em ampla medida, independe do estado real dos indivíduos. Essa obrigação, aliás, é sancionada por penas, míticas ou sociais." (Emile Durkheim, "Les formes élémentaires de la vie religieuse: Le système totémique en Australie", *Travaux de l'Année sociologique*, Paris, 1912, p.568.)

ele buscou limitá-la à natureza. Em Hegel, a crítica do necessário é escamoteada: "A consciência do espírito precisa se configurar no mundo; o material dessa realização, seu solo, não é outro senão a consciência universal, a consciência de um povo. Essa consciência contém as metas e os interesses do povo e essas metas e interesses se orientam por ela; a consciência constitui os direitos, os hábitos, as religiões do povo. Ela é o elemento substancial do espírito de um povo, por mais que os indivíduos não saibam disso e por mais que, em contrapartida, ela esteja estabelecida aí como um pressuposto. Ela é como uma necessidade; o indivíduo é educado nessa atmosfera, ele não conhece nada diverso. No entanto, ela não é apenas educação nem consequência da educação; ao contrário, essa consciência é desenvolvida a partir do próprio indivíduo, não é ensinada a ele: o indivíduo é nessa substância."[17] A formulação hegeliana "ela é como uma necessidade" é bem adequada à preponderância do universal; o "como", indicação da essência meramente metafórica de uma tal necessidade, toca aí de maneira fugaz o caráter aparente do que há de mais real e efetivo. Ao mesmo tempo, toma-se cuidado para que não se duvide da bondade do necessário e se sustenta contra tudo e contra todos que a necessidade mesma é a liberdade. O indivíduo, assim se acha expresso em Hegel, "é nessa substância", nessa universalidade que ainda coincide para ele com os espíritos dos povos. Mas a positividade dessa universalidade é ela mesma negativa e o é tanto mais porque assume ares de positiva; a unidade torna-se tanto pior quanto mais fundamentalmente se apodera do múltiplo. Seu elogio é decantado pelo vencedor que, apesar de ser um vencedor do espírito, não renuncia ao cortejo triunfal, à ostentação de pretender que aquilo que é incessantemente cometido contra os muitos é o sentido do mundo. "É o particular que se combate mutuamente, e uma parte dele é condenada ao perecimento. Mas é justamente da luta, do perecimento do particular que resulta o universal. Esse não é perturbado."[18] Até hoje, ele não foi perturbado. Não obstante, de acordo com Hegel, o universal também não é sem esse particular que o determina; enquanto ele se mostra como algo desprendido. A *Lógica* hegeliana, também em Hegel a priori uma doutrina de estruturas universais, só consegue identificar o universal e o particular não-determinado, isto é, equiparar os dois polos do conhecimento, por meio do fato de não tratar de maneira alguma do particular enquanto algo particular, mas apenas da particularidade, ela mesma já algo conceitual.[19] O primado lógico do universal que é com isso estabelecido fornece o fundamento para a opção hegeliana pelo primado social e político do universal. Seria preciso certamente conceder a Hegel que não é apenas impossível pensar a particularidade, mas também o próprio particular sem o momento do universal que diferencia e cunha o particular, e que, em certo sentido, o transforma pela primeira vez em particular. Todavia, como Hegel bem o sabia, mas adorava vez por outra esquecer, o fato de um momento necessitar dialeticamente do outro que lhe é contraditoriamente oposto não reduz nem um momento nem outro ao μὴ ὄν.* De mais a mais, a validade ontológica absoluta da lógica de uma pura ausência de contradição é estipulada e essa lógica tinha sido quebrada pela evidência dialética dos "momentos"; por fim, a posição de um termo primeiro absoluto — do conceito — para o qual o fato deve ser secundário também é estipulada porque, de acordo com a tradição idealista, ele "provém" do conceito. Por mais que nada possa ser predicado de um particular sem determinidade e, com isso, sem universalidade, o momento de algo particular, opaco, com o qual essa predicação se relaciona e sobre o qual ela se apoia, não perece. Ele se mantém em meio à constelação; senão, a dialética acabaria por hipostasiar a mediação sem conservar os momentos da imediatidade, como aliás Hegel perspicazmente o queria.

Uma crítica imanente à dialética implode o idealismo hegeliano. O conhecimento visa ao particular, não ao universal. Ele procura o seu verdadeiro objeto na determinação possível da diferença desse particular, mesmo de sua diferença em relação ao universal que ele critica como algo não obstante incondicional. Mas se a mediação do universal pelo particular e do particular pelo universal é simplesmente reportada à forma abstrata normativa da mediação, então o particular tem de pagar por isso até à sua liquidação arbitrária nas partes materiais do sistema hegeliano: "Em uma comunidade ética, é fácil dizer o que o homem precisaria fazer, o que constitui os deveres que ele tem de cumprir para ser virtuoso — ele não precisa fazer outra coisa senão realizar aquilo que lhe é prescrito, expresso e conhecido em suas relações. A probidade constitui o universal que pode ser exigido dele em parte juridicamente, em parte eticamente. A partir do ponto de vista moral, contudo, ela facilmente se mostra como algo subordinado, para além do qual é preciso se lançar, exigindo mais de si e dos outros; pois a busca por ser algo particular não se satisfaz com aquilo que é em si e por si, com aquilo que é universal; ela só encontra a consciência de sua peculiaridade em uma exceção."[20] Se Hegel tivesse levado a identidade entre o universal e o particular até uma dialética no próprio particular, ele teria feito jus ao particular, que segundo ele é o universal mediatizado, tanto quanto a esse universal. O fato de ele — como um pai que repreende o filho dizendo "Você certamente pensa que é algo particular" — degradar esse direito do particular a um mero vício e denegrir de maneira psicologista o direito humano como narcisismo não é nenhum pecado original individual do filósofo. A dialética do particular que ele tinha em vista não pode ser levada a termo de modo idealista. Na medida em que, contra o *chorismos* kantiano, a filosofia não deve se instalar enquanto doutrina das formas no universal, mas deve penetrar o próprio

* Em grego no original: não ser. (N.T.)

conteúdo, a realidade efetiva, em uma *petitio principii* grandiosamente funesta, é estruturada de tal modo pela filosofia que ela se submete à filosofia em uma identidade repressiva. O que há de mais verdadeiro em Hegel, a consciência do particular, sem o peso do qual o conceito de realidade efetiva se degradaria e se tornaria uma farsa, é a origem do que há de mais falso. Ele suprime o particular pelo qual se orienta de maneira tateante a filosofia em Hegel. Quanto mais insistentemente o seu conceito se empenha em obter a realidade efetiva, tanto mais esse conceito contamina cegamente essa realidade efetiva, o *hic et nunc** que teria de ser quebrado como nozes douradas na festa das crianças; e isso com o conceito que o abarca em si: "É justamente essa posição da filosofia em relação à realidade efetiva que suscita os mal-entendidos; e com isso eu retorno ao que já observara antes, o fato de a filosofia, na medida em que é a investigação radical do elemento racional, ser justamente com isso a apreensão daquilo que é atual e realmente efetivo, não a construção de um além que estaria Deus sabe onde — ou do qual se sabe certamente dizer onde ele está: no erro de um raciocínio unilatarel e vazio... Se a reflexão, o sentimento ou qualquer outra forma assumida pela consciência subjetiva consideram o presente como algo vão, se eles se acham para além dele e creem conhecê-lo melhor, então eles se encontram no elemento vão; e, na medida em que só têm realidade efetiva no presente, eles não são senão futilidades. Se, inversamente, a ideia é considerada algo que não é senão uma ideia ou uma representação em um pensamento qualquer, então a filosofia sustenta, ao contrário, que não há nada realmente efetivo senão a ideia. Trata-se, portanto, de reconhecer sob a aparência do temporal e do passageiro a substância que é imanente e o eterno que é presente."[21] É por necessidade que o dialético fala de modo tão platônico. Ele não quer admitir que em lógica, como em filosofia da história, o universal se concentra no particular, até que este se destaca da universalidade abstrata que se lhe tornou extrínseca, enquanto o universal que Hegel reivindica como objetividade mais elevada, de modo correlativo a isso, decai ao nível da má subjetividade, do valor mediano das particularidades. Aquele que tinha aspirado à passagem da lógica para o domínio temporal resigna-se a uma lógica atemporal.

Em meio e apesar da concepção de dialética em Hegel, a dicotomia simplista entre o temporal e o eterno é conforme ao primado do universal na filosofia da história. Assim como o conceito universal, fruto da abstração, acredita estar acima do tempo e inscreve a perda sofrida por aquilo que é subsumido pelo processo de abstração como um ganho e uma indicação de eternidade, os momentos supostamente supratemporais da história tornam-se elementos positivos. Neles esconde-se, contudo, o antigo mal. O estar de acordo com que tudo

* Em latim no original: o aqui e agora. (N.T.)

permaneça sempre igual coloca em discrédito como efêmero o pensamento que protesta contra o Estado de fato. Uma tal conversão em atemporalidade não é extrínseca à dialética e à filosofia da história hegelianas. Na medida em que sua versão de dialética se estende até o próprio tempo, esse é ontologizado: de uma forma subjetiva, ele se transforma em uma estrutura do ser enquanto tal, ele mesmo algo eterno. É nisso que se fundam as especulações de Hegel que equiparam a ideia da totalidade à ruína do que é finito. Sua tentativa de por assim dizer deduzir o tempo e eternizá-lo como algo que não tolera nada fora de si mesmo é tão adequada a essa concepção quanto ao idealismo absoluto que não pode mais se contentar com a cisão entre tempo e lógica, do mesmo modo que Kant não pode se contentar com a cisão entre intuição e entendimento. De resto, também nesse caso, Hegel, crítico de Kant, foi seu executor testamentário. Quando Kant aprioriza o tempo como forma pura da intuição e condição de possibilidade de todo temporal, o tempo é por sua parte destacado do tempo.* O idealismo subjetivo e o objetivo concordam nesse ponto. Pois a base comum para os dois é o sujeito enquanto conceito, despido de seu conteúdo temporal. Uma vez mais, o *actus purus*,** como em Aristóteles, torna-se algo imóvel. A partidariedade social dos idealistas alcança os elementos constituintes de seu sistema. Eles glorificam o tempo como atemporal, a história como eterna; e isso a partir do temor de que ela comece. Em Hegel, a dialética do tempo e do temporal transforma-se de maneira consequente em uma dialética da essência do tempo em si.*** Ela oferece ao positivismo um ponto de ataque privilegiado. De fato, seria prova de uma má escolástica, se a dialética fosse atribuída ao conceito formal de tempo, expurgado de todo conteúdo temporal. Para a reflexão crítica sobre isso, porém, o tempo dialetiza-se enquanto uma unidade em si mediatizada de forma e conteúdo. A *estética transcendental* kantiana não teria nada a contrapor à objeção de que o caráter puramente formal do tempo enquanto "forma da intuição", de que a sua "vacuidade", não corresponderia a nenhuma intuição, como quer que ela viesse a ser configurada. O tempo kantiano recusa-se a toda representação e imaginação possíveis: para representá-lo é sempre preciso representar concomitantemente algo temporal a partir do qual ele pode ser de-

* "Não é o tempo que transcorre, mas é nele que transcorre a existência do mutável. Ao tempo, portanto, que é ele mesmo imutável e permanente, corresponde no fenômeno o imutável na existência, ou seja, a substância, e é somente a partir dela que a sucessão e a simultaneidade dos fenômenos em relação ao tempo podem ser determinadas." (Kant, *Kritik der reinen Vernunft*, op.cit., p.137.)

** Em latim no original: ato puro. (N.T.)

*** "Mais precisamente, o próprio eu real pertence ao tempo com o qual ele, se abstrairmos do conteúdo concreto da consciência e da autoconsciência, coincide, na medida em que ele não é outra coisa senão esse movimento vazio de se colocar como um outro e de suspender esse outro, isto é, a si mesmo, de manter aí o eu e apenas o eu enquanto tal. O eu é no tempo e o tempo é o ser do próprio sujeito." (Hegel, *Werke* 14, op.cit., p.151.)

duzido, algo junto ao qual seu transcurso ou o seu assim chamado fluir poderia ser experimentado. A concepção do tempo puro carece justamente da mediação conceitual — da abstração de todas as representações temporais realizáveis — da qual Kant gostaria e precisaria dispensar as formas da intuição em favor da sistemática, da disjunção entre sensibilidade e entendimento. O tempo absoluto enquanto tal, desembaraçado do derradeiro substrato fático que é e transcorre nele, não seria mais de maneira alguma aquilo que, de acordo com Kant, ele teria de ser: ele não seria mais dinâmico. Não há nenhuma dinâmica para além do lugar em que ela tem lugar. Inversamente, porém, não há como representar nenhuma facticidade que não possua seu valor conjuntural no *continuum* temporal. Essa reciprocidade ainda conduz a dialética no domínio mais formal: nenhum dos momentos que são aí essenciais e mutuamente opostos é sem o outro. Não obstante, ela não é motivada em si pela pura forma junto à qual ela se desvela. Uma relação entre forma e conteúdo transformou-se na própria forma. De um modo inalienável, ela é forma de um conteúdo; sublimação extrema do dualismo forma-conteúdo na subjetividade separada e absolutizada. Mesmo na teoria do tempo, seria preciso extrair de Hegel o seu momento de verdade, na medida em que, como ele, não deixássemos a lógica produzir o tempo a partir de si mesmo, mas, ao invés disso, percebêssemos no interior da lógica relações temporais cristalizadas, tal como foi indicado, de modo bastante críptico, em muitas passagens da *Crítica da razão*, sobretudo no capítulo sobre o esquematismo. Do mesmo modo, a lógica discursiva conserva — de maneira inconfundível nas conclusões — momentos temporais. No entanto, ela os destemporaliza e obscurece graças à objetivação efetuada pelo pensamento subjetivo. Por outro lado, sem uma tal destemporalização do tempo, esse nunca teria sido objetivado. A interpretação da conexão entre lógica e tempo por meio do recurso a um elemento da lógica que, segundo a doutrina corrente, positivista, da ciência seria pré-lógico, seria, enquanto conhecimento de um momento, incompatível com Hegel. Pois aquilo que ele denomina como síntese não é apenas a qualidade emergente da negação determinada e simplesmente nova, mas o retorno do negado; a progressão dialética é sempre também um recurso àquilo que se tornou vítima do conceito progressivo: o progresso na concreção do conceito é a sua autocorreção. Até o ponto em que estivesse ao alcance da consciência, a passagem da lógica para o tempo gostaria de reparar ao tempo o dano que a lógica lhe tinha produzido, um dano sem o qual, contudo, o tempo não existiria. Sob esse aspecto, a duplicação bergsoniana do conceito de tempo é um fragmento de sua própria dialética inconsciente. No conceito do *temps durée*, da duração vivida, ele procurou reconstruir teoricamente a experiência viva do tempo e, com isso, o seu momento material, que tinha sido sacrificado pela abstração da filosofia e das ciências da natureza mecânico-causais. Não obstante, assim como essas ciências, ele não passou ao conceito dialético, nisso mais positivista do que acreditava em sua polêmica; por *dégoût* ante a crescente reificação da consciência, ele absolutizou o momento dinâmico, transformando-o por sua vez como que em uma forma da consciência, em um modo de conhecimento particular e privilegiado; se quisermos, ele reificou esse momento e transformou-o em uma especialidade. Isolado, o tempo vivencial subjetivo, juntamente com o seu conteúdo, torna-se tão contingente e mediatizado quanto o seu sujeito, e, por isso, em face do tempo cronométrico, constantemente ao mesmo tempo "falso". Para elucidar esse fato basta uma trivialidade: as experiências temporais subjetivas, medidas a partir do tempo do relógio, estão expostas ao engano, por mais que não haja nenhum tempo do relógio sem a experiência temporal subjetiva que é objetivada pelo tempo do relógio. A dicotomia crassa entre os dois tempos em Bergson, porém, insere o tempo histórico entre a experiência viva e os processos de trabalho objetiváveis e passíveis de serem repetidos: sua doutrina fragmentária do tempo é uma manifestação precoce da crise objetivamente social da consciência de tempo. A irreconciliabilidade entre o *temps durée* e o *temps espace* é a ferida dessa consciência cindida que só possui alguma unidade por meio de uma cisão. Isso não é dominado nem pela interpretação naturalista do *temps espace*, nem pela hipóstase do *temps durée* na qual o sujeito, recuando ante a reificação, espera conservar a si mesmo como algo pura e simplesmente vivente. De fato, o riso no qual, segundo Bergson, a vida deve reproduzir a si mesma em contraposição ao enrijecimento convencional já se tornou há muito uma arma da convenção contra a vida inapreensível, contra os traços de algo natural que não foi completamente domesticado.

A transposição hegeliana do particular para a particularidade segue a prática de uma sociedade que não tolera o particular senão enquanto categoria, enquanto forma da supremacia do universal. Marx designou esse estado de coisas de uma maneira que Hegel não podia prever: "A dissolução de todos os produtos e atividades em valores de troca pressupõe tanto a dissolução de todas as relações pessoais (históricas) fixas de dependência no interior da produção, quanto a dependência global dos produtores uns em relação aos outros. Não é apenas a produção de cada indivíduo que depende da produção de todos os outros; mesmo a transformação de seu produto em meio de substência para si mesmo tornou-se dependente do consumo de todos os outros... Essa dependência mútua está expressa na necessidade constante de troca e no valor de troca tomado como mediador universal. Os economistas exprimem isso da seguinte forma: cada um persegue seu interesse privado; e serve com isso, sem querer e sem saber, o interesse privado de todos, o interesse universal. A ironia não está no fato de, na medida em que cada um persegue seu interesse particular, o conjunto dos interesses privados, isto é, o interesse universal, ser alcançado. Poder-se-ia concluir muito mais dessa frase que cada um obstrui mutuamente a validação do interesse dos outros e que, ao invés de uma afirmação universal, resulta desse *bellum omnium contra omnes* muito mais uma negação universal. O ponto reside muito mais no fato de o próprio interesse privado já ser um interesse socialmente determinado que só pode ser alcançado no interior das condições estabelecidas pela sociedade e com os meios dados por ela; portanto, está ligado com a reprodução dessas condições e desses meios. Trata-se do interesse dos indivíduos privados; seu conteúdo, porém, como a sua forma e os seus meios de realização, são dados pelas condições sociais independentes de todos."[22] Uma tal predominância negativa do conceito esclarece por que Hegel, seu apologeta, e Marx, seu crítico, se reencontram na representação de que aquilo que o primeiro chama o espírito do mundo possui uma preponderância do ser-em-si e, em uma formulação que não seria conveniente senão a Hegel, não teria sua substância objetiva somente nos indivíduos: "Os indivíduos são subsumidos à produção social que existe fora deles como uma fatalidade; mas a produção social não é subsumida aos indivíduos que a manipulam como o seu patrimônio comum."[23] Esse *chorismos* real obriga Hegel a remodelar contra a sua vontade a tese da realidade efetiva da ideia. Sem que a teoria o concedesse, a *Filosofia do direito* contém frases inconfundíveis quanto a isso: "Quando se trata da ideia de Estado, não se precisa ter em vista Estados particulares, nem instituições particulares. Ao contrário, é preciso considerar muito mais a ideia, esse Deus efetivamente real, por si. Todo Estado, por mais que possamos declará-lo ruim segundo os princípios que possuímos, por mais que possamos reconhecer essa ou aquela falha, sempre tem em si, especialmente quando pertence aos mais cultivados de nosso tempo, os momentos essenciais de sua existência. No entanto, como é mais fácil encontrar falhas do que conceber o afirmativo, recaímos facilmente no erro de não ver senão os lados particulares e de esquecer o organismo intrínseco ao próprio Estado."[24] Se é preciso "considerar a ideia por si" e não "Estados particulares", e isso em verdade por princípio, por obediência a uma estrutura abrangente, então ressurge uma vez mais aqui a contradição entre a ideia e a realidade efetiva que a obra como um todo, tendo em vista seu teor, procura eliminar. A isso se presta a frase ominosa: "é mais fácil encontrar falhas do que conceber o afirmativo"; hoje, o que restou dessa frase foi o grito pela crítica construtiva: cheia de rompantes. Porquanto a identidade entre ideia e realidade efetiva é desmentida por esta última, é necessário algo assim como um empenho particular e devoto da razão para apesar de tudo se assegurar dessa identidade; o "afirmativo", a comprovação da reconciliação positivamente realizada, é postulado, vangloriado como uma performance superior da consciência porque a pura contemplação hegeliana não é suficiente para uma tal afirmação. A pressão que a afirmação exerce sobre o que resiste a ela, sobre o efetivamente real, intensifica incansavelmente aquela pressão real que a universalidade impõe ao sujeito como a sua negação. Os dois polos divergem de maneira tanto mais visível quanto mais concretamente o sujeito é confrontado com a tese da substancialidade objetiva do plano ético. Na concepção hegeliana tardia sobre a cultura, essa não é mais descrita senão como algo hostil ao sujeito: "Em sua determinação absoluta, portanto, a cultura é a liberação e o trabalho da liberação superior, a saber, o ponto absoluto de passagem para a substancialidade infinitamente subjetiva da eticidade, para a substancialidade não mais imediata, natural, mas espiritual, ao mesmo tempo elevada à forma da universalidade. — No sujeito, essa liberação é o trabalho duro contra a mera subjetividade da conduta, contra a imediatidade dos desejos, assim como contra o caráter subjetivamente vão da sensação e do arbítrio próprio ao gostar. O fato de ela ser esse trabalho duro constitui uma parte do desfavor que se abate sobre ela. É por meio desse trabalho da cultura, porém, que a própria vontade subjetiva conquista em si a objetividade na qual apenas ela é por sua parte digna e capaz de ser a realidade efetiva da ideia."[25] É isso que decora a sabedoria escolar grega: ὁμὴ δαρείς, que Goethe, a quem ela não convinha de modo algum, não desdenhou em colocar, em uma meditação hegeliana, como epígrafe de sua biografia. No entanto, na medida em que difunde a verdade sobre a identidade que gostaria antes de tudo de introduzir, a máxima classicista reconhece a sua própria não-verdade, a não-verdade da pedagogia das sanções físicas, em sentido literal tanto quanto em sentido figurado, do preceito indiscutível de que é preciso se submeter. Enquanto não-verdadeira de modo imanente, ela é imprestável para a finalidade que se lhe confia; a psicologia transformada em bagatela pela grande filosofia sabe mais disso do que essa filosofia. A brutalidade exercida contra os homens se reproduz neles; aqueles que são expostos à vergonha não são educados, mas levados à regressão, rebarbarizados. Não há mais como abafar a intelecção própria à psicanálise de que os mecanismos civilizatórios de repressão transformam a libido em agressão anticivilizatória. Aquele que é educado com violência canaliza a própria agressão, na medida em que se identifica com a violência para passá-la adiante e assim se livrar dela; assim, segundo o ideal de cultura da *Filosofia do direito* hegeliana, o sujeito e o objeto são realmente identificados. A cultura que não é cultura alguma não quer por si mesma outra coisa senão que aqueles que caem em seu moinho sejam cultivados. Em uma das passagens mais célebres da *Filosofia do direito*, Hegel se reporta a uma frase atribuída a Pitágoras segundo a qual a melhor maneira de educar eticamente um filho é torná-lo cidadão de um Estado com boas leis.[26] Isso exige um julgamento sobre se o Estado mesmo e suas leis são efetivamente bons. Em Hegel, contudo, a ordem é boa a priori, sem precisar se justificar ante aqueles que vivem sob ela. Ironicamente ratifica-se a sua reminiscência posterior de Aristóteles, a reminiscência de que "a unidade substancial é fim em si, absoluto e imóvel";[27] é imóvel que esse fim se encontra na dialética que deve produzi-lo. Por meio daí, a tese de que no Estado a "liberdade alcança seu direito mais elevado"[28] é desvalorizada e transformada em uma mera afirmação; Hegel cai nessa edificação insípida que ele ainda abominava na *Fenomenologia do espírito*. Ele repete um *topos* do pensamento antigo, proveniente de um estágio no qual a corrente principal e vitoriosa da filosofia, a corrente platônico-aristotélica, se solidarizou com as instituições, opondo-se à fundamentação dessas instituições no processo social; foi só mais tarde que a humanidade descobriu efetivamente a sociedade enquanto o Estado que, mediatizado em si mesmo, aparece para os dominados como dado e imediato. A sentença hegeliana segundo a qual "tudo o que homem é, ele deve ao Estado",[29] um exagero que salta aos olhos, continua arrastando consigo a antiga confusão. O que o levou a essa tese foi o fato de aquela "imobilidade" por ele atribuída à finalidade universal poder ser em verdade predicada da instituição já esclerosada, mas certamente não da sociedade essencialmente dinâmica. O dialético reforça a prerrogativa do Estado de ser subtraído à dialética porque (e nesse ponto ele não estava enganado) essa dialética leva para além da sociedade burguesa.[30] Ele não acredita na dialética como uma força que cura a si mesma e assim coloca em descrédito o seu asseguramento da identidade que se produz dialeticamente.

O fato de a metafísica da reconciliação entre o universal e o particular ter fracassado na construção da realidade efetiva, enquanto filosofia do direito e enquanto filosofia da história, não podia permanecer velado para a necessidade sistemática de Hegel. Ele empenhou-se por mediação. A sua categoria da mediação, o espírito do povo, estende-se até o interior da história empírica. Para os sujeitos individuais, ele seria a figura concreta do universal. Por sua parte, porém, "o espírito do mundo determinado" não seria "senão um indivíduo no curso da história universal",[31] uma individuação de um grau mais elevado e, enquanto tal, autônomo. Precisamente a tese dessa autonomia dos espíritos dos povos legitima em Hegel o domínio violento sobre os homens particulares; e isso de maneira similar à que aconteceu mais tarde com Durkheim por meio das normas coletivas e com Spengler por meio das almas de uma cultura. Quanto mais ricamente um universal recebe as insígnias do sujeito coletivo, tanto mais os sujeitos desaparecem aí sem deixar vestígios. Não obstante, essa categoria da mediação que não é aliás expressamente mediação, mas só desempenha a função de mediação, fica aquém do próprio conceito hegeliano de mediação. Ela não reina na coisa mesma, nem determina de maneira imanente o seu outro, mas funciona como um conceito-ponte, como um meio hipostasiado entre o espírito do mundo e os indivíduos. Hegel interpreta a perecibilidade dos espíritos dos povos, de maneira análoga à perecibilidade dos indivíduos, enquanto a verdadeira vida do universal. Em verdade, porém, perecível é a categoria do povo e do espírito do povo, de maneira alguma apenas as suas manifestações específicas. Também na medida em que os espíritos dos povos que recentemente vieram à tona deveriam continuar a levar adiante a tocha do espírito do mundo hegeliano, eles ameaçam reproduzir a vida do gênero humano ao nível mais baixo. Já em face do universal kantiano de sua época, da humanidade apreensível, a doutrina hegeliana do espírito do povo era reacionária: ela cultivava um elemento que já tinha sido percebido como particular. Sem hesitação, com a categoria enfática dos espíritos dos povos, ele tomou parte no mesmo nacionalismo cujo caráter funesto ele tinha diagnosticado junto aos agitadores das corporações estudantis. Seu conceito de nação, portadora do espírito do mundo em meio à mudança constante, revela-se como um dos invariantes a partir dos quais a obra dialética, paradoxal e, contudo, coerente com o seu aspecto uno, flui. Em Hegel, as constantes não-dialéticas que impõem um desmentido à dialética e sem as quais, porém, não haveria dialética alguma possuem tanta verdade quanto a história como igualdade eterna, como a má infinitude da culpa e da expiação que transcorreu exatamente como Heráclito, testemunha principal de Hegel, já tinha reconhecido em tempos arcaicos e elevado ontologicamente. Mas a nação — como termo e como coisa — é de uma data recente. Depois do ocaso do feudalismo e para a proteção dos interesses burgueses, uma forma de organização centralista precária deveria controlar as associações naturais difusas. Ela acabou por se tornar fetiche porque não poderia integrar de outro modo os homens que necessitam economicamente dessa forma de organização assim como ela não cessa de exercer um poder violento contra eles. Lá onde a unificação da nação, condição prévia de uma sociedade burguesa autoemancipatória, fracassa completamente, na Alemanha, o seu conceito é superestimado e torna-se destrutivo. Para tocar as *gentes*, Hegel mobiliza de maneira adicional lembranças regressivas da raiz étnica arcaica. Como fermentos malévolos, essas lembranças são apropriadas para manter o indivíduo, resultado igualmente frágil e tardio de uma evolução, no estágio inferior onde seu conflito com a universalidade está a ponto de se transformar em crítica racional dessa universalidade: a irracionalidade dos fins da sociedade burguesa quase não teria podido ser estabelecida sem os meios irracionais eficazes. A situação especificamente alemã no começo da era pós-napoleônica pôde dissimular para Hegel o quanto sua doutrina do espírito do povo era anacrônica em comparação com o seu próprio conceito de espírito, de cujo progresso não pode ser separada uma sublimação progressiva, a libertação de uma naturalidade rudimentar. Nele, a doutrina do espírito do povo já era uma consciência falsa, ainda que provocada pela necessidade de unidade administrativa, já era ideologia. Mascarados, acoplados enquanto particularização ao ente dado, os espíritos dos povos são imunes a essa razão cuja memória também é conservada na universalidade do espírito. Segundo o tratado da *Paz perpétua*, os elogios hegelianos à guerra não podem mais se proteger por detrás da ingenuidade relativa a uma falta de experiência histórica. Aquilo que ele elogia como o elemento substancial dos espíritos dos povos, as *mores*, já tinha sido outrora irremediavelmente depravado e transformado naquele conjunto de usos que foram desencavados então na era das ditaduras para multiplicar em nome do Estado a despotencialização dos indivíduos por meio da tendência histórica. Por si só, já o fato de Hegel precisar falar dos espíritos dos povos no plural revela o caráter ultrapassado da pretensa substancialidade desses espíritos. Ela é negada logo que se fala de uma pluralidade de espíritos dos povos, logo que se tem em vista uma internacional das nações. Depois do fascismo, ela reapareceu.

Por meio de sua particularização nacional, o espírito hegeliano não contém mais em si a base material que, enquanto totalidade, ele queria continuar afirmando. No conceito de espírito do povo, um epifenômeno, uma consciência coletiva, um estágio da organização social são contrapostos como essenciais ao processo real de produção e reprodução da sociedade. O fato de o espírito do povo precisar ser realizado, "transformado em um mundo presente", diz Hegel, "é sentido por todos os povos".[32] Hoje é um pouco difícil dizer algo assim e onde se faz com que os povos tenham um tal sentimento, o que se consegue com isso é o mal. Os predicados desse "mundo presente": "religião, culto, hábitos, costumes, arte, constituição, leis políticas e seus atos"[33] também perderam, juntamente com a sua obviedade, aquilo que era considerado por Hegel como a sua substancialidade. Seu preceito de que os indivíduos deveriam "se formar, pôr-se de acordo"[34] com o "ser substancial" de seu povo é um preceito despótico; em Hegel, esse preceito já era incompatível com a hipótese entrementes igualmente ultrapassada, por assim dizer shakespeariana, de que o universal histórico se realiza por meio das paixões e interesses dos indivíduos, por mais que ele não seja mais para eles senão o resultado de um aprendizado, exatamente como o bom senso popular para aqueles que permanecem presos à sua maquinária. A tese hegeliana de que ninguém poderia "saltar por sobre o espírito de seu povo, do mesmo modo que ele não pode saltar por sobre a terra",[35] é provinciana na época dos conflitos telúricos e do potencial de uma organização telúrica do mundo. Em poucas passagens, Hegel precisou pagar tantos tributos à história quanto naquelas em que ele pensa a história. No entanto, ele ainda acrescentou aí outros elementos, relativizando assim por sua parte, em termos histórico-filosóficos, os espíritos dos povos por ele hipostasiados, como se tivesse considerado possível que o espírito do mundo escapasse um dia dos espíritos dos povos e arranjasse espaço para o cosmopolitismo. "Cada novo espírito popular singular é um novo estágio na conquista do espírito do mundo, na aquisição de sua consciência, de sua liberdade. A morte de um espírito popular é uma passagem para a vida, e, em verdade, não apenas como na natureza onde a morte de um chama um outro igual à existência. Ao contrário, o espírito do mundo avança a partir das determinações inferiores em direção aos princípios mais elevados, conceitos de si mesmo, a apresentações mais desenvolvidas de sua ideia."[36] De acordo com isso, permaneceria aberta a ideia de um espírito do mundo a ser "adquirido" que se realiza por meio do ocaso dos espíritos dos povos e que os transcende. A questão é que não se pode mais contar com nenhum progresso da história universal por força de sua passagem de uma nação para outra em uma fase na qual o vencedor não pode mais necessariamente se sentir em um nível superior que não lhe era provavelmente atribuído desde sempre senão porque ele era o vencedor. Com isso, contudo, o consolo quanto ao ocaso dos povos assemelha-se às teorias cíclicas até Spengler. A maneira como a filosofia dispõe sobre a gênese e o perecimento de povos ou culturas inteiras permite que se passe em silêncio pelo fato de o irracional e incompreensível da história ter se tornado óbvio porque as coisas nunca foram diferentes; esse modo de procedimento retira o seu conteúdo do discurso sobre o progresso. Apesar da definição muito conhecida da história, Hegel também não levou a termo nenhuma teoria do progresso. A migração hegeliana do espírito do mundo de um espírito do povo para o outro é a migração dos povos inflada em metafísica; essa migração, porém, algo que se abate sobre os homens, é um protótipo da própria história universal, cuja concepção agostiniana ganhou a era das grandes migrações. A unidade da história universal, da história que anima a filosofia a traçá-la como o curso do espírito do mundo, é a unidade do que se desenrola sobre as nossas cabeças, do terror, imediatamente do antagonismo. Concretamente, Hegel não foi além das nações senão em nome de sua aniquilação que se repetia a perder de vista. O "anel" do Wagner schopenhaueriano é mais hegeliano do que Wagner jamais o pretendeu.

Aquilo que foi atribuído por Hegel de maneira hipertrofiada aos espíritos dos povos enquanto individualidades coletivas é retirado da individualidade, do ser humano individual. Em Hegel, de maneira complementar, a individualidade é colocada ao mesmo tempo muito alto e muito baixo. Muito alto enquanto ideologia dos grandes homens em favor dos quais Hegel conta a piada de salão sobre camareiros e heróis. Quanto mais invisível e alienada é a violência com a qual o universal se impõe, tanto mais imperiosa é a necessidade da consciência de tornar essa violência comensurável. É com isso que os gênios são chamados a contribuir, sobretudo os gênios militares e políticos. É-lhes concedida a publicidade própria à grandeza superior, que se deriva precisamente do sucesso, que deve ser por sua parte esclarecido a partir de qualidades individuais das quais eles são na maior parte das vezes desprovidos. Projeções das nostalgias impotentes de todos, eles funcionam como *imago* de uma liberdade desacorrentada, de uma produtividade sem barreiras, como se essa produtividade pudesse ser realizada constantemente e por toda parte. Em Hegel, um tal excesso ideológico contrasta com um "pouco demais" no domínio do ideal; sua filosofia não tem nenhum interesse em que haja propriamente individualidade. Nesse ponto, a doutrina do espírito do mundo harmoniza-se com a tendência própria a esse espírito. Hegel vislumbrou a ficção do ser-por-si histórico da individualidade tanto quanto de toda imediatidade não-mediatizada e classificou o indivíduo, por causa da teoria que remonta à filosofia da história kantiana sobre a astúcia da razão, como o agente do universal, papel que ele mereceu para além dos séculos. Seguindo uma estrutura corrente de seu pensamento que colocam a nu e revogam ao mesmo tempo a sua concepção de dialética, ele pensava aí como invariante a relação do espírito do mundo e do singular juntamente com a sua mediação; escravo também ele de sua classe que precisa eternizar até mesmo suas categorias dinâmicas para não alcançar a consciência dos limites de sua persistência. O que o conduz é a imagem do indivíduo na sociedade individualista. Essa imagem é adequada na medida em que o princípio da sociedade de troca só se realiza por meio da individuação dos contraentes individuais; ou seja, na medida em que o *principium individuationis** era literalmente o princípio dessa sociedade, seu universal. Ela é inadequada porque, na conexão funcional total que necessita da forma da individuação, os indivíduos são relegados ao papel de meros órgãos de execução do universal. As funções do indivíduo e, com isso, a sua própria constituição variam historicamente. Em comparação com Hegel e com a sua época, o indivíduo caiu a um grau de insignificância que não se podia prever: a aparência de seu ser-por-si desagregou-se tanto aos olhos de todos quanto a especulação hegeliana o tinha demolido de antemão esotericamente. No que diz respeito a isso a paixão, para Hegel tanto quanto para Balzac o motor da individualidade, é exemplar. Para os impotentes, aos quais se prescreve cada vez mais rigorosamente aquilo que é ou não alcançável, a paixão se torna anacrônica. Já Hitler, talhado a partir do modelo burguês por assim dizer clássico do grande homem, parodiou a paixão rolando no chão e mordendo tapetes. Mesmo no âmbito privado, a paixão se torna uma raridade. As transformações bem conhecidas dos modos de comportamento erótico dos jovens indicam a decomposição do indivíduo que não possui mais a força da paixão — a força do eu —, nem necessita dessa força porque a organização social que o integra cuida para que as resistências manifestas sejam afastadas, as resistências junto às quais se inflamava outrora a paixão, e porque em vista disso ela transfere os controles para o interior do indivíduo, que deve se adaptar a qualquer preço.

* Em latim no original: princípio de individuação. (N.T.)

Dessa forma, ele não perdeu, de modo algum, toda função. Exatamente como antes, o processo social de produção conserva, no ato de troca que o suporta, o *principium individuationis*, a livre disposição privada, e, com isso, todos os maus instintos daquele que é prisioneiro de seu próprio eu. O indivíduo sobrevive a si mesmo. É somente em seu resíduo, porém, naquilo que é historicamente condenado, que se encontra o que não se sacrifica à falsa identidade. Sua função é ser sem função; a função do espírito que não está de acordo com o universal e que o representa assim de modo impotente. É somente na medida em que está isento da prática universal que o indivíduo é capaz do pensamento do qual necessitaria uma prática transformadora. Hegel sentiu os vestígios do potencial universal nos seres singularizados: "Os agentes têm em sua atividade metas finitas, interesses particulares; mas eles também são seres cognoscentes e pensantes."[37] A *methexis** de cada indivíduo no universal por meio da consciência pensante — e o indivíduo só é ele mesmo enquanto pensante — já transgride a contingência do particular ante o universal, a contingência sobre a qual se baseia o desprezo hegeliano tanto quanto mais tarde o desprezo coletivista pelo individual. Por meio de experiência e coerência, o indivíduo é capaz de uma verdade do universal que esse, enquanto poder que se impõe cegamente, esconde de si mesmo e dos outros. Segundo o consenso dominante, o universal deveria ter razão por causa de sua mera forma enquanto universalidade. Sendo ela mesma conceito, a universalidade se torna assim aconceitual, hostil à reflexão; a primeira condição da resistência é que o espírito perceba isso nele mesmo e o denomine, começo modesto de uma prática.

Exatamente como antes, os homens, os sujeitos particulares, se encontram sob um encanto. Esse encanto é a figura subjetiva do espírito do mundo, uma figura que intensifica internamente o primado desse espírito sobre o processo exterior da vida. Eles se transformam naquilo contra o que eles não podem nada e que os nega. Eles não precisam mais nem mesmo torná-lo palatável para si mesmos como a instância superior que ele, em face deles, na hierarquia dos graus de universalidade, efetivamente é. Por si mesmos, por assim dizer a priori, eles se comportam de acordo com o inevitável. Apesar de o princípio nominalista os fazer acreditar na singularização, eles agem coletivamente. Até esse ponto, a insistência hegeliana na universalidade do particular é verdadeira: sob a forma invertida de uma singularização impotente e abandonada ao universal, o particular é ditado pelo princípio da universalidade invertida. A doutrina hegeliana da substancialidade do universal no individual apropria-se do encanto subjetivo; aquilo que se apresenta aqui como o metafisicamente mais digno deve uma tal aura antes de tudo à sua opacidade, à sua irracionalidade,

* Do grego: participação. (N.T.)

ao contrário do espírito que, de acordo com a metafísica, ele deveria ser. A base da ausência de liberdade, nos sujeitos ainda para além da sua psicologia que prolonga essa ausência de liberdade, serve ao Estado antagonista que ameaça aniquilar hoje a possibilidade de se transformá-lo a partir dos sujeitos. O expressionismo, forma espontânea e coletiva de reação, registrou convulsivamente algo desse encanto. Nesse ínterim, ele se tornou tão onipresente quanto a divindade cujo lugar ele usurpou. Ele não é mais sentido porque não há mais quase nada e quase ninguém que escape dele ao ponto de deixá-lo aparecer em sua diferença. Não obstante, como nas esculturas de Barlach e na prosa de Kafka, a humanidade continua se arrastando incansavelmente nessa direção, um cortejo sem fim de homens acorrentados uns aos outros que, curvados, não conseguem mais levantar a cabeça sob o peso daquilo que é.[38] O meramente ente, segundo as nobres doutrinas do idealismo o contrário do espírito do mundo, é a sua encarnação e está associado à contingência, à figura da ausência de liberdade sob o encanto.* Por mais que tenha a aparência de estar acima de todos os seres viventes, ele não é provavelmente sem mais idêntico, como gostaria Schopenhauer, ao *principium individuationis* e à sua autoconservação obstinada. O comportamento animal difere do comportamento humano por meio de um elemento coercitivo. Na espécie animal "homem", esse elemento pôde se perpetuar. No entanto, ele se tornou algo qualitativamente diverso. E, em verdade, precisamente por causa da capacidade de reflexão ante a qual o encanto poderia ser aniquilado e que se colocou a seu serviço. Com uma tal inversão de si mesmo, a capacidade de reflexão reforça o encanto e o transforma em mal radical, despido da inocência do mero ser-assim. Na experiência humana, o encanto é o equivalente do caráter de fetiche das mercadorias. Aquilo que se faz por si mesmo torna-se um em si do qual o si próprio não consegue mais sair; na crença dominante nos fatos enquanto tais, em sua aceitação positiva, o sujeito inverte sua imagem refletida. Enquanto encanto, a consciência reificada se tornou total. O fato de ela ser uma consciência falsa é uma promessa da possibilidade de sua suspensão: a

* A doutrina hegeliana da identidade do contingente e do necessário (cf. p.296) guarda o seu conteúdo de verdade para além da construção hegeliana. Sob o aspecto da liberdade, a necessidade permanece heterônoma, por mais que seja prescrita pelo sujeito autônomo. O mundo empírico kantiano que deve se submeter à categoria subjetiva da causalidade está juntamente por meio daí fora da autonomia subjetiva: aquilo que é determinado de maneira causal é ao mesmo tempo absolutamente contingente para o sujeito individual. Porquanto o destino dos homens transcorre no reino da necessidade, ele é cego para eles, algo "acima de suas cabeças", contingente. É precisamente o caráter estritamente determinista das leis econômicas do movimento da sociedade que condena seus membros, caso sua própria determinação seja verdadeiramente apreendida como critério, ao acaso. A lei do valor e a anarquia da produção de mercadorias são uma e a mesma coisa. Por isso, a contingência não é apenas a figura do não-idêntico maltratada pela causalidade; ela mesma coincide também com o princípio de identidade. Esse abriga, como algo meramente posto, imposto à experiência, como algo que não emerge de seu não-idêntico, o acaso em seu ponto mais íntimo.

promessa de que ela não permanecerá aí, de que uma consciência falsa precisa inexoravelmente ir além de si mesma, de que ela não pode manter a última palavra. Quanto mais a sociedade se inclina para a totalidade que se reproduz no encanto dos sujeitos, tanto mais profunda se torna também a sua tendência para a dissociação. Essa tendência tanto ameaça a vida da espécie, quanto desmente o encanto do todo, a falsa identidade entre sujeito e objeto. O universal, que comprime o particular como que por meio de um instrumento de tortura até que ele se desfaz em pedaços, trabalha contra si mesmo porque tem a sua substância na vida do particular; sem ele, o universal se degrada à sua forma abstrata, cindida e extinguível. No *Behemot*, Franz Neumann diagnosticou esse estado de coisas na esfera institucional: o segredo do Estado total fascista é a sua decadência em aparatos de poder independentes e antagônicos. A isso corresponde a antropologia, o quimismo dos homens. Expostos sem resistência ao monstro coletivo, eles perdem a sua identidade. Não é de todo improvável que com isso o encanto se destrua por si mesmo. Aquilo que estaria outrora tentado a negar de maneira falaciosa a estrutura total da sociedade sob o nome do pluralismo recebe a sua verdade de uma tal desintegração que se anuncia; ao mesmo tempo do horror e de uma realidade na qual o encanto explode. *O mal-estar da civilização*, de Freud, possui um conteúdo que só muito dificilmente estava presente para ele; não é apenas na *psyche* dos indivíduos socializados que a pulsão para a agressão se acumula até se tornar um ímpeto abertamente destrutivo, mas a socialização total prepara objetivamente o surgimento de seu termo antagônico, sem que se possa até hoje dizer se este seria a catástrofe ou a libertação. Um esquema involuntário referente a isso foi projetado pelos sistemas filosóficos que, do mesmo modo, com uma unidade crescente, desqualificam seu elemento heterogêneo, quer ele seja chamado de sensação, de não-eu ou de qualquer outra coisa, até transformá-lo naquele elemento caótico, cujo nome Kant utilizava para designar o heterogêneo. Aquilo que se prefere chamar de angústia e que é dignificado como um existencial não passa de uma claustrofobia no mundo: no sistema fechado. Ela perpetua o encanto sob a forma da frieza que reina entre os homens, uma frieza sem a qual a desgraça não poderia se repetir. Quem não é frio torna-se frio (como o assassino torna fria a sua vítima, segundo a figura de linguagem vulgar) e deve se sentir condenado. Com a angústia e o seu fundamento, talvez desaparecesse também a frieza. Na frieza universal, a angústia é a figura necessária da maldição que pesa sobre aqueles que padecem dela.

O que o domínio do princípio de identidade tolera no não-idêntico é por sua vez mediatizado pela coerção à identidade, resto magro depois que a identificação cortou para si sua própria parte. Sob o encanto, aquilo que é diverso e cuja mais mínima adição seria certamente incompatível com esse encanto se transforma ainda em veneno. Enquanto contingente, o resto não-idêntico torna-se por sua vez tão abstrato que se adapta à legalidade da identificação. Essa é a triste verdade da doutrina da unidade de acaso e necessidade que Hegel apresentada como positiva. A substituição da causalidade tradicional pela regra estatística poderia confirmar essa convergência. O ponto comum fatal entre a necessidade e o acaso, porém, um ponto que já Aristóteles atribuía também ao meramente ente, é o destino. Este possui o seu lugar tanto no círculo que o pensamento dominante coloca à sua volta, quanto naquilo que permanece de fora e, abandonado pela razão, adquire uma irracionalidade que converge com a necessidade estabelecida pelo sujeito. O processo de dominação cospe pedaços da natureza subjugada sem os digerir. O fato de o particular não se dissolver filosoficamente na universalidade exige que ele também não se feche na obstinação do acaso. O que ajuda na reconciliação entre o universal e o particular é a reflexão da diferença, não a sua extirpação. O *pathos* hegeliano que atribui ao espírito do mundo a única realidade efetiva, eco celeste de uma gargalhada infernal, prescreve a si mesmo uma tal extirpação. O encanto mítico secularizou-se e se transformou em inteprenetração real e adaptada, sem solução de continuidade. O princípio de realidade ao qual os homens espertos obedecem para sobreviver cativa-os como magia negra; eles são tanto menos capazes e estão tanto menos dispostos a se livrar do fardo porque o mágico dissimula esse peso para eles: eles tomam esse fardo pela vida. Em termos metapsicológicos, o discurso sobre regressão é pertinente. Tudo aquilo que se denomina hoje em dia comunicação, sem qualquer exceção, não é senão o barulho que não nos deixa escutar a mudez dos que estão encantados. As espontaneidades humanas individuais, e em uma larga medida também as supostamente oposicionais, são condenadas à pseudocriatividade; e, potencialmente, à debilidade. Os técnicos da lavagem cerebral e similares praticam de fora a tendência antropológico-imanente que, por sua parte, é com certeza extrinsecamente motivada. A norma histórico-natural da adaptação, uma norma com a qual mesmo Hegel concorda a partir da sabedoria de botequim segundo a qual é preciso quebrar a cara, é, exatamente como em seu caso, o esquema do espírito do mundo concebido como encanto. Talvez a biologia mais recente projete a experiência desse encanto, tabu entre os homens, sobre os animais, a fim de desonerar os homens que os maltratam; a ontologia dos animais imita a animalidade arcaica dos homens, constantemente reconquistada uma vez mais como posse. Também nessa medida, mas de um modo diverso do que Hegel queria, o espírito do mundo é sua própria contradição. O que há de animalizado na razão autoconservadora expulsa o espírito da espécie que o venera. Por isso, em todos os seus níveis, a metafísica do espírito hegeliana já está próxima da hostilidade ao espírito. Assim como na sociedade inconsciente a violência mítica do natural se reproduz e se amplia, as categorias da consciência que essa violência produz — e isso até as categorias mais esclarecidas — estão sob o encanto e se tornam obnubilamento. A sociedade e o indivíduo harmonizam-se aí mais do que nunca. Com a sociedade, a ideologia progrediu a tal ponto que ela não é mais ilusão socialmente necessária e autonomia como sempre frágil, mas simplesmente como cimento: identidade falsa entre o sujeito e o objeto. Por causa do próprio princípio de individuação, da circunscrição monótona de todo indivíduo ao interesse particular, os indivíduos, antigo substrato da psicologia, também são iguais uns aos outros e reagem consequentemente à universalidade abstrata dominante como se ela fosse coisa sua. Esse é o *a priori* formal dessa universalidade. Inversamente, o universal ao qual se curvam sem sequer perceberem mais é talhado de tal modo à sua medida, apela tão pouco àquilo que neles não é igual a ele, que eles se acorrentam de maneira livre, fácil e alegre. Tal como um recipiente, a ideologia atual acolhe a psicologia dos indivíduos sempre já mediatizada pelo universal, do mesmo modo que incessantemente reproduz nos indivíduos o universal. Encanto e ideologia são a mesma coisa. O *sese conservare** espinosista, a autoconservação, é verdadeiramente a lei natural de todo vivente. Ela tem por conteúdo a tautologia da identidade: deve ser aquilo que sem mais já é; a vontade retorna àquele que quer; de um mero meio de si mesmo, ela se torna fim. Essa virada é já aquela que leva à falsa consciência; se o leão tivesse uma tal consciência, então a sua fúria contra o antílope que ele quer devorar seria ideologia. O conceito de fim ao qual a razão se alça em virtude de uma autoconservação consequente teria de se emancipar do ídolo do espelho. O fim seria o que é diverso do meio, do sujeito. Isso, contudo, é obscurecido pela autoconservação; ela fixa os meios como fins que não se legitimam ante razão alguma. Quanto mais amplamente crescem as forças produtivas, tanto mais a perpetuação da vida concebida como seu próprio fim perde a sua obviedade. Degenerescência da natureza, essa finalidade própria se torna em si mesma questionável, enquanto nela amadurece a possibilidade de algo diverso. A vida prepara-se para se tornar o meio desse algo diverso, por mais indeterminado e desconhecido que ele possa ser. Sua organização heterônoma, porém, o inibe cada vez mais. Como a autoconservação foi desde sempre difícil e precária, as pulsões egóicas, seu instrumento, possuem uma força quase irresistível, mesmo depois que, por meio da técnica, a autoconservação se tornou virtualmente fácil, uma força maior do que as pulsões objetivas: foi isso que Freud, o especialista nessas pulsões, desconheceu. Supérfluo em vista do estado das forças produtivas, o esforço torna-se objetivamente irracional, e, por isso, o encanto torna-se metafísica realmente dominante. O estágio atual de fetichização dos meios enquanto fins na tecnologia aponta para a vitória dessa tendência até o contrassenso manifesto: a lógica da história faz surgir, sem os modificar,

---

* Em latim no original: conserva-te a ti mesmo. (N.T.)

modos de comportamento que, por mais que tenham sido outrora racionais, são ultrapassados. Ela não é mais lógica.

Em termos idealistas, Hegel formula: "A subjetividade é ela mesma a forma absoluta e a realidade efetiva existente da substância. A diferença entre o sujeito e a substância enquanto seu objeto, seu fim, seu poder é apenas uma diferença na forma, uma diferença que, porém, também desaparece imediatamente."[39] A subjetividade, que mesmo em Hegel é o universal e a identidade total, é divinizada. Com isso, porém, o contrário também é alcançado: a intelecção da subjetividade como uma objetividade se manifestando. A construção do sujeito-objeto possui uma duplicidade insondável. Ela não se contenta em falsificar ideologicamente o objeto e em transformá-lo no ato livre do sujeito absoluto, mas também reconhece no sujeito o elemento objetivo que se apresenta e com isso restringe anti-ideologicamente o sujeito. A subjetividade enquanto realidade efetiva existente da substância reclama, em verdade, o primado. Todavia, enquanto sujeito "existente" e exteriorizado, ela seria tanto objetividade quanto fenômeno. Isso também precisaria, porém, afetar a relação da subjetividade com os indivíduos concretos. Se a objetividade é para eles imanente e está em obra neles; se ela aparece verdadeiramente neles, então a individualidade dessa forma ligada à essência é muito mais substancial do que onde ela é apenas subordinada à essência. Hegel silencia ante uma tal consequência. Aquele que procura liquidar o conceito kantiano abstrato de forma arrasta consigo a dicotomia kantiana e fichtiana entre o sujeito — transcendental — e o indivíduo — empírico. A falta de determinação concreta do conceito de subjetividade é desfrutada como a vantagem da objetividade superior de um sujeito purificado da contingência; isso facilita a identificação entre sujeito e objeto à custa do particular. Nesse ponto, Hegel segue o que é usual no idealismo como um todo. Ao mesmo tempo, porém, ele soterra com isso a sua afirmação da identidade entre liberdade e necessidade. O substrato da liberdade, o sujeito, está tão distanciado dos homens existentes e viventes em virtude de sua hipóstase enquanto espírito que a liberdade na necessidade não lhes serve mais para nada. A linguagem hegeliana traz isso à luz: "Na medida em que o Estado, a terra pátria, constitui um elemento comum da existência e em que a vontade subjetiva do homem se submete às leis, desaparece a contradição entre liberdade e necessidade."[40] Nenhuma técnica de interpretação poderia contestar o fato de a palavra "submissão" designar o contrário de liberdade. A suposta síntese da liberdade com a necessidade curva-se à necessidade e se autocontradiz.

A filosofia hegeliana abre violentamente a perspectiva da perda que em si mesma continha a ascensão da individualidade no século XIX até o cerne do século XX: uma perda de imperatividade, dessa força para o universal por meio da qual apenas a individualidade chegaria a si mesma. A decadência da individualidade, uma decadência que nesse ínterim se tornou evidente, está associada com uma tal perda; o indivíduo que se desdobra e diferencia, na medida em que se separa energicamente do universal, está ameaçado de regredir por meio daí à contingência que Hegel lhe imputa. O Hegel restaurador, porém, negligencia nesse caso a lógica e a coerção no progresso da própria individuação em favor de um ideal oriundo de máximas gregas, tanto quanto, preludiando a mais malévola reação alemã do século XX, as forças que só chegam à maturidade com a desagregação da individualidade.[41] Assim também ele não faz justiça à sua própria dialética. O fato de o universal não ser nada meramente colocado sobre a individualidade, mas ser a sua substância interna, não pode ser reduzido à sabedoria universal daquilo que há de englobante na eticidade humana vigente, mas precisaria ser sentido no centro dos modos de comportamento individuais, sobretudo no caráter; naquela psicologia que Hegel, em total acordo com o preconceito, tacha como contigente e que Freud em seguida refutou. Com certeza, o antipsicologismo hegeliano leva a termo a descoberta da anterioridade empírica do universal social que Durkheim enunciou mais tarde com toda a força, sem ser tocado pela reflexão dialética.[42] A psicologia, aparentemente oposta ao universal, cede a ele sob pressão, até o cerne das células da interiorização, e é nessa medida um *constitutum* real.[43] Não obstante, tanto o objetivismo dialético quanto o objetivismo positivista são ao mesmo tempo míopes em relação à psicologia e superiores a ela. Na medida em que é objetivamente inadequada aos indivíduos, a objetividade dominante só se realiza por meio e através dos indivíduos, psicologicamente. A psicanálise freudiana não contribui tanto para tecer a aparência de individualidade. Ao contrário, ela destrói essa aparência de uma maneira fundamental, só comparável com a empreendida pelo conceito filosófico e social. Se, de acordo com a teoria do inconsciente, o indivíduo se atrofia e se torna um mísero conjunto de constantes e conflitos que se repetem, isso se dá porque essa teoria, em seu desprezo pelo homem, se desinteressa do eu concretamente desenvolvido. No entanto, isso também faz com que se recorde a precariedade de suas determinações ante as determinações do isso e, daí, de sua essência magra e efêmera. A teoria do eu tomada como a suma conceitual de mecanismos de defesa e de racionalizações é dirigida contra a mesma *hybris* do indivíduo senhor de si, contra o indivíduo como ideologia — uma *hybris* que foi demolida por teorias mais radicais da supremacia do elemento objetivo. Quem, a fim de escapar da objeção de que não sabe o que quer, pinta para si um estado de coisas justo, não pode abstrair dessa supremacia que se abate mesmo sobre ele. Se sua própria fantasia permitisse imaginar tudo radicalmente transformado, essa fantasia mesma permaneceria ainda acorrentada àquele que imagina e tudo daria errado. No Estado de liberdade, mesmo o homem mais crítico possível seria totalmente diverso, exatamente como aqueles para os quais ele deseja a transformação. Para os cidadãos de um mundo falso, um mundo justo seria bem provavelmente insuportável: ele seria por demais mutilado para eles. Eis o que deveria inserir um pouco de tolerância, no cerne mesmo de sua resistência, à consciência dos intelectuais que não simpatizam com o espírito do mundo. Quem não se deixa enganar quando o que está em questão é diferença e crítica não está por isso autorizado a se colocar na posição de juiz. Por toda a parte no mundo, independentemente do sistema político vigente, uma tal adição de ternura seria proscrita como decadente. A aporia estende-se também ao conceito teleológico de uma felicidade da humanidade que seria a felicidade do indivíduo; a fixação da própria necessidade e da própria nostalgia desfigura a ideia de uma felicidade que só surgiria onde a categoria do indivíduo não se fechasse mais em si mesma. A felicidade não é nada invariante, apenas a felicidade o é, a infelicidade que possui sua essência na perpetuação do igual. Aquilo que o todo existente ora tolera, ora consente na felicidade porta de antemão as marcas da própria particularidade.[44] Até hoje, toda felicidade promete o que ainda não se deu e a crença em sua imediatidade mostra-se como um obstáculo para que isso venha a acontecer. Um tal fato confere mais verdade a certas formulações hostis à felicidade presentes na *Filosofia da história* hegeliana do que seria possível pensar nesse contexto: "... chama-se feliz aquele que se acha em harmonia consigo mesmo. Também se pode adotar o ponto de vista da felicidade na consideração da história; mas a história não é o terreno da felicidade. Na história, os tempos de felicidade são páginas em branco. Com certeza, também existe satisfação na história; mas essa satisfação não é o mesmo que chamamos felicidade: pois trata-se aqui de uma satisfação que se encontra para além dos interesses particulares. Os fins que possuem significação para a história universal precisam ser fixados com energia por meio de um querer abstrato. Os indivíduos da história universal que perseguiram tais fins certamente se satisfizeram, mas não quiseram ser felizes."[45] Com certeza não, mas a sua renúncia, da qual mesmo Zaratustra ainda se declara partidário, expressa a insuficiência da felicidade individual em face da utopia. A felicidade não seria senão a redenção da particularidade enquanto princípio universal, irreconciliável com a felicidade humana individual aqui e agora. No entanto, o caráter repressivo da posição hegeliana ante a felicidade não consiste em tratá-la, segundo o seu modo habitual, como uma *quantité négligeable* a partir de um ponto de vista supostamente mais elevado. Por mais profundamente que ele corrija o próprio otimismo histórico com a frase "a história não é o terreno da felicidade", ele comete um sacrilégio quando busca estabelecer essa frase como ideia para além da felicidade. Em parte alguma o esteticismo latente daquele para o qual a realidade efetiva não pode ser suficientemente real é tão flagrante quanto aqui.[46] Se os tempos de felicidade devem ser páginas em branco — aliás, uma afirmação duvidosa em face dos períodos em certa medida felizes da humanidade, períodos tais como o século XIX europeu que não carecia, contudo, de dinâmica histórica —, então a metáfora de um livro no qual os grandes atos são inscritos aponta para um conceito de história universal irrefletidamente tomado de empréstimo à cultura convencional, um conceito da história universal enquanto história daquilo que é grandioso. Aquele que se embriaga como espectador com batalhas, revoluções e catástrofes silencia quanto a se a libertação, da qual ele fala de modo burguês, não deveria se libertar dessas categorias. Marx tinha isso em mente: ele designou a esfera da grandeza erigida como objeto de contemplação, a esfera da grandeza política, como ideologia e como algo efêmero. A posição do pensamento em relação à felicidade seria a negação de toda falsa felicidade. Opondo-se brutalmente à concepção por toda parte reinante, ela postula a ideia da objetividade da felicidade, tal como essa foi concebida negativamente na doutrina kierkegaardiana do desespero objetivo.

A objetividade da vida histórica é a objetividade da história natural. Foi isso que Marx reconheceu contra Hegel, e, em verdade, rigorosamente em conexão com o universal que se realiza sobre a cabeça dos homens: "Mesmo quando uma sociedade está a caminho de descobrir a lei natural de seu movimento — e a meta derradeira dessa obra é desvelar a lei econômica do movimento da sociedade moderna —, ela não pode nem ultrapassar com um salto, nem eliminar por decreto as fases de desenvolvimento conformes à sua natureza... Eu de modo algum pinto o capitalista e o proprietário de terras com tons pastéis. Mas não se trata aqui de pessoas senão na medida em que elas são a personificação de categorias econômicas, os suportes de determinadas relações de classe e de determinados interesses. Meu ponto de vista, segundo o qual o desenvolvimento da formação econômica da sociedade poder ser concebido como um processo histórico-natural, é menos adequado do que qualquer outro para responsabilizar o indivíduo por relações ante as quais ele permanece socialmente criatura, por mais que o indivíduo possa se alçar subjetivamente acima delas."[47] O que se tem em vista aqui não é certamente o conceito antropológico de natureza de Feuerbach, um conceito contra o qual Marx acentuou o materialismo dialético, no sentido de uma retomada de Hegel contra os hegelianos de esquerda.[48] A assim chamada lei da natureza, que, contudo, não seria senão uma lei da sociedade capitalista, é por isso denominada por Marx uma mistificação: "Portanto, a lei da acumulação capitalista, mistificada e transformada em lei da natureza, expressa efetivamente o fato de a natureza dessa acumulação excluir toda diminuição do grau de exploração do trabalho ou todo aumento do preço do trabalho que poderia colocar seriamente em risco a reprodução constante da relação de capital e a sua reprodução sobre uma escala incessantemente ampliada. As coisas não podem ser diversas em um modo de produção no qual o trabalhador existe para servir às necessidades de valorização dos valores subsistentes, ao invés de, inversamente, a riqueza objetiva existir para servir às necessidades de desenvolvimento do trabalhador."[49] Essa lei é natural por causa de seu caráter de inevitabilidade sob as relações dominantes de produção. A ideologia não se sobrepõe ao ser social como uma camada destacável, mas mora no ponto mais íntimo do ser social. Ela se funda na abstração que contribui essencialmente com o processo de troca. Sem se abstrair dos homens viventes, não seria possível trocar. Até hoje, no processo real da vida, isso implica necessariamente uma ilusão social. O cerne dessa ilusão é o valor enquanto coisa em si, enquanto "natureza". A bruta naturalidade da sociedade capitalista é real e ao mesmo tempo uma tal ilusão. O tema mais forte de toda a teoria marxista, o tema da supressibilidade dessas leis, fala a favor do fato de não se dever tomar ao pé da letra a suposição de leis naturais, muito menos ontologizá-la no sentido de um projeto do que chamamos homem, como quer que esse projeto venha a ser configurado. No momento em que começasse o reino da liberdade, elas não valeriam mais. Por meio da mobilização da filosofia da história hegeliana, a distinção kantiana entre um reino da liberdade e um reino da necessidade é transferida para a sucessão das fases. Somente uma inversão dos temas marxistas tal como a realizada pelo Diamat que prolonga o reino da necessidade com a asserção de que ele seria o reino da liberdade poderia decair ao ponto de falsear o conceito marxista polêmico da legalidade natural a partir de uma construção da história natural, transformando-o em uma doutrina cientificista de invariantes. Por meio disso, porém, o discurso marxista sobre a história natural não perde nada de seu conteúdo veritativo, que é justamente o seu conteúdo crítico. Hegel ainda se contentava com um sujeito transcendental personificado para o qual certamente o sujeito já começava a se dissipar. Marx não denuncia apenas a transfiguração hegeliana, mas também o estado de coisas que lhe é correspondente. A história humana, a história do domínio progressivo da natureza, dá prosseguimento à história inconsciente da natureza, do devorar e do ser devorado. Ironicamente, Marx era um darwinista social: o que os darwinistas sociais elogiavam e os princípios segundo os quais eles têm um grande desejo de agir são para ele a negatividade na qual desperta a possibilidade de sua suspensão. Uma passagem do *Contribuição à crítica da economia política* não deixa nenhuma dúvida quanto à essência crítica de sua concepção da história natural: "Por mais que o todo desse movimento apareça agora como processo social e por mais que os momentos singulares desse movimento partam da vontade consciente e das finalidades particulares dos indivíduos, a totalidade do processo sempre se mostra como uma conexão objetiva que emerge naturalmente; ainda que provenha da interação entre os indivíduos conscientes, essa conexão não reside em sua consciência, nem é subsumida a ela enquanto um todo."[50] Um tal conceito social de natureza possui a sua própria dialética. A legalidade natural da sociedade é ideologia na medida em que é hipostasiada como um dado natural imutável. A legalidade natural, porém, é real enquanto lei do movimento da sociedade inconsciente, tal como essa lei é perseguida em *O Capital* desde a análise da forma da mercadoria até a teoria do colapso em uma fenomenologia do antiespírito. A mudança das formas econômicas a cada vez constitutivas realizou-se do mesmo modo que a mudança das espécies animais que surgiram e se extinguiram para além de milhões de anos. Os "caprichos teológicos da mercadoria" no capítulo sobre o fetiche são um escárnio ante a falsa consciência que, para os contraentes, reflete a relação social do valor de troca enquanto propriedade das coisas em si. Mas esses caprichos são tão verdadeiros quanto a prática de um culto sangrento era efetivamente exercitada outrora. Pois as formas constitutivas de socialização — uma dentre elas é essa mistificação — afirmam a sua supremacia incondicionada sobre os homens como se fossem providência divina. A frase sobre as teorias que se tornariam uma violência real se fossem apropriadas pelas massas já é válida para as estruturas que antecedem toda consciência falsa e que asseguram até hoje à supremacia social a sua aura irracional, o seu caráter de tabu persistente, de encanto arcaico. Algo desse caráter foi intuído por Hegel: "De uma maneira geral, é absolutamente necessário que a constituição, apesar de ela ter vindo a ser no tempo, não seja considerada como algo feito; pois ela é muito mais o pura e simplesmente em si e por si que, por isso, precisa ser concebido como o divino e perdurável e como aquilo que se acha para além da esfera do que é feito."[51] Com isso, Hegel estende o conceito do que é φύσει até aquilo que outrora definia o contraconceito θέσει. A "constituição", o nome do mundo histórico, que media toda imediatidade da natureza, determina inversamente a esfera da mediação, mesmo a mediação histórica, enquanto natureza. A virada hegeliana baseia-se na polêmica de Montesquieu contra as teorias contratualistas do Estado outrora em voga que, tal como no pensamento antigo, eram alheias à história: as instituições do direito público não foram criadas por nenhum ato de vontade consciente dos sujeitos. O espírito enquanto segunda natureza, no entanto, é a negação do espírito, e, em verdade, tanto mais fundamentalmente, quanto mais a sua autoconsciência se recusa a ver a sua própria naturalidade. Isso se consuma em Hegel. O seu espírito do mundo é a ideologia da história natural. Para ele, a história natural chama-se espírito do mundo por força de sua violência. O domínio torna-se absoluto, ele se projeta sobre o ser mesmo que se mostra aí como espírito. A história, porém, a explicação de algo que ela já deve ter sido desde sempre, adquire a qualidade do a-histórico. Em meio à história, Hegel toma o partido daquilo que ela possui de imutável, da perpetuação do igual, da identidade do processo para a qual a totalidade seria salva. É preciso acusá-lo sem qualquer metáfora de uma mitologia da história. Com as palavras "espírito" e "reconciliação", ele traveste o mito sufocante: "Aquilo que possui a natureza do contingente reencontra sempre o contingente e é esse destino justamente que constitui a necessidade, tal como em geral o conceito e a filosofia fazem com que desapareça o ponto de vista da mera contingência e nessa reconhecem, enquanto aparência, a sua essência, a necessidade. É preciso que o finito, a propriedade e a vida sejam estabelecidos como algo contingente, porque isso constitui o conceito do finito. Essa necessidade possui, por um lado, a figura de uma força natural, e todo finito é mortal e perecível."[52] Os mitos ocidentais da natureza não ensinaram nada diverso aos homens. Por um automatismo em relação ao qual a filosofia do espírito não pode nada, Hegel cita a natureza e a violência da natureza como modelos da história. No entanto, esses modelos se afirmam na filosofia porque o espírito posicionador da identidade é idêntico ao encanto da natureza cega pelo fato de negá-lo. Olhando para o abismo, Hegel percebeu a ação principal histórica-universal, a ação do Estado, como segunda natureza, mas analteceu aí, em uma cumplicidade infame com ela, a primeira natureza. "Em geral, o solo do direito é efetivamente o elemento espiritual, mas a sua posição mais próxima e o seu ponto de partida são a vontade que é livre, de tal modo que a liberdade constitui a sua substância e determinação, e o sistema do direito é o reino da liberdade efetivamente realizada, o mundo do espírito que esse produz a partir de si mesmo, como uma segunda natureza."[53] Todavia, a segunda natureza, que foi retomada pela primeira vez filosoficamente na *Teoria do romance* de Lukács,[54] permanece o negativo do que poderia ser pensado de algum modo como primeira natureza. Aquilo que não é verdadeiramente produzido senão θέσει, senão pelos indivíduos, ao menos no contexto funcional que eles formam, alcança para si o que é considerado pela consciência burguesa como natureza e natural. Nada daquilo que seria no exterior continua aparecendo para essa consciência; em certo sentido, não há mais mesmo efetivamente nada fora, nada que não tenha sido tocado pela mediação total. É por isso que o que é preso torna-se a sua própria alteridade: fenômeno originário do idealismo. Quanto mais inexoravelmente a socialização de todos os momentos se apodera da imediatidade humana e inter-humana, tanto mais impossível passa a ser lembrar que esse entretecimento veio a ser; tanto mais irresistível se transforma a aparência de natureza. Com o distanciamento da história da humanidade ante a natureza, essa aparência ao mesmo tempo se reforça: a natureza transforma-se em uma alegoria irresistível do aprisionamento. O jovem Marx expressou o entrelaçamento incessante desses dois momentos com uma força extrema que deve irritar os materialistas dogmáticos: "Nós só conhecemos uma única ciência: a ciência da história. A história pode ser considerada a partir de dois pontos de vista: ela pode ser dividida na história da natureza e na história da humanidade. No entanto, esses dois ângulos não podem ser cindidos um do outro; porquanto os homens existem, a história da natureza e a história dos homens se condicionam reciprocamente."[55] A antítese tradicional entre natureza e história é verdadeira e falsa; verdadeira na medida em que enuncia o que acontece com o momento natural; falsa na medida em que repete apologeticamente o encobrimento da naturalidade da história por meio dessa história mesma graças à sua construção conceitual a posteriori.

Na diferenciação entre natureza e história exprimiu-se ao mesmo tempo de maneira irrefletida essa divisão do trabalho que sem escrúpulos projeta sobre os objetos a diferenciação inevitável dos métodos científicos. No conceito a-histórico de história que a metafísica falsamente ressuscitada cultiva naquilo que ela denomina historicidade, seria preciso apresentar o acordo do pensamento ontológico com o pensamento naturalista do qual esse pensamento ontológico procura se distinguir de maneira febril. Se a história transforma-se na estrutura ontológica fundamental do ente ou mesmo na *qualitas occulta** do próprio ser, isso acontece porque, transformação considerada como algo imutável, a história é imitada a partir da religião irremediável da natureza. Isso permite então transportar à vontade o que é historicamente determinado para o cerne de invariantes e encobrir filosoficamente a visão vulgar para a qual as relações históricas se apresentam na época mais recente como naturais, tal como outrora elas se apresentavam como desejadas por Deus: uma das tentações de essencializar o ente. A pretensão ontológica de estar acima da divergência entre natureza e história é um abuso de confiança. A historicidade abstraída do que existe historicamente passa por cima da dor de uma antítese entre natureza e história que por sua vez não pode ser ontologizada. Também nesse ponto, a nova ontologia é criptoidealista, ela relaciona uma vez mais o não-idêntico com a identidade, afastando tudo aquilo que de algum modo se opõe ao conceito por meio da suposição do conceito de historicidade como aquilo que, no lugar da própria história, suporta a história. Mas a ontologia é impelida a se transformar em um procedimento ideológico, na reconciliação no espírito; e isso porque o procedimento real fracassou. A contingência histórica e o conceito refutam-se mutuamente de maneira cada vez mais impiedosa, quanto menos eles se acham imbricados um no outro. O acaso é o destino histórico do indivíduo, sem sentido porque o próprio processo histórico permaneceu sendo um processo de usurpação do sentido. Não menos ilusória é já a questão de saber se a natureza se mostra como o elemento absolutamente primeiro, como algo pura e simplesmente imediato

* Em latim no original: qualidade oculta. (N.T.)

em face de suas mediações. Ela representa aquilo que ela persegue sob a forma hierárquica do juízo analítico cujas premissas governam tudo o que segue e repete assim o obnubilamento do qual ela gostaria de escapar. Uma vez posta, a diferença entre θέσει e φύσει pode ser diluída, mas não pode ser suspensa pela reflexão. De maneira irrefletida, essa bipartição certamente atribuiu ao processo histórico essencial o papel inofensivo de um mero ingrediente e também auxiliou, por sua vez, a entronização do que não veio a ser enquanto essência. Ao invés disso, cabe ao pensamento ver toda natureza e tudo aquilo que viesse a se instalar como tal enquanto história e toda história enquanto natureza: seria preciso "compreender o próprio ser histórico em sua determinidade histórica extrema, no âmbito em que ele é o mais histórico possível, como um ser natural, ou compreender a natureza, no âmbito em que ela persiste em si aparentemente da maneira mais profunda, como um ser histórico".[56] O momento, porém, em que a natureza e a história se tornam mutuamente comensuráveis é o momento da ruinância*; Benjamin reconheceu isso de maneira central em *A origem do drama barroco alemão*. Para os poetas barrocos, assim se encontra formulado lá, a natureza se apresentaria "como a eterna ruinância, na qual somente o olhar satúrnico daquela geração reconheceria a história".[57] Não apenas o olhar de sua geração: a história natural continua sendo sempre o cânone para a interpretação histórico-filosófica: "Quando a história entra em cena juntamente com o drama, ela o faz como escrita. Sobre a face da natureza, a 'história' está escrita com os sinais próprios à ruinância. A fisionomia alegórica da história-natureza que é colocada em cena por meio do drama está realmente presente como ruína."[58] Essa é a transmutação da metafísica em história. Essa transmutação seculariza a metafísica na categoria pura e simplesmente secular, na categoria da decadência. A filosofia interpreta esses sinais escritos, a advertência fatídica incessantemente renovada, em seus mínimos detalhes, nos fragmentos que a decadência cunha e que portam significações objetivas. Nenhuma memória da transcendência é mais possível, a não ser por força da ruinância; a eternidade não aparece enquanto tal, mas é quebrada através das coisas mais efêmeras. Se a metafísica hegeliana equipara de maneira transfiguradora a vida do absoluto com a totalidade da ruinância de todas as coisas finitas, ela ao mesmo tempo lança o seu olhar um pouco para além do encanto mítico que ela recolhe e reforça.

* Adorno retoma aqui um neologismo utilizado por Walter Benjamin em *A origem do drama barroco alemão*: o termo alemão *Vergängnis*. Esse termo é formado a partir do verbo *vergehen*, que significa "passar", "perecer", "desvanecer", e que forma, entre outros, o substantivo *Vergangenheit* (passado). Na construção do neologismo, o momento ativo do passar é realçado. Por isso, optamos pelo substantivo "ruinância". (N.T.)

3. MEDITAÇÕES SOBRE A METAFÍSICA

I

Não é mais possível afirmar que o imutável é a verdade e que aquilo que é movido, perecível, é a aparência, ou seja, não é mais possível afirmar a indiferença recíproca entre o temporal e as ideias eternas; e isso nem mesmo seguindo a explicação hegeliana audaciosa de que o ser-aí temporal serve ao eterno em virtude da aniquilação inerente ao seu conceito, um eterno que se apresenta na eternidade da aniquilação. Um dos impulsos míticos que se secularizaram na dialética foi a doutrina da relevância do intramundano, do histórico para aquilo que a metafísica tradicional destacou como transcendência, ou ao menos, de modo menos gnóstico e radical, para a posição da consciência em relação às questões que o cânone da filosofia atribui à metafísica. A sensação de que, depois de Auschwitz, comete-se uma injustiça contra as vítimas com toda afirmação de positividade da existência, uma afirmação que não passa de um falatório, com toda tentativa de arrancar de seu destino um sentido qualquer por mais exíguo que seja, possui o seu momento objetivo depois dos acontecimentos que condenam ao escárnio a construção de um sentido da imanência que emane de uma transcendência positivamente posicionada. Uma tal construção afirmaria a negatividade absoluta e contribuiria ideologicamente para a sobrevivência que reside sem mais realmente no princípio da sociedade existente até a sua autodestruição. O terremoto de Lisboa foi suficiente para curar Voltaire da teodiceia leibniziana, e a catástrofe visualizável da primeira natureza foi insignificante comparada à segunda catástrofe, a catástrofe social que se subtrai à imaginação humana, na medida em que preparou o inferno real a partir do mal no homem. A faculdade metafísica é paralisada porque o que aconteceu destruiu para o pensamento metafísico especulativo a base de sua unificabilidade com a experiência. Uma vez mais triunfa de maneira indizível o tema dialético da conversão da quantidade em qualidade. Com a administração do massacre de milhões, a morte tornou-se algo que antes nunca fora necessário temer dessa forma. Não há mais nenhuma possibilidade de que ela se insira na experiência vivida do indivíduo como algo em uma harmonia qualquer com o curso de sua vida. O indivíduo é que é desapropriado da última coisa que lhe restava e daquilo que há de mais miserável. O fato de não terem sido mais os indivíduos que morreram nos campos de concentração, mas espécimes, também precisa afetar o modo de morrer daqueles que escaparam dessas medidas. O genocídio é a integração absoluta que se prepara por toda parte onde os homens são igualados, aprumados, como se costuma dizer em linguagem militar, até que as pessoas literalmente os exterminam, desvios do conceito de sua perfeita nulidade. Auschwitz confirma o filosofema da pura identidade como morte. A fórmula mais exposta no *Fim de jogo* de Beckett, segundo a qual não haveria mais muito a temer, reage a uma prática que forneceu a sua primeira prova nos campos de concentração. Além disso, no conceito outrora louvável dessa prática já se vislumbrava teleologicamente a aniquilação do não-idêntico. A negatividade absoluta é previsível, não espanta mais ninguém. O temor estava vinculado ao *principium individuationis* da autoconservação, que, em sintonia com sua consequência, elimina-se. O que os sádicos diziam às suas vítimas nos campos de concentração, "Amanhã você vai sair como fumaça por essa chaminé e ser mover em espirais em direção ao céu", designa a indiferença da vida de todo indivíduo, uma indiferença para a qual se dirige a história: já em sua liberdade formal, o indivíduo é tão cambiável e substituível quanto sob os pontapés dos exterminadores. No entanto, na medida em que o indivíduo, no mundo cuja lei é a vantagem individual universal, não possui outra coisa senão esse si próprio que se tornou indiferente, a realização da tendência já há muito familiar é ao mesmo tempo o que há de mais terrível; não há nada que conduza para fora daí, assim como não há nada que conduza para fora das cercas de arame farpado eletrificadas dos campos de concentração. O sofrimento perenizante tem tanto direito à expressão quanto o martirizado tem de berrar; por isso, é bem provável que tenha sido falso afirmar que depois de Auschwitz não é mais possível escrever nenhum poema. Todavia, não é falsa a questão menos cultural de saber se ainda é possível viver depois de Auschwitz, se aquele que por acaso escapou quando deveria ter sido assassinado tem plenamente o direito à vida. Sua sobrevivência necessita já daquela frieza que é o princípio fundamental da subjetividade burguesa e sem a qual Auschwitz não teria sido possível: culpa drástica daquele que foi poupado. Em revanche, ele é visitado por sonhos tal como o de não estar mais absolutamente vivo, mas de ter sido envenenado com gás em 1944, e de depois disso não conduzir coerentemente toda a sua existência senão a partir da pura imaginação, emanação do louco desejo de alguém há vinte anos assassinado.

Não é raro acontecer de homens reflexivos e artistas registrarem uma sensação de não estarem completamente presentes, de não tomarem parte no jogo; como se eles não fossem de modo algum eles mesmos, mas uma espécie de espectador. Isso choca os outros em muitos aspectos; Kierkegaard fundou nesse ponto a sua polêmica contra a esfera por ele chamada de estética. Não obstante, a crítica ao personalismo filosófico fala a favor de que essa posição em relação ao imediato, uma posição que desmente toda postura existencial, adquira sua verdade objetiva em um momento que conduz para além do obscurecimento do motivo da autoconservação. Na expressão "isso não é de modo algum tão importante" que com certeza adora se associar à frieza burguesa, o indivíduo ainda pode se aperceber sem angústia da nulidade da existência. O desumano aí, a capacidade de se distanciar e de se elevar transformando-se em espectador, é por fim justamente o humano contra o qual são hostis seus ideólogos. Não é sem toda plausibilidade que se pode afirmar o fato de essa parte que se comporta assim ser a parte imortal. A cena na qual Shaw, no caminho para o teatro, apresenta a sua identidade a um mendigo e, como ele estava com pressa, acrescenta "imprensa", esconde sob o cinismo uma consciência desse fato. Isso contribuiria para explicar um estado de coisas que espantava Schopenhauer: o fato de em face da morte, não apenas dos outros, mas também de nós mesmos, os afetos serem frequentemente tão fracos. Certamente, os homens encontram-se sem exceção sob encanto, ninguém é já capaz do amor, e, por isso, cada um se sente muito pouco amado. Mas a atitude de espectador expressa ao mesmo tempo a dúvida acerca de como tudo isso pode afinal existir, uma vez que, apesar de tudo, o sujeito, tão importante para si mesmo em sua cegueira, não possui outra coisa senão essa indigência e esse caráter efêmero próprio ao animal em todas as suas emoções. Sob o encanto, os viventes possuem a alternativa entre a ataraxia involuntária — esteticismo por fraqueza — e o embrutecimento daquele que está envolvido. As duas coisas são vida falsa. Algo dessas duas coisas, porém, é constitutiva de uma *désinvolture* e de uma simpatia verdadeiras. O instinto culpável de autoconservação sobreviveu e ele talvez tenha mesmo se fortalecido no interior da ameaça incessantemente atual. É preciso somente que a autoconservação desconfie que a vida na qual se fixa transforma-se naquilo diante do que ela treme, no fantasma, em um pedaço do mundo dos espíritos, do mundo que a consciência desperta apreende como não-existente. A culpa da vida que, enquanto puro fato, já rouba o sopro de uma outra vida, de acordo com uma estatística que completa um número imponente de assassinados por meio de um número mínimo de salvos, como se isso fosse previsto pelo cálculo de probabilidades, não pode mais ser reconciliada com a vida. Essa culpa reproduz-se ininterruptamente porque não pode estar totalmente presente em instante algum para a consciência. É isso e nenhuma outra coisa que impele à filosofia. Com isso, a filosofia experimenta o choque de que, quanto mais profundamente, quanto mais intensamente ela penetra, tanto mais manifesta se torna a suspeita de que ela está se distanciando do modo como as coisas são; as ideias mais superficiais e triviais poderiam ter razão contra aqueles que têm em vista a essência, se a essência fosse algum dia desvelada. Assim, incide uma luz crua sobre a própria verdade. A especulação experimenta um certo dever de arranjar para o seu adversário, o *common sense*, a posição de um corretivo. A vida alimenta o horror do pressentimento de que aquilo que precisa ser conhecido se assemelharia mais àquilo que se encontra *down to earth** do que a algo que se eleva: poderia ser que esse pressentimento se confirmasse para além do pedestre, por mais que o pensamento não encontre sua felicidade e a promessa de sua verdade senão na elevação. Se o pedestre mantivesse a última palavra, essa seria a verdade, e, então, a verdade perderia sua dignidade. A consciência trivial, tal como ela se exprime teoricamente no positivismo e no nominalismo irrefletido, pode muito bem estar mais próxima da *adaequatio rei atque cogitationis*** do que a consciência sublime, ela pode ser mais verdadeira em meio a um grotesco escárnio pela verdade do que a consciência superior, a menos que passasse a vigorar um outro conceito de verdade que não o de *adaequatio*. É para uma tal verdade diversa que se dirige a provocação de que a metafísica só poderia vencer se rejeitasse a si mesma. Isso motiva efetivamente a passagem para o materialismo. Podemos seguir essa inclinação desde o Marx hegeliano até a salvação benjaminiana da indução; sua apoteose poderia ser a obra kafkiana. Se a dialética negativa reclama a autorreflexão do pensamento, então isso implica manifestamente que o pensamento também precisa, para ser verdadeiro, hoje em todo caso, pensar contra si mesmo. Se ele não se mede pelo que há de mais exterior e que escapa ao conceito, então ele é de antemão marcado pela música de acompanhamento com a qual os SS adoravam encobrir os gritos de suas vítimas.

II

Em seu Estado de não-liberdade, Hitler impôs aos homens um novo imperativo categórico: instaurai o vosso pensamento e a vossa ação de tal modo que Auschwitz não se repita, de tal modo que nada desse gênero aconteça. Esse imperativo é tão refratário à sua fundamentação quanto outrora o dado do imperativo kantiano. Tratá-lo discursivamente seria um sacrilégio: é possível sentir nele corporalmente o momento de seu surgimento junto à moralidade. Corporalmente porque ele é o horror que surgiu praticamente ante a dor física insuportável à qual os indivíduos são expostos mesmo depois que a individualidade, enquanto forma de reflexão espiritual, se prepara para de-

---

* *Down-to-earth* é uma expressão idiomática do inglês que designa algo prático e honesto. Nesse caso, porém, Adorno parece se valer do sentido mais literal da expressão: algo como "terra a terra". (N.T.)

** Em latim no original: adequação das coisas aos pensamentos. (N.T.)

saparecer. A moral só sobrevive em um motivo materialista sem disfarces. O curso da história conduz necessariamente ao materialismo aquilo que tradicionalmente foi o seu oposto imediato, a metafísica. Aquilo que um dia o espírito se gabava de determinar ou de construir como o seu igual move-se em direção ao que não é igual ao espírito; em direção ao que escapa ao seu domínio e em que essa dominação se manifesta, porém, como mal absoluto. No vivente, a camada somática e distante do sentido é palco do sofrimento que queimou sem qualquer consolo nos campos de concentração tudo o que o espírito possui de tranquilo, e, com ele, a sua objetivação, a cultura. O processo por meio do qual a metafísica se deforma ininterruptamente ao se dirigir para aquilo contra o que ela um dia foi concebida alcançou seu ponto de fuga. Desde o jovem Hegel, a filosofia não conseguiu mais reprimir o quanto ela se imiscuiu nas questões relativas à existência material, na medida em que ela não se vendia a elucubrações aprovadas. A infância pressente algo disso na fascinação que emana da zona do esfolador, do cadáver, do odor nauseante e doce de putrefação, das expressões suspeitas que designam essa zona. O poder desse âmbito no inconsciente pode não ser menor que o poder da sexualidade infantil; os dois se sobrepõem na fixação anal, por mais que seja difícil dizer que se trata da mesma coisa. Um saber inconsciente sussurra para as crianças aquilo que nesse caso é reprimido pela educação civilizatória, e é esse saber que está em questão: a miserável existência física inflama-se em direção ao interesse supremo que não é muito menos reprimido, em direção ao "O que é isso?" e ao "Para onde isso leva?". Quem conseguisse se lembrar do que se abateu sobre si logo que escutou as expressões "fossa para os mortos" ou "caminho para os porcos" estaria com certeza mais próximo do espírito absoluto que o capítulo hegeliano que promete esse espírito ao leitor para em seguida recusá-lo com ares superiores. Seria preciso revogar teoricamente a integração da morte física à cultura, mas não em favor da essência ontologicamente pura da morte, mas em virtude daquilo que o odor cadavérico exprime e sobre o que ilude a sua transfiguração em corpo morto. Um proprietário de hotel que se chamava Adão matou a pauladas, na frente do filho que gostava muito dele, ratos que saíam de buracos no pátio; foi segundo a sua imagem que a criança formou a imagem do primeiro homem. O fato de se esquecer disso, o fato de não se compreender mais o que se sentiu um dia ante a carrocinha de cachorro, é o triunfo da cultura e seu fracasso. Ela não consegue suportar a lembrança dessa zona porque ela não deixa de imitar o velho Adão, e justamente isso é incompatível com o seu conceito de si mesma. Ela abomina o odor porque ele fede; porque o seu palácio, como o diz Brecht em uma passagem extraordinária, é construído com cocô de cachorro. Anos depois de essa passagem ter sido escrita, Auschwitz demonstrou de modo irrefutável o fracasso da cultura. O fato de isso ter podido acontecer no cerne de toda tradição da cultura, da arte e das ciências esclarecidas não quer dizer apenas que a tradição, o espírito, não conseguiu tocar os homens e transformá-los. Nessas seções mesmas, na exigência enfática por sua autarquia, reside a não-verdade. Toda cultura depois de Auschwitz, inclusive a sua crítica urgente, é lixo. Na medida em que ela se restaurou depois do que aconteceu em sua paisagem sem qualquer resistência, ela se transformou completamente na ideologia que potencialmente era, desde o momento em que, em oposição à existência material, ela se permitiu conferir-lhe a luz da qual a separação do espírito ante o trabalho corporal a priva. Quem se coloca a favor da cultura radicalmente culpada e mesquinha transforma-se em colaborador, enquanto quem se recusa à cultura fomenta imediatamente a barbárie como a qual a cultura se revela. Nem mesmo o silêncio sai desse círculo; com o estado da verdade objetiva, ele não faz senão racionalizar a própria incapacidade subjetiva, degradando uma vez mais essa verdade a uma mentira. Se os Estados do Leste, apesar dos *slogans* em contrário, suprimiram a cultura e a transformaram em refugo enquanto puro meio de dominação, então o que acontece com a cultura que se queixa disso é o que ela merece e para onde ela, por sua vez, em nome do direito democrático dos homens àquilo que os torna iguais, tende ardentemente. A questão é que, a partir do fato de ela se vangloriar enquanto cultura e conservar a sua monstruosidade enquanto uma herança que não se pode perder, a barbárie administrativa dos funcionários do Leste se convence de que a sua realidade, a infraestrutura, é tão bárbara quanto a superestrutura que ela demole, assumindo o controle sobre ela. No Ocidente é ao menos permitido dizer isso. — A teologia da crise registrou aquilo contra o que ela protesta abstratamente e, por isso, em vão: o fato de a metafísica se fundir com a cultura. A absolutidade do espírito, a auréola da cultura, era o mesmo princípio que violentava incansavelmente o que ele se arrogava exprimir. Nenhuma palavra com um tom elevado, nem mesmo uma palavra teológica, permanece com um direito não-transformado depois de Auschwitz. A provocação contida nas palavras legadas, a prova que consiste em saber se Deus admitiria isso ou interviria muito mais de maneira irada aplica uma vez mais nas vítimas o veredicto que Nietzsche formulara muito tempo antes para as ideias. Um homem que suportou Auschwitz e outros campos de concentração com uma força admirável opinou apaixonadamente contra Beckett: se Beckett tivesse estado em Auschwitz, escreveria de outra maneira, a saber, mais positivamente, com a religião de trincheira daquele que escapou. Este tem razão de uma maneira diversa da que ele pensa; Beckett, e qualquer outro que continuasse senhor de si, teria sido esmagado por essa experiência e supostamente obrigado a abraçar essa religião de trincheira que aquele que escapou revestiu com as palavras por meio das quais gostaria de dar coragem aos homens: como se isso dependesse de alguma construção espiritual; como se a intenção que se dirige aos homens e se organiza segundo eles não lhes frustrasse o que eles reivindicam, mesmo se eles acreditam no contrário. Foi a esse ponto que chegamos com a metafísica.

III

É isso que confere força sugestiva à exigência de recomeçar com ela desde o princípio ou, como eles dizem, de questionar radicalmente, de riscar a aparência com a qual a cultura fracassada cobre sua culpa e sua verdade. Mas, no momento em que essa suposta demolição cede ao ímpeto em direção a um estrato fundamental intacto, ela se liga com maior razão à cultura que ela se vangloria de demolir. Enquanto os fascistas trovejavam contra o bolchevismo cultural destrutivo, Heidegger transformou a destruição em algo respeitável enquanto dispositivo para penetrar no ser. A crítica cultural e a barbárie não se dão sem alguma concordância. Isso foi rapidamente comprovado de modo prático. Ponderações metafísicas que procuram se livrar dos elementos que são nelas mediados, cultura, negam a relação de suas categorias pretensamente puras com o conteúdo social. Abstraindo da sociedade, elas encorajam a sua perpetuação nas formas subsistentes que por sua parte bloqueiam tanto o conhecimento da verdade quanto a sua realização. O ídolo de uma experiência originária pura macaqueia tanto quanto o que é culturalmente preparado o tesouro exaurido das categorias daquilo que é θέσει. A única coisa que poderia conduzir para fora daí seria aquilo que determina as duas em sua mediação, a cultura enquanto cobertura sobre a imundície e a natureza — mesmo onde ela se mostra como pedra fundamental do ser — enquanto projeção da má exigência cultural de que se precisaria permanecer junto ao mesmo, apesar de toda mudança. Nem mesmo a experiência da morte é suficiente para tanto, da morte considerada enquanto algo derradeiro e indubitável, enquanto metafísica similar àquela que Descartes deduziu outrora do frágil *ego cogitans*.*

O fato de as metafísicas da morte degenerarem ou bem na propaganda da morte heróica, ou bem na trivialidade de uma pura repetição do inegável de que se precisa mesmo morrer, a sua monstruosidade ideológica comum, funda-se certamente na fraqueza até hoje persistente da consciência humana quando se trata de se manter firme diante da experiência da morte e talvez mesmo de acolhê-la efetivamente em si. Nenhuma vida humana que se comporte de maneira aberta e livre em relação aos objetos é suficiente para consumar o que está potencialmente presente no espírito de cada homem; isso e a morte divergem.

* Em latim no original: eu penso. (N.T.)

As reflexões que dão sentido à morte são tão inúteis quanto as reflexões tautológicas. Quanto mais a consciência se arranca à animalidade e se transforma em algo firme e duradouro em suas formas, tanto mais tenazmente ela se estabelece contra tudo o que torna suspeita para ela a sua própria eternidade. Com a entronização histórica do sujeito enquanto espírito, associa-se a ilusão de que ele não teria como perder a si mesmo. Se as formas primitivas da propriedade caminhavam lado a lado com as práticas mágicas que buscavam conjurar a morte, o que afugenta a morte, quanto mais plenamente todas as relações humanas são determinadas pela propriedade, é a *ratio*, e ela o faz com tanta obstinação quanto outrora os ritos. Em um estágio derradeiro, a própria morte se transforma, por desespero de causa, em propriedade. Sua elevação metafísica a desvincula de sua experiência. A metafísica corrente da morte não é nada além da consolação impotente da sociedade quanto ao fato de os homens poderem perder, por meio das transformações sociais, aquilo que outrora podia tornar a morte suportável: o sentimento de sua unidade épica com a vida que se mostra como preenchida. Mesmo esse sentimento não poderia transfigurar o domínio da morte em algo como o cansaço do homem velho e enfadado com a vida que imagina morrer bem porque sua vida penosa não foi vida alguma e porque ela lhe roubou a força para resistir à morte. Na sociedade socializada, contudo, no tecido inextrincavelmente denso da imanência, os homens só continuam sentindo a morte como algo que lhes é extrínseco e alheio, sem ilusão quanto à sua comensurabilidade com as suas vidas. Eles não conseguem metabolizar o fato de precisarem morrer. A isso se junta uma parcela de esperança incongruente e errática: justamente porque a morte não constitui, como em Heidegger, a totalidade do ser-aí, experimentamos, na medida em que não somos débeis, a morte e seus mensageiros, as doenças, como heterogêneos, como alheios ao eu. De maneira ágil, isso pode ser fundamentado por meio da afirmação de que o eu não é outra coisa senão o princípio da autoconservação oposto à morte e de que ele é incapaz de absorvê-la com a consciência que é ela mesma um eu. Mas a experiência da consciência dá pouca consistência a uma tal afirmação; em face da morte, ela não possui necessariamente a forma que seria de se esperar, a forma da resistência. A doutrina hegeliana segundo a qual o que é perece em si mesmo não é de maneira alguma confirmada pelo sujeito. O fato de se precisar morrer também se mostra para o homem que envelhece e percebe os sinais da decrepitude antes como um incidente provocado por sua própria *physis*, com traços da mesma contingência que caracteriza os incidentes exteriores hoje típicos. Isso reforça a especulação que estabelece um contraponto em relação à concepção do primado do objeto: saber se o espírito possui um momento de autonomia, de ausência de mistura, que se torna livre justamente quando ele por sua parte não devora tudo, nem reproduz a partir de si a decomposição da morte. Apesar do interesse enganador da autoconservação, a força de resistência da ideia de imortalidade, tal como ela ainda era cultivada por Kant, só muito dificilmente seria explicada sem esse momento. Com certeza, essa força de resistência, tal como nos indivíduos decadentes, também parece imergir na história da espécie. Depois do declínio há muito secretamente ratificado das religiões objetivas que tinham prometido retirar o ferrão da morte, esta se transformou hoje completamente naquela coisa de todo estranha, e isso por meio do declínio socialmente determinado da experiência contínua em geral.

Quanto menos intensamente os sujeitos vivem, tanto mais repentina e apavorante é a morte. Pelo fato de ela os transformar literalmente em coisas, eles se apercebem de sua morte permanente, da reificação, da forma de suas relações pelas quais eles têm uma parcela de responsabilidade. A integração civilizatória da morte, sem poder sobre ela e risível em face dela, por mais que ela a tente maquiar, é a formação da reação a esse elemento social, a essa tentativa desengonçada da sociedade de troca de tapar os últimos buracos que o mundo da mercadoria ainda tinha deixado abertos. Morte e história, sobretudo a história coletiva da categoria do indivíduo, formam uma constelação. Se o indivíduo Hamlet deduzisse algum dia a sua essencialidade absoluta da consciência emergente da irrevogabilidade da morte, então a queda do indivíduo traria consigo toda a construção da existência burguesa. O que é aniquilado é algo em si e talvez mesmo já por si nulo. Por isso, o pânico persistente em face da morte. Esse pânico não pode mais ser aplacado senão por meio de sua repressão. A morte enquanto tal ou enquanto fenômeno biológico originário não pode ser destacada de suas imbricações históricas;[1] nesse sentido, o indivíduo que porta a experiência da morte é uma categoria por demais histórica. A afirmação de que a morte é sempre a mesma é tão abstrata quanto não verdadeira; a forma com a qual a consciência se acomoda à morte varia juntamente com as condições concretas em que alguém morre, e isso até o interior da *physis*. A morte nos campos de concentração tem um novo horror: desde Auschwitz, temer a morte significa temer algo pior do que a morte. O que a morte faz com aqueles que são socialmente condenados pode ser biologicamente antecipado junto aos entes queridos de uma idade avançada; não apenas seu corpo, mas também seu eu, tudo aquilo por meio do que eles se determinam como humanos, esboroa-se sem doença e sem uma intervenção violenta. O resto de confiança em sua duração transcendente desaparece por assim dizer no curso da vida terrena: o que poderia ainda existir nele que não tivesse morrido? A crédula consolação segundo a qual o cerne dos homens continuaria existindo mesmo em uma tal desintegração ou na demência possui, indiferente em relação a essa experiência, algo de tolo e cínico. Ela prolonga essa impertinente sabedoria de botequim: não permanecemos sempre senão o que somos, ao infinito. Quem volta as costas para o que nega a sua realização possível zomba da necessidade metafísica.

Não obstante, a ideia de que a morte é o que há de pura e simplesmente derradeiro é impensável. As tentativas da linguagem de exprimir a morte são vãs até o cerne da lógica; quem seria o sujeito em relação ao qual é predicado aí que ele está aqui e agora morto? Não apenas o prazer que, segundo a expressão inspirada de Nietzsche, quer eternidade erige-se contra a ruinância. Se a morte fosse esse absoluto que a filosofia conjurava positivamente em vão, então tudo não seria absolutamente nada; mesmo todo pensamento seria pensado no vazio, nenhum deles poderia ser pensado com verdade. Pois é um momento da verdade que ela dure juntamente com o seu cerne temporal; nenhuma verdade existiria sem nenhuma duração, a morte absoluta engoliria seu derradeiro traço. Sua ideia escarnece o pensamento tanto quanto a ideia da imortalidade. Mas o impensável da morte não torna o pensamento invulnerável ante o caráter não-confiável de toda experiência metafísica. O contexto de cegueira que envolve todos os homens também é parte daquilo com o que eles imaginam arrancar o véu. Ao invés da questão epistemológica kantiana sobre como a metafísica é possível, entra em cena a questão de filosofia da história sobre se a experiência metafísica ainda é efetivamente possível. Essa questão nunca esteve tão para além do temporal quanto o uso escolar da palavra "metafísica". As pessoas observaram que a mística, cujo nome espera salvar a imediatidade de uma experiência metafísica contra a sua perda por meio da construção institucional, constitui por sua parte uma tradição social e provém de uma tradição, para além da linha de demarcação de religiões, que são heresias umas para as outras. O nome do corpo da mística judaica, a cabala, significa tradição. A imediatidade metafísica, lá onde ela avança o máximo possível, não nega o quanto ela é mediatizada. No entanto, se ela se reporta à tradição, então ela também precisa admitir a sua dependência em relação ao estado histórico do espírito. Em Kant, as ideias metafísicas eram em verdade subtraídas aos juízos existenciais de uma experiência a ser preenchida de maneira material, mas elas deviam, apesar das antinomias, se situar na consistência lógica da razão pura; hoje, elas seriam tão absurdas quanto se denominam com uma defesa diligentemente classificatória aquelas que falam sobre a sua ausência. Não obstante, a consciência que se recusa a negar a queda histórico-filosófica das ideias metafísicas e, no entanto, não consegue suportá-la sem se dispor ao mesmo tempo a negar-se enquanto consciência, tende a alçar, em uma confusão mais do que meramente semântica, o destino das ideias metafísicas diretamente ao nível de algo metafísico. O desespero em relação ao mundo que, contudo, possui o seu fundamento objetivo e a sua verdade e que não é nem um mal do século estético nem uma consciência falsa e condenável, garantiria já, assim se conclui secretamente de maneira equivocada, a existência daquilo que foi perdido sem esperança, por mais que a existência tenha se tornado uma conexão universal de culpa. De todos os ultrajes com razão sofridos pela teologia, o pior foi o urro de alegria emitido pelas religiãos positivas em face do desespero dos incrédulos. Apesar de toda negação de Deus, elas entoam o seu *Te Deum* porque ao menos usam o nome de Deus. Assim como na ideologia absorvida pelo conjunto das populações da terra os meios usurpam os fins, na metafísica ressuscitada de hoje em dia a necessidade usurpa o que lhe falta. O conteúdo veritativo do que está ausente torna-se indiferente; eles o afirmam porque ele é bom para os homens. Os advogados da metafísica argumentam em comum acordo com o pragmatismo por eles desprezado que dissolve a priori a metafísica. O desespero é igualmente a última ideologia, histórica e socialmente condicionada, porque o curso do conhecimento que devorou as ideias metafísicas não poderia ser detido por nenhum *cui bono*.*

IV

O que é uma experiência metafísica é algo que aquele que se recusa com repugnância a reconduzi-la a supostas vivências religiosas originárias presentificará a si mesmo da maneira mais própria possível como Proust, a partir da felicidade, por exemplo, que é prometida por nomes de vilarejos como Otterbach, Watterbach, Reuenthal, Monbrunn. Quando vamos para esses vilarejos, acreditamos ter encontrado a plenitude, como se ela existisse. Se estamos realmente aí, o que foi prometido recua como o arco-íris. Não obstante, não ficamos decepcionados; antes nos sentimos como se estivéssemos próximos demais e por isso não a víssemos. Nesses vilarejos, é bem provável que a diferença entre as paisagens e as regiões que decidem sobre o mundo de imagens de uma infância não seja tão grande. Aquilo que despontou para Proust em Illiers foi compartilhado de maneira similar por muitas crianças da mesma camada social em outros lugares. No entanto, para que se forme esse universal, o elemento autêntico na apresentação de Proust, é necessário que sejamos arrebatados por esse lugar específico, sem olhar de soslaio para o universal. Para a criança, é óbvio que aquilo que a encanta em suas cidadezinhas adoradas só pode ser encontrado lá e em nenhum outro lugar; ela se engana, mas o seu engano instaura o modelo da experiência, de um conceito que seria finalmente o conceito da coisa mesma e não algo mísero extraído das coisas. O casamento no qual o narrador proustiano como criança vê pela primeira vez a duquesa de Guermantes poderia ter acontecido da mesma forma, com o mesmo impacto para a vida posterior, em um outro lugar e em um outro tempo. Somente em face do que é absoluta e indissoluvelmente individuado é possível esperar que exatamente isso já tenha se dado e venha a se

* Em latim no original: Em favor de quem? (N.T.)

repetir; não é senão consentindo com isso que se satisfaz o conceito do conceito. Mas esse conceito está preso à promessa de felicidade, enquanto o mundo que recusa essa promessa é o mundo da universalidade dominante, contra a qual se arremete obstinadamente a reconstrução proustiana. A felicidade, a única coisa na experiência metafísica que é mais do que uma exigência impotente, conserva o interior dos objetos como algo que se subtrai imediatamente a eles. Quem, contudo, se deleita ingenuamente com uma tal experiência, como se ele tivesse nas mãos o que ela sugere, sucumbe às condições do mundo empírico, acima das quais ele gostaria de estar e que, porém, são as únicas a lhe conceder uma tal possibilidade. O conceito de experiência metafísica ainda é antinômico de um modo diverso do que a dialética transcendental kantiana ensina. O que é anunciado no domínio metafísico sem recurso à experiência do sujeito, sem a sua presença imediata, é impotente ante o desejo do sujeito autônomo de não deixar que lhe imponham nada que não seja discernível para ele mesmo. O que é imediatamente evidente para ele, porém, sofre de falibilidade e de relatividade.

O fato de a categoria da reificação, uma categoria que tinha sido inspirada pelo ideal de uma imediatidade subjetiva sem quebras, não merecer mais aquele caráter-chave que um pensamento apologético, feliz em absorver um pensamento materialista, lhe atribuía de modo por demais zeloso, produz um efeito retroativo sobre tudo que se encontra sob o conceito da experiência metafísica. As categorias teológicas objetivas que foram atacadas desde o jovem Hegel pela filosofia como reificações não são de maneira alguma apenas simples resíduos que a dialética exclui de si mesma. Elas são complementares à fraqueza da dialética idealista que reclama, enquanto pensamento da identidade, aquilo que não cai sob o pensamento e que, contudo, no momento em que é contrastado com o pensamento enquanto o seu elemento simplesmente outro, perde toda e qualquer determinação possível. Na objetividade das categorias metafísicas não se sedimentou somente, tal como o existencialismo gostaria, a sociedade esclerosada, mas também o primado do objeto enquanto momento da dialética. A diluição de todo elemento coisal sem resíduo regridiria ao subjetivismo do ato puro e hipostasiaria a mediação enquanto imediatidade. A pura imediatidade e o fetichismo são não verdadeiros. A insistência na imediatidade contra a reificação desfaz-se, como o institucionalismo hegeliano percebeu, arbitrariamente do momento da alteridade na dialética, assim como a dialética, por sua vez, segundo a prática do Hegel tardio, não pode ser instalada em alguma coisa fixa que se encontre para além dela. O que excede o sujeito, porém, do qual uma experiência metafísica subjetiva não gostaria de se destacar, e o momento da verdade no elemento coisal são extremos que se tocam na ideia de verdade. Pois essa ideia não existiria nem sem o sujeito que escapa da aparência, nem sem aquilo que não é sujeito e no que a verdade tem o seu arquétipo. — Inegavelmente, a experiência metafísica pura torna-se mais pálida e mais fadada à desilusão no decurso do processo de secularização, e isso funde a substancialidade da experiência mais antiga. Ela se comporta negativamente naquele "isso é tudo?" que se atualiza antes de qualquer outra coisa na espera vã. A arte mostrou isso; Alban Berg elevou maximamente em seu *Wozzeck* os compassos que, como só a música consegue, expressam uma espera vã, e citou a sua harmonia nas cisões decisivas e no fim de sua *Lulu*. Não obstante, nenhuma inspiração dessa ordem — nada daquilo que Bloch chamava intenção simbólica — está protegida contra uma mistura com a mera vida. Uma espera vã não garante aquilo pelo que se espera, mas reflete a situação que possui sua medida no fracasso. Quanto menos resta da vida, tanto mais tentador é para a consciência tomar os resíduos parcos e repentinos do vivente pelo absoluto em seu aparecer. Todavia, nada que não prometesse também algo transcendente em relação à vida poderia ser experimentado como verdadeiramente vivente; nenhum empenho conceitual conduz para além disso. Esse algo transcendente é e não é. O desespero em relação àquilo que é estende-se até as ideias transcendentais que um dia lhe puseram um termo. O fato de o mundo finito estar cercado por uma dor infinita segundo um plano divino para o mundo torna-se para todo aquele que não se ocupa com os negócios do mundo essa demência que se coaduna tão bem com a consciência normal e positiva. A irrecuperabilidade da concepção teológica do paradoxo, de um derradeiro bastião esfomeado, é ratificada pelo curso do mundo que traduz em blasfêmia deliberada o escândalo que deixou Kierkegaard embasbacado.

V

As categorias metafísicas sobrevivem, secularizadas, naquilo que um impulso vulgar mais elevado denomina a questão acerca do sentido da vida. O timbre da palavra, marcado pelo caráter da visão de mundo, condena a questão. De um modo quase irresistível associa-se com ela a resposta segundo a qual o sentido da vida é aquele dado a ela por quem pergunta. Mesmo o marxismo degradado ao nível de credo oficial não fala, como o Lukács tardio bem o mostra, de maneira muito diversa. A resposta é falsa. O conceito de sentido envolve uma objetividade para além de todo fazer; como algo feito, ele já se revela como ficção, ele duplica o próprio sujeito coletivo e o ilude quanto àquilo que ele parece conceder. A metafísica trata de um elemento objetivo sem, contudo, poder se dispensar da reflexão subjetiva. Os sujeitos são engajados em si mesmos, em sua "constituição": cabe à metafísica pensar sobre o quanto ela consegue, porém, enxergar para além de si mesma. Os filosofemas que se dispensam disso se desqualificam como consolação. Há décadas a atividade daquele que está ligado a essa esfera era caracterizada da seguinte forma: ele viaja por aí e dá conferências para funcionários sobre o sentido. Quem respira quando a vida mostra finalmente uma semelhança com a vida e não quando, como o reconheceu Karl Krauss, ela é mantida em movimento somente por causa da produção e do consumo, lê aí com avidez e imediatamente a presença de algo transcendente. A depravação do idealismo especulativo e a sua transformação em uma questão acerca do sentido amaldiçoam retroativamente aquele que, ainda em seu apogeu, mesmo que o faça com palavras um pouco diversas, proclama um tal sentido, o espírito enquanto o absoluto que não se desembaraça de sua origem no sujeito insuficiente, nem aplaca a sua necessidade em sua autoimagem. Esse é um fenômeno originário da ideologia. O que a própria questão possui de total exerce um encanto que, apesar de toda afetação afirmativa, torna-se nulo ante a desgraça real. Se um homem desesperado que quer se matar pergunta a alguém que lhe exorta com boa causa a não fazer isso qual é o sentido da vida, então o samaritano desamparado não poderá nomear sentido algum; no momento em que ele tenta fazê-lo, ele precisa ser refutado, eco de um *consensus omnium*,* que resumiu em seu cerne o dito de que o imperador precisa de soldados. A vida que tivesse sentido não perguntaria sobre ele; ele foge da pergunta. O contrário, porém, o niilismo abstrato, precisaria emudecer ante a questão "por que é que tu mesmo vives?". Olhar para o todo, calcular o lucro líquido da vida, é justamente a morte da qual a assim chamada pergunta acerca do sentido quer escapar, mesmo no caso em que, sem outra saída, ela se deixa entusiasmar pelo sentido da morte. Aquilo que sem vergonha poderia pretender receber o nome de sentido reside naquilo que é aberto e não fechado em si; enquanto tese positiva, a tese de que a vida não possui sentido algum seria tão estulta quanto o seu contrário é falso; ela não é verdadeira senão como um golpe contra a fraseologia afirmativa. Mesmo a tendência schopenhaueriana de identificar sob a visão humana a essência do mundo, a vontade cega, com o absolutamente negativo, não é mais apropriado ao estado da consciência; a exigência de uma subsunção total é por demais análoga à exigência de seus contemporâneos por ele odiados, à exigência dos idealistas. A religião da natureza arde uma vez mais, o medo dos demônios contra os quais o esclarecimento epicuriano outrora pintou a ideia miserável de deuses espectadores desinteressados como sendo algo melhor. Em face do irracionalismo schopenhaueriano, o monoteísmo que ele atacou no espírito do Esclarecimento também possui algo verdadeiro. A metafísica schopenhaueriana regride a uma fase na qual o gênio ainda não teria despertado em meio ao silêncio. Ele nega o motivo da liberdade do qual os homens se lembravam outrora, e, talvez, mesmo na fase da não-liberdade perfeita. Schopenhauer olhou fundo no que a individuação possui de aparente, mas a sua

* Em latim no original: um consenso de todos. (N.T.)

exortação à liberdade no Livro IV, a negação da vontade de vida, é igualmente aparente: como se aquilo que se individuou de maneira efêmera pudesse ter o mais mínimo poder sobre o seu absoluto negativo, a vontade enquanto coisa em si, e pudesse escapar de seu encanto de um outro modo que não a autoilusão, sem que por meio dessa brecha toda a metafísica da vontade se evadisse. O determinismo total não é menos mítico que a totalidade da lógica hegeliana. Schopenhauer era idealista *malgré lui-même*, porta-voz do encanto. O *totum* é o totem. A consciência não poderia de modo algum se desesperar quanto ao cinza se ela não cultivasse o conceito de uma cor diferente cujo traço errático não faltasse no todo negativo. Esse traço provém constantemente do passado, a esperança nasce do seu oposto, daquilo que precisou cair ou é condenado; uma tal interpretação estaria completamente de acordo com a última frase do texto de Benjamin sobre as *Afinidades eletivas*: "A esperança só nos é dada em nome dos desesperançados." Não obstante, é tentador buscar o sentido não na vida em geral, mas nos instantes de plenitude. Esses instantes indenizariam a existência terrena pelo fato de ela não tolerar mais nada fora dela. Uma violência incomparável emana do Proust metafísico porque, como nenhum outro, ele se entregou a essa tentação com um desejo de felicidade incontrolável, sem querer reter seu eu. No entanto, no curso do romance o homem incorruptível intensificou o fato de mesmo essa plenitude, o instante resgatado pela memória, não ser essa felicidade. Por mais próximo que Proust tenha estado da esfera da experiência bergsoniana que elevou ao nível da teoria a representação do caráter sensível da vida em sua concreção, Proust também foi ao mesmo tempo, como herdeiro do romance francês da desilusão, um crítico do bergsonismo. O discurso acerca da plenitude da vida, acerca de um *lucus a non lucendo** mesmo quando ela brilha, torna-se vão por meio de sua descomunal desproporção em vista da morte. Se a morte é irrevogável, então a afirmação de um sentido que emergiria no esplendor de uma experiência fragmentária, ainda que genuína, é ideológica. Foi por isso que Proust, em uma das passagens centrais de sua obra, na morte de Bergotte, contra toda filosofia da vida, apesar de não estar protegido detrás das religiões positivas, contribuiu para a expressão tateante de uma esperança de ressurreição. A ideia de uma plenitude da vida, mesmo aquela que é prometida aos homens pelas concepções socialistas do homem, não é a utopia pela qual ela se toma porque essa plenitude não pode ser cindida da avidez, daquilo que o Jugendstil denominava "gozar a vida", de uma exigência que possui em si um ato de violência e sujeição. Se não há nenhuma esperança sem que se aplaque o desejo, então esse desejo é preso uma vez mais na infame conexão do igual pelo igual, justamente daquilo que não traz consigo nenhuma esperança. Não há nenhuma plenitude sem uma demonstração de força.

* Em latim no original: a palavra para túmulo é *lucus* porque não é luz. (N.T.)

Negativamente, graças à consciência da nulidade, a teologia continua tendo razão contra os adeptos do aquém. Ao menos isso é verdadeiro nas jeremíadas sobre o vazio da existência. O único ponto é que esse vazio não poderia ser curado por dentro, por meio do fato de os homens mudarem de opinião, mas somente através da supressão do princípio da renúncia. Com ele, também desapareceria por fim o ciclo de plenitude e apropriação: até esse ponto a metafísica e a organização da vida estão imbricadas.

O termo "niilismo" associa-se com as palavras-chave "vazio" e "ausência de sentido". Nietzsche adotou a expressão, que foi utilizada pela primeira vez filosoficamente por Jacobi, e a retirou provavelmente de jornais que relatavam os atentados na Rússia. Com uma ironia para a qual nossos ouvidos se tornaram entrementes surdos demais, ele a utilizou para denunciar o contrário daquilo que a palavra designava na prática dos conjurados, para denunciar o cristianismo enquanto negação institucionalizada da vontade de vida. A filosofia não pôde mais renunciar a esse termo. De maneira conformista, na direção oposta à de Nietzsche, ela a refuncionalizou e transformou na suma conceitual de uma situação acusada de nula ou que acusa a si mesma de nulidade. Para o hábito de pensamento segundo o qual o niilismo é de todo modo algo ruim, essa situação espera por uma injeção de sentido, indiferentemente quanto a se a crítica a essa situação atribuída ao niilismo é fundada ou não. Apesar de sua gratuidade, tais discursos acerca do niilismo são apropriados para suscitar o ódio. No entanto, eles demolem um espantalho que eles mesmos haviam criado. A sentença segundo a qual tudo é nada é tão vazia quanto a palavra "ser", com a qual o movimento hegeliano do conceito identifica essa sentença; e isso não para fixar a identidade entre os dois, mas para, progredindo e uma vez mais retrocedendo por detrás da niilidade abstrata, estabelecer nos dois lugares algo determinado, que por si só já seria, graças à sua determinação, mais do que nada. O fato de os homens quererem o nada, como Nietzsche vez por outra sugere, seria uma *hybris* ridícula para toda vontade individual determinada, até mesmo se a sociedade organizada *conseguisse* tornar a terra inabitável ou a lançasse pelos ares. Acreditar no nada — é difícil pensar com essa proposição mais do que com o próprio nada; o algo que, de maneira legítima ou não, é visado pela palavra "crença" não é, segundo a própria significação da palavra, um nada. Assim, a crença no nada seria tão insípida quanto a crença no ser, quietivo do espírito que orgulhosamente encontra sua satisfação em se aperceber do engodo. Na medida em que a indignação que hoje novamente se acirrou contra o niilismo quase não vige mais para a mística que ainda descobre no nada, enquanto o *nihil privativum*,* aquele algo que aí é negado, uma mística à qual se entrega a dialé-

* Em latim no original: o nada privativo. (N.T.)

tica desencadeada pela própria palavra nada, então é antes certamente melhor, por meio da mobilização da palavra odiada por todos e incompatível com a alegre jovialidade, simplesmente difamar aquele que se recusa a entrar na herança ocidental da positividade e não subscreve nenhum sentido para o existente. Mas se eles não interrompem a ladainha sobre um niilismo valorativo, sobre o fato de não haver nada em que pudéssemos nos segurar, então isso evoca a superação, como se diz de maneira competente na mesma esfera linguística subalterna. O que é encoberto aí é a perspectiva que consiste em saber se a situação na qual não se poderia mais segurar em nada não seria ela mesma a única digna do homem; uma situação que permitiria ao pensamento se comportar finalmente de maneira tão autônoma quanto a filosofia sempre exigiu dele, para em seguida impedir que essa autonomia tivesse lugar. Superações, mesmo aquelas ligadas ao niilismo, incluindo aí a superação nietzschiana que era pensada de uma maneira diversa e que, contudo, forneceu palavras de ordem ao fascismo, são sempre piores do que o que é superado. O *nihil privativum* medieval, que reconheceu o conceito do nada enquanto negação de algo ao invés de tomá-lo como autossemântico, tem uma vantagem tanto em relação às superações prementes, quanto em relação à *imago* do nirvana, do nada como algo. No que diz respeito àqueles para os quais o desespero não é uma palavra vã, é possível perguntar se não seria melhor que não houvesse absolutamente nada além de algo. Mas tampouco é possível dar uma resposta geral a essa questão. Para um homem em um campo de concentração, se é que um outro homem que escapou na hora certa tem o direito de julgar, seria melhor não ter nascido. Apesar disso, diante do brilho de um olhar, sim, diante do cachorro que abana um pouco o rabo porque alguém lhe deu para morder algo que ele logo esquece, desvanece o ideal do nada. À pergunta sobre se ele é ou não um niilista, um ser pensante, em verdade, teria certamente de responder: muito pouco, talvez por frieza, porque sua simpatia por aquilo que sofre é muito pequena. No nada culmina a abstração, e o abstrato é aquilo que é rejeitado. Beckett, de um modo que só convém a ele, reagiu à situação do campo de concentração, uma situação que ele não nomeia, como se ela estivesse submetida à interdição das imagens. O que é se mostra, segundo ele, como um campo de concentração. Em um certo momento, ele fala de uma pena de morte perpétua. A única esperança emerge do fato de não haver mais nada. E mesmo essa esperança é rejeitada por ele. A partir da fissura oriunda da inconsequência que se forja com isso, o mundo de imagens do nada vem à tona como algo que retém sua criação literária. No entanto, na herança da ação nesse mundo, no prosseguimento aparentemente estóico, grita-se sem voz que as coisas devem ser diferentes. Um tal niilismo implica o contrário de uma identificação com o nada. De maneira gnóstica, o mundo criado é para ele o mal radical e a sua negação é a possibilidade de um outro mundo que ainda não existe. Enquanto o mundo permanecer como é, todas as imagens de reconciliação, de paz e tranquilidade assemelham-se à imagem da morte. A menor diferença entre o nada e o que chegou ao repouso seria o refúgio da esperança, uma terra de ninguém entre os marcos de fronteira do ser e do nada. Ao invés da superação, a consciência é que precisaria arrancar dessa zona aquilo sobre o que a alternativa não tem poder algum. Niilistas são aqueles que contrapõem ao niilismo as suas positividades cada vez mais deslavadas, positividades por meio das quais eles se conjuram com a maior sordidez possível, e, por fim, com o próprio princípio destruidor. O pensamento tem a sua honra no fato de defender o que é denegrido sob o termo niilismo.

VI

A estrutura antinômica do sistema kantiano expressa mais do que contradições nas quais a especulação sobre objetos metafísicos se enredaria necessariamente: ela expressa algo histórico-filosófico. O efeito poderoso da crítica à razão, muito para além de seu conteúdo concernente à teoria do conhecimento, precisa ser atribuído à fidelidade com a qual a obra registrou o estado da experiência da consciência. A historiografia da filosofia vê a grande realização da obra antes de tudo na cisão concludente entre o conhecimento válido e a metafísica. De fato, esta se apresenta inicialmente como uma teoria dos juízos científicos e nada mais. A teoria do conhecimento e a lógica em sentido mais amplo são voltadas para a indagação do mundo empírico segundo leis. Kant, contudo, tem em vista algo a mais. Por meio da reflexão estabelecida em termos de teoria do conhecimento, ele dá às assim chamadas questões metafísicas a resposta de maneira alguma metafisicamente neutra de que elas não podem ser propriamente formuladas. Nessa medida, a *Crítica da razão pura* prefigura tanto a doutrina hegeliana de que a lógica e a metafísica são o mesmo, quanto a doutrina positivista que evita as questões das quais tudo dependeria por meio de sua dissolução e de sua decisão mediatamente negativa. A partir da requisição fundamental da teoria do conhecimento que pretende suportar o todo, o idealismo alemão extrapolou sua metafísica. Pensada até o fim, portanto, a crítica da razão, que contesta objetivamente o conhecimento válido do absoluto, emite um juízo sobre esse conhecimento e assim se torna algo absoluto. Foi isso que o idealismo trouxe à tona. Não obstante, a sua consistência lógica transforma o motivo em seu contrário, e no não-verdadeiro. Às doutrinas epistemológicas kantianas, objetivamente muito mais modestas, é subsumida uma tese contra a qual elas, apesar de sua incontornabilidade, com razão se opunham. Por meio das conclusões que são retiradas de maneira logicamente consistente a partir dele, Kant é estendido a contragosto para além da teoria da ciência. Por meio de sua consistência lógica, o idealismo transgride a restrição metafísica de Kant; um pensamento puramente consecutivo torna-se para si mesmo irresistivelmente absoluto. O reconhecimento kantiano de que a razão se enreda necessariamente nessas antinomias que ele em seguida resolve era antipositivista.* Todavia, ele não desdenha da consolação positivista de que é possível se instalar no âmbito estreito deixado para a razão pela crítica à faculdade racional, satisfeito de ter um solo firme sob seus pés. Ele concorda com a afirmação eminentemente burguesa da própria estreiteza. Segundo a crítica de Hegel a Kant, a jurisdição da razão já pressuporia, relativamente à questão de saber se ela transgrediu os limites da possibilidade da experiência e se ela teria o direito a uma tal transgressão, uma posição para além do âmbito cindido no mapa kantiano; ela já pressuporia, por assim dizer, uma terceira instância.** O zelo topológico kantiano suporia sem se dar conta, enquanto possibilidade da decisão, justamente aquela transcendência em face do domínio do entendimento, uma transcendência sobre a qual ele evita pronunciar positivamente um juízo. Para o idealismo alemão, essa instância se transformou no sujeito absoluto, no "espírito", que produziria por si mesmo a dicotomia sujeito–objeto e, com isso, o limite do conhecimento finito. Não obstante, no momento em que uma tal concepção metafísica do espírito é despotencializada, a intenção delimitadora só continua restringindo o ser cognoscente, o sujeito. O sujeito crítico transforma-se em sujeito privativo. Não confiando mais na infinitude da essência que animaria a si mesmo, ele se fixa contra a sua própria essência na própria finitude e no finito. Até o cerne da sublimação metafísica, ele não quer ser perturbado; o absoluto torna-se para ele uma preocupação ociosa. Esse é o lado repressivo do criticismo; os idealistas subsequentes estavam tão avançados em relação à sua classe que se rebelaram contra ele. Na origem da-

* "Por conseguinte, um teorema dialético da razão pura precisa conter em si esse elemento que o distingue de todas as proposições sofísticas, na medida em que ele não diz respeito a uma questão arbitrária que só se levanta com uma certa intenção qualquer, mas a uma questão com a qual toda razão humana se depara necessariamente em seu curso; e na medida em que, em segundo lugar, com o seu contrário, ela não apresenta simplesmente uma aparência artificial que desapareceria assim que a apreendêssemos, mas traz consigo uma aparência natural e inevitável que, quando não se é mais enganado por ela, continua sempre iludindo, e que, consequentemente, pode se tornar inofensiva, mas nunca pode ser destruída." (Kant, *Kritik der reinen Vernunft* [*Crítica da razão pura*], *Werke* III, Akademie-Ausgabe, p.290s.)

** "Costuma-se dar muita importância aos limites do pensamento, da razão etc., e se afirma mesmo que esses limites não podem ser transgredidos. Nessa afirmação reside a ausência da consciência de que no fato mesmo de algo ser determinado como limite já se transgridem esses limites. Pois uma determinidade, uma fronteira, não é determinada enquanto limite senão em oposição ao seu outro em geral, em oposição ao seu ilimitado; o outro de um limite é justamente o para-além desse limite mesmo." (Hegel, *Werke* 4, op.cit., p.153.)

quilo que Nietzsche ainda exaltava como probidade intelectual está à espreita o ódio a si mesmo por parte do espírito, o furor protestante interiorizado contra a prostituta chamada razão. Uma racionalidade que exclui a fantasia que ainda gozava de grande prestígio nos iluministas e em Saint Simon e que, de maneira complementar, resseca-se a partir de si mesma, é corrompida de maneira irracionalista. Mesmo o criticismo muda a sua função: nele se repete a transformação da burguesia, a transformação de uma classe revolucionária para a classe conservadora. O eco desse estado de coisas filosófico é a maldade do saudável entendimento humano em seu orgulho pela própria limitação, uma maldade que hoje encheu o mundo. Ela fala, *e contrario*, em favor do fato de que não se pode levar em consideração os limites com cujo culto todos estão de acordo. Ela é "positiva", marcada por aquele caráter arbitrário do que é subjetivamente instaurado e pelo qual o *common sense* incorporado por Babitt acusa o pensamento especulativo. A metáfora kantiana para o país da verdade, a ilha no oceano, caracteriza objetivamente a felicidade intelectual que se tem em seu recanto como nos romances a la *Robson Crusoé*: tal como a dinâmica das forças produtivas destrói de maneira suficientemente veloz o idílio no qual os pequeno-burgueses, com razão céticos em relação a essa dinâmica, gostariam de permanecer. O *pathos* kantiano do infinito é contestado de maneira crassa por aquilo que sua doutrina possui de prosaico. Se a razão prática detém o primado sobre a razão teórica, então essa razão teórica também precisaria, ela mesma um modo de comportamento, estar à altura daquilo que a razão que lhe é superior supostamente é capaz, se é que por meio do corte entre entendimento e razão o seu próprio conceito não deve se tornar caduco. É justamente para aí, contudo, que Kant é impelido por sua representação da cientificidade. Ele não tem o direito de dizê-lo, mas é obrigado a isso; a discrepância que é tão facilmente registrada a partir do ponto de vista da história do espírito como um vestígio da metafísica mais antiga é produzida pela coisa. A ilha do conhecimento que Kant se arroga ter medido e explorado recai por sua vez, em função de sua estreiteza autossuficiente, naquele elemento não-verdadeiro que ele projeta sobre o conhecimento do ilimitado. É impossível conceder ao conhecimento do finito uma verdade que por sua parte é derivada do absoluto — em termos kantianos: da razão — ao qual o conhecimento não tem acesso. O oceano da metáfora kantiana ameaça a cada instante engolir a sua ilha.

VII

O fato de a filosofia metafísica, que coincide histórica e essencialmente com os grandes sistemas, possuir mais brilho que as filosofias empiristas e positivistas não significa, como a ridícula expressão "criação conceitual"* gostaria de nos fazer crer, algo meramente estético, tampouco a realização psicológica de um desejo. A qualidade imanente de um pensamento, o que se manifesta nele como força, resistência, fantasia, como unidade do elemento crítico com o seu contrário, é, se não um *index veri*,** ao menos uma indicação. O fato de Carnap e Mieses serem mais verdadeiros do que Kant e Hegel não poderia ser a verdade, mesmo se ele fosse condizente. O Kant da crítica à razão declarou na doutrina das ideias, que a teoria seria impossível sem metafísica. O fato, porém, de ela ser possível implica esse direito da metafísica ao qual se ateve firmemente o mesmo Kant que destroçou a metafísica por meio do efeito de sua obra. A salvação kantiana da esfera inteligível não é apenas, como todos sabem, uma apologética protestante, mas ela também gostaria de intervir na dialética do esclarecimento, precisamente onde esta desemboca na dissolução da própria razão. A construção da imortalidade como um postulado da razão prática atesta em que medida os anseios kantianos de salvação se fundam mais profundamente do que no simples desejo devoto de manter algo das ideias tradicionais em meio ao nominalismo e contra ele. Ele condena o caráter insuportável do que subsiste e fortalece o espírito que conhece esse caráter. O fato de nenhum aprimoramento intramundano ser suficiente para fazer justiça aos mortos; o fato de nenhuma justiça alterar a injustiça da morte, impele a razão kantiana a esperar contra a razão. O segredo de sua filosofia é a impossibilidade de pensar o desespero até o fim. Coagido pela convergência de todos os pensamentos em algo absoluto, ele não permanece no limite absoluto entre o absoluto e o ente, um limite que ele não se via menos coagido a estabelecer. Ele se manteve junto às ideias metafísicas e proibiu, contudo, que se saltasse do pensamento do absoluto, o qual deveria poder se realizar um dia como a paz perpétua, para a sentença segundo a qual o absoluto existiria por isso. Sua filosofia gira, como aliás certamente toda filosofia, em torno da prova ontológica da existência de Deus. Com uma ambiguidade fantástica, ele deixou a sua própria posição em aberto; em face do motivo "Precisa habitar um pai eterno", que a composição de Beethoven dos hinos kantianos à alegria acentuou segundo o espírito kantiano no "precisa", há as passagens nas quais Kant, nesse ponto bem próximo de Schopenhauer, tal como este o reivindicou mais tarde, rejeitou as ideias metafísicas, em particular a ideia de imortalidade, como presas às representações de espaço e tempo, e, por isso, por sua parte, como limitadas. Ele desdenhou a passagem para a afirmação.

* O termo alemão *Begriffsdichtung* significa literalmente "poesia conceitual". No entanto, como o que está em questão aqui é apenas o caráter criador intrínseco à formação dos conceitos, optamos pela expressão "criação conceitual". (N.T.)

** Em latim no original: um índice de verdade. (N.T.)

O bloco kantiano, a teoria dos limites do conhecimento positivo possível, é deduzido, mesmo segundo a crítica hegeliana, do dualismo forma–conteúdo. A consciência humana seria, assim se argumenta antropologicamente, condenada por assim dizer à prisão perpétua nas formas do conhecimento que lhe foram dadas um dia. Aquilo que a afeta escaparia a toda determinação e não receberia as suas determinações senão das formas da consciência. Mas as formas não são esse elemento derradeiro tal como Kant as descreveu. Em virtude da reciprocidade entre elas e o conteúdo essente, elas também se desenvolvem por sua parte. Isso, contudo, é incompatível com a concepção de um bloco indestrutível. Se as formas chegarem um dia a se mostrar como momentos de uma dinâmica, como corresponderia já à concepção do sujeito enquanto apercepção originária, então nem a sua figura positiva nem qualquer um de seus conteúdos sem os quais elas não são e com os quais elas se transformam podem ser estipulados para todo o conhecimento futuro. Somente se a dicotomia entre forma e conteúdo fosse absoluta, Kant poderia afirmar que a dicotomia veda todo e qualquer conteúdo não-material, oriundo das formas. Se esse momento material é próprio às formas mesmas, então o bloco se revela como tendo sido criado justamente pelo sujeito que ele obstrui. O sujeito é elevado tanto quanto rebaixado quando os limites são depositados nele, em sua organização lógico-transcendental. A consciência ingênua para a qual mesmo Goethe com certeza tendia, a consciência de que ainda não sabemos algo, mas de que talvez venhamos um dia a conseguir decifrá-lo, está mais próxima da verdade metafísica do que o *ignoramus* kantiano. Sua doutrina anti-idealista da limitação absoluta e a doutrina idealista do saber absoluto não são de maneira alguma tão hostis uma à outra como elas pensavam em sua relação mútua; mesmo essa segunda doutrina, de acordo com o curso de pensamento da fenomenologia hegeliana, leva a afirmar que o espírito absoluto não é outra coisa senão o curso de pensamento do saber absoluto e que, por conseguinte, ele não é de maneira alguma transcendente.

Kant, que condena a digressão em mundos inteligíveis, equipara a ciência newtoniana segundo o seu lado subjetivo com o conhecimento, segundo o seu lado objetivo com a verdade. Por isso, a pergunta sobre como a metafísica enquanto ciência é possível precisa ser tomada de modo enfático: como a pergunta que pretende saber se ele satisfaz os critérios de um conhecimento orientado pelo ideal da matemática e da assim chamada física clássica. O modo kantiano de colocação do problema, orientado pelo pensamento da metafísica por ele assumida como disposição natural, refere-se ao "como" de um conhecimento como universalmente válido e necessário, mas tem em vista, contudo, o seu "quid", a sua própria possibilidade. Ele nega a sua possibilidade com base no critério desse ideal. No entanto, a ciência desvinculada por ele de toda consideração ulterior por causa de seus resultados imponentes é o produto da sociedade burguesa. A estrutura fundamental rigidamente dualista do modelo kantiano de crítica à razão duplica a estrutura fundamental de uma relação de produção na qual as mercadorias caem das máquinas como os seus fenômenos do mecanismo cognitivo; onde o material e sua própria determinação, em face do lucro, são tão indiferentes quanto em Kant, que os deixa ser produzidos em série. O produto final dotado de um valor de troca equivale aos objetos kantianos constituídos subjetivamente e aceitos enquanto objetividade. A *permanente reductio ad hominem** de tudo aquilo que aparece prepara o conhecimento em vista das finalidades de uma dominação exterior e interior; sua expressão suprema é o princípio da unidade, tomado de empréstimo à produção decomposta em atos parciais. A teoria kantiana da razão é dominante na medida em que ela só se interessa propriamente pelo âmbito de poder dos princípios científicos. A restrição da problemática kantiana à experiência organizada das ciências naturais, a orientação pela validade e o subjetivismo estabelecido em termos de crítica do conhecimento estão de tal modo imbricados que um não poderia existir sem o outro. Enquanto a questão subjetiva retroativa continuar sendo a prova de validade, os conhecimentos que não são sancionados cientificamente, a saber, os conhecimentos que não são necessários nem universais, continurão sendo conhecimentos de menor valor; é por isso que todos os esforços por emancipar a teoria do conhecimento kantiana do âmbito das ciências naturais fracassaram. No interior do ponto de partida identificador não é possível retomar complementando-o aquilo que ele mesmo elimina segundo a sua própria essência; em todo caso, é preciso transformar o ponto de partida em função do reconhecimento de sua insuficiência. Todavia, o fato de fazer tão pouca justiça à experiência vivente que é conhecimento é um indício de sua falsidade, de sua incapacidade de realizar aquilo a que ele se propõe, a saber, a incapacidade de fundamentar a experiência. Pois uma tal fundamentação em algo enrijecido e invariante contradiz o que a experiência sabe de si mesma e que, quanto mais aberta ela é e quanto mais ela se atualiza, sempre transforma também as suas próprias formas. Essa incapacidade é a incapacidade para a própria experiência. Não se pode acrescentar a Kant nenhum teorema do conhecimento que não tenha sido exposto por ele porque a exclusão desses teoremas é central para a sua teoria do conhecimento; essa exclusão é anunciada de maneira suficientemente inequívoca pela exigência sistemática da doutrina da razão pura. O sistema kantiano é um sistema de sinais de "Pare!". A análise de uma constituição orientada subjetivamente não transforma o mundo tal como ele é dado à consciência burguesa ingênua, mas ela é orgulhosa de seu "realismo empírico". Para ela, contudo, a altura de sua pretensão de validade confunde-se com o nível da

* Em latim no original: redução permanente ao homem, ao indivíduo. (N.T.)

abstração. Tendencialmente, ela elimina do conhecimento, louca pelo caráter a priori de seus juízos sintéticos, tudo aquilo que não corresponde às suas regras de jogo. Sem reflexão, a divisão social do trabalho é respeitada juntamente com a falta que se tornou patente no decorrer dos últimos duzentos anos: o fato de as ciências organizadas segundo a divisão do trabalho monopolizarem em si, de maneira ilegítima, a verdade. Os paralogismos da teoria do conhecimento kantiana são, dito em termos burgueses e ultrakantianos, promissórias não-cobertas que foram protestadas com o desenvolvimento da ciência em uma atividade mecânica. A autoridade do conceito kantiano de verdade tornou-se terrorista com a proibição de pensar o absoluto. Irresistivelmente, isso impele para a proibição pura e simples do pensamento. O bloco kantiano projeta sobre a verdade a automutilação da razão que essa se infligiu enquanto rito de iniciação à sua cientificidade. É por isso que o que passa por conhecimento em Kant é tão pobre em comparação com a experiência dos viventes para a qual os sistemas idealistas, ainda que equivocadamente, queriam fazer justiça.

É muito pouco provável que Kant tivesse contestado o fato de a ideia de verdade escarnecer do ideal científico. Mas a desarmonia não se manifesta de maneira alguma somente em vista do *mundus intelligibilis*,* mas também em todo conhecimento realizado pela consciência não-restrita. Nessa medida, o bloco kantiano é uma aparência que denigre no espírito aquilo que, nos hinos do Hölderlin tardio, é filosoficamente em antecipação ante a filosofia. Isso não era estranho aos idealistas, mas o aberto recaiu com eles no mesmo encanto que compeliu Kant à contaminação da experiência pela ciência. Apesar de alguns impulsos do idealismo desejarem se inserir no aberto, ele perseguiu esse aberto a partir de uma extensão do princípio kantiano e os conteúdos se tornaram para eles ainda mais desprovidos de liberdade do que em Kant. Isso confere uma vez mais ao bloco kantiano o seu momento de liberdade: ele evitou a mitologia do conceito. A suspeita social de que esse bloco, as limitações do absoluto, se confunda com a necessidade de trabalho que mantém os homens realmente sob o mesmo encanto que Kant transfigurou em filosofia. O aprisionamento na imanência ao qual ele, de modo tão honesto quanto terrível, condena o espírito é o apriosionamento na autoconservação, tal como essa é imposta aos homens por uma sociedade que não conserva nada além da recusa da qual não se necessitaria mais. Se a preocupação aflitiva da história natural fosse abalada, então a posição da consciência em relação à verdade seria transformada. Sua posição atual é ditada pela objetividade que a mantém em seu estado. Se a doutrina kantiana do bloco foi uma parte da aparência social, ela é contudo tão fundamentada quanto é real o fato de a aparência reinar sobre os homens. A separação entre sensibilidade

* Em latim no original: mundo inteligível. (N.T.)

e entendimento, o ponto nevrálgico da argumentação em favor do bloco, é por sua vez um produto social; por meio do *chorismos*, a sensibilidade é designada como vítima do entendimento porque a organização do mundo, apesar de todas as disposições contrárias, não a satisfaz. Juntamente com a sua condição social poderia certamente desaparecer um dia, por mais que os idealistas sejam ideólogos, porque eles glorificam a reconciliação em meio ao irreconciliado como algo realizado ou a atribuem à totalidade do irreconciliado. De maneira tão consequente quanto vã, eles se empenharam por explicitar o espírito enquanto unidade de si mesmo com o seu não-idêntico. Uma tal autorreflexão atinge até mesmo a tese do primado da razão prática que se estende a partir de Kant para além dos idealistas diretamente até Marx. A dialética da prática também exige o seguinte: supressão da prática como a produção pela produção, máscara universal de uma prática falsa. Esse é o fundamento materialista dos elementos que se rebelam na dialética negativa contra o conceito oficial e doutrinário do materialismo. O momento da autonomia, a irredutibilidade ao espírito, poderia muito bem concordar com o primado do objeto. É lá onde o espírito, denominando as correntes nas quais ele acaba recaindo ao acorrentar um outro, é autônomo aqui e hoje que ele, e não a prática enredada, antecipa a liberdade. Os idealistas elevaram o espírito aos céus, mas ai daquele que o possuísse.

VIII

A construção do bloco encontra-se em Kant diante da construção positiva na razão prática. Ele não silenciou de maneira alguma o que ela tem de desesperado: "Não obstante, mesmo que se admita em todo caso uma faculdade transcendental da liberdade para iniciar as transformações do mundo, então essa faculdade ao menos não deveria existir senão fora do mundo (por mais que seja sempre uma pretensão temerária admitir ainda um objeto fora da suma conceitual de todas as intuições possíveis, um objeto que não pode ser dado em nenhuma percepção)."[2] O parêntese da "pretensão temerária" exprime o ceticismo kantiano em relação ao seu próprio *mundus intelligibilis*. Essa formulação oriunda da observação à antítese da terceira antinomia aproxima-se bastante do ateísmo. Aquilo que é exigido mais tarde com ardor chama-se aqui pretensão temerária; assim, foi somente com muito esforço que se afastou o medo desesperado de Kant ao imaginar que o postulado pudesse ser tomado como um juízo existencial. De acordo com essa passagem, aquilo que precisa ser pensado como algo que escapa a toda e qualquer intuição precisaria poder ser ao mesmo tempo pensado como objeto ao menos de uma intuição possível. A razão teria de capitular diante da contradição, a não ser que ela tivesse restringido seu próprio âmbito de validade de maneira irracionalista por meio da *hybris* de atribuir a si mesma o limite, sem estar vinculada objetivamente enquanto razão a esse limite. Mas se, como nos idealistas e mesmo nos neokantianos, a intuição ainda fosse incorporada à razão infinita, a transcendência seria virtualmente invalidada pela imanência do espírito. — O que Kant deixa entrever em consideração à liberdade seria com maior razão válido para Deus e para a imortalidade. Pois essas duas palavras não se referem a nenhuma pura possibilidade de comportamento, mas são, segundo o seu próprio conceito, postulados de um ente, qualquer que seja o seu tipo. Ele necessita de uma "matéria" e dependeria completamente em Kant daquela intuição cuja possibilidade ele exclui das ideias transcendentais. O *pathos* do inteligível kantiano é um complemento da dificuldade em se assegurar de algum modo de si mesmo, mesmo que apenas no meio do pensamento autossuficiente, um meio que é designado pela palavra *intelligible*. Ele não poderia denominar nada efetivamente real. O movimento da *Crítica da razão prática*, contudo, prossegue em direção a uma positividade do *mundus intelligibilis* que não se podia prever na intenção kantiana. No momento em que aquilo que deve ser enfaticamente cindido do ente é instituído como o reino da própria essência e é dotado com uma autoridade absoluta, ele assume, mesmo que de maneira involuntária, por meio desse procedimento, o caráter de uma segunda existência. O pensamento que não pensa coisa alguma não é pensamento algum. As ideias, o conteúdo da metafísica, não podem ser nem intuíveis, nem miragens do pensamento; senão, elas seriam privadas de toda objetividade. O *intelligible* seria engolido justamente por aquele sujeito que deveria ser transcendido pela esfera *intelligible*. Um século depois de Kant, a redução niveladora do inteligível ao imaginário tornou-se o pecado cardinal do neorromantismo e do Jugendstil, assim como da filosofia concebida à sua medida, da filosofia fenomenológica. O conceito do inteligível não é nem um conceito de algo real, nem um conceito de algo imaginário. Ele é muito mais aporético. Não há nada na terra nem no céu vazio que possa ser salvo por meio do fato de o defendermos. O "sim, mas" contra o argumento crítico que não queria se deixar arrastar por nada já possui a forma da insistência obstinada no subsistente, do agarrar-se a ele, irreconciliável com a ideia da salvação na qual se desencadearia o espasmo de uma tal autoconservação prolongada. Nada pode ser salvo sem ser transformado, nada que não tenha ainda atravessado o portal de sua morte. Se a salvação é o impulso mais intrínseco a todo espírito, então não há nenhuma esperança senão a esperança do abandono sem reserva: tanto daquilo que se deve salvar quanto do espírito que espera. O gesto da esperança consiste em não manter nada em que o sujeito queira se manter e em relação ao que ele nutra uma promessa de duração. No espírito da limitação kantiana tanto quanto do método hegeliano de ultrapassagem dessa limitação, o *intelligible* não seria pensável senão negativamente. De maneira paradoxal, a esfera *intelligible* visada por Kant seria uma vez mais "fenômeno": aquilo que o que se mantém velado para o espírito finito lhe apresenta, aquilo que ele é obrigado a pensar e que ele deforma por conta de sua própria finitude. O conceito do inteligível é a autonegação do espírito finito. No espírito, aquilo que é simplesmente apreende a sua deficiência; a despedida da existência em si bloqueada é no espírito a origem daquilo em que ele se distingue do princípio de dominação da natureza nele. Essa formulação exige por sua vez que o espírito não se torne o existente: senão o sempre igual se repete infinitamente. O elemento hostil à vida no espírito não seria outra coisa senão infâmia, se ele não culminasse em sua autorreflexão. Falsa é a ascese que ele exige do outro, boa é a sua própria; tudo isso não era tão estranho quanto se poderia esperar para a tardia *Metafísica dos costumes* de Kant. Para ser espírito, o espírito precisa saber que não se esgota naquilo que alcança; que não se esgota na finitude com a qual se assemelha. Por isso, ele pensa o que lhe seria subtraído. Uma tal experiência metafísica inspira a filosofia kantiana logo que rompemos a sua couraça do método. A conjectura que se propõe a saber se a metafísica como tal ainda é possível precisa refletir a negação do finito exigida pela finitude. Sua imagem enigmática anima a palavra "inteligível". A sua concepção não é inteiramente desprovida de motivações em virtude desse momento de autonomia que o espírito perderia por meio de sua absolutização e que ele obtém como algo que também é por sua vez não-idêntico ao ente, logo que se insiste no não-idêntico e no fato de todo ente não ser volatilizado em espírito. Em todas as suas mediações, o espíto participa da existência que substitui a sua pretensa pureza transcendental. No momento da objetividade transcendente no espírito, por menos que possamos dissociá-lo e ontologizá-lo, a possibilidade da metafísica tem o seu lugar discreto. O conceito do âmbito inteligível seria o conceito de algo que não é, e, contudo, não simplesmente não é. Segundo as regras da esfera que se nega na esfera inteligível, essa esfera teria de ser rejeitada sem hesitação como imaginária. Em lugar algum, a verdade é tão frágil quanto aqui. Ela pode se degradar e transformar na hipóstase de algo inventado e sem fundamento no qual o pensamento se imagina possuir o que perdeu; o empenho por concebê-lo facilmente se mistura uma vez mais com o ente. Nulo é o pensamento que, na falsa dedução da prova ontológica da existência de Deus, confunde o pensado com o efetivamente real. No entanto, temos uma falsa conclusão sempre que elevamos imediatamente a negatividade, a crítica ao meramente ente, ao nível do positivo, como se a insuficiência daquilo que é garantisse o fato de o que é ser desprovido dessa insuficiência. Mesmo no mais extremo, a negação da negação não é nenhuma positividade. Kant denominou a dialética transcendental uma lógica da aparência: a doutrina das contradições nas quais se enredam necessariamente todas as afirmações do transcendente considerado como algo positivamente cognoscível. O veredicto kantiano não é ultrapassado pelo esforço hegeliano de reivindicar a lógica da aparência como a lógica da verdade. Mas a reflexão não se interrompe com o veredicto sobre a aparência. Consciência de si mesma, ela não é mais a antiga aparência. O que é dito pelos seres finitos sobre a transcendência é a sua aparência; não obstante, como Kant bem o percebeu, ele é uma aparência necessária. Por isso, a salvação da aparência, objeto da estética, possui a sua relevância metafísica incomparável.

IX

Nos países anglo-saxões, Kant é com frequência chamado, de uma maneira eufemística, de agnóstico. Por menos que reste aí algo da riqueza de sua filosofia, essa terrível simplificação não é um puro *non-sens*. A estrutura antinômica da doutrina kantiana que sobrevive à dissolução das antinomias pode ser traduzida grosseiramente em uma recomendação para o pensamento se abster de questões ociosas. Ela supera a forma vulgar do ceticismo burguês, cuja solidez consiste em não levar a sério senão aquilo que se tem seguramente nas mãos. Kant não estava completamente livre de um tal modo de pensar. O fato de, levantando o dedo, no imperativo categórico e já nas ideias da *Crítica da razão pura*, Kant recusar um suplemento ao qual a burguesia só renuncia a muito contragosto, tal como se passa com o seu domingo, a paródia da liberdade do trabalho — eis o que fortaleceu com certeza a autoridade kantiana na Alemanha, muito para além da influência de seu pensamento. No rigorosismo, esse momento da conciliação não-imperativa se adequava bem em termos decorativos com a tendência para a neutralização de todo elemento espiritual que, depois da vitória da revolução, ou, onde esta não se realizou, conquista, por meio do emburguesamento que se impõe sem ser notado, toda a cena do espírito e mesmo os teoremas que tinham servido antes como armas à emancipação burguesa. Depois que os interesses da classe vitoriosa não precisaram mais deles, eles se tornaram, como Spengler observou de maneira bastante perspicaz a propósito de Rousseau, desinteressantes em duplo sentido. Na sociedade, a função do espírito é subalterna, apesar de o espírito ser louvado por ela ideologicamente. O *non liquet** kantiano contribuiu para a transformação da crítica à religião ligada ao feudalismo nessa indiferença que, sob o nome de tolerância, se envolveu com uma fina capa de humanidade. O espírito, enquanto metafísica não menos do que enquanto arte, se neutraliza quanto mais se perde aquilo de que a sociedade estava orgulhosa como de sua cultura, a relação com uma prática possível. Nas ideias metafísicas kantianas,

* Em latim no original: não está claro. (N.T.)

essa relação ainda era evidente. Com elas, a sociedade burguesa queria ir além de seu próprio princípio restrito, por assim dizer suspender a si mesma. Um tal princípio torna-se inaceitável e a cultura transforma-se em compromisso entre a sua figura aproveitável em termos burgueses e o que ela possui de insuportável segundo a nomenclatura própria ao alemão moderno, algo que a cultura projeta em uma distância inatingível. As circunstâncias materiais fazem o resto. Sob a coerção para o investimento ampliado, o capital se apodera do espírito cujas objetivações, por causa de sua própria reificação inevitável, incitam a transformá-las em propriedade, em mercadorias. O prazer desinteressado da estética transfigura o espírito e o rebaixa, na medida em que se contenta em contemplar, em admirar, em venerar por fim de maneira cega e desprovida de relações tudo aquilo que foi criado e pensado aí, sem levar em consideração o seu conteúdo veritativo. Com um escárnio objetivo, o caráter de mercadoria crescente esteticiza a cultura em nome da utilidade. A filosofia torna-se a manifestação do espírito enquanto peça de museu. Aquilo cujos vestígios Bernard Groethuysen* seguiu na religião até os séculos XVIII e XVII — o fato de o Diabo não precisar mais ser temido e de não mais se precisar esperar por Deus — expande-se sobre a metafísica, na qual a lembrança de Deus e do Diabo continua viva, mesmo onde ela reflete criticamente sobre esse temor e essa esperança. Desaparece o que precisaria ser o mais urgente para os homens em um entendimento extremamente não-ideológico; objetivamente, isso se tornou problemático; subjetivamente, o tecido social e a permanente exigência exagerada imposta pela pressão para a adaptação não deixam mais aos homens nem o tempo nem a força para pensar sobre isso. Não, as questões não são resolvidas, nem mesmo é demonstrada a sua insolubilidade. Elas são esquecidas, e, quando se fala delas, elas não mergulham senão de maneira tanto mais profunda em seu sono pesado. O dito fatal de Goethe, segundo o qual Eckermann não precisaria ler Kant porque sua filosofia teria produzido seu efeito, teria passado para a consciência universal, triunfou na socialização da indiferença metafísica.

No entanto, só muito dificilmente a indiferença da consciência em relação às questões metafísicas que não são de modo algum resgatáveis por meio da satisfação no mundo sublunar permanece indiferente para a metafísica. Esconde-se aí um horror que cortaria a respiração dos homens se eles não o reprimissem. Nós poderíamos nos deixar conduzir a especulações antropológicas quanto a isso e nos indagar se a inversão que tem lugar no interior da evolução histórica e que criou para a espécie humana a consciência aberta e, com isso, a consciência da morte não contradiz uma constituição animal que, não obstante, persiste e

* Especialista em literatura russa e alemã, Bernard Groethuysen (1880-1946) foi um dos principais responsáveis pela introdução da obra de Kafka na França. (N.T.)

não permite suportar essa consciência. Nesse caso, para que fosse possível continuar vivendo, seria preciso pagar o preço de uma limitação da consciência, uma limitação que a protegesse daquilo que ela mesma é, consciência da morte. É desolada a perspectiva segundo a qual a visão curta de toda ideologia remontaria, por assim dizer biologicamente, a uma necessidade da autoconservação e não precisaria de maneira alguma desaparecer com uma organização justa da sociedade, por mais que não seja senão em uma sociedade justa que surja a possibilidade de uma vida justa. A sociedade atual ainda ilude os homens com mentiras, dando a impressão de que não é preciso temer a morte e sabotando a reflexão sobre isso. O pessimismo schopenhaueriano prestou atenção no quão pouco os homens costumam se preocupar com a morte *media in vita*.* Tal como Heidegger cem anos depois, ele extraiu essa indiferença da essência do homem, ao invés de extraí-la dos homens enquanto produtos da história. A falta de sentido metafísico torna-se em ambos algo metafísico. Com isso é possível em todo caso medir aqui a profundidade alcançada pela neutralização, um existencial da consciência burguesa. Essa profundidade desperta a dúvida quanto a se, como uma tradição romântica que sobrevive a todo romantismo inculca no espírito, as coisas seriam tão diferentes em épocas que se presumem como sob uma abóboda celeste metafísica, épocas que o jovem Lukács denominava as épocas prenhes de sentido. A tradição arrasta consigo um paralogismo. O caráter fechado das culturas, a imperatividade coletiva de concepções metafísicas, o seu poder sobre a vida, não garante a sua verdade. A possibilidade de uma experiência metafísica é antes irmanada com a possibilidade da liberdade, e, dessa liberdade, somente o sujeito desenvolvido é capaz, o sujeito que destruiu os laços louvados como sagrados. Em contrapartida, aquele que é preso surdamente em uma concepção socialmente sancionada, própria a épocas supostamente bem aventuradas, é aparentado com o positivista que crê em fatos. O eu precisa ser fortalecido historicamente, para conceber para além da imediatidade do princípio de

* "Somente o homem arrasta consigo em conceitos abstratos a certeza de sua morte: todavia, o que é muito estranho, essa certeza só o angustia efetivamente em certos instantes nos quais uma ocasião a faz surgir na imaginação. Contra a voz potente da natureza, a reflexão não consegue fazer muita coisa. No homem, assim como no animal que não pensa, também reina como um estado duradouro oriundo da consciência mais íntima de que ele é a natureza, o próprio mundo, essa segurança emergente, por meio da qual nenhum homem é notoriamente perturbado pelo pensamento da morte certa e nunca distante, mas todos continuam vivendo como se devessem viver eternamente; isso vai tão longe que é possível dizer que ninguém possui uma convicção propriamente viva da certeza de sua morte, uma vez que de outro modo não haveria uma diferença muito grande entre o seu estado de ânimo e o estado de ânimo de um criminoso condenado; ao contrário, em verdade todos reconhecem essa certeza *in abstracto* e teoricamente, mas a colocam de lado, como muitas outras verdades teóricas que não são, contudo, aplicáveis na prática, sem a acolher de alguma forma em sua consciência viva." (Schopenhauer, *Die Welt als Wille uns Vorstellung I* [*O mundo como vontade e representação I*], *SWW*, vol.II, ed. Frauenstädt, Leipzig, 1888, p.332.)

realidade a ideia daquilo que é mais do que o ente. Uma ordem que se fecha sobre si mesma e sobre a sua significação também se fecha contra a possibilidade que está acima da ordem. Em face da teologia, a metafísica não é simplesmente, como supõe a doutrina positivista, um estágio historicamente posterior, ela não é apenas a secularização da teologia nos conceitos. Criticando-a, ela conserva a teologia na medida em que libera para os homens enquanto possibilidade aquilo que a teologia lhes impõe e com isso deturpa. As forças que eram ligadas pelo espírito explodiram o cosmo do espírito; ele recebeu o que merecia. O Beethoven autônomo é mais metafísico que o Bach *ordo*; por isso, mais verdadeiro. Uma experiência metafísica e uma experiência subjetivamente liberta convergem em humanidade. Toda expressão de esperança que, mesmo na era do emudecimento, emana das grandes obras de arte de modo mais potente que dos textos teológicos tradicionais possui a mesma configuração que a expressão do humano; e isso em lugar algum de maneira mais ambígua do que nos instantes de Beethoven. O que significa que nem tudo seria vão é marcado pela simpatia com o humano, automeditação da natureza nos sujeitos; o gênio da natureza só surge na experiência de sua própria naturalidade. Permanece louvável em Kant o fato de ele ter esboçado, como aliás quase nenhum outro filósofo, a constelação do humano e do transcendente na doutrina do inteligível. Antes que a humanidade tivesse aberto os olhos, sob a pressão objetiva da necessidade vital, os homens já despontavam em meio ao ultraje do próximo, e a imanência vital do sentido é a máscara de seu caráter cativo. Desde que há algo assim como uma sociedade organizada, como uma conexão autárquica em geral e solidamente ajustada, o ímpeto para deixar essa conexão não permaneceu senão pequeno. À criança que ainda não foi preparada, deve ter chamado a atenção em seu livro de cântigos protestante o quão pobre e fina é a parte que se intitula "As coisas derradeiras" em comparação com todos os exercícios relativos àquilo em que os crentes teriam de acreditar e ao modo como eles teriam de se comportar. A velha suspeita de que a magia e a superstição continuariam se proliferando nas religiões tem como o outro lado da moeda o fato de, para as religiões positivas, o seu cerne, a esperança no Além, quase nunca ter sido tão importante quanto o seu conceito exigia. A especulação metafísica unifica-se com a especulação filosófico-histórica: ela não espera senão de um futuro desprovido de necessidades vitais a possibilidade de uma consciência justa mesmo daquelas coisas derradeiras. A maldição da especulação metafísica não consiste tanto no fato de ela impelir para além da mera existência quanto no fato de ela a dissimular, fixando-a como uma instância metafísica. O "tudo é vão" que desde Salomão serviu aos grandes teólogos para pensar a imanência é por demais abstrato para levar para além da imanência. Quando os homens se asseguram do caráter indiferente de sua existência, eles não levantam nenhuma petição; enquanto ela não transforma a sua posição em relação à existência, o outro também é vão para eles. Aquele que acusa o ente de nulidade sem estabelecer diferenças e sem a perspectiva do possível contribui com o estúpido funcionamento. A animalização na qual desemboca uma tal prática total é pior do que a primeira animalização: ela transforma a si mesma em princípio. O sermão sobre o caráter vão da imanência também liquida sub-repticiamente a transcendência que não se nutre senão de experiências da imanência. A neutralização, contudo, profundamente ligada a essa indiferença, sobreviveu ainda a catástrofes que, a acreditar nas fanfarras dos apologetas, retrojetou os homens para aquilo que os concerne radicalmente. Pois a constituição fundamental da sociedade não se transformou. Apesar de algumas resistências protestantes mais corajosas, ela condena a teologia e a metafísica ressuscitadas por necessidade a serem um certificado de boa vontade para o acordo. Nenhuma rebelião da mera consciência conduz para além daí. Mesmo na consciência dos sujeitos a sociedade burguesa prefere escolher o declínio total, o seu potencial objetivo, a se lançar em reflexões que ameaçariam a sua camada fundamental. Os interesses metafísicos dos homens necessitariam de uma percepção não reduzida de seus interesses materiais. Enquanto esses interesses permanecem velados para eles, eles vivem sob o véu de Maia. Somente se o que é pode ser transformado, isso que é não é tudo.

X

Em uma explicação redigida décadas depois de sua composição sobre o poema "Afastamento" (*Entruckung*) de Stephan George, Arnold Schönberg celebrou esse poema como uma antecipação profética dos sentimentos dos astronautas. Rebaixando assim ingenuamente uma de suas peças mais significativas ao nível da *science fiction*, ele agiu involuntariamente a partir de uma necessidade da metafísica. De maneira inquestionada, nesse poema neorromântico, o conteúdo material, a face daquele que pisa em "outros planetas", mostra-se como a alegoria de um sentimento interior, do arrebatamento e da elevação na lembrança da máxima. O êxtase não é nenhum êxtase no espaço, mesmo que se tratasse da experiência cósmica e por mais que ele possa tomar de empréstimo suas imagens dessa experiência. Mas é justamente isso que trai o fundamento objetivo de uma interpretação por demais terrena. Tão bárbara quanto ela seria tomar ao pé da letra a promessa da teologia. É apenas historicamente que um respeito acumulado bloqueia a consciência disso. A elevação poética é retirada do âmbito teológico, assim como a linguagem simbólica do conjunto desse ciclo de poemas. A *religion à la lettre* já se assemelhava ela mesma à *science fiction*; a viagem espacial conduzia para o céu efetivamente prometido. Os teólogos não tiveram como escapar de reflexões infantis sobre as consequências das viagens em foguetes para a cristologia, enquanto o infantilismo do interesse pela viagem em naves espaciais trouxe à luz, inversamente, o infantilismo latente nas mensagens de salvação. Todavia, se essas mensagens fossem purificadas de todo conteúdo material, se fossem completamente sublimadas, então elas recairiam no mais terrível embaraço quando o que estivesse em questão fosse o que elas significam. Se todo símbolo não simboliza senão um outro, alguma coisa uma vez mais conceitual, então o seu cerne permanece vazio e, com ele, a religião. Essa é a antinomia da consciência teológica hoje. Quem poderia se haver melhor com ela ainda seria o cristianismo primitivo — anacrônico — de Tolstói, a máxima "Segue o Cristo aqui e agora sem qualquer reflexão, de olhos fechados". Algo dessa antinomia esconde-se já na construção do *Fausto*. Com o verso "A mensagem escuto muito bem, só me falta a fé", Fausto interpreta a própria comoção que o impede de se suicidar como o retorno, oriundo da infância, das tradições ilusoriamente consoladoras. A obra não decide se a sua progressão contradiz o ceticismo do ser pensante emancipado ou se a sua última palavra é uma vez mais símbolo — "nada além de uma alegoria"; e isso apesar de secularizar a transcendência, de modo aproximadamente hegeliano, em imagem do todo de uma imanência preenchida. Pode-se censurar com razão — como fez Karl Kraus — aquele que torna a transcendência algo sólido e concreto por uma falta de fantasia, por uma hostilidade ao espírito e, nessa hostilidade, por uma traição à transcendência. Em contrapartida, por mais distante e fraca que seja, se suprimíssemos totalmente a possibilidade de resgate no ente, o espírito se transformaria em ilusão, e por fim o sujeito finito, condicionado, meramente essente, seria divinizado enquanto portador do espírito. A visão rimbaudiana de uma humanidade libertada da opressão enquanto a verdadeira divindade responde a esse paradoxo do transcendente. Mais tarde, o velho kantiano Mynona mitologizou abertamente o sujeito, tornando manifesto o idealismo como *hybris*. A *science fiction* e a indústria de foguetes se entenderiam muito facilmente com esse tipo de consequências especulativas. Se, dentre todos os astros, a Terra fosse efetivamente o único habitado por seres inteligentes, então esse seria um fato metafísico cuja idiotia denunciaria a metafísica; por fim, os homens seriam realmente os deuses, mas somente os deuses sob um encanto que os impediria de sabê-lo; e que deuses! — certamente sem domínio sobre o cosmo, com o que tais especulações uma vez mais felizmente desapareceriam.

Não obstante, todas as especulações metafísicas são fatalmente impelidas para o interior do apócrifo. O que há de não-verdade ideológica na concepção da transcendência é a cisão de corpo e da alma, reflexo da divisão do trabalho. Ela conduz à idolatria da *res cogitans* enquanto o princípio de dominação da natureza e à privação material que se dissiparia no conceito de uma transcendência para além da relação de culpa. A esperança, porém, como na canção de Mignon, mantém-se presa ao corpo transfigurado. A metafísica não quer escutar nada sobre isso, não quer ter nada em comum com o elemento material. Por isso, ela ultrapassa o limite e se transforma em crença nos espíritos inferiores. Entre a hipóstase de um espírito não-corporal que é, contudo, individuado — e o que restaria à teologia sem essa hipóstase? — e a afirmação mendaz de um ser existente puramente espiritual feita pelo espiritismo não há nenhuma diferença senão a dignidade histórica que reveste o conceito de espírito. Por meio de uma tal dignidade, o sucesso social, o poder, transforma-se em critério de verdade metafísica. O *Spiritualismus* (espiritualismo), em alemão a doutrina do espírito considerado como o princípio individual substancial, é, sem as letras finais, a palavra inglesa para espiritismo. A ambiguidade provém da necessidade epistemológica que outrora mobilizou os idealistas para além da análise da consciência individual em direção à construção de uma consciência transcendental ou absoluta. A consciência individual é um pedaço do mundo espaciotemporal que não possui nenhuma prerrogativa em relação a esse mundo e que é impossível de ser imaginado, segundo as faculdades humanas, sem qualquer vínculo com o mundo corporal. A construção idealista, porém, que pretende excluir o resíduo terrestre, perde toda consistência essencial logo que extirpa completamente essa egoidade que era o modelo para o conceito de espírito. Daí a admissão de uma egoidade não-sensível que deve se manifestar apesar de tudo como um existente, contra a sua própria determinação, no espaço e no tempo. Segundo o estado atual da cosmologia, o céu e o inferno como entes no espaço são simples arcaísmos. Isso relegou a imortalidade à imortalidade dos espíritos e conferiu a ela algo fantasmagórico e irreal que escarnece de seu próprio conceito. A dogmática cristã que pensava conjuntamente o despertar das almas e a ressurreição da carne era metafisicamente mais consequente, se se quiser: mais transfigurada do que a metafísica especulativa; assim como a esperança visa a uma ressurreição corporal e se sabe privada de sua melhor parte por meio de sua espiritualização. Com isso, todavia, a impudência da especulação metafísica alcança um nível intolerável. O conhecimento tende profundamente para o lado da mortalidade absoluta, para o lado daquilo que é insuportável para ele e diante do que ele se torna algo absolutamente indiferente. A ideia de verdade, a mais elevada dentre as ideias metafísicas, conduz a isso. Portanto, quem acredita em Deus não pode acreditar Nele. A possibilidade que é representada pelo nome divino é mantida por aquele que não acredita. Se a interdição às imagens se estendia outrora até o uso do nome, essa interdição tornou-se agora, sob essa forma mesma, suspeita de superstição. A interdição intensificou-se: só pensar na esperança já é um pecado contra ela e trabalha contra ela. Foi tão profundamente que desceu a história da verdade metafísica que nega em vão a história, ou seja, o progresso da desmitologização. Essa desmitologização, no entanto, devora-se como os deuses míticos que adoravam devorar seus filhos. Na medida em que não deixa subsistir nada além do mero ente, ela se converte uma vez mais no mito. Pois o mito não é outra coisa senão a conexão fechada e imanente daquilo que é. A metafísica concentrou-se hoje nessa contradição. O pensamento que tenta afastá-la é ameaçado de um lado e de outro pela não-verdade.

XI

A prova ontológica da existência de Deus, apesar da crítica kantiana que absorve por assim dizer em si mesma essa prova, ressurgiu na dialética hegeliana. Em vão, porém. Na medida em que Hegel, de modo consequente, dissolve o não-idêntico na pura identidade, o conceito se transforma na garantia do não-conceitual, a transcendência é captada pela imanência do espírito e torna-se a sua totalidade assim como é eliminada. Em seguida, quanto mais a transcendência se dissolve no mundo e no espírito por meio do esclarecimento, tanto mais ela se transforma em algo velado, como se ela se concentrasse em um ponto extremo. Nessa medida, a teologia anti-histórica do pura e simplesmente diverso possui o seu índice histórico. A questão da metafísica acirra-se na questão de saber se esse elemento de todo sutil, abstrato e indeterminado constituiria a sua derradeira posição de defesa, ao mesmo tempo já perdida, ou se a metafísica não sobrevive senão no mais ínfimo e mais lamentável, e se, nesse estado de completa inaparência, ela conduz à razão uma razão autoritária que cuida de seus negócios de maneira irrefletida e sem resistências. A tese do positivismo é a tese da nulidade mesmo da metafísica que se refugiou no profano. Mesmo a ideia da verdade é sacrificada, a ideia em virtude da qual o positivismo tinha se iniciado. O mérito de Wittgenstein foi ter trazido isso à tona, por mais que a sua ordem de silêncio se adéque de resto muito bem à metafísica falsamente ressuscitada, dogmática, e não possa mais ser distinguida da crença silenciosa e extasiada no ser. Aquilo que não seria tocado pela desmitologização, sem se colocar apologeticamente à disposição, não seria argumento algum — sua esfera é a esfera pura e simplesmente antinômica —, mas sim a experiência de que o pensamento que não corta a sua cabeça desemboca na transcendência, indo até a ideia de uma constituição do mundo na qual seria não apenas abolido o sofrimento existente, mas revogado mesmo o sofrimento irrevogavelmente passado. A convergência de todos os pensamentos no conceito de algo que seria diverso do ente indizível, diverso do mundo, não é o mesmo que o princípio infinitesimal com o qual Leibniz e Kant pensaram tornar comensurável a ideia da transcendência com uma ciência cuja própria falibilidade, a confusão entre a dominação da natureza e o ser-em-si, motiva pela primeira vez a experiência retificadora da convergência. O mundo é pior que o inferno e melhor que ele. Pior porque não haveria nem mesmo a niilidade desse absoluto, daquilo como o que ela ainda aparece finalmente de modo reconciliador no nirvana schopenhaueriano. A conexão de imanência irremediavelmente fechada recusa-se mesmo aquele sentido que o filosofema indiano do mundo como o sonho de um pérfido demônio vê nele; Schopenhauer se equivoca porque compreende a lei, que mantém a imanência em seu próprio encanto, imediatamente como essa essencialidade que é afastada da imanência e que não poderia ser de maneira alguma representada de outro modo senão como transcendente. Mas o mundo é melhor porque o caráter absolutamente fechado que Schopenhauer atribui ao curso do mundo é por sua vez retomado do sistema idealista, ele é um puro princípio de identidade e tão enganador quanto qualquer outro. O curso do mundo perturbado e deteriorado é, como em Kafka, incomensurável mesmo com o sentido de sua pura ausência de sentido e cegueira; ele não pode ser construído de maneira logicamente consistente segundo o seu princípio. Ele contradiz a tentativa de uma consciência desesperada de erigir o desespero como algo absoluto. O curso do mundo não é absolutamente fechado, tampouco o desespero absoluto; é muito mais esse desespero que constitui o seu caráter fechado. Por mais frágeis que sejam nele todos os vestígios do outro, por mais desfigurada que toda felicidade se apresente aí por meio de sua revogabilidade, apesar disso o ente é, nos fragmentos que impõem um desmentido à identidade, perpassado pelas promessas sempre uma vez mais quebradas desse outro. Toda felicidade é um fragmento de toda a felicidade que se recusa aos homens e que eles recusam a si mesmos. A convergência, o outro humanamente prometido da história, aponta firmemente para aquilo que a ontologia, de modo ilegítimo, situa antes da história ou subtrai a ela. O conceito não é real como queria a prova ontológica, mas ele não poderia ser pensado se algo na coisa não impelisse para ele. Karl Kraus — que, protegido com uma couraça contra toda afirmação peremptória da transcendência, fantasiosa e ao mesmo tempo desprovida de fantasia, preferia ler nostalgicamente a transcendência a partir da nostalgia do que eliminá-la — não foi nenhum metafórico romanticamente liberal. Com certeza, a metafísica não pode ressuscitar — o conceito de ressurreição pertence às criaturas, não às coisas criadas, e, nos construtos espirituais, ele é um índice de sua não-verdade —, mas talvez ela só surja com a realização daquilo que é pensado em seus sinais. A arte antecipa algo disso. A obra de Nietzsche transborda de invectivas contra a metafísica. No entanto, nenhuma fórmula a descreve de maneira mais fiel do que a fórmula do Zaratustra: "Só louco, só poeta." O artista pensante compreendeu a arte impensada. O pensamento que não capitulou diante do miseravelmente ôntico é aniquilado por seus critérios, a verdade se transforma em não-verdade, a filosofia em loucura. Não obstante, a filosofia não pode se retirar, se é que não deve triunfar a obtusidade na contrarrazão realizada. *Aux sots je préfère les fous.** A loucura é a verdade, ela é a forma na qual os homens são talhados quando não querem renunciar à verdade em meio ao não-verdadeiro. Mesmo em seus cumes mais altos, a arte é aparência; todavia, ela recebe a sua aparência, aquilo que é para ela o seu irressistível, do que é desprovido de aparência. Ao se desembaraçar do juízo, a arte, sobretudo a arte que é acusada de niilismo, diz que tudo não é apenas nada. Senão tudo o que é seria pálido, incolor, indiferente. Não recai sobre os homens e as coisas nenhuma luz na qual a transcendência não transparece. Na resistência contra o mundo substituível da troca, a resistência do olhar que não quer que as cores do mundo sejam aniquiladas é irredutível. O que é prometido na aparência é aquilo que é desprovido de aparência.

XII

É preciso perguntar se a metafísica, enquanto saber do absoluto, seria efetivamente possível sem a construção do saber absoluto, sem esse idealismo que empresta ao último capítulo da fenomenologia hegeliana o seu título. Aquele que trata do absoluto não diz necessariamente que o órgão pensante que se apodera desse absoluto é justamente por meio daí ele mesmo o absoluto? Por outro lado, a dialética, em sua passagem para uma metafísica que não seria simplesmente assimilável à dialética, não transgrediria o seu conceito rigoroso de negatividade? A dialética, suma conceitual do conhecimento negativo, não gostaria de ter nenhum outro ao seu lado; ainda enquanto dialética negativa, ela continua arrastando consigo o imperativo da exclusividade a partir da dialética positiva, do sistema. Segundo um tal raciocínio, ela teria de negar a consciência não-dialética como finita e falível. Em todas as suas figuras históricas, ela impediu que se saia dela. Quer ela queira ou não, ela produz conceitualmente a mediação entre o espírito incondicionado e o condicionado; de maneira intimidadora, isso constantemente torna a teologia uma vez mais sua inimiga. Apesar de a dialética pensar o absoluto, este permanece, enquanto algo mediado por ela, sujeito ao pensamento condicionado. Se o absoluto hegeliano foi uma secularização da divindade, então ele foi justamente a sua secularização; enquanto totalidade do espírito, esse absoluto permaneceu preso às correntes de seu modelo humano finito. Mas se o pensamento, tendo plena consciência disso, procura de maneira tateante ir além dele mesmo de tal modo que ele denomine o outro algo que é para ele pura e simplesmente incomensurável que ele, contudo, pensa, então ele

* Em francês no original: "Eu prefiro os loucos aos tolos." (N.T.)

não encontra apoio em nenhum outro lugar senão na tradição dogmática. Em um tal pensamento, o pensar é estranho ao seu conteúdo, ele é irreconciliado, e acha-se novamente condenado a uma verdade dupla que seria incompatível com a ideia do verdadeiro. A metafísica depende da questão de saber se é possível sair dessa aporia sem a criação de uma porta falsa. Para tanto, a dialética, ao mesmo tempo reprodução do contexto de obnubilamento universal e de sua crítica, ainda precisa se voltar contra si mesma em um derradeiro movimento. A crítica de todo particular que se estabelece absolutamente é a crítica à sombra de absolutidade sobre ela mesma, a crítica ao fato de que mesmo ela, ao encontro de seu próprio caráter, deve permanecer no meio do conceito. Ela destrói a pretensão de identidade, na medida em que a honra colocando-a à prova. Por isso, ela não vai além dessa pretensão. Enquanto círculo máximo, essa pretensão cunha sobre a dialética a aparência do saber absoluto. Em sua autorreflexão, cabe à dialética aplacar essa pretensão, sendo justamente aí uma negação da negação que não se transforma em posição. A dialética é a autoconsciência da conexão objetiva de obnubilamento, ela ainda não escapou a essa conexão. Sua meta é evadir-se objetivamente dela desde dentro. A força para tal evasão surge para ela a partir da conexão imanente; seria preciso aplicar-lhe uma vez mais o dito hegeliano de que a dialética absorveria a força do adversário, voltaria-a contra ele; não apenas no momento dialético particular, mas por fim também no todo. Ela concebe com os meios da lógica o seu caráter coercitivo, esperando que ele ceda. Pois essa coerção é ela mesma a aparência mítica, a identidade forçada. O absoluto, contudo, como o imagina a metafísica, seria o não-idêntico que só viria à tona depois que a coerção à identidade se dissipasse. Sem a tese da identidade, a dialética não é o todo; mas então também não é nenhum pecado capital para ela abandonar essa tese em um passo dialético. Reside na determinação de uma dialética negativa que ela não se aquiete em si, como ela fosse total; essa é a sua forma de esperança. Na doutrina da coisa em si transcendental para além dos mecanismos de identificação, Kant notou algo disso. Por mais consistente que tenha sido a crítica a essa doutrina feita por seus sucessores, eles também fortaleceram o encanto, tão regressivos quanto a burguesia pós-revolucionária em seu conjunto: eles hipostasiaram a coerção mesma como algo absoluto. Com certeza, Kant por sua parte concebeu em verdade, na determinação da coisa em si como essência inteligível, a transcendência como o não-idêntico, mas a equiparou ao sujeito absoluto, sem se curvar, contudo, ao princípio da identidade. O processo do conhecimento que deve se aproximar de maneira assintomática da coisa transcendente a repele por assim dizer diante de si e a distancia da consciência. As identificações do absoluto transpõem-no para os homens, dos quais provém o princípio de identidade; como elas por vezes reconhecem e como o Esclarecimento fez valer a cada vez de maneira pertinente, elas são antropomorfismos. Por isso, o absoluto do qual o espírito se aproxima se desvanece diante dele: sua aproximação é um espelhamento. No entanto, a eliminação bem-sucedida de todo antropomorfismo, com o qual a conexão de obnubilamento seria afastada, coincide por fim provavelmente com essa conexão, com a identidade absoluta. Negar o mistério por meio da identificação, arrancando-o cada vez mais aos pedaços, não o resolve. Como se estivesse brincando, ele pune muito mais a dominação da natureza como uma mentira por meio da lembrança da impotência de seu poder. O Esclarecimento não deixa praticamente nada do conteúdo veritativo metafísico; segundo a expressão de uma recente comunicação sobre música, *presque rien*. Aquilo que se retrai torna-se cada vez menor, como Goethe mostra na parábola do cofrinho de "Die Neue Melusine"; cada vez menos aparente; esse é o fundo crítico-cognitivo tanto quanto histórico-filosófico do fato de a metafísica ter emigrado para a micrologia. A micrologia é o lugar da metafísica como refúgio diante daquilo que é total. Nada absoluto pode ser expresso senão em materiais e em categorias da imanência, por mais que estas não possam ser divinizadas nem em sua condicionalidade nem em sua suma conceitual total. Segundo o seu conceito, a metafísica não é possível como uma conexão dedutiva de juízos sobre o ente. Do mesmo modo, ela não pode ser pensada segundo o modelo de algo absolutamente diverso que escarneceria positivamente do pensamento. Por conseguinte, ela só seria possível como constelação legível do ente. Deste a metafísica recebe a matéria, mas não transfigura a existência de seus elementos. Ao contrário, ela os traz para uma configuração na qual os elementos se reúnem na escrita. Para tanto, ela precisa entender o que deseja. Desde Xenófanes, o fato de o desejo ser um mau pai do pensamento é uma das teses gerais do Esclarecimento europeu, e ela continua valendo sem restrição em face das tentativas de restauração ontológica. Mas o pensamento, ele mesmo um comportamento, contém a necessidade — de início a necessidade vital — em si. Pensa-se a partir da necessidade mesmo onde o *wishful thinking* é rejeitado. O motor da necessidade é o motor do esforço que envolve o pensamento como um fazer. O objeto da crítica não é por isso a necessidade no pensamento, mas a relação entre os dois. Todavia, a necessidade do pensamento quer que ele seja pensado. Ela exige a sua negação pelo pensamento, precisa desaparecer no pensamento, se é que ela realmente deve ser satisfeita, e perdura nessa negação, representa na célula mais intrínseca ao pensamento aquilo que não é igual a ele. Os menores traços intramundanos teriam relevância para o absoluto, pois a visão micrológica desencobre aquilo que, segundo os critérios do conceito superior em sua dinâmica de subsunção, permanece desesperadamente isolado, e explode a sua identidade, a ilusão de que ele seria um mero exemplar. Um tal pensamento é solidário com a metafísica no instante de sua queda.

Nota da edição alemã

A *Dialética negativa* foi escrita entre 1959 e 1966. O cerne da obra é formado a partir de três preleções que o autor ministrou no início do ano de 1961 no Collège de France em Paris. A partir das duas primeiras preleções, sem alterações na estrutura, surgiu a primeira parte do livro; a terceira preleção, bastante reformulada e ampliada, encontra-se na base da segunda parte. Várias coisas, porém, remontam a uma época muito anterior; por exemplo, os primeiros esboços do capítulo sobre a liberdade surgiram no ano de 1937 e os temas do capítulo "Espírito do mundo e história natural" provêm de uma comunicação feita pelo autor no núcleo de Frankfurt da Sociedade Kant (1932). A ideia de uma lógica da decomposição é a mais antiga de suas concepções filosóficas, nascida ainda nos anos como estudante universitário.

Na segunda edição foram corrigidos os erros de impressão; foi acrescentada uma seçao sobre o momento qualitativo da racionalidade e uma nota de pé de página sobre contingência e necessidade.

Notas

Introdução (p.11-56)

1. Cf. Kant, *Kritik der reinen Vernunft* [*Crítica da razão pura*].
2. Cf. F.A. Trendelenburg, *Logische Untersuchungen*, vol.I, Leipzig, 1870, p.43, 167.
3. Cf. Benedetto Croce, *Lebendiges und Totes in Hegels Philosophie*, trad. para o alemão K. Buchler, Heidelberg, 1909, p.66 s., 68s., 72s., 82s.
4. Cf. Hegel, *Werke* 4, p.78. (Os escritos de Hegel são citados segundo a Edição do Jubileu, org. Hermann Glockner, Stuttgart, desde 1927, além da edição em separata da editora Meiner *A razão na história*.)
5. Cf. Theodor W. Adorno, *Zur Metakritik der Erkenntnistheorie* [*Para a metacrítica da teoria do conhecimento*], Stuttgart, 1956, passim.
6. Hegel, *Werke* 6, *Heidelberger Enzyklopädie* [*Enciclopédia de Heidelberg*], p.28.
7. Kant, *Kritik der reinen Vernunft*, 1ª ed., *Werke* III, Akademie Ausgabe, p.11.
8. Walter Benjamin, *Briefe*, vol.2, Frankfurt, 1966, p.686.
9. Cf. Karl Marx, *Das Kapital* [*O Capital*], vol.I, Berlim, 1955, p.621s. Karl Marx e Friedrich Engels, *Kommunistisches Manifest* [*O manifesto comunista*], Stuttgart, 1953, p.10.
10. Kant, *Kritik der reinen Vernunft*, op.cit, p.11.
11. Cf. Ed. Zeller, *Die Philosophie der Griechen* [*A filosofia dos gregos*], 2.1, Tubingen, 1859, p.390.
12. St. 265.
13. Hegel, *Werke* 4, op.cit., p.402.
14. In *Werke* 8, p.217.
15. Cf. *Werke* 4, op.cit., p.291s.
16. Cf. Theodor W. Adorno, *Thesen uber Tradition* (*Teses sobre a tradição*), in *Insel Allmanach auf das Jahr 1966*, Frankfurt, 1965, p.21s.

PARTE I RELAÇÃO COM A ONTOLOGIA (p.57)

1. A necessidade ontológica (p.59-89)

1. Martin Heidegger, *Aus der Erfahrung des Denkens* [*Da experiência do pensamento*], Pfullingen, 1954, p.7.
2. Cf. Heidegger, *Vom Wesen des Grundes* [*Da essência do fundamento*], Frankfurt am Main, 1949, p.14.

3. Heidegger, *Platons Lehre von der Wahrheit* [*A doutrina platônica da verdade*], 2ª ed., Berna, 1954, p.76.
4. Karl Heinz Haag, *Kritik der neueren Ontologie*, Stuttgart, 1960, p.73.
5. Cf. Heidegger, *Was heißt denken?* [*O que significa pensar?*], Tubingen, 1954, p.57.
6. Cf. ibid., p.72s.
7. Kant, *Kritik der reinen Vernunft* [*Crítica da razão pura*], *Werke* IV, Akademie-Ausgabe, p.233.
8. Heidegger, *Einfuhrung in die Metaphysik* [*Introdução à metafísica*], Tubingen, 1958, p.31.
9. Nietzsche, *Gesammelte Werke*, Munique, 1924, vol.12, p.182, aforismo 193.
10. Cf. Heidegger, *Holzwege* [*Caminhos da floresta*], Frankfurt am Main, 1950, p.121s.
11. Cf. Heidegger, *Sein und Zeit* [*Ser e tempo*], 6ª edição, Tubingen, 1949, p.27.
12. Heidegger, *Platons Lehre von der Wahrheit*, op.cit., p.119.
13. Cf. Adorno, *Zur Metakritik der Erkenntnistheorie* [*Para a metacrítica da teoria do conhecimento*], Stuttgart, 1956, p.168.
14. Heidegger, *Platons Lehre von der Wahrheit*, op.cit., p.119.
15. Cf. Heidegger, *Sein und Zeit*, op.cit., p.35.
16. Cf. Adorno, op.cit., p.135s.
17. Cf. Heidegger, *Einfuhrung in die Metaphysik*, op.cit., p.155.
18. Cf. ibid., p.75.
19. Cf. Theodor W. Adorno, *Drei Studien zu Hegel* [*Três estudos sobre Hegel*], Frankfurt, 1963, p.127s.
20. Heidegger, *Identität und Differenz* [*Identidade e diferença*], 2ª ed., Pfullingen, 1957, p.47.
21. Heidegger, *Platons Lehre von der Wahrheit*, op.cit., p.84.
22. Cf. ibid., p.75.
23. Ibid., p.84.
24. Cf., por ex., Heidegger, *Vom Wesen des Grundes*, op.cit., p.42 e 47.
25. Cf. Kant, *Kritik der reinen Vernunft*, op.cit., p.95.
26. Cf. Adolf Loos, *Sämtliche Schriften* [*Escritos reunidos*], vol.1, Viena/Munique, 1962, p.278 e passim.

2. Ser e existência (p.90-116)

1. Desenvolvido por Walter Benjamin, *Schriften I* [*Escritos I*], Frankfurt, 1955, p.366s. e 426s.
2. Cf. Max Horkheimer e Theodor W. Adorno, *Dialektik der Aufklärung*, Amsterdam, 1947, p.26. [Ed.bras. *Dialética do Esclarecimento*, Rio de Janeiro, Jorge Zahar, 1985.]
3. Hölderlin, *Werke* 2, org. Friedrich Beissner, Stuttgart, 1953, p.190.
4. Cf. Herrmann Schweppenhäuser, "Studien uber die Heideggersche Sprachtheorie" ["Estudos sobre a teoria da linguagem heideggeriana"], *Archiv fur Philosophie* 7, 1957, p.304.
5. Heidegger, *Sein und Zeit* [*Ser e tempo*], 6ª ed., Tubingen, 1949, p.11.
6. Cf. *Text* [Texto], I, p.78.
7. Karl Heinz Haag, *Kritik der neueren Ontologien*, Stuttgart, 1960, p.71.
8. Heidegger, *Sein und Zeit*, op.cit., p.42.
9. Heidegger, *Platons Lehre von der Wahrheit* [*A doutrina platônica da verdade*], 2ª ed., Berna, 1954, p.68.
10. Ibid., p.70s.
11. Cf. ibid., p.68.
12. Ibid., p.75.
13. Hegel, *Werke* 4, p.110.
14. Cf. quanto a isso Werner Becker, *Die Dialektik von Grund und Begrundetem in Hegels Wissenschaft der Logik*, Frankfurt, dissertação, 1964, p.73.
15. Cf. Alfred Schmidt, "Der Begriff der Natur in der Lehre von Marx", *Contribuições Frankfurtianas à Sociologia*, vol.11, Frankfurt, 1962, p.22s.

16. Karl Jaspers, *Philosophie*, vol. I, Berlin/Göttingen/Heidelberg, 1956, p.XX.
17. Ibid., p.4.
18. Cf. ibid., p.XXIII, e Heidegger, *Uber den Humanismus* [*Sobre o humanismo*], Frankfurt am Main, 1949, por ex. p.17.
19. Heidegger, *Sein und Zeit*, op.cit., p.12.
20. Ibid., p.13.
21. Jaspers, *Philosophie*, op.cit., p.264.

PARTE II DIALÉTICA NEGATIVA: CONCEITO E CATEGORIAS (p.117-76)

1. Cf. Theodor Adorno, *Zur Metakritik der Erkentnisstheorie* [*Para a metacrítica da teoria do conhecimento*], Stuttgart, 1956, p.97 e passim.
2. Cf. *Weltgeist und Naturgeschichte*, passim.
3. Cf. Hegel, *Werke* 4, op.cit., p.543.
4. Cf. ibid., p.98s.
5. Hegel, ibid., p.543.
6. Cf. Walter Benjamin, *Ursprung des deutschen Trauerspiels* [*Origem do drama barroco alemão*], Frankfurt, 1963, p.15s.
7. Max Weber, *Gesammelte Aufsätze zur Religionssoziologie I* [Artigos reunidos sobre sociologia da religião I], Tubingen, 1947, p.30.
8. Idem.
9. Cf. ibid., p.4s.
10. Cf. Marx, *Kritik des Gothaer Programms* [*Crítica ao programa de Gotha*], seleção e introdução de Franz Borkenau, Frankfurt am Main, 1956, p.199s.
11. Cf. Alfred Schmidt, "Der Begriff der Natur in der Lehre von Marx", *Frankfurter Beitrage zur Soziologie*, vol.II, Akademie Ausgabe, Frankfurt, 1962, p.21.
12. Cf. Kant, *Kritik der reinen Vernunft* [*Crítica da razão pura*], *Werke* III, Akademie Ausgabe, Berlim, 1911, p.93s.
13. Cf. Benjamin, *Deutsche Menschen: Eine Folge von Briefen* [*Homens alemães: Uma série de cartas*], posfácio de Theodor W. Adorno, Frankfurt, 1962. p.128.
14. Cf. Marx, *Das Kapital* [*O Capital*], vol.1, Berlim, 1955, p.514.
15. Walter Benjamin, *Passagenarbeit* [*Trabalho das arcadas*], manuscrito, convoluto K, bl.6.

PARTE III MODELOS (p.177)

1. Liberdade (p.179-249)

1. Aristóteles, *Metafísica*, Livro A, 983b.
2. Kant, *Grundlegung zur Metaphysik der Sitten* [*Fundamentação da metafísica dos costumes*], *Werke* IV, Akademie-Ausgabe, p.432.
3. Cf. Max Horkheimer e Theodor W. Adorno, *Dialektik der Aufklärung*, Amsterdam, 1947, p.106. [Ed.bras. *Dialética do Esclarecimento*, Rio de Janeiro, Jorge Zahar, 1985.]
4. Kant, *Grundlegung zur Metaphysik der Sitten*, op.cit., p.454s.
5. Ibid., p.454.
6. Kant, *Kritik der praktischen Vernunft* [*Crítica da razão prática*], *Werke* V, Akademie-Ausgabe, p.30.
7. Idem.

8. Ibid., p.37.
9. Kant, *Kritik der reinen Vernunft* [*Crítica da razão pura*], 2ª ed., *Werke* III, Akademie-Ausgabe, p.97. Hegel também criticou repetida e energicamente, em particular na *História da filosofia*, o uso de exemplos na filosofia.
10. Kant, *Kritik der praktischen Vernunft*, op.cit., p.56s.
11. Kant, *Grundlegung zur Metaphysik der Sitten*, op.cit., p.427.
12. Ibid., p.446.
13. Kant, *Kritik der praktischen Vernunft*, op.cit., p.59.
14. Idem.
15. Kant, *Grundlegung zur Metaphysik der Sitten*, op.cit., p.80.
16. Idem.
17. Kant, *Kritik der praktischen Vernunft*, op.cit., p.19.
18. Cf. Walter Benjamin, *Schriften I* [*Escritos I*], Frankfurt am Main, 1955, p.36s.
19. Kant, *Kritik der praktischen Vernunft*, op.cit., p.6.
20. Kant, *Kritik der reinen Vernunft*, op.cit., p.311.
21. Idem.
22. Ibid., p.308.
23. Ibid., p.310.
24. Ibid., p.309.
25. Ibid., p.311.
26. Idem.
27. Kant, *Kritik der praktischen Vernunft*, op.cit., p.95.
28. Kant, *Grundlegung zur Metaphysik der Sitten*, op.cit., p.451.
29. Cf. nota 19.
30. Kant, *Kritik der praktischen Vernunft*, op.cit., p.6.
31. Ibid., p.114.
32. Ibid., p.99.
33. Kant, *Kritik der reinen Vernunft*, op.cit., p.309.
34. Kant, *Kritik der praktischen Vernunft*, op.cit., p.89.
35. Ibid., p.24.
36. Ibid., p.22.
37. Kant, *Grundlegung zur Metaphysik der Sitten*, op.cit., p.429.
38. Kant, *Idee zu einer allgemeinen Geschichte in weltburgerlicher Absicht* [*Da ideia de uma história universal de um ponto de vista cosmopolita*], *Werke* VIII, Akademie-Ausgabe, p.20s.
39. Kant, *Grundlegung zur Metaphysik der Sitten*, op.cit., p.430.
40. Ibid., p.447.
41. Ibid., p.462.
42. Kant, *Kritik der praktischen Vernunft*, op.cit., p.36.
43. Ibid., p.62s.
44. Ibid., p.34s.
45. Ibid., p.92s.
46. Ibid., p.118; cf. Adorno e Horkheimer, *Dialektik der Aufklärung*, op.cit., p.114.
47. Kant, *Grundlegung zur Metaphysik der Sitten*, op.cit., p.459.
48. Kant, *Kritik der praktischen Vernunft*, op.cit., p.31; além disso, Adorno e Horkheimer *Dialektik der Aufklärung*, op.cit., p.114.
49. Sandor Ferenczi, *Bausteine zur Psychoanalyse* [*Psicanálise*], vol.III, Berna, 1939, p.394s.
50. Ibid., p.398.
51. Idem.
52. Ibid., p.435.
53. Kant, *Kritik der praktischen Vernunft*, op.cit., p.48.

54. Ibid., p.67.
55. Ibid., p.68.
56. Ibid., p.72.
57. Idem.
58. Ibid., p.99.
59. Idem.
60. Ibid., p.99s.
61. Ibid., p.87.
62. Cf. Benjamin, *Schriften I*, op.cit., p.36s.
63. Cf. Kant, *Kritik der praktischen Vernunft*, op.cit., p.76.

2. Espírito do mundo e história natural (p.250-98)

1. Karl Marx e Friedrich Engels, *Die heilige Familie* [*A sagrada família*], Berlim, 1953, p.211.
2. Karl Marx, *O Capital*, vol.1, Berlim, 1955, p.621s.
3. Ibid., p.621.
4. Hegel, *Werke* 7, op.cit., p.28s.
5. Cf. Walter Benjamin, *Schriften I* [*Escritos I*], Frankfurt am Main, 1955, p.494s.
6. Hegel, *Die Vernunft in der Geschichte* [*A razão na história*], 5ª ed., Hamburgo, 1955, p.60.
7. Idem.
8. Ibid., p.48.
9. Hegel, *Werke* 7, op.cit., p.230.
10. Hegel, *Die Vernunft in der Geschichte*, op.cit., p.77.
11. Ibid., p.78.
12. Ibid., p.115.
13. Ibid., p.60.
14. Ibid., p.95.
15. Ibid., p.60.
16. Hegel, *Werke* 5, op.cit., p.43s.
17. Hegel, *Die Vernunft in der Geschichte*, op.cit., p.59s.
18. Ibid., p.105.
19. Cf. o presente livro, em particular "Ser e existência", passim.
20. Hegel, *Werke* 7, op.cit., p.231.
21. Ibid., p.32s.
22. Karl Marx, *Grundrisse der Kritik der politischen Ökonomie* [*Contribuição à crítica da economia política*], Berlim, 1953, p.73s.
23. Ibid., p.76.
24. Hegel, *Werke* 7, op.cit., p.336.
25. Ibid., p.268s.
26. Cf. ibid., p.235.
27. Ibid., p.329.
28. Idem.
29. Hegel, *Die Vernunft in der Geschichte*, op.cit., p.111.
30. Cf. Oskar Negt, "Strukturbeziehungen zwischen den Gesellschaftslehren Comtes und Hegels" ["Relações estruturais entre as doutrinas da sociedade de Comte e de Hegel"], *Frankfurter Beiträge zur Soziologie*, vol.14, Frankfurt am Main, 1964, p.49 e passim.
31. Hegel, *Die Vernunft in der Geschichte*, op.cit., p.72.
32. Ibid., p.67.
33. Idem.
34. Idem.

35. Ibid., p.95.
36. Ibid., p.73.
37. Ibid., p.95.
38. Cf. Benjamin, *Schriften II* [*Escritos II*], Frankfurt am Main, 1955, p.197.
39. Hegel, *Werke* 7, op.cit., p.234s.
40. Hegel, *Die Vernunft in der Geschichte*, op.cit., p.115.
41. Cf. Theodor W. Adorno, *Versuch uber Wagner* [*Ensaio sobre Wagner*], Berlim e Frankfurt am Main, 1952, p.195.
42. Cf. Emile Durkheim, *Les règles de la méthode sociologique* [*As regras do método sociológico*], 13ª ed., Paris, 1956, p.100s.; além disso, cf. Adorno, "Notiz uber sozialwissenschaftliche Objektivität", *Kölner Zeitschrift fur Soziologie und Sozialpsychologie*, ano 17, vol. 3, 1965, p.416s.
43. Cf. Durkheim, *Les règles* [*As regras*], op.cit., p.104.
44. Cf. Herbert Marcuse, "Zur Kritik des Hedonismus" ["Para a crítica do hedonismo"], *Zeitschrift fur Sozialforschung*, ano VII, Paris, 1939, p.55s.
45. Hegel, *Die Vernunft in der Geschichte*, op.cit., p.92s.
46. Cf. Adorno, *Drei Studien zu Hegel* [*Três estudos sobre Hegel*], Frankfurt am Main, 1963, p.154s.
47. Marx, *O Capital*, vol.1, op.cit., "Prefácio à primeira edição", p.7s.
48. Cf. Alfred Schmidt, "Der Begriff der Natur in der Lehre von Marx" ("O conceito de natureza na doutrina de Marx"), *Frankfurter Beiträge zur Soziologie*, vol.11, Frankfurt am Main, 1962, p.15.
49. Marx, *O Capital*, op.cit., p.652s.
50. Marx, *Grundrisse*, op.cit., p.111.
51. Hegel, *Werke* 7, op.cit., p.375.
52. Ibid., p.434.
53. Ibid., p.50.
54. Cf. George Lukács, *Die Theorie des Romans* [*A teoria do romance*], Berlim, 1920, p.54s.
55. Marx, *Deutsche Ideologie* [*A ideologia alemã*], in MEGA, seção 1, vol.5, Berlim, 1920, p.567.
56. Adorno, *Die Idee der Naturgeschichte* [*A ideia da história natural*], comunicação no grupo regional de Frankfurt da Sociedade Kant, julho de 1932.
57. Benjamin, *Ursprung der deutschen Trauerspiel* [*Origem do drama barroco alemão*], Frankfurt am Main, 1963, p.199.
58. Ibid., p.197.

3. Meditações sobre a metafísica (p.299-337)

1. Cf. Heinrich Regius, *Dämmerung* [*Crepúsculo*], Zurique, 1934, p.69s.
2. Kant, *Kritik der reinen Vernunft* [*Crítica da razão pura*], 2ª ed., *Werke* III, Akademie-Ausgabe, p.313.

Índice de assuntos

Sobre o tradutor

MARCO ANTONIO CASANOVA é doutor em filosofia pela Universidade Federal do Rio de Janeiro (UFRJ) e pela Universidade de Tübingen, com pós-doutorado em filosofia pela Universidade de Freiburg (2005-2006). É professor do Departamento de Filosofia da Universidade do Estado do Rio de Janeiro (Uerj) e presidente da Sociedade Brasileira de Fenomenologia. Traduziu obras de Martin Heidegger (como *Conceitos fundamentais da metafísica*, *Nietzsche* e *Introdução à filosofia*), Friedrich Nietzsche (*Crepúsculo dos ídolos*) e Hans-Georg Gadamer (*Hermenêutica em retrospectiva*), entre outros. É autor de *O instante extraordinário: Vida, história e valor na obra de Friedrich Nietzsche* (Forense Universitária, 2003), *Nada a caminho: Impessoalidade, niilismo e técnica na obra de Martin Heidegger* (Forense Universitária, 2006) e *Compreender Heidegger* (Vozes, 2009).

Sobre o revisor técnico

EDUARDO SOARES NEVES SILVA é doutor em filosofia pela Universidade Federal de Minas Gerais (UFMG), com estágio doutoral na Universidade de Leipzig, apresentando tese sobre Theodor W. Adorno. É professor adjunto de filosofia contemporânea no Departamento de Filosofia da Universidade Federal de Minas Gerais. Tem experiência nas áreas de filosofia e ciências humanas, com ênfase em história da filosofia contemporânea, filosofia das ciências humanas e estética. Integra a comissão responsável pela tradução das obras de Adorno no Brasil.

Este livro foi composto por Letra e Imagem
em Minion e Interstate e impresso por
Geográfica Editora em junho de 2009.